Sandy Lang

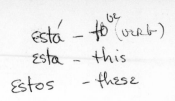

SPANISH-
A Basic Course

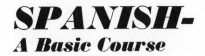

ÍNDICE

ÍNDICE

SPANISH-
A Basic Course

By Judith Noble
Elizabeth Fouad
Jaime Lacasa
Iowa State University

HOLT, RINEHART AND WINSTON
New York Toronto London

ILLUSTRATION CREDITS

Courtesy of the American Museum of Natural History: 139, 243; Peter Buckley: 171, 189, 255, 267; Dan Budnik: 46, 63, 92, 176, 225; Cornell Capa, Magnum Photos, Inc : 125; Courtesy of the Pan American Union, Creole Petroleum Corp: 147; Jim Cron, Monkmeyer Press Photo Service: 213; Ediciones Sicilia: 307; David Forbert, Monkmeyer Press Photo Service: 263; Carl Frank, Photo Researchers, Inc: 81, 161, 321, 323, 339; Jerry Frank: xiii-xvi, 4, 11, 15-6, 20, 26, 33, 47, 51, 54, 67, 72, 77, 84, 89, 109, 112, 117-8, 122, 127-8, 149, 152, 157, 165, 167, 181, 184, 205, 207, 209, 211, 219, 221, 228, 242-3, 281, 289, 293, 314, 328, 335, 343-5, 353-4, 357-9, 369, 379, 381; Dieter Grabitzky, Monkmeyer Press Photo Service: 318; Courtesy of the Hispanic Society of America: 39, 331; Tom Hollyman, Photo Researchers, Inc: 23, 37, 377; Sergio Larrain, Magnum Photos, Inc: 101, 122; Courtesy of the New York Public Library, Prints Division: 298-9; Courtesy of the New York Public Library, Picture Collection: 43, 63, 97, 136, 140, 145, 179, 192-3, 264; Courtesy of the Pan American Union: 272; Drawings by Bert Tanner: 3, 9, 19, 53, 65, 79, 83, 95, 111, 121, 155, 241, 253, 270-1, 285, 311, 327, 363; Peter Werle, Photo Researchers, Inc: 233; Bernard P. Wolff, Photo Researchers, Inc: 197; Edith Worth, Photo Researchers, Inc: 237.

COLOR SECTION

p xvii: (top) J. Noble-Lacasa, (lower left) Jerry Frank, (lower center) Peter Buckley, (lower right) Jerry Frank; p xviii: (top) Dan Budnik, (center) J. Noble-Lacasa, (bottom) Peter Buckley; p xix: (top) Dan Budnik, (center) J. Noble-Lacasa, (bottom) Jerry Frank; p xx: (top) Jerry Frank, (left bottom) Peter Buckley, (right bottom) Jerry Frank; p xxi: Jerry Frank; p xxii: (top) Jerry Frank, (bottom) Dan Budnik; p xxiii: Dan Budnik; pp xxiv-xxvii: Jerry Frank; p xxviii: (top left and bottom) Dan Budnik, (top right and middle) Jerry Frank; p xxix: (top left) Jerry Frank, (middle and bottom) Dan Budnik; p xxx: (top and bottom left) Dan Budnik, (top right) J. Noble-Lacasa, (middle and bottom right) Jerry Frank; p xxxi-xxxii: Jerry Frank.

Cover design by Helga Maass; cover fabric by Phoenix Pan American Imports, New York.

Printed in the United States of America

Library of Congress Catalog Card Number: 77–139847

ISBN: 0-03-083063-X

34567890 071 9876543

Table of Contents

SPANISH-
A Basic Course

Tikal, Guatemala

Benito Juárez Monument, Mexico City

Brasilia, Brazil

Chichén Itzá, Mexico

Quito, Ecuador

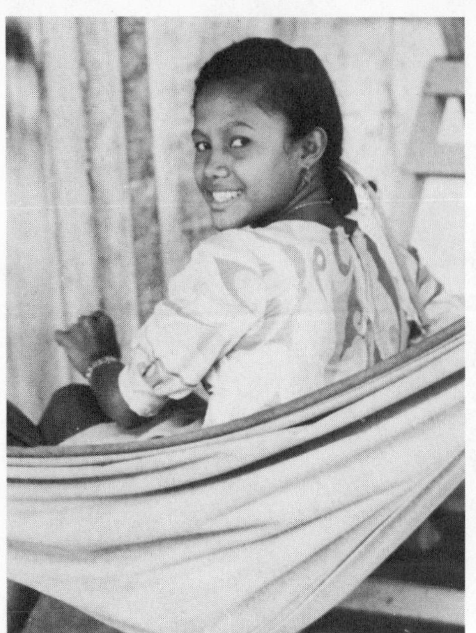

Viña del Mar, Chile

Lake Titicaca, Peru-Bolivia

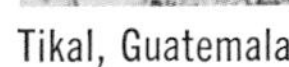

Tikal, Guatemala

Brasilia, Brazil

Andean mountains, Peru-Bolivia

Peru

Lake Patzcuaro, Mexico

Andean scenery

Lake Atitlan, Guatemala

Gauchos, Argentina

Caracas, Venezuela

Santo Domingo, Dominican Republic

Bogota, Columbia

Cuzco, Peru

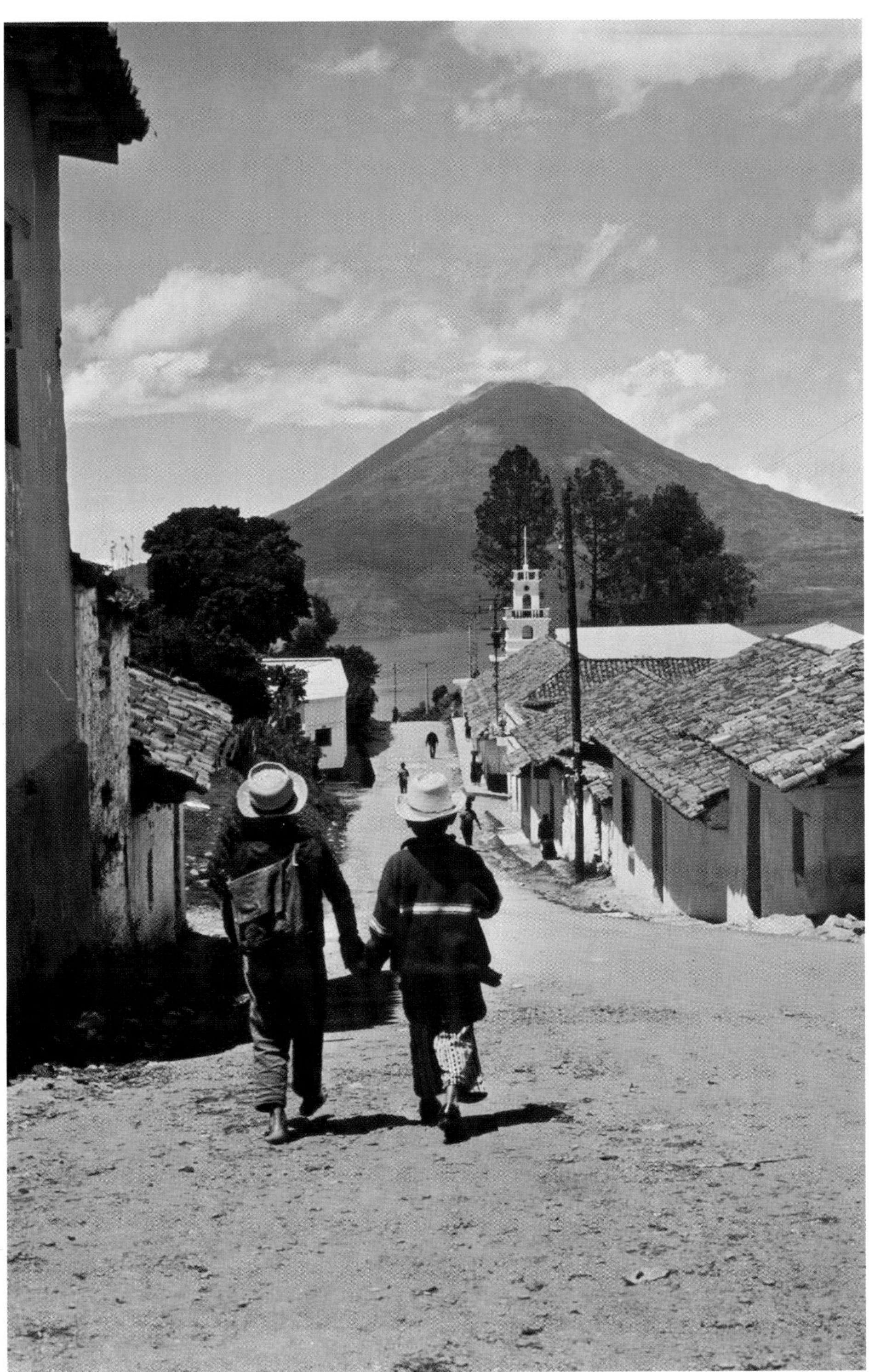

Guatemala

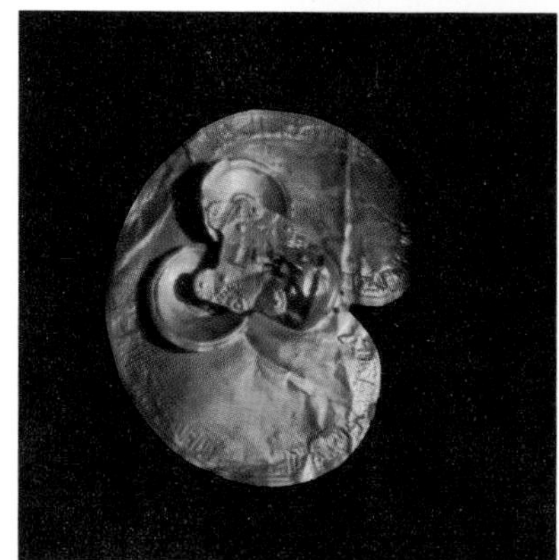

Uxmal, Mexico

University, Mexico City

Independence column, Mexico City

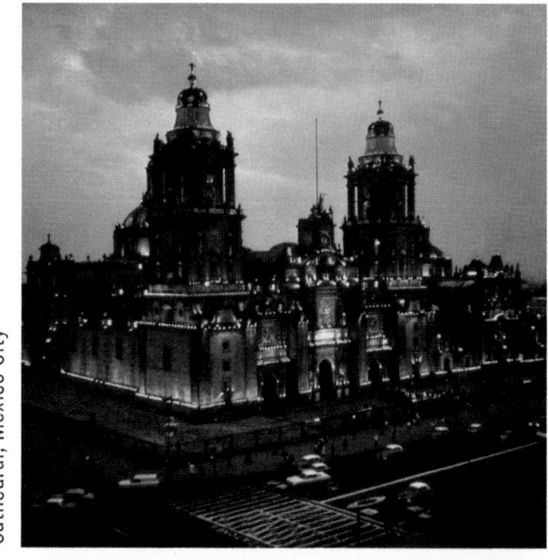
Cathedral, Mexico City

San Luis Potosi, Mexico

Quito, Ecuador

Copan, Honduras

Rio de Janeiro, Brazil

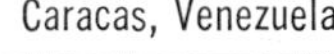

Caracas, Venezuela

Palace guard — Lima, Peru

Introduction

The aim of SPANISH is to give to the beginning student of Spanish a useful and working knowledge of the language mainly through aural-oral practice, based upon a systematic study of practical grammar. The authors strongly believe that this procedure is most efficient for acquiring competence in Spanish. The text is structurally based upon a series of dialogues which are to be mastered by the student. These dialogues are designed to provide, in context, most of the vocabulary of the book. Each dialogue is followed by drills designed to reinforce the dialogue and to develop the students' ability to manipulate various phrases and grammatical structures. The grammar units explain the principles underlying the material introduced in the preceding dialogues. Following the explanations are drills which give the students ample practice in putting the principles to use.

At regular intervals, review has been provided through a re-working of previous conversations in a *review theme* and in questions covering earlier dialogues. Throughout the book, after each dialogue, a suggestion for free conversation is offered to further develop the students' oral ability and to give them an opportunity to express themselves in Spanish. In addition, there are eight narrative readings with questions throughout the book. These narratives give the students an opportunity to read a natural prose selection and understand it "in Spanish" without resorting to translation.

The vocabulary was selected with care, taking into consideration the words and concepts occurring most frequently in both English and Spanish and those which the authors felt would be most relevant for the students.

A student workbook supplements the drills of the textbook and gives the students confirming practice of the material covered in the classroom. Tape recordings are available for laboratory and classroom use and their use is strongly suggested. These tapes, recorded by native speakers, will prove to be an invaluable aid in reinforcing correct speech patterns and aural comprehension.

J. N.
E. F.
J. L.

Iowa State University

En el hotel

As a group of journalism students on tour of Latin America leave their hotel, the desk clerk addresses one of them.

DEPENDIENTA: Buenos días, señor.

ROBERT: Buenos días, señorita.

DEPENDIENTA: ¿Son ustedes* de los Estados Unidos?

ROBERT: Sí, señorita. Nosotros somos de los Estados Unidos. Somos estudiantes norteamericanos.

DEPENDIENTA: Por favor, ¿quién es el señor Scott?

ROBERT: Yo soy Robert Scott.

DEPENDIENTA: Hay una carta para usted.*

ROBERT: Muchas gracias.

DEPENDIENTA: De nada.

FRANCISCO: Robert, ¿de quién es la carta?

ROBERT: Es de Elena Pérez.

FRANCISCO: ¿Eres tú* amigo de ella?

ROBERT: Sí, somos amigos, y además vecinos.

FRANCISCO: ¿De dónde son ustedes?

ROBERT: Somos de California, en los Estados Unidos.

---

* **Tú** is the informal form of *you*, singular; **usted** is the formal form of *you* singular. In Spain, the plural of **tú** is **vosotros** (*m.*), **vosotras** (*f.*) and the plural of **usted** is **ustedes**. In Latin America, **ustedes** is used as plural to both **tú** and **usted**.

At the hotel

CLERK: *Good morning, sir.*

ROBERT: *Good morning, miss.*

CLERK: *Are you from the United States?*

ROBERT: *Yes, miss. We are from the United States. We are North American students.*

CLERK: *Please, who is Mr. Scott?*

ROBERT: *I am Robert Scott.*

CLERK: *There is a letter for you.*

ROBERT: *Thank you very much.*

CLERK: *You're welcome.*

FRANCISCO: *Robert, from whom is the letter?*

ROBERT: *It is from Elena Pérez.*

FRANCISCO: *Are you a friend of hers?*

ROBERT: *Yes, we are friends, and besides neighbors.*

FRANCISCO: *Where are you from?*

ROBERT: *We are from California, in the United States.*

NOTE: for Spanish alphabet, accentuation, syllabication, etc., see # 115, *p.* 384

ejercicios

I. *Dé una respuesta adecuada a las frases siguientes* (Give a suitable response to the following phrases):

1. Buenos días, señores. [Buenos días, señor. Buenos días, señora. Buenos días, señorita.]
2. ¿Son ustedes de los Estados Unidos? [Sí, señor, (sí, señora, sí, señorita,) somos de los Estados Unidos.]
3. ¿Son ustedes estudiantes? [Sí, señor, (sí, señora, sí, señorita,) nosotros somos estudiantes.]
4. Por favor, ¿quién es el señor Scott? [Yo soy Robert Scott.]
5. Hay una carta para usted. [Muchas gracias, señor.]
6. Muchas gracias. [De nada.]
7. ¿De quién es la carta? [Es de Elena Pérez.]
8. ¿Eres tú amigo de ella? [Sí, somos amigos.]
9. ¿Son ustedes vecinos? [Sí, somos vecinos.]
10. ¿De dónde son ustedes? [Somos de California, en los Estados Unidos.]

II. *Diga en español* (Say in Spanish):

1. Dígame buenos días. [Buenos días, señor. Buenos días, señora. Buenos días, señorita.]
2. Dígale buenos días al señor. [Buenos días, señor.]
3. Dígale buenos días a Robert. [Buenos días, Robert.]
4. Dígame por favor. [Por favor, señor. Por favor, señora. Por favor, señorita.]
5. Dígame muchas gracias. [Muchas gracias, señor. Muchas gracias, señora. Muchas gracias, señorita.]
6. Dígale muchas gracias al señor. [Muchas gracias, señor.]
7. Dígale muchas gracias a la señorita. [Muchas gracias, señorita.]
8. Dígame de nada. [De nada, señor. De nada, señora. De nada, señorita.]
9. Dígale de nada al señor. [De nada, señor.]
10. Dígale de nada a la señorita. [De nada, señorita.]
11. Dígale de nada a Robert. [De nada, Robert.]

III. *Conteste en español* (Answer in Spanish):

1. ¿Son ustedes estudiantes? [Sí, nosotros somos estudiantes.]
2. ¿Somos nosotros estudiantes? [Sí, ustedes son estudiantes.]
3. ¿Son ustedes vecinos? [Sí, nosotros somos vecinos.]
4. ¿Somos nosotros vecinos? [Sí, ustedes son vecinos.]
5. ¿Son ustedes amigos? [Sí, nosotros somos amigos.]
6. ¿Somos nosotros amigos? [Sí, ustedes son amigos.]
7. ¿Son ustedes vecinas? [Sí, nosotras somos vecinas.]
8. ¿Somos nosotras vecinas? [Sí, ustedes son vecinas.]
9. ¿Son ustedes amigas? [Sí, nosotras somos amigas.]
10. ¿Somos nosotras amigas? [Sí, ustedes son amigas.]

IV. *Conteste en español:*

1. ¿Señor, es usted estudiante? [Sí, yo soy estudiante.]
2. ¿Señorita, es usted estudiante? [Sí, yo soy estudiante.]
3. ¿Soy yo estudiante? [Sí, usted es estudiante.]
4. ¿Señor, es usted norteamericano? [Sí, yo soy norteamericano.]
5. ¿Señorita, es usted norteamericana? [Sí, yo soy norteamericana.]
6. ¿Soy yo norteamericano (norteamericana)? [Sí, usted es norteamericano *or* norteamericana.]

V. *Conteste en español:*

A. 1. ¿De dónde son ustedes? [Nosotros somos de los Estados Unidos.]
2. ¿De dónde somos nosotros? [Ustedes son de los Estados Unidos.]
3. ¿De dónde es usted? [Yo soy de los Estados Unidos.]
4. ¿De dónde soy yo? [Usted es de los Estados Unidos.]
5. ¿De dónde eres tú? [Yo soy de los Estados Unidos.]
6. ¿De dónde somos nosotras? [Ustedes son de los Estados Unidos.]
7. ¿De dónde son ustedes, señoritas? [Nosotras somos de los Estados Unidos.]

B. 1. ¿Son ustedes de los Estados Unidos? [Sí, nosotros somos de los Estados Unidos.]
2. ¿Somos nosotras de los Estados Unidos? [Sí, ustedes son de los Estados Unidos.]
3. ¿Es usted de los Estados Unidos? [Sí, yo soy de los Estados Unidos.]
4. ¿Eres tú de los Estados Unidos? [Sí, yo soy de los Estados Unidos.]

C. 1. ¿De dónde somos nosotros? [*excluding student addressed:* Ustedes son de los Estados Unidos.]
2. ¿De dónde somos nosotros? [*including student addressed:* Nosotros somos de los Estados Unidos.]
3. ¿Somos nosotras de los Estados Unidos? [*excluding student addressed:* Sí, ustedes son de los Estados Unidos.]
4. ¿Somos nosotras de los Estados Unidos? [*including student addressed:* Sí, nosotras somos de los Estados Unidos.]
5. ¿Somos nosotras estudiantes? [*excluding student addressed:* Sí, ustedes son estudiantes.]
6. ¿Somos nosotros estudiantes? [*including student addressed:* Sí, nosotros somos estudiantes.]

VI. *Conteste en español:*

1. Robert, ¿eres tú estudiante? [Sí, yo soy estudiante.]
2. Elena, ¿eres tú estudiante? [Sí, yo soy estudiante.]
3. Francisco, ¿eres tú estudiante? [Sí, yo soy estudiante.]
4. Robert y Francisco, ¿son ustedes estudiantes? [Sí, nosotros somos estudiantes.]
5. Elena y Francisco, ¿son ustedes estudiantes? [Sí, nosotros somos estudiantes.]
6. Elena y Francisca, ¿son ustedes estudiantes? [Sí, nosotras somos estudiantes.]

VII. *Según la conversación, haga preguntas adecuadas para las respuestas siguientes* (According to the dialogue, give suitable questions to the following answers):

1. Sí, señorita, somos de los Estados Unidos. [¿Son ustedes de los Estados Unidos?]
2. Sí, señorita, somos estudiantes. [¿Son ustedes estudiantes?]
3. Yo soy Robert Scott. [¿Quién es el señor Scott?]
4. Es de Elena Pérez. [¿De quién es la carta?]
5. Sí, soy amigo de ella. [¿Eres tú amigo de ella?]
6. Sí, somos vecinos. [¿Son ustedes vecinos?]
7. Somos de California. [¿De dónde son ustedes?]

VIII. Act out the scene in the dialogue. Practice until you have completely mastered all roles.

SPECIAL NOTE:

Conversación 2 and all subsequent *conversaciones* will include a short dictation, taken from the preceding dialogue. The purpose of this is to assist in reinforcing your learning of the conversation and its patterns. Therefore it is important that you thoroughly master each dialogue when it is first presented. The best way to do this is to read each phrase aloud, pronouncing it correctly, to write it without looking at it, and then to check it against the original. Continue in the same fashion until you have mastered the entire conversation.

Un regalo

BOTONES: Señor, hay un paquete para usted.
ROBERT: Muchas gracias.
FRANCISCO: Robert, ¿de quién es el paquete?
ROBERT: De Arthur Allen. Es* un conocido de papá.
FRANCISCO: ¿No es él un famoso abogado?
ROBERT: Sí, es el inteligente y joven fiscal de Fresno.
FRANCISCO: ¿Qué hay en el paquete?
ROBERT: A ver. ¡Caramba! Es un reloj de pulsera.
FRANCISCO: ¿De qué es? ¿De oro?
ROBERT: ¡Sí! Es de oro.
FRANCISCO: ¡Qué afortunado eres con tales amigos!
ROBERT: ¿Qué hora es?
FRANCISCO: Son las diez y diez.

---

* Usually the Spanish subject pronouns (**yo, tú,** etc.) are omitted unless they are needed for clarification or emphasis.

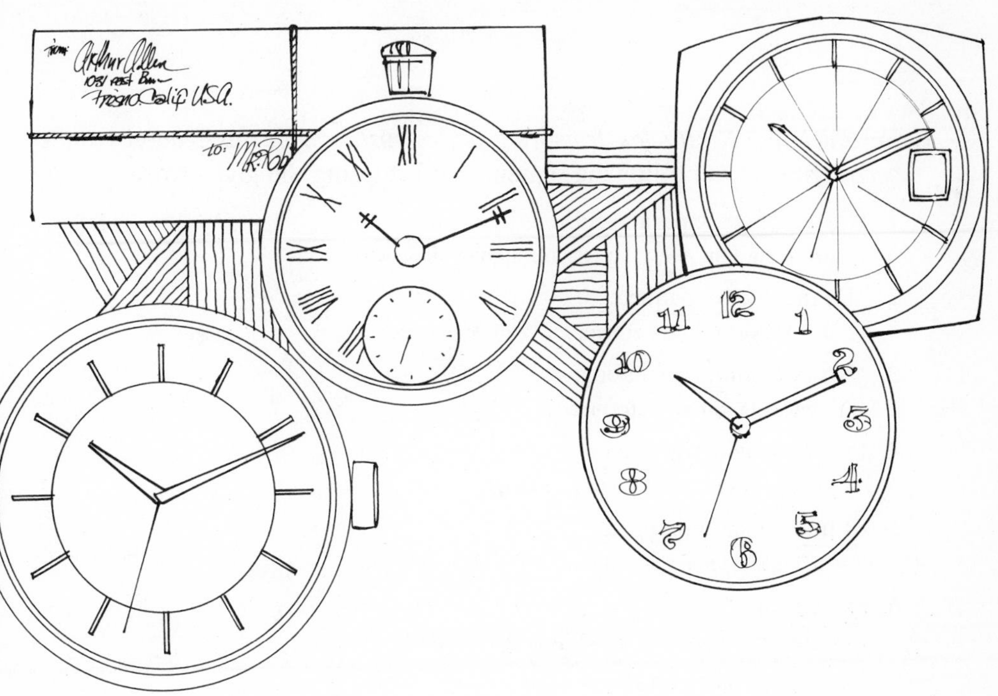

A gift

BELLBOY: *Sir, there is a package for you.*

ROBERT: *Thank you.*

FRANCISCO: *Robert, whom is the package from?*

ROBERT: *From Arthur Allen. He is an acquaintance of dad's.*

FRANCISCO: *Isn't he a famous lawyer?*

ROBERT: *Yes, he is the intelligent and young district attorney of Fresno.*

FRANCISCO: *What's in the package?*

ROBERT: *Let's see. Hey! It's a wrist watch (watch of wrist).*

FRANCISCO: *What is it* [*made*] *of? (Of) gold?*

ROBERT: *Yes! It's (of) gold.*

FRANCISCO: *How fortunate you are with such friends!*

ROBERT: *What time is it?*

FRANCISCO: *It's 10:10.*

ejercicios

I. *Sustitución. Repita las frases siguientes sustituyendo las palabras indicadas* (Repeat the following sentences substituting the given words):

1. Hay un paquete para usted.
una carta / un reloj / un regalo / un reloj de pulsera

2. ¿De quién es el paquete?
la carta / el regalo / el reloj / el reloj de pulsera

3. ¿No es él un famoso abogado?
inteligente / joven / afortunado

4. Es un conocido de papá.
Robert / Francisco / Elena / tu amigo

5. Es un conocido de papá.
un amigo / un vecino / un estudiante / un abogado

6. Es de oro.
plata (*silver*) / metal / papel (*paper*) / madera (*wood*)

7. ¡Qué afortunado eres!
inteligente / joven / famoso

II. *Conteste en español según la conversación:*

1. ¿De quién es el paquete? **2.** ¿Quién es Arthur Allen? **3.** ¿No es él un famoso abogado? **4.** ¿Qué hay en el paquete? **5.** ¿De qué es el reloj? **6.** ¿Qué hora es?

III. *Pregúnteme en español* (Ask me in Spanish):

1. de quién es el paquete. **2.** quién es Arthur Allen. **3.** si (*if*) no es un famoso abogado. **4.** si es inteligente. **5.** si es joven. **6.** quién es el fiscal de Fresno. **7.** qué hay en el paquete. **8.** de qué es el reloj. **9.** de quién es el reloj. **10.** quién es afortunado. **11.** qué hora es.

IV. *Pregunte a otro estudiante* (Ask another student):

1. de quién es el paquete. **2.** si es un conocido de Arthur Allen. **3.** si es un famoso abogado. **4.** si es inteligente. **5.** si es joven. **6.** qué hay en el paquete. **7.** de quién es el reloj. **8.** si es un reloj de pulsera. **9.** si el reloj es de oro. **10.** si es afortunado. **11.** qué hora es.

V. *Dictado: Conversación 1*

VI. *Conversación:*

"There is a gift for you."
"Whom is it from?"
"It's from an acquaintance of dad's."
"It's a gold watch."
"How fortunate you are!"

National Museum of History and Anthropology, Mexico City

GRAMMAR UNIT 1

1 • Gender and number of nouns

All Spanish nouns have gender.

A.

abogad**o**	lawyer
regal**o**	gift
amig**o**	friend
vecin**o**	neighbor

Nouns ending in *o* are generally masculine.

B.

hor**a**	hour
cart**a**	letter
amig**a**	(girl)friend
vecin**a**	neighbor

Nouns ending in *a* are generally feminine.

C.

paquet**e** (*m.*)	package
hote**l** (*m.*)	hotel
conversació**n** (*f.*)	conversation
seño**r** (*m.*)	gentleman
relo**j** (*m.*)	watch

Nouns ending in *e* or a consonant may be either masculine or feminine. The gender for each word must be learned separately.

D.

estad**o**	state	estad**os**	states
regal**o**	gift	regal**os**	gifts
cart**a**	letter	cart**as**	letters
vecin**o**	neighbor	vecin**os**	neighbors
paquet**e**	package	paquet**es**	packages
estudiant**e**	student	estudiant**es**	students

The plural of nouns ending in a vowel is formed by adding *-s*.

E.	hotel	hotel	hote**les**	hotels
	reloj	watch	reloj**es**	watches
	conversació**n**	conversation	conversacio**nes**	conversations
	color	color	color**es**	colors

The plural of nouns ending in a consonant is formed by adding *-es.*

2 ● Definite articles el, los, la, las (the)

A.	**el** abogado	*the* lawyer	**los** abogados	*the* lawyers
	el regalo	*the* gift	**los** regalos	*the* gifts
	el paquete	*the* package	**los** paquetes	*the* packages
	el señor	*the* gentleman	**los** señores	*the* gentlemen

El (*sing.*) and **los** (*pl.*) are used with masculine nouns.

B.	**la** carta	*the* letter	**las** cartas	*the* letters
	la señorita	*the* young lady	**las** señoritas	*the* young ladies
	la calle	*the* street	**las** calles	*the* streets
	la conversación	*the* conversation	**las** conversaciones	*the* conversations

La (*sing.*) and **las** (*pl.*) are used with feminine nouns.

3 ● Indefinite articles un, unos, una, unas (a, an, some)

A.	**un** abogado	*a* lawyer	**unos** abogados	*some* lawyers
	un conocido	*an* acquaintance	**unos** conocidos	*some* acquaintances
	un paquete	*a* package	**unos** paquetes	*some* packages
	un señor	*a* gentleman	**unos** señores	*some* gentlemen

Un (*sing.*) and **unos** (*pl.*) are used with masculine nouns.

B.	**una** carta	*a* letter	**unas** cartas	*some* letters
	una señorita	*a* young lady	**unas** señoritas	*some* young ladies
	una calle	*a* street	**unas** calles	*some* streets
	una conversación	*a* conversation	**unas** conversaciones	*some* conversations

Una (*sing.*) and **unas** (*pl.*) are used with feminine nouns.

…icative of ser (to be): irregular

…ert Scott.	I am Robert Scott.
…igo de ella?	Are you a friend of hers?
…n famoso abogado?	Isn't he a famous lawyer?
Nosotros somos de los Estados Unidos.	We are from the United States.
¿De dónde sois vosotros?	Where are you from?
¿Son ustedes estudiantes?	Are you students?

yo soy	*I am*
Yo soy de California.	I am from California.
tú eres	*you are*
Tú eres amigo de Elena.	You are a friend of Elena's.
usted es	*you are*
Usted es el señor Scott.	You are Mr. Scott.
él es	*he is*
Él es estudiante.	He is a student.
ella es	*she is*
Ella es estudiante.	She is a student.
es*	*it is*
Es bueno.	It is good.
nosotros somos	*we* (*m.*) *are*
Nosotros somos amigos.	We are friends.
nosotras somos	*we* (*f.*) *are*
Nosotras somos amigas.	We are (girl)friends.
vosotros sois	*you* (*m.*) *are*
Vosotros sois bolivianos.	You are Bolivians.
vosotras sois	*you* (*f.*) *are*
Vosotras sois bolivianas.	You are Bolivians.
ustedes son	*you are*
Ustedes son abogados.	You are lawyers.
ellos son	*they* (*m.*) *are*
Ellos son vecinos.	They are neighbors.
ellas son	*they* (*f.*) *are*
Ellas son vecinas.	They are neighbors.

* The neuter pronoun **ello** (*it*) is seldom used. It is understood: **Es bueno** (*It*) *is good;* **no es difícil** (*it*) *is not difficult;* **¿es cierto?** *is* (*it*) *certain?*

AFFIRMATIVE	NEGATIVE	INTERROGATIVE
yo soy	yo no soy (*I am not*)	¿soy yo? (*Am I?*)
tú eres	tú no eres	¿eres tú?
usted es	usted no es	¿es usted?
él es	él no es	¿es él?
ella es	ella no es	¿es ella?
es	no es	¿es?
nosotros somos	nosotros no somos	¿somos nosotros?
nosotras somos	nosotras no somos	¿somos nosotras?
vosotros sois	vosotros no sois	¿sois vosotros?
vosotras sois	vosotras no sois	¿sois vosotras?
ustedes son	ustedes no son	¿son ustedes?
ellos son	ellos no son	¿son ellos?
ellas son	ellas no son	¿son ellas?

SER	
soy	**somos**
eres	**sois**
es	**son**

Panama Canal

ejercicios

I. *Cambie al plural* (Change to the plural):

EJEMPLO: el regalo
los regalos

1. el amigo, el vecino, la hora
2. la señorita, el hotel, el reloj
3. la calle, la carta, el día

II. *Cambie al singular* (Change to the singular):

EJEMPLO: los regalos
el regalo

1. los señores, las horas, las pulseras
2. las vecinas, los estudiantes, los abogados
3. los paquetes, las amigas, los estados

III. *Sustituya el artículo determinado* **el, los, la, las,** *por el artículo indeterminado* **un, unos, una, unas** (Replace the definite article **el, los, la, las,** with the indefinite article **un, unos, una, unas**):

EJEMPLO: el regalo
un regalo

1. los hoteles, los días, la señora
2. las cartas, el vecino, el abogado
3. la calle, las horas, las estudiantes

IV. *Sustitución:*

1. Tú eres de los Estados Unidos.
Usted es / Ellas son / Ustedes son / Vosotros sois / Yo soy / Nosotras somos

2. El hotel es excelente.
La comida / El reloj / El restaurante / El abogado

3. Nosotros somos estudiantes.
amigos / abogados / conocidos / vecinos

V. *Cambie al plural:*

1. Yo soy de los Estados Unidos. **2.** Soy amigo de Roberto. **3.** Ella es la vecina de Francisco. **4.** Él es estudiante. **5.** ¿Eres tú abogado? **6.** ¿Usted no es amiga de María?

VI. *Cambie al singular:*

1. ¿Sois vosotras vecinas de ella? **2.** ¿Son ustedes amigos de la señorita? **3.** No somos estudiantes. **4.** Ellos son bolivianos. **5.** Ellas son amigas de Elena.

VII. *Conteste en español afirmativamente y luego negativamente:*

1. ¿Es usted norteamericano? **2.** ¿Es usted de Fresno? **3.** ¿Eres tú amigo de María? **4.** ¿Sois estudiantes? **5.** ¿Soy yo profesor? **6.** ¿Somos abogados? **7.** ¿Es Roberto amigo de la señorita?

VIII. *Complete las frases siguientes con la forma correcta del verbo* **ser** (Complete the following sentences with the correct form of the verb **ser**):

1. Usted ___ estudiante. **2.** Nosotras ___ amigas. **3.** Él ___ norteamericano. **4.** Vosotros ___ abogados. **5.** Ellos ___ vecinos. **6.** Ellas ___ vecinas. **7.** Ustedes ___ amigos. **8.** Yo ___ Elena. **9.** Tú ___ Roberto. **10.** Nosotros ___ bolivianos. **11.** Ella ___ de Panamá.

IX. *Complete las frases siguientes con la forma correcta del verbo* **ser:**

1. Las cartas ___ de Elena Pérez. **2.** Él ___ estudiante. **3.** Los señores ___ abogados. **4.** Nosotras ___ de Panamá. **5.** Yo ___ norteamericano. **6.** Vosotros ___ amigos. **7.** Los relojes ___ de oro. **8.** ___ las diez y diez. **9.** El abogado ___ inteligente.

Preguntando direcciones

Robert y María están enfrente del banco.

ROBERT: Buenas tardes. ¿Cómo estás?

MARÍA: Estoy bien, gracias, ¿y tú?

ROBERT: Así, así. ¿Dónde está tu hermano?

MARÍA: Manuel está en casa; está algo enfermo.

ROBERT: ¡Qué pena! Por favor, ¿estamos cerca de la librería Morales?

MARÍA: Sí, estamos cerca. Está en la Avenida Norte.

ROBERT: ¿Está lejos de aquí el mercado?

MARÍA: No, no está lejos. Está muy cerca de aquí. El mercado está en la calle detrás del banco.

ROBERT: Otra cosa. ¿Hay un restaurante cerca de aquí?

MARÍA: Sí, aquí a la derecha hay un restaurante español y a la izquierda está El Patio.

ROBERT: Gracias. Hasta luego.

Asking [for] directions

Robert and María are in front of the bank.

ROBERT: *Good afternoon. How are you?*

MARÍA: *I'm fine, thanks, and you?*

ROBERT: *So-so. Where is your brother?*

MARÍA: *Manuel is at home; he's somewhat sick.*

ROBERT: *Too bad! Please, are we near the Morales bookstore?*

MARÍA: *Yes, we're near. It is on North Avenue.*

ROBERT: *Is the market far from here?*

MARÍA: *No, it isn't far. It's very near here. The market is on the street behind the bank.*

ROBERT: *Another thing. Is there a restaurant near here?*

MARÍA: *Yes, here on the right there is a Spanish restaurant and on the left is El Patio.*

ROBERT: *Thanks. So long.*

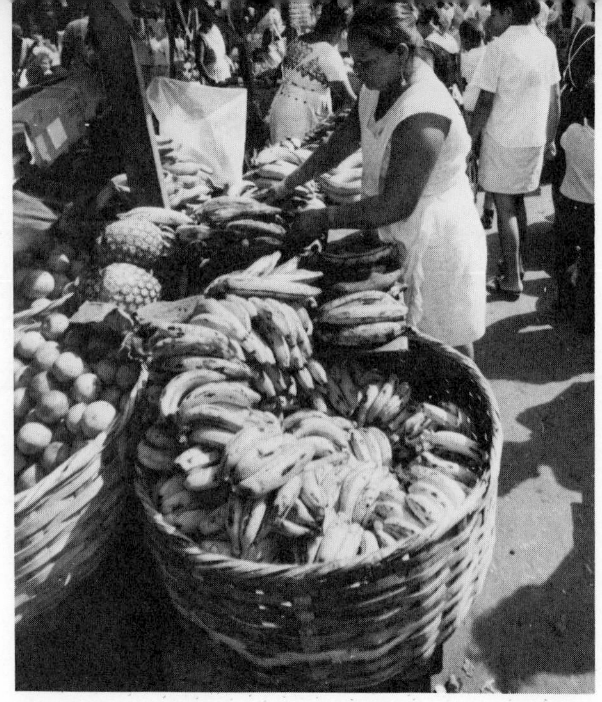

ejercicios

I. *Sustitución:*

1. ¿Dónde está el banco?
el mercado / el restaurante / la casa / la librería

2. El banco está lejos de aquí.
La casa / El mercado / La Avenida Norte / El restaurante

3. La Avenida Norte está cerca de aquí.
lejos de aquí / cerca del banco / a la derecha / a la izquierda

4. Hay un restaurante lejos de aquí.
enfrente de la librería / en la Avenida Norte / a la izquierda / en la calle detrás del mercado

5. ¿Hay un restaurante cerca de aquí?
en la Avenida Norte / cerca de la Avenida Norte / enfrente del mercado / en el mercado

II. *Conteste en español según la conversación:*

1. ¿Dónde están Robert y María? **2.** ¿Cómo estás? **3.** ¿Dónde está tu hermano, Manuel? **4.** ¿Cómo está Manuel? **5.** ¿Estamos cerca de la librería Morales? **6.** ¿Dónde está la librería Morales? **7.** ¿Está lejos de aquí el mercado? **8.** ¿Hay un restaurante cerca de aquí?

III. *Pregúnteme en español:*

EJEMPLO: Pregúnteme dónde está el banco.
¿Dónde está el banco?

1. dónde están Robert y María. **2.** cómo estoy. **3.** dónde está Manuel. **4.** cómo está Manuel. **5.** si estamos cerca de la librería Morales. **6.** si está lejos de aquí el mercado. **7.** si hay un restaurante cerca de aquí.

IV. *Conteste en español:*

1. ¿Cómo estás tú? [Estoy bien, gracias. Estoy así, así. Estoy enfermo. Estoy enferma.]
2. ¿Cómo está usted? [Estoy bien, gracias. Estoy así, así. Estoy enfermo. Estoy enferma.]
3. ¿Cómo está tu hermano? [Mi hermano está bien, gracias. Mi hermano está así, así. Mi hermano está enfermo.]
4. ¿Cómo estáis vosotros? [Estamos bien, gracias. Estamos así, así. Estamos enfermos.]
5. ¿Cómo están ustedes? [Nosotros estamos bien, gracias. Nosotras estamos así, así. Nosotros estamos enfermos. Nosotras estamos enfermas.]

V. *Cuente en español de uno a diez* (Count in Spanish from one to ten):

1. uno (1), dos (2), tres (3), cuatro (4), cinco (5), seis (6), siete (7), ocho (8), nueve (9), diez (10).

2. una peseta, dos pesetas, tres pesetas, cuatro pesetas, cinco pesetas, seis pesetas, siete pesetas, ocho pesetas, nueve pesetas, diez pesetas.

3. un estudiante, dos estudiantes, tres estudiantes, cuatro estudiantes, cinco estudiantes, seis estudiantes, siete estudiantes, ocho estudiantes, nueve estudiantes, diez estudiantes.

VI. *Dictado: Conversación 2*

VII. *Conversaciones:*

A. "Good morning, miss. I am Mr. Scott."
"There is a letter for you, sir."
"Thank you. Where is the bookstore, please?"
"On the left, sir."

B. You approach someone and ask if there is a restaurant nearby.

En la calle

ROBERT: Perdón. ¿Dónde está el Hotel Vista Hermosa?

UN SEÑOR: Está allí en la plaza, al lado del cine.

ROBERT: ¿Es un buen hotel?

EL SEÑOR: Sí, señor, es muy bueno.

ROBERT: Y la comida, ¿es buena?

EL SEÑOR: Sí, señor, es excelente y no es cara.

ROBERT: ¿Hay otros hoteles por aquí?

EL SEÑOR: Sí, señor, hay otros dos más. Allí, enfrente de la Iglesia del Buen Pastor, está el Hotel Montejo y el otro, el Hotel Viajero, está un poco más adelante.

ROBERT: ¿Cuál es más barato? ¿El Montejo?

EL SEÑOR: No. El Montejo es más caro pero es más lujoso.

ROBERT: Muchas gracias. Por favor, ¿qué hora es?

EL SEÑOR: Son las tres y diez.

ROBERT: Gracias. Con permiso. Adiós.

Buenos Aires, Argentina

On the street

ROBERT: *Excuse me. Where is the Hotel Vista Hermosa?*

A GENTLEMAN: *It is over there on the square, next to the movie theater.*

ROBERT: *Is it a good hotel?*

THE GENTLEMAN: *Yes, sir, it's very good.*

ROBERT: *And is the food good?*

THE GENTLEMAN: *Yes, sir, it is excellent and it isn't expensive.*

ROBERT: *Are there other hotels around here?*

THE GENTLEMAN: *Yes, sir, there are two more. Over there, across the street from (in front of) the Good Shepherd Church, is the Hotel Montejo and the other one, the Hotel Viajero, is a little farther on.*

ROBERT: *Which is cheaper? The Montejo?*

THE GENTLEMAN: *No. The Montejo is more expensive but it is more luxurious.*

ROBERT: *Thank you very much. Please, what time is it?*

THE GENTLEMAN: *It's three ten.*

ROBERT: *Thank you. Excuse me. Good-bye.*

ejercicios

I. *Sustitución:*

1. ¿Está el hotel cerca de aquí?
   cerca de la iglesia / cerca del cine / lejos del restaurante / lejos de aquí
2. ¿Está la plaza lejos de aquí?
   el Hotel Montejo / el otro hotel / la librería / la iglesia
3. El mercado no está lejos.
   La Avenida Norte / La Iglesia del Buen Pastor / El otro hotel / La plaza
4. Hay un restaurante por aquí.
   por allí / en la plaza / a la derecha / a la izquierda
5. Hay una librería enfrente del mercado.
   enfrente de la iglesia / al lado de la iglesia / detrás del cine / al lado del hotel / un poco más adelante
6. Hay otro cine por aquí.
   otros hoteles / otras iglesias / otro estudiante / otra librería
7. ¿Hay una iglesia en la Avenida Norte?
   un mercado / otra iglesia / otras iglesias / otro restaurante / una librería

II. *Conteste en español:*

1. ¿Dónde está el Hotel Vista Hermosa? **2.** ¿Está al lado del cine? **3.** ¿Es un buen hotel? **4.** ¿Es la comida buena? **5.** ¿Hay otros hoteles por aquí? **6.** ¿Qué hotel está enfrente de la iglesia? **7.** ¿Cuál está un poco más adelante? **8.** ¿Es más barato el Montejo? **9.** ¿Es caro el Montejo? **10.** ¿Son lujosos el Vista Hermosa y el Viajero? **11.** ¿Cuál es el más lujoso? **12.** ¿Qué hora es?

III. *Pregúnteme en español:*

1. dónde está el Hotel Vista Hermosa. **2.** si está lejos de aquí. **3.** si es un buen hotel. **4.** si la comida es buena. **5.** si hay otros hoteles por aquí. **6.** cuál es el más barato. **7.** qué hora es.

IV. *Complete las preguntas con* **quién, qué, cómo, dónde** *o* **cuál***:*

EJEMPLO: ¿____ está tu hermano?—Mi hermano está enfermo.
¿Cómo está tu hermano?

1. ¿____ es usted?—Yo soy Robert Scott. **2.** ¿De ____ es la carta?—La carta es de Elena Pérez. **3.** ¿ ____ estás?—Estoy bien. **4.** ¿ ____ está el hotel?—El hotel está en la plaza. **5.** ¿ ___ hora es?—Son las tres y diez. **6.** ¿___ es más barato?—El Vista Hermosa es más barato.

V. *Complete las frases con la forma correcta del verbo indicado:*

A. ser:
1. Tú ___ amigo de ella. **2.** Ustedes ___ estudiantes. **3.** La carta ___ de Elena Pérez. **4.** La comida ___ buena. **5.** Yo ___ norteamericano. **6.** ¿No ___ vosotros amigos de la señorita?

B. estar:
1. Nosotros ___ cerca del mercado. **2.** La librería ___ por aquí. **3.** ¿Cómo ___ tú? **4.** Yo ___ enfermo. **5.** Robert y María ___ en el restaurante.

C. hay:
1. ___ una carta para usted. **2.** ___ otro hotel a la derecha. **3.** Aquí ___ un restaurante español. **4.** ___ otro cine un poco más adelante.

VI. *Cuente en español de once a veinte:*

1. once (11), doce (12), trece (13), catorce (14), quince (15), dieciséis (16), diecisiete (17), dieciocho (18), diecinueve (19), veinte (20).
2. once estudiantes, doce estudiantes, trece estudiantes, catorce estudiantes, quince estudiantes, dieciséis estudiantes, diecisiete estudiantes, dieciocho estudiantes, diecinueve estudiantes, veinte estudiantes.
3. *Cuente de dos a veinte con números pares* (Count from two to twenty with even numbers).
4. *Cuente de uno a diecinueve con números impares* (Count from one to nineteen with odd numbers).
5. *Diga en español:* 1 casa, 11 casas; 2 casas, 12 casas; 3 casas, 13 casas; 4 casas, 14 casas; 5 casas, 15 casas; 6 casas, 16 casas; 7 casas, 17 casas; 8 casas, 18 casas; 9 casas, 19 casas; 10 casas, 20 casas.

VII. *Dictado: Conversación 3*

VIII. *Conversación:*

"Is there a hotel around here?"
"Yes, sir, next door to the movie theater."
"Is the movie theater far?"
"No, it's on the square."
"What time is it?"
"It's 3:20."

MIGUEL DE CERVANTES SAAVEDR

GRAMMAR UNIT 2

5 ● Preposition de (of, 's, from)

A.	la casa **de** Roberto	Robert'*s* house
	una amiga **de** Elena	a friend *of* Elena'*s*
	los libros **de** Cervantes	Cervante*s*' books
	el rey **de** España	the king *of* Spain

Possession (*of*, *'s*) is indicated by **de.**

B.	un amigo **de** España	a friend *from* Spain
	una carta **de** Elena	a letter *from* Elena
	café **de** Colombia	coffee *from* Columbia
	los estudiantes **de** Venezuela	the students *from* Venezuela

Origin (*from*) is indicated by **de.**

C.	un vestido **de papel**	a *paper* dress
	los relojes **de oro**	*gold* watches
	la silla **de madera**	the *wooden* chair
	la estatua **de mármol**	the *marble* statue

Material of which something is made is indicated by **de.**

NOTE:	**el** hermano	la casa **del** hermano	the brother's house
But:	la hermana	la casa de la hermana	the sister's house
	los hermanos	la casa de los hermanos	the brothers' house
	las hermanas	la casa de las hermanas	the sisters' house

The preposition **de** and the article **el** contract to **del.**

6 ● Hay (there is, there are)

Hay una carta.	*There is* a letter.
No **hay** una carta.	*There is* not a letter.
¿**Hay** una carta?	*Is there* a letter?
Hay unas cartas.	*There are* some letters.
No **hay** cartas.	*There are* no letters.
¿**Hay** unas cartas?	*Are there* some letters?

7 • Present indicative of estar (to be): irregular

Estoy bien, gracias, ¿y tú?	I am fine, thanks, and you?
¿Cómo estás?	How are you?
Manuel está en casa.	Manuel is home.
¿Estamos cerca de la librería?	Are we near the bookstore?
¿Cómo estáis vosotros?	How are you?
Robert y María están enfrente del banco.	Robert and María are in front of the bank.

yo estoy — *I am*
Yo estoy lejos del cine. — I am far from the movie theater.

tú estás — *you are*
Tú estás en el hotel. — You are in the hotel.

usted está — *you are*
Usted está bien. — You are fine.

él está — *he is*
Él está en casa. — He is home.

ella está — *she is*
Ella está en casa. — She is home.

está — *it is*
Está cerca del banco. — It is near the bank.

nosotros estamos — *we are*
Nosotros estamos enfermos. — We are sick.

nosotras estamos — *we are*
Nosotras estamos enfermas. — We are sick.

vosotros estáis — *you are*
Vosotros estáis bien. — You are fine.

vosotras estáis — *you are*
Vosotras estáis bien. — You are fine.

ustedes están — *you are*
Ustedes están aquí. — You are here.

ellos están — *they are*
Ellos están contentos. — They are happy.

ellas están — *they are*
Ellas están contentas. — They are happy.

ESTAR	
estoy	**estamos**
estás	**estáis**
está	**están**

8 ● Uses of ser and estar

A. Uses of **ser**

a)

Yo soy **Elena Pérez.**	I am *Elena Pérez.*
Somos **de Cuba.**	We are *from Cuba.*
Sois **chilenas.**	You are *Chileans.*
La señorita es **profesora.**	The young lady is *a teacher.*
¿Son ellos **amigos**?	Are they *friends*?
La casa es **blanca.**	The house is *white.*
Manuel es **joven.**	Manuel is *young.*

Ser is used to express: name, origin, nationality, profession, personal relationship, characteristics.

b)

La casa es **de Elena.**	The house is *Elena's.*
El vestido es **de papel.**	The dress is *made of paper.*

Ser is used to express: possession, material of which something is made.

c)

¿**Qué hora** es?—Son **las tres.**	"*What time* is it?" "It's *three.*"
¿**Cuántos** son ustedes?—Somos **diez.**	"*How many* are there of you?" "There are *ten* of us."

Ser is used to express: time, quantities and amounts.

B. Uses of **estar**

a)

Los estudiantes están **en clase.**	The students are *in class.*
El banco está **en la Avenida Norte.**	The bank is *on North Avenue.*

Estar is used to express: location.

b)

¿**Cómo** está?	*How* are you?
Vosotros estáis **bien.**	You are *fine.*
Estoy **furioso.**	I am *mad.*
La comida está **buena.**	The food tastes *good.*
La casa está **sucia.**	The house is *dirty.*

Estar is used to express: state of being, health, description of a current condition.

ejercicios

I. *Sustituya* **el, la, los, las** *por* **del, de la, de los** *o* **de las***:*

1. el banco, el hermano, el estudiante
2. la calle, la casa, la plaza
3. los señores, los hoteles, los patios
4. las cartas, las tardes, las calles

II. *Complete las frases siguientes, con la preposición* **de** *o su contracción* **del** *y cada una de las sustituciones* (Complete the following sentences, with the proposition **de** or its contracted form **del** and each of the substitutions):

EJEMPLO: Es el libro d- ——. Francisco / el señor Martínez.
Es el libro de Francisco.
Es el libro del señor Martínez.

1. Es la casa d- ——.
   Robert / el estudiante / la vecina
2. La carta es d- ——.
   Elena / los Estados Unidos / el amigo
3. El hotel está cerca d- ——.
   la iglesia / la librería / el mercado
4. Las señoras están lejos d- ——.
   el banco / los mercados / los Estados Unidos

III.

A. *Cambie al plural:*

1. Estás bien. **2.** La iglesia está cerca de aquí. **3.** Ella está en casa. **4.** Estoy enfermo. **5.** ¿Cómo está usted? **6.** ¿No estás contenta?

B. *Cambie al singular:*

1. Los estudiantes están en clase. **2.** Las comidas no están buenas. **3.** Estamos sucios. **4.** Vosotros estáis furiosos. **5.** ¿Estáis en la Avenida Norte? **6.** Estamos en el mercado.

IV. *Sustitución:*

1. Yo estoy en el restaurante.

Tú estás / Él está / Nosotros estamos / Usted está / Ustedes están / Ellos están / Vosotros estáis

2. Tú eres de los Estados Unidos.

Usted es / Ellas son / Ustedes son / Vosotros sois / Yo soy / Nosotras somos / Es

3. Hay un hotel aquí.

una casa / unos bancos / unas señoritas / un estudiante / un restaurante

V. *Conteste en español:*

1. ¿De dónde es Ud.*? **2.** ¿Es Ud. norteamericano? **3.** ¿Estás tú en los Estados Unidos? **4.** ¿Eres tú amigo de María? **5.** ¿Son Uds. estudiantes? **6.** ¿Están Uds. bien? **7.** ¿Cuántos hoteles hay en la plaza? **8.** ¿Hay otro hotel por aquí? **9.** ¿Cuál es el hotel más barato? **10.** ¿Qué hora es?

VI. *Pregunte en español:*

1. si hay un restaurante cerca de aquí. **2.** si es un buen restaurante. **3.** si el Hotel Montejo es un buen hotel. **4.** si está lejos de aquí. **5.** si es un hotel caro. **6.** si hay otro hotel cerca de aquí. **7.** si el cine está al lado del hotel. **8.** si la librería está a la derecha o a la izquierda.

VII. *Complete las frases con la forma correcta de* **ser** *o* **estar**:

1. Elena ___ de los Estados Unidos. **2.** La casa ___ sucia. **3.** Ella ___ hermana de mi amigo. **4.** Elena y Manuel ___ estudiantes. **5.** Manuel ___ en casa porque ___ enfermo. **6.** La casa de Manuel ___ en la Avenida Norte y ___ muy lujosa. **7.** ___ las doce. **8.** Vosotros ___ peruanos. **9.** Yo ___ en el restaurante El Patio. **10.** El reloj ___ de oro. **11.** El restaurante ___ muy famoso. **12.** ___ un restaurante mexicano. **13.** La comida ___ excelente pero ___ muy cara.

VIII. *Diga en español:*

1. I am from Spain. **2.** The letter is from María. **3.** María is my friend. **4.** She is a student. **5.** My brother is sick. **6.** He is home. **7.** The house is my brother's. **8.** The house is near the square. **9.** The gentlemen are in the square. **10.** It's nine o'clock. **11.** Robert is intelligent.

---

* **Ud.** and **Uds.** are the abbreviations for **usted** and **ustedes** respectively.

Al teléfono

ROBERT: ¿Cuándo vas al aeropuerto?
MANUEL: Voy esta noche.
ROBERT: ¿Quién llega?
MANUEL: La familia de mi hermano.
ROBERT: ¿A qué hora llega el avión?
MANUEL: A las once menos cuarto.
ROBERT: ¿De dónde llegan ellos?
MANUEL: Del Brasil, donde mi hermano trabaja.
ROBERT: ¿En qué aerolínea llegan?
MANUEL: En Aerolíneas Peruanas.
ROBERT: ¿Habla portugués tu hermano?
MANUEL: ¡No faltaba más! No sólo habla portugués, sino también español, inglés, francés y alemán.
ROBERT: ¿Hablas tú portugués también?
MANUEL: Sí, yo hablo un poco.
ROBERT: ¿Cuántos idiomas hablan los niños de tu hermano?
MANUEL: Hablan dos, portugués y español.
ROBERT: ¿Cuánto tiempo van a pasar aquí?
MANUEL: Un mes, más o menos.

On the phone

ROBERT: *When are you going to the airport?*

MANUEL: *I'm going tonight.*

ROBERT: *Who is arriving?*

MANUEL: *My brother's family.*

ROBERT: *At what time does the plane arrive?*

MANUEL: *At a quarter to eleven (at eleven minus a quarter).*

ROBERT: *From where are they arriving?*

MANUEL: *From Brazil, where my brother works.*

ROBERT: *On what airline are they arriving?*

MANUEL: *On Aerolíneas Peruanas.*

ROBERT: *Does your brother speak Portuguese?*

MANUEL: *Why of course! Not only does he speak Portuguese, but also Spanish, English, French and German.*

ROBERT: *Do you speak Portuguese too?*

MANUEL: *Yes, I speak a little.*

ROBERT: *How many languages do your brother's children speak?*

MANUEL: *They speak two, Portuguese and Spanish.*

ROBERT: *How much time are they going to spend here?*

MANUEL: *A month, more or less.*

ejercicios

I. *Sustitución:*

1. ¿Cuándo vas al aeropuerto?
   al banco / al hotel / a la librería / a la iglesia
2. El avión llega a las once menos cuarto.
   a las tres / a las tres y cinco / a las tres y diez / a las tres menos cuarto
3. ¿A qué hora llega el avión?
   mi hermano / tu hermano / la familia de tu hermano / el vecino de tu familia
4. Llegan al aeropuerto esta tarde.
   al banco / al hotel / al restaurante / al cine
5. Ellos llegan del Brasil esta tarde.
   del aeropuerto / de los Estados Unidos / de la iglesia / del banco
6. ¿Cuánto tiempo van a pasar aquí?
   van a trabajar / van a estar / hablan / trabajan / pasan
7. Van a pasar un mes aquí.
   una hora / una noche / una tarde / un día
8. ¿Quién llega aquí?
   habla / trabaja / está / es de
9. Ellos trabajan en el restaurante.
   el cine / la librería / la casa / la aerolínea

II. *Complete las preguntas con* **quién, qué, dónde, cuándo, cuánto** *y* **cuántos**:

EJEMPLO: ¿____ llega el avión? — Llega esta noche.
¿Cuándo llega el avión?

1. ¿____ vas?—Voy esta noche. **2.** ¿____ llega?—Mi hermano llega. **3.** ¿A ____ hora llega el avión?—El avión llega a las once. **4.** ¿De ____ llegan?—Llegan del Brasil. **5.** ¿____ trabaja tu hermano?—Mi hermano trabaja en el Brasil. **6.** ¿En ____ aerolínea llegan?—Llegan en Aerolíneas Peruanas. **7.** ¿____ idiomas hablan los niños?—Los niños hablan dos idiomas. **8.** ¿____ hablan los niños?—Los niños hablan portugués y español. **9.** ¿____ tiempo van a pasar aquí?—Van a pasar un mes aquí.

III. *Cambie las frases a la forma negativa:*

1. Yo soy Robert Scott. **2.** Estoy enfermo. **3.** Hay una librería a la izquierda. **4.** ¿Hay un buen hotel aquí? **5.** El Montejo está cerca. **6.** Tú vas esta noche. **7.** El avión llega a las once. **8.** Nosotras hablamos español. **9.** ¿Hablas tú portugués? **10.** Vosotros trabajáis en el hotel.

IV. *Conteste según la conversación:*

1. ¿Cuándo vas al aeropuerto? **2.** ¿Quién llega? **3.** ¿A qué hora llega el avión? **4.** ¿De dónde llegan ellos? **5.** ¿En qué aerolínea llegan? **6.** ¿Habla portugués tu hermano? **7.** ¿Hablas tú portugués? **8.** ¿Cuántos idiomas hablan los niños? **9.** ¿Cuánto tiempo van a pasar aquí?

V. *Conteste en español:*

1. ¿De dónde eres? **2.** ¿Cómo estás? **3.** ¿Cuándo vas al aeropuerto? **4.** ¿A qué hora vas al cine? **5.** ¿Cuánto tiempo vas a pasar aquí? **6.** ¿Qué idioma hablas tú? **7.** ¿Cuándo llegas al aeropuerto? **8.** ¿Dónde trabajas?

VI. *Pregúntele a alguien, tuteándole* (Ask someone, using **tú**):

1. de dónde es. **2.** cómo está. **3.** cuándo va al aeropuerto. **4.** a qué hora va al cine. **5.** cuánto tiempo va a pasar aquí. **6.** qué idiomas habla. **7.** cuándo llega al aeropuerto. **8.** dónde trabaja.

VII. *Pregúntele a alguien, hablándole de Ud.* (Ask someone, using **usted**):

1. de dónde es. **2.** cómo está. **3.** cuándo va al aeropuerto. **4.** a qué hora va al cine. **5.** cuánto tiempo va a pasar aquí. **6.** qué idiomas habla. **7.** cuándo llega al aeropuerto. **8.** dónde trabaja.

VIII. *Dictado: Conversación 4*

IX. *Conversación:*

"What time are you going to the airport?"
"At 10:00."
"Where is your brother's family arriving from?"
"From the United States."
"How much time are they going to spend here?"
"Two days."

En la oficina de don Antonio

DON ANTONIO: ¿A qué hora vamos al teatro?

ROBERT: A las nueve y cuarto.

DON ANTONIO: ¿Desea Ud. regresar al hotel antes de cenar?

ROBERT: Sí, porque necesito llamar a Manuel.

DON ANTONIO: ¿Y cuándo cenamos?

ROBERT: A eso de las siete y media.

DON ANTONIO: ¿Cuándo compramos los boletos?

ROBERT: Después de la cena.

DON ANTONIO: ¿Por qué no invita a Manuel también?

ROBERT: Buena idea, don Antonio. Voy a preguntar si está libre esta noche.

DON ANTONIO: ¿Termina tarde la función?

ROBERT: No, temprano. Sólo dura dos horas.

DON ANTONIO: Muy bien. Mi esposa y yo esperamos en casa.

ROBERT: Manuel y yo estamos allí a las siete en punto.

Confitería Ideal—Buenos Aires, Argentina

At Don Antonio's office

DON ANTONIO: *At what time are we going to the theater?*

ROBERT: *At nine fifteen.*

DON ANTONIO: *Do you wish to return to the hotel before eating dinner?*

ROBERT: *Yes, because I need to call Manuel.*

DON ANTONIO: *And when are we eating dinner?*

ROBERT: *About seven thirty.*

DON ANTONIO: *When are we buying the tickets?*

ROBERT: *After dinner.*

DON ANTONIO: *Why don't you invite Manuel too?*

ROBERT: *Good idea, Don Antonio. I'm going to ask if he is free tonight.*

DON ANTONIO: *Does the show end late?*

ROBERT: *No, early. It only lasts two hours.*

DON ANTONIO: *Very well. My wife and I will wait at home.*

ROBERT: *Manuel and I will be there at seven on the dot.*

ejercicios

I. *Sustitución:*

1. ¿A qué hora vamos al teatro?
   al aeropuerto / al hotel / a la iglesia / al mercado / a la oficina
2. ¿Desea regresar a casa antes de cenar?
   después de cenar / antes de ir al teatro / después de la función / antes de la cena
3. ¿Vamos al restaurante antes?
   después / temprano / tarde / a eso de las ocho
4. Cenamos a las siete.
   a las siete en punto / a eso de las siete / a las siete y media / a las siete y cuarto
5. Ellos invitan a Manuel.
   al señor Pérez / a la señorita Pérez / a don Antonio / a mi esposo / a las niñas
6. Llaman a Manuel después de la cena.
   Esperan a Manuel / Compran los boletos / Van al teatro / Espera el avión

II. *Conteste las preguntas según la conversación:*

A. **1.** ¿A qué hora vamos al teatro? **2.** ¿Desea regresar al hotel antes de cenar? **3.** ¿Cuándo cenamos? **4.** ¿Cuándo compramos los boletos? **5.** ¿Por qué no invita a Manuel también? **6.** ¿Termina tarde la función?

B. **1.** ¿Cuándo van ellos al teatro? **2.** ¿Cuándo regresa Robert al hotel? **3.** ¿A qué hora cenan? **4.** ¿Cuándo compran los boletos? **5.** ¿A quién invitan? **6.** ¿Termina temprano la función? **7.** ¿Cuánto tiempo dura la función? **8.** ¿Dónde espera don Antonio? **9.** ¿A qué hora van a estar allí Robert y Manuel?

III. *Conteste en español:*

1. ¿Está el cine al lado del hotel? **2.** ¿A qué hora regresa Ud. a la oficina? **3.** ¿Está tu oficina enfrente de la librería? **4.** ¿Está la plaza detrás del banco? **5.** ¿Hay una plaza detrás del banco? **6.** ¿Hay otro teatro a la izquierda? **7.** ¿Llegas temprano a la oficina? **8.** ¿Regresamos tarde del aeropuerto? **9.** ¿Llega el avión antes o después de las siete? **10.** ¿Invito a María esta tarde?

IV. *Cuente en español de veinte a treinta:*

1. veintiuno(21), veintidós (22), veintitrés (23), veinticuatro (24), veinticinco (25), veintiséis (26), veintisiete (27), veintiocho (28), veintinueve (29), treinta (30).
2. *Diga en español:* 1, 11, 21   2, 12, 22   3, 13, 23   4, 14, 24   5, 15, 25.
3. *Diga en español:* 6, 16, 26   7, 17, 27   8, 18, 28   9, 19, 29   10, 20, 30.

V. *Dictado: Conversación 5*

VI. *Conversación:*

"Where are you going tonight?"
"To the theater."
"Where is the theater?"
"Across the street from the office."
"Are you going to call Don Antonio?"
"Yes, we are going to eat dinner before the show."
"Very good."

GRAMMAR UNIT 3

9 • Verbs

A verb expresses action or a state of being.

A.

Hablar	*To speak*
Comer	*To eat*
Vivir	*To live*

The infinitive is the simple form of the verb which does not indicate subject or time such as present or past.

B.

INFINITIVE	STEM ENDING
hablar	habl - ar
comer	com - er
vivir	viv - ir

In Spanish all infinitives end in **-ar**, **-er**, **-ir**.

C.

		INFINITIVE	STEM ENDING
hablo	*I speak*	hablar	habl - o
comiste	*you ate*	comer	com - iste
vivirán	*they will live*	vivir	vivir - án

Generally speaking, to conjugate regular verbs, you either remove the infinitive ending from a verb or use the entire infinitive as the stem and add the correct ending which indicates the subject and tense of the verb.
Since the majority of Spanish verbs follow the same rules, most new verbs encountered can be mastered with facility.

10 • Present indicative of regular -ar verbs

Hablar *To speak*

(yo)	habl-o	**Hablo** español.	*I speak* Spanish.
(tú)	habl-as	**Hablas** portugués.	*You are speaking* Portuguese.
(usted, él, ella)	habl-a*	¿**Habla** Juan inglés?	*Does* John *speak* English?
(nosotros, nosotras)	habl-amos	No **hablamos** alemán.	*We don't speak* German.
(vosotros, vosotras)	habl-áis	¿**Habláis** con Manuel?	*Are you speaking* with Manuel?
(ustedes, ellos, ellas)	habl-an*	¿**Hablan** español?	*Do they speak* Spanish?

HABLAR	
hablo	**hablamos**
hablas	**habláis**
habla	**hablan**

To conjugate a regular **-ar** verb in the present indicative remove the infinitive ending and add the appropriate endings as indicated above. Note that Spanish verb forms in the present tense have three possible translations:

Hablo *I speak*
I am speaking
I do speak

The last translation indicated is found most frequently in questions:

¿Hablo fuerte? Do I speak loudly?

* From now on verbal forms for **usted, él** and **ella** will be given as one. Verbal forms for **ustedes, ellos** and **ellas** will also be given as one.

11 • Stress

Ha blạr

hạ blo	ha blạ mos
hạ blas	ha blạ́is
hạ bla	hạ blan

As is pointed out in section 117 of the appendix, whenever a Spanish word ends in a vowel, *n* or *s* the stress falls on the next to the last syllable. If it ends in any other letter the final syllable is stressed. Any words which violate these rules will have a written accent over the letter which should receive the stress. Therefore you should note that in verbs the stress falls on the last syllable of the infinitive. In the present indicative it falls on the next to the last syllable in all forms except that for **vosotros** where the stress falls on the accented vowel of the verbal ending.

12 • Present indicative of ir (to go): irregular

(yo)	voy	**Voy** esta noche.	*I am going* tonight.
(tú)	vas	¿Cuándo **vas**?	When *are you going*?
(usted, él, ella)	va	**Va** al teatro.	*He goes* to the theatre.
(nosotros, nosotras)	vamos	¿No **vamos nosotras** al banco?	*Don*'t we *go* to the bank?
(vosotros, vosotras)	vais	**Vais** a estar aquí.	*You are going* to be here.
(ustedes, ellos, ellas)	van	**Ustedes van** a hablar.	You *are going* to speak.

IR	
voy	**vamos**
vas	**vais**
va	**van**

NOTE:	Deseo **hablar**.	I wish *to speak*.
	Necesito **ir**.	I need *to go*.
But:	Voy **a hablar**.	I am going *to speak*.
	Regresa **a comer**.	He is coming back *to eat*.

With **ir** and other verbs of motion **a** must be used before a following infinitive.

13 ● Preposition a

Llamo **a** Manuel.	I am calling Manuel.
Llamo el gato.	I call the cat.
Espero **a** mi hermano.	I wait for my brother.
Espero el avión.	I am waiting for the plane.

Whenever the direct object of a verb is a person it may be preceded by **a**.

Vamos a Madrid.	We are going to Madrid.
Vamos a la fiesta.	We are going to the party.
Vamos **al** hotel.	We are going to the hotel.
Espero a Manuel.	I am waiting for Manuel.
Espero a la señora.	I am waiting for the lady.
Espero **al** señor.	I am waiting for the gentleman.

The preposition **a** and the article **el** contract to **al**.

14 ● Prepositions en (in, at) and a (to, at) for "at"

Llego al hotel.	*I arrive at* the hotel. (motion)
Estoy en el hotel.	*I am at* the hotel. (no motion)
Trabajan en el hotel.	*They work at* the hotel. (no motion)
Van a casa.	*They are going* home. (motion)
Estudia en casa.	*He studies at* home. (no motion)

En and **a** are the equivalents of *at*. Whenever the verb shows motion toward the place indicated **a** is used. In other cases **en** is used; however, to indicate *proximity*, **a** is used instead of **en,** even when no motion is expressed:

Estamos sentados **a** la mesa.	We are seated *at* the table.

ejercicios

I. *Cambie al plural:*

A. 1. Hablo portugués. **2.** Yo invito a don Antonio. **3.** Regreso al hotel. **4.** Ceno a las siete. **5.** Llego al aeropuerto. **6.** Espero en el restaurante. **7.** Yo llamo a Manuel. **8.** Necesito ir al aeropuerto. **9.** Voy al teatro. **10.** Voy a trabajar hoy.

B. 1. Necesitas hablar español. **2.** No regresas al hotel. **3.** Tú trabajas aquí. **4.** Tú vas a cenar temprano. **5.** No invitas a Manuel. **6.** Usted no llega temprano. **7.** Usted no espera en la oficina. **8.** Ud. invita a mi hermano. **9.** Ud. va al cine. **10.** Ud. va a la iglesia.

C. 1. Él pasa un mes aquí. **2.** Ella espera al señor Pérez. **3.** Él invita a don Antonio. **4.** Ella desea regresar al hotel. **5.** ¿Termina tarde la función? **6.** Ella compra los boletos. **7.** Él cena a las nueve. **8.** Él espera dos horas. **9.** Él va a trabajar en la oficina. **10.** Ella va a pasar un mes en casa.

II. *Cambie las oraciones usando el verbo* **ir** (Change the sentences using the verb **ir**):

EJEMPLO: Yo estudio aquí.
Yo voy a estudiar aquí.

1. Llegan a las ocho. **2.** Trabajamos en la oficina. **3.** Manuel, ¿llama a Antonio? **4.** Regreso al hotel. **5.** ¿Termináis temprano? **6.** Ella compra los boletos.

III. *Conteste las preguntas afirmativamente y luego negativamente:*

1. ¿Habla Ud. español? **2.** ¿Cenan Uds. a las nueve? **3.** ¿Regresáis vosotros al hotel? **4.** ¿Invitas tú a don Manuel? **5.** ¿Van ellos a pasar un mes aquí? **6.** ¿Termina tarde la función? **7.** ¿Dura la función dos horas? **8.** ¿Somos nosotros de los Estados Unidos? **9.** ¿Voy yo al aeropuerto? **10.** ¿Estamos cerca de la librería?

IV. *Conteste en español:*

1. ¿A qué hora cenan Uds.? **2.** ¿Van Uds. al cine? **3.** ¿Habla Ud. inglés? **4.** ¿Desean Uds. hablar español? **5.** ¿Vais a hablar portugués? **6.** ¿Dónde trabaja Ud.? **7.** ¿Trabajan ellas en el restaurante? **8.** ¿Cena Ud. en casa o en el restaurante? **9.** ¿Es buena la comida? **10.** ¿De dónde es Ud.? **11.** ¿Está Ud. bien? **12.** ¿Deseáis vosotros ir al teatro? **13.** ¿Hay otros teatros aquí? **14.** ¿Hay restaurantes caros aquí? **15.** ¿Va Ud. al aeropuerto? **16.** ¿Está el aeropuerto cerca de aquí? **17.** ¿Necesita Ud. trabajar? **18.** ¿Va Ud. a necesitar trabajar? **19.** ¿Cuántos aeropuertos hay aquí? **20.** ¿Cuántos hoteles hay en la plaza? **21.** ¿Cuántos restaurantes hay por aquí? **22.** ¿A qué hora termina la cena? **23.** ¿Cuál es el hotel más barato? **24.** ¿Cuál es el más lujoso?

V. *Pregúntele a otro estudiante:*

1. si trabaja hoy. **2.** si es de los Estados Unidos. **3.** si es estudiante. **4.** dónde está la librería. **5.** cuándo trabaja. **6.** si va al cine. **7.** si el cine es caro. **8.** si hay teatros aquí. **9.** si hay buenos restaurantes por aquí. **10.** dónde cena. **11.** si la comida es buena. **12.** dónde trabaja. **13.** si habla español. **14.** por qué necesita hablar español. **15.** si desea regresar al hotel. **16.** a qué hora va al aeropuerto. **17.** a quién espera. **18.** de dónde llegan ellos.

VI. *Complete las oraciones con* **a**, **al** *o* **el**:

1. Voy ___ restaurante. **2.** Espero ___ María. **3.** Esperamos ___ avión. **4.** Invitas ___ los amigos. **5.** Van ___ aeropuerto. **6.** Llegamos ___ cine. **7.** Deseas regresar ___ hotel. **8.** Vas ___ la librería.

VII. *Complete las oraciones con* **en, en el, a** *o* **al**:

1. Trabaja ___ hotel. **2.** Llega ___ hotel. **3.** Espero ___ aeropuerto. **4.** Estamos ___ casa. **5.** Regresamos ___ casa. **6.** Vamos ___ casa.

VIII. *Diga en español:*

1. What time are we going to eat dinner? **2.** Where are we going to eat dinner? **3.** Is there a good restaurant on the square? **4.** Is there a good restaurant on North Avenue? **5.** I am going to the restaurant. **6.** I am at the restaurant. **7.** My friend is arriving at the restaurant. **8.** I am going to eat dinner in the restaurant. **9.** The food at the restaurant is excellent. **10.** After dinner I go to the movies (*al cine*).

Diana

LECTURA PRIMERA

Llegada a México

Robert Scott, miembro de un grupo de estudiantes de periodismo norteamericanos, llega a la Ciudad de México. Desde la capital de México va a iniciar un viaje por la América latina. En el aeropuerto toma un taxi para ir al hotel. Camino del hotel pasa por el Zócalo donde están la Catedral y el Palacio Nacional, y por el Paseo de la Reforma donde están la fuente de Diana y el monumento a Cuauhtémoc, el último emperador de los Aztecas.

En el hotel, Robert experimenta las dificultades de estar en un país de idioma distinto. Aunque habla castellano, la facilidad y la rapidez con que hablan los nativos desaniman a Robert.

Un día unos amigos invitan a Robert a ir al Palacio de Bellas Artes para una actuación del Ballet Folklórico Nacional. Después de la función los amigos llevan a Robert a Sanborn's Casa de Azulejos para tomar unos refrescos.

Días después Robert va a la Universidad Nacional. Allí aprovecha la ocasión para practicar el español. Unos estudiantes con quienes charla invitan a Robert a pasear por la Ciudad Universitaria. Robert admira los modernos edificios algunos de los cuales son famosos por los murales que adornan las fachadas. Uno de los estudiantes acompaña a Robert al hotel. Camino de vuelta, pasan por los Jardines Pedregal donde Robert admira modernas y elegantes residencias, y por el Parque de Chapultepec donde está el famoso castillo con los recuerdos de Maximiliano y Carlota. Ya de vuelta en el hotel, Robert contempla desde el balcón el esplendor que presenta la ciudad de noche.

Zócalo

Preguntas:

1. ¿Quién es Robert Scott? **2.** ¿De qué nacionalidad es Robert? **3.** ¿Cuál es su profesión? **4.** ¿Qué edificios notables hay en el Zócalo? **5.** ¿Dónde está la fuente de Diana en la Ciudad de México? **6.** ¿Qué desanima a Robert? **7.** ¿Dónde va Robert con unos amigos? **8.** ¿Con quién charla Robert para practicar el español? **9.** ¿Qué admira Robert en la Ciudad Universitaria? **10.** ¿Quién acompaña a Robert al hotel? **11.** ¿Dónde está el famoso castillo de Maximiliano y Carlota? **12.** ¿Qué contempla Robert desde el balcón?

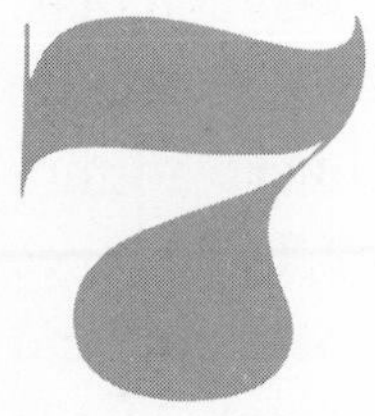

Mandando un telegrama

ROBERT: ¿A cuánto estamos?

MANUEL: Ya estamos a mediados de mes. Hoy es el diecisiete de setiembre.

ROBERT: ¿Es posible? Debo buscar una oficina de telégrafos ahora mismo.

MANUEL: Debe haber una por aquí, camino del hotel.

ROBERT: ¿A qué hora abren?

MANUEL: A ver. Hoy es lunes. Deben abrir a las dos y media.

ROBERT: ¿Qué hora es ahora?

MANUEL: Todavía es temprano. Es la una. ¿Comemos entonces?

ROBERT: Creo que no es una mala idea. Mientras comemos decido lo que voy a escribir.

MANUEL: ¿A quién envías el telegrama?

ROBERT: A mi amigo Carlos Ibáñez que vive en Managua.

MANUEL: ¿Deseas tomar algo?

ROBERT: No, gracias, nunca bebo nada a mediodía.

ROBERT (*unos minutos después*): Aquí está el telegrama: "Prometo decidir fecha cuanto antes. Escribo pronto."

MANUEL: Robert, ¿de qué fecha hablas en el telegrama?

ROBERT: De mi partida para Nicaragua.

TELEGRAMA

Serial

N.º

Destino

Palabras Día Hora Vía

Indicaciones

DESTINATARIO:

Teléfono:

Señas:

TEXTO:

Sending a telegram

ROBERT: *What's the date?*

MANUEL: *We're already in the middle of the month. Today is the 17th of September.*

ROBERT: *Is it possible? I must look for a telegraph office right away.*

MANUEL: *There ought to be one around here, on the way to the hotel.*

ROBERT: *At what time do they open?*

MANUEL: *Let's see. Today is Monday. They must open at two thirty.*

ROBERT: *What time is it now?*

MANUEL: *It's still early. It's one o'clock. Shall we eat then?*

ROBERT: *I think that it isn't a bad idea. While we eat I'll decide what I am going to write.*

MANUEL: *To whom are you sending the wire?*

ROBERT: *To my friend Carlos Ibáñez who lives in Managua.*

MANUEL: *Do you wish to have (take) something to drink?*

ROBERT: *No, thanks, I never drink anything at noon.*

ROBERT (a few minutes afterwards): *Here's the telegram: "(I) promise to decide date as soon as possible. (I will) write soon."*

MANUEL: *Robert, of what date are you talking in the telegram?*

ROBERT: *Of my departure for Nicaragua.*

ejercicios

I. *Sustitución:*

1. Hoy es el 17 de setiembre.
lunes / la fecha de mi partida / el siete de setiembre

2. Busco una oficina de telégrafos ahora mismo.
por aquí / camino del hotel / a las dos / antes de la una

3. ¿Cuándo abren, a las dos y media?
a mediodía / pronto / temprano / después de la una

4. Busco una oficina por aquí.
Hay / Debe haber* / Creo que hay / Creo que debe haber

5. Deben abrir a las dos.
Abren / Comemos / Debemos comer / Prometo decidir / Decido

II. *Conteste en español:*

1. ¿A cuánto estamos? **2.** ¿Qué fecha es hoy? **3.** ¿Qué busca Robert? **4.** ¿Cuándo busca la oficina de telégrafos? **5.** ¿Por dónde busca la oficina de telégrafos? **6.** ¿Qué día es hoy? **7.** ¿Qué hora es? **8.** ¿A quién envía el telegrama? **9.** ¿Qué escribe Robert mientras come? **10.** ¿Quién es Carlos Ibáñez? **11.** ¿Dónde vive Carlos? **12.** ¿Dónde vive Ud.? **13.** ¿Qué bebe Robert a mediodía? **14.** ¿Qué bebe Ud. a mediodía? **15.** ¿Qué escribe en el telegrama? **16.** ¿De qué fecha habla?

III. *Dígale a otro estudiante* (Tell another student):

1. que hoy es el 17 de setiembre. **2.** que Ud. busca una oficina de telégrafos. **3.** que debe haber una por aquí. **4.** que hay una oficina camino del hotel. **5.** que todavía es temprano. **6.** que no es una mala idea. **7.** que Ud. envía un telegrama. **8.** que Ud. escribe a Carlos. **9.** que promete decidir pronto. **10.** que escribe cuanto antes.

IV. *Pregúntele a otro estudiante:*

1. a cuánto estamos. **2.** cuál es la fecha. **3.** qué busca ahora mismo. **4.** dónde está la oficina de telégrafos. **5.** a qué hora abren. **6.** qué hora es.

---

* **Haber** is the infinitive from which **hay** comes.

7. qué escribe. **8.** a quién envía el telegrama. **9.** quién es Carlos. **10.** dónde vive. **11.** qué desea tomar. **12.** qué escribe en el telegrama. **13.** de qué fecha habla.

V. *Diga en español:*

1. What's the date? **2.** We're in the middle of the month. **3.** We're at the 17th of September. **4.** Today is the 17th. **5.** Right away. **6.** There is one. **7.** There ought to be one. **8.** Around here. **9.** On the way to the hotel. **10.** What time do they open? **11.** Let's see. **12.** Today is Monday. **13.** It's still early. **14.** No, thanks. **15.** A few minutes afterwards. **16.** As soon as possible. **17.** What date are you talking about? **18.** What time are we going? **19.** Good idea. **20.** At 7:00 on the dot. **21.** It's one. **22.** At two thirty. **23.** What time is he arriving? **24.** At a quarter to eleven. **25.** How much time are they going to spend here? **26.** Thank you. **27.** Excuse me. **28.** Good-bye. **29.** Please. **20.** So long.

VI. *Dictado: Conversación 5*

VII. *Conversaciones:*

A. Talk to a friend about sending a telegram.

B. Send a telegram.

Monument to Cuauhtémoc

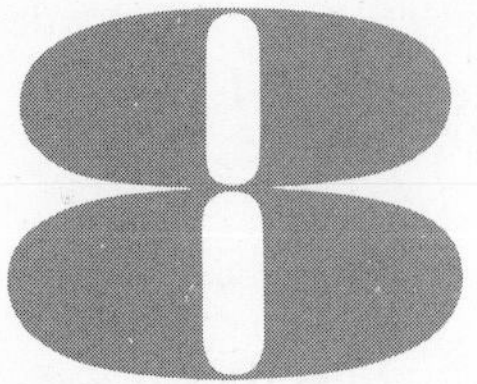

CONVERSACIÓN

Haciendo planes

ROBERT: ¿Qué fecha es hoy?

MANUEL: Hoy es jueves, el veinte de setiembre. ¿Cuándo partes para Managua?

ROBERT: Probablemente en la primera semana de octubre.

MANUEL: ¿Cuánto tiempo vas a pasar allí?

ROBERT: Unas tres semanas.

MANUEL: ¿A dónde vas después? ¿A Sudamérica?

ROBERT: Sí. Éstos son mis planes. Paso noviembre y diciembre en Colombia, enero en Ecuador, febrero y marzo en Perú, abril en Chile, mayo y junio en Argentina, julio en Uruguay, y agosto en Brasil y Venezuela; y en setiembre de nuevo en México.

MANUEL: ¿Estás libre este fin de semana?

ROBERT: Sí. Como siempre, trabajo lunes, martes y miércoles de ocho a once; jueves y viernes trabajo todo el día, y sábado y domingo estoy libre.

MANUEL: ¿Adónde vamos el* sábado? ¿A Oaxaca?

ROBERT: ¡Buena idea! ¿Cómo se** va hasta allí?

MANUEL: Muy fácil. Se toma el avión. Los* sábados hay tres aviones. El primero a las diez de la mañana, el segundo por la tarde a las dos, y el tercero a las siete de la noche.

ROBERT: Tomamos el primer avión, ¿no?

---

* **El, los** are used with days of the week, when the same idea is expressed in English by *on*:
Voy **el** lunes. I'm going *on* Monday.

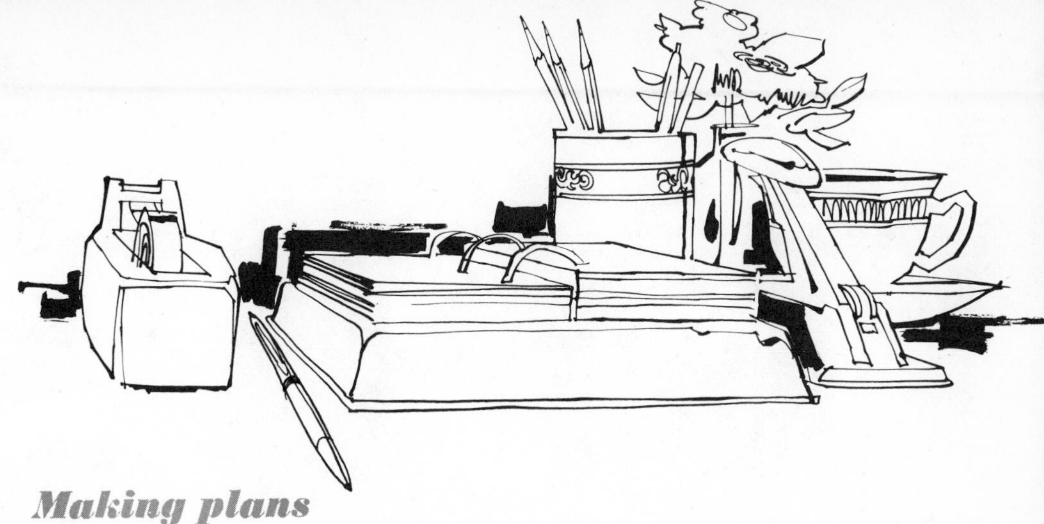

Making plans

ROBERT: *What date is today?*

MANUEL: *Today is Thursday, September 20. When are you leaving for Managua?*

ROBERT: *Probably in the first week of October.*

MANUEL: *How much time are you going to spend there?*

ROBERT: *Some three weeks.*

MANUEL: *Where are you going afterwards? To South America?*

ROBERT: *Yes. These are my plans. I'm spending November and December in Colombia, January in Ecuador, February and March in Peru, April in Chile, May and June in Argentina, July in Uruguay, and August in Brazil and Venezuela; and in September again in Mexico.*

MANUEL: *Are you free this weekend?*

ROBERT: *Yes. As always, I work Monday, Tuesday and Wednesday from eight to eleven; Thursday and Friday I work all day, and Saturday and Sunday I am free.*

MANUEL: *Where are we going on Saturday? To Oaxaca?*

ROBERT: *Good idea! How does one go there?*

MANUEL: *Very easy. You take the plane. On Saturdays there are three planes. The first one at ten A.M., the second in the afternoon at two, and the third at seven P.M.*

ROBERT: *We'll take the first plane, huh?*

** **Se** is an impersonal form, used with the third person singular of a verb. It is usually translated *you, one, they*:

En España **se bebe** vino. In Spain *you* (*one, they*) *drink* wine.

ejercicios

I. *Sustitución:*

1. Hoy es jueves.

viernes / sábado / domingo / lunes

2. Hoy es el 20 de setiembre.

el 20 de octubre / el 20 de noviembre / el 20 de diciembre / el 17 de abril / el 17 de mayo / el 17 de junio
el primero* de enero / el primero de febrero / el primero de marzo
el dos de junio / el dos de julio / el dos de agosto

3. Voy a Colombia en el mes de noviembre.

enero / marzo / agosto / diciembre

4. Parto para Managua el primero de octubre.

la primera semana de abril / a mediados de junio / este fin de semana / el sábado

5. ¿Estás libre este fin de semana?

esta tarde / el lunes / hoy / mañana

---

* Note that the ordinal number **primero** is used for the first of the month, but that the cardinal numbers **dos, tres,** etc. are used for the other days of the month.

6. Estoy libre hoy a mediodía.
   mañana a las siete / esta noche a las nueve / por la tarde / todo el día

7. Hay un avión a las diez de la mañana.
   el sábado por la tarde / el primer día de la semana / miércoles a las siete de la noche

II. *Conteste las preguntas según la conversación:*

1. ¿Qué día es hoy? **2.** ¿Qué fecha es hoy? **3.** ¿Cuándo parte Robert para Managua? **4.** ¿Cuánto tiempo va a pasar allí? **5.** ¿Adónde va en noviembre? **6.** ¿Qué mes pasa en Ecuador? **7.** ¿Cuándo va Ud. a México? **8.** ¿Está Ud. libre este fin de semana? **9.** ¿Cuándo trabaja Robert de ocho a once? **10.** ¿Cuándo trabaja Robert todo el día? **11.** ¿Trabaja Ud. sábado y domingo? **12.** ¿Cómo se va hasta Oaxaca? **13.** ¿Cuántos aviones hay los sábados? **14.** ¿A qué hora es el primero? **15.** ¿Cuántos aviones hay por la tarde? **16.** ¿A qué hora van a tomar el avión Robert y Manuel?

III. *Repita en español* (Repeat in Spanish):

1. la primera semana, el primer día
2. la segunda hora, el segundo mes

IV. *Diga en inglés lo que le sugieren las fechas siguientes* (Say in English what the following dates suggest to you):

1. El primero de enero. **2.** El doce de octubre. **3.** El primero de mayo. **4.** El veinticinco de diciembre.

V. *Pregúntele a otro estudiante:*

1. qué día es hoy. **2.** qué hora es. **3.** a qué hora cena. **4.** si va al aeropuerto por la tarde. **5.** si la oficina de telégrafos abre a mediodía. **6.** a qué hora de la mañana abre el restaurante. **7.** si está libre este fin de semana. **8.** si está libre hoy. **9.** si va al teatro esta noche. **10.** cuándo va a México. **11.** a qué hora va a tomar el avión. **12.** a qué hora va a llamar a Carlos.

VI. *Dictado: Conversación 7*

VII. *Conversación:*

Invite a friend to take a trip with you. Decide upon a time and place to meet.

GRAMMAR UNIT 4

15 • Present indicative of regular -er verbs

Comer To eat

(yo)	com-o	**Como** en casa.	*I eat* at home.
(tú)	com-es	¿**Comes** ahora?	*Are you eating* now?
(usted, él, ella)	com-e	¿No **come ella** en el restaurante?	*Doesn't she eat* at the restaurant?
(nosotros, nosotras)	com-emos	¿**Comemos*** entonces?	*Shall we eat* then?
(vosotros, vosotras)	com-éis	**Coméis** postre.	*You eat* dessert.
(ustedes, ellos, ellas)	com-en	**Ellos comen** tacatamales.	*They eat* tacatamales.

COMER	
como	**comemos**
comes	**coméis**
come	**comen**

To conjugate a regular **-er** verb in the present indicative, remove the infinitive ending and add the appropriate endings as indicated above.

16 • Present indicative of regular -ir verbs

Vivir To live

(yo)	viv-o	**Vivo** en Managua.	*I live* in Managua.
(tú)	viv-es	¿**Vives** cerca?	*Do you live* near?
(usted, él, ella)	viv-e	No **vive** aquí.	*He does*n't *live* here.
(nosotros, nosotras)	viv-imos	**Vivimos** en la ciudad.	*We are living* in the city.
(vosotros, vosotras)	viv-ís	**Vivís** felices.	*You live* happily.
(ustedes, ellos, ellas)	viv-en	¿No **viven ellas** lejos?	*Do*n't *they live* far (away)?

---

* Occasionally in Spanish you will find verbs in the present tense convey meaning in the future.

VIVIR	
vivo	**vivimos**
vives	**vivís**
vive	**viven**

To conjugate a regular **-ir** verb in the present indicative, remove the infinitive ending and add the appropriate endings as indicated above. (From now on, all verbs will be presented without separation between the stem and the endings.)

17 • Cardinal numbers (one, two, three, etc.)

1 uno	**24** veinticuatro	**71** setenta y uno
2 dos	**25** veinticinco	**72** setenta y dos
3 tres	**26** veintiséis	**73** setenta y tres
4 cuatro	**27** veintisiete	**80** ochenta
5 cinco	**28** veintiocho	**81** ochenta y uno
6 seis	**29** veintinueve	**82** ochenta y dos
7 siete	**30** treinta	**83** ochenta y tres
8 ocho	**31** treinta y uno	**90** noventa
9 nueve	**32** treinta y dos	**91** noventa y uno
10 diez	**33** treinta y tres	**92** noventa y dos
11 once	**40** cuarenta	**93** noventa y tres
12 doce	**41** cuarenta y uno	**100** cien
13 trece	**42** cuarenta y dos	**101** ciento uno**
14 catorce	**43** cuarenta y tres	**102** ciento dos
15 quince	**50** cincuenta	**103** ciento tres
16 dieciséis*	**51** cincuenta y uno	**200** doscientos, doscientas
17 diecisiete	**52** cincuenta y dos	**300** trescientos, trescientas
18 dieciocho	**53** cincuenta y tres	**400** cuatrocientos, cuatrocientas
19 diecinueve	**60** sesenta	**500** quinientos, quinientas
20 veinte	**61** sesenta y uno	**600** seiscientos, seiscientas
21 veintiuno*	**62** sesenta y dos	**700** setecientos, setecientas
22 veintidós	**63** sesenta y tres	**800** ochocientos, ochocientas
23 veintitrés	**70** setenta	**900** novecientos, novecientas

* Numbers **16** through **19**, and **21** through **29** may also be given as three separate words: **diez y seis, diez y siete,** etc. and **veinte y uno, veinte y dos,** etc.

** In Spanish **y** (*and*) is never used after hundreds: **101** ciento **uno** one hundred (*and*) *one.*

1.000 mil*	**2.110** dos mil ciento diez
1.100 mil cien**	**20.000** veinte mil
1.200 mil doscientos (-as)	**21.000** veintiún mil
1.300 mil trescientos (-as)	**100.000** cien mil
2.000 dos mil	**1.000.000** un millón (de)
2.100 dos mil cien	**2.000.000** dos millones (de)

a) **uno**

uno	*one*
veinti**uno**	twenty-*one*
treinta y **uno**	thirty-*one*
un millón	*one* million
veinti**ún** mil	twenty-*one* thousand
treinta y **un** mil	thirty-*one* thousand
un libro	*one* book
veinti**ún** libros	twenty-*one* books
treinta y **un** libros	thirty-*one* books
una casa	*one* house
veinti**una** casas	twenty-*one* houses
treinta y **una** casas	thirty-*one* houses

The word **uno**, which is used in counting, becomes **un** before another number or a masculine noun, and becomes **una** before a feminine noun.

b) **cien**

cien	*one hundred*
cien mil	*one hundred* thousand
cien libros	*one hundred* books
cien casas	*one hundred* houses
ciento uno	*one hundred one*
ciento un mil	*one hundred one* thousand
ciento un libros	*one hundred one* books
ciento una casas	*one hundred one* houses

* In Spanish numbers, a period is used where a comma is used in English, and vice versa: **1.200,99** *1,200.99*.

** Numbers such as **1.100** are expressed only as **mil cien** (*one thousand one hundred*) and never as *eleven hundred* as is sometimes done in English.

The word **cien**, *one hundred*, is replaced by **ciento** when it is followed by a number smaller than one hundred.

c) **doscientos, doscientas**

doscientos	two hundred
doscientos mil	two hundred thousand
doscien**tos** libros	two hundred books
doscien**tas** casas	two hundred houses
doscien**tos** un libros	two hundred one books
doscien**tas** una casas	two hundred one houses

The hundreds, starting with **doscientos**, have both masculine and feminine forms and will agree with nouns to which they refer.

18 • Ordinal numbers (first, second, third, etc.)

las **primeras** semanas	the *first* weeks
el **segundo** año	the *second* year
la **cuarta** avenida	the *fourth* avenue

primero	first
segundo	second
tercero	third
cuarto	fourth
quinto	fifth
sexto	sixth
séptimo	seventh
octavo	eighth
noveno	ninth
décimo	tenth

Ordinal numbers agree with the nouns they modify.

NOTE:	el **primer** libro	the first book
	el libro **primero**	the first book
	el **tercer** libro	the third book
	el libro **tercero**	the third book

Primero and **tercero** drop the final *o* before a masculine singular noun.

19 • Dates

Hoy es jueves, el veinte de setiembre.	Today is Thursday, September 20.
Hoy es el diecisiete de octubre.	Today is the 17th of October.
Mañana es el primero de enero.	Tomorrow is January 1st.
Hoy es el dos de marzo.	Today is the second of March.
El doce de octubre de mil cuatrocientos noventa y dos.	October 12, 1492.

a) When giving a date the cardinal numbers (**uno, dos, tres,** etc.) are used for all except the *first*. Then the ordinal **primero** is used.
b) Note that in Spanish there is only one word order that can be used to express a date.

20 • Time of day

¿Qué hora es?	What time is it?
Es la una.	It is one o'clock.
Son las dos.	It is two.
Es la una y cuarto.	It is quarter after one.
Son las dos y media.	It is two thirty.
Son las tres menos cuarto.	It is quarter to three.
Son las once y veinte.	It is eleven twenty.
Son las doce menos diez.	It is ten to twelve.

a) In expressions of time **ser** is used. **Una** and time combination with **una** take a singular verb. All other hours take a plural verb.
b) To express the quarter-hours you say **y cuarto** (*quarter after*), **y media** (*half past*), **menos cuarto** (*quarter to*).
c) To express minutes between the hour and the following half hour (*e.g. 7:00–7:30*) you say the hour and add, with the use of **y**, the correct number of minutes: **la una y cinco** (*1:05*); **las siete y veintinueve** (*7:29*).
d) To express minutes between the half hour and the following hour (*e.g. 7:30–8:00*) you say the next hour (*8:00*) and subtract, with the use of **menos** (*minus*), the correct number of minutes: **la una menos diez** (*12:50*); **las ocho menos quince** (*7:45*).
e) To express A.M. you say **de la mañana**. To express P.M. you use **de la tarde** for afternoon and **de la noche** for evening: **las ocho de la mañana, las tres de la tarde, las siete de la noche.**

ejercicios

I. *Cambie las frases siguientes al plural:*

A. **1.** ¿Como yo? **2.** Creo que es una buena idea. **3.** Decido pronto. **4.** No vivo en Managua. **5.** Nunca bebo nada. **6.** Debo comer algo. **7.** Escribo un telegrama. **8.** ¿Abro yo la oficina?

B. **1.** Abres al mediodía. **2.** Comes algo. **3.** ¿Partes para Managua? **4.** No prometes escribir pronto. **5.** No bebes café. **6.** ¿Vives en los Estados Unidos? **7.** Decides la fecha. **8.** Crees eso.

C. **1.** Parto a la una. **2.** Comes ahora mismo. **3.** Ud. escribe algo. **4.** ¿Promete él abrir la oficina? **5.** Yo no vivo aquí. **6.** Ella no debe partir el lunes. **7.** Decides cuanto antes.

D. **1.** Él vive en Managua. **2.** Ella cree que vamos hoy. **3.** Ud. debe beber algo. **4.** Escribes la carta. **5.** ¿Vive lejos el amigo? **6.** ¿Abre la oficina? **7.** No decides pronto. **8.** ¿Parte Ud. cuanto antes? **9.** Ella come en el restaurante. **10.** Ud. no bebe nada.

II. *Conteste afirmativamente y luego negativamente:*

1. ¿Estás libre hoy? **2.** ¿Está libre Robert este fin de semana? **3.** ¿Escribimos un telegrama? **4.** ¿Comen ellos al mediodía? **5.** ¿Parte Ud. a las siete en punto? **6.** ¿Debo decidir hoy? **7.** ¿Prometen Uds. trabajar el sábado?

III. *Conteste en español:*

1. ¿A qué hora cena Ud.? **2.** ¿A qué hora come Ud.? **3.** ¿Viven Uds. cerca? **4.** ¿Abren la oficina a las ocho? **5.** ¿Escribes a Robert? **6.** ¿Prometemos ir al teatro? **7.** ¿Dónde comes tú?

IV. **A.** *Cuente de uno a veinte.*

B. *Cuente de cien en cien hasta mil* (Count by hundreds to one thousand).

V. *Diga en español:*

1, 11; 2, 12, 22; 3, 13, 33; 4, 14, 44; 5, 15, 55; 6, 16, 66; 7, 17, 77; 8, 18, 88; 9, 19, 99; 100, 101, 202; 313, 424, 535; 646, 757, 868, 979; 1.000, 2.000, 1.973; 1.000.000; 2.000.000; 3.579.854.

VI. *Sustitución:*

1. Enviamos 200 libros.
400 cartas / 501 libros / 601 cartas / 700 libros / 800 cartas

2. Hay 100 casas.
100 hoteles / 101 casas / 101 hoteles / 1.000 casas / 1.000.000 hoteles

VII. *Conteste en español:*

EJEMPLO: ¿Cuál es el primer día de la semana?
Domingo es el primer día de la semana.

1. ¿Cuál es el primer día de la semana? **2.** ¿Cuál es el segundo día de la semana? **3.** ¿Cuál es el tercer día de la semana? **4.** ¿Cuál es el cuarto día de la semana? **5.** ¿Cuál es el quinto día de la semana? **6.** ¿Cuál es el sexto día de la semana? **7.** ¿Cuál es el séptimo día de la semana?

VIII. *Diga en español:*

1. I'm going on Tuesday. **2.** Monday is the second day of the week. **3.** On Wednesdays there are four planes. **4.** You work Thursdays. **5.** He is leaving on a Friday. **6.** Tomorrow is Saturday. **7.** Sunday is the fifth of January.

IX. *Diga en español:*

A. **1.** January 1, 1942. **2.** February 14, 1829. **3.** July 4, 1776. **4.** August 10, 1936. **5.** October 12, 1492. **6.** December 5, 1955.

B. **1.** It is 1:00 AM. **2.** It is 3:00 sharp. **3.** It is 4:15 PM. **4.** It is 8:30 PM. **5.** It is 10:45 AM. **6.** It's 11:55. **7.** It's noon. **8.** It's midnight. **9.** I am arriving at 7:00 in the morning. **10.** I am arriving in the afternoon.

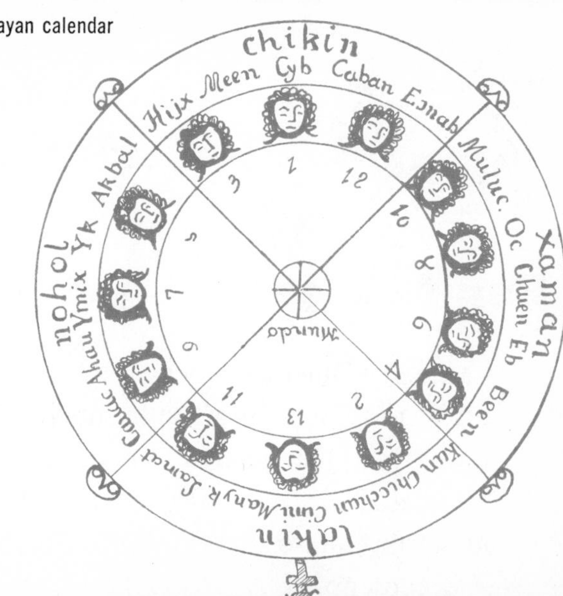

Mayan calendar

Aztec calendar

CONVERSACIÓN

Vamos a comer

CARLOS: ¿Quieres comer algo?

ROBERT: ¡Cómo no! Tengo mucha hambre y aun más sed.

CARLOS: ¿Qué quieres, comer ahora o esperar hasta volver a casa?

ROBERT: Quiero comer ahora. Sugiero comer en un restaurante cercano.

CARLOS: Hombre, recuerdo que por aquí tenemos el mejor restaurante de la ciudad.

CARLOS (*en el restaurante*): Yo siempre vengo aquí. La comida es buena y cuesta menos que en otros sitios.

ROBERT: Aquí hay unas mesas libres. ¿Cuál prefieres, la* redonda o la* que está cerca de la ventana?

CARLOS: Prefiero la redonda. Es más pequeña, pero es tan conveniente como la otra.

CAMARERO: Aquí tienen el menú. ¿Qué desean los señores?

CARLOS: Robert, ¿podemos comenzar con una sopa fría?

ROBERT: Sí, y después tacatamales que es un plato típico de Nicaragua.

CAMARERO: ¿Qué prefieren los señores para beber: cerveza, vino o agua?

ROBERT: Una botella de cerveza, por favor, y de postre una torta helada de chocolate.

CARLOS: Y para terminar, dos cafés negros, ¿no?

ROBERT: No, para mí, mejor una taza de té bien caliente.

Let's go eat

CARLOS: *Do you want to eat something?*

ROBERT: *Of course! I am hungry and even thirstier (I have hunger and even more thirst).*

CARLOS: *What do you want, to eat now or to wait until returning home?*

ROBERT: *I want to eat now. I suggest eating in a nearby restaurant.*

CARLOS: *Man, I remember that around here we have the city's best restaurant.*

CARLOS (at the restaurant): *I always come here. The food is good and it costs less than at other places.*

ROBERT: *Here are some free tables. Which do you prefer, the round one or the one that is close to the window?*

CARLOS: *I prefer the round one. It is smaller but it is as convenient as the other one.*

WAITER: *Here you have the menu. What do the gentlemen wish?*

CARLOS: *Robert, can we begin with a cold soup?*

ROBERT: *Yes, and afterwards tacatamales which is a typical dish of Nicaragua.*

WAITER: *What do the gentlemen prefer to drink: beer, wine or water?*

ROBERT: *A bottle of beer, please, and for dessert a frozen chocolate cake.*

CARLOS: *And to finish, two black coffees. All right?*

ROBERT: *No, for me, better a cup of very hot tea.*

---

* At times, in order to avoid the repetition of a noun, you can replace it with a definite article followed by an adjective or a clause:

la mesa redonda	the round table
la redonda	*the round one*
la mesa que está cerca de la ventana	the table which is near the window
la que está cerca de la ventana	*the one which is* near the window

ejercicios

I. *Sustitución:*

1. ¿Quieres comer algo?

postre / un sandwich / un plato típico / en un restaurante cercano / en casa

2. Prefiero una sopa fría.

una cerveza / una torta helada / una hamburguesa / chocolate caliente / té helado

3. Tengo hambre.

mucha sed / una buena idea / una mesa libre / una botella de vino

II. *Conteste en español:*

1. ¿Quieres comer algo? **2.** ¿Tienes hambre? **3.** ¿Tienes sed? **4.** ¿Quieres comer ahora en el restaurante? **5.** ¿Quieres comer en casa? **6.** ¿Quieres volver a casa? **7.** ¿Cómo es la comida en este restaurante? **8.** ¿Es cara o barata la comida? **9.** ¿Prefieres un restaurante caro o uno barato? **10.** ¿Sugieres una mesa redonda o una cuadrada (*square*)? **11.** ¿Quieres una botella de cerveza o una de vino? **12.** ¿Y para terminar prefieres tomar una taza de café o una de té? **13.** ¿Prefieres el restaurante que está en la plaza o el que está cerca de casa?

III. *Pregúntele a otro estudiante:*

1. si quiere comer. **2.** si tiene mucha hambre. **3.** si tiene mucha sed. **4.** si quiere comer aquí. **5.** si quiere volver a casa. **6.** si prefiere la mesa redonda o la que está cerca de la ventana. **7.** si la mesa redonda es tan conveniente como la otra. **8.** qué desea tomar. **9.** qué desea de postre. **10.** si prefiere beber cerveza, vino o agua.

IV. *Conteste en español:*

1. En este restaurante, ¿la comida cuesta menos o más que en otros sitios? **2.** ¿La mesa redonda es más conveniente que la otra? **3.** ¿Este restaurante es tan bueno como el otro? **5.** ¿Es este restaurante el mejor de la ciudad? **6.** ¿Es este restaurante mejor que el otro?

V. *Dictado: Conversación 8*

VI. *Conversaciones:*

A. "Do you want to eat something?"
"No, I'm not hungry."
"Where do you want to go?"
"I prefer to return home."

B. "Here you have the menu, gentlemen."
"Waiter, what do you suggest to start?"
"I suggest a hot soup and the typical dish tacatamales."
"Good. And to drink a cup of coffee, please."

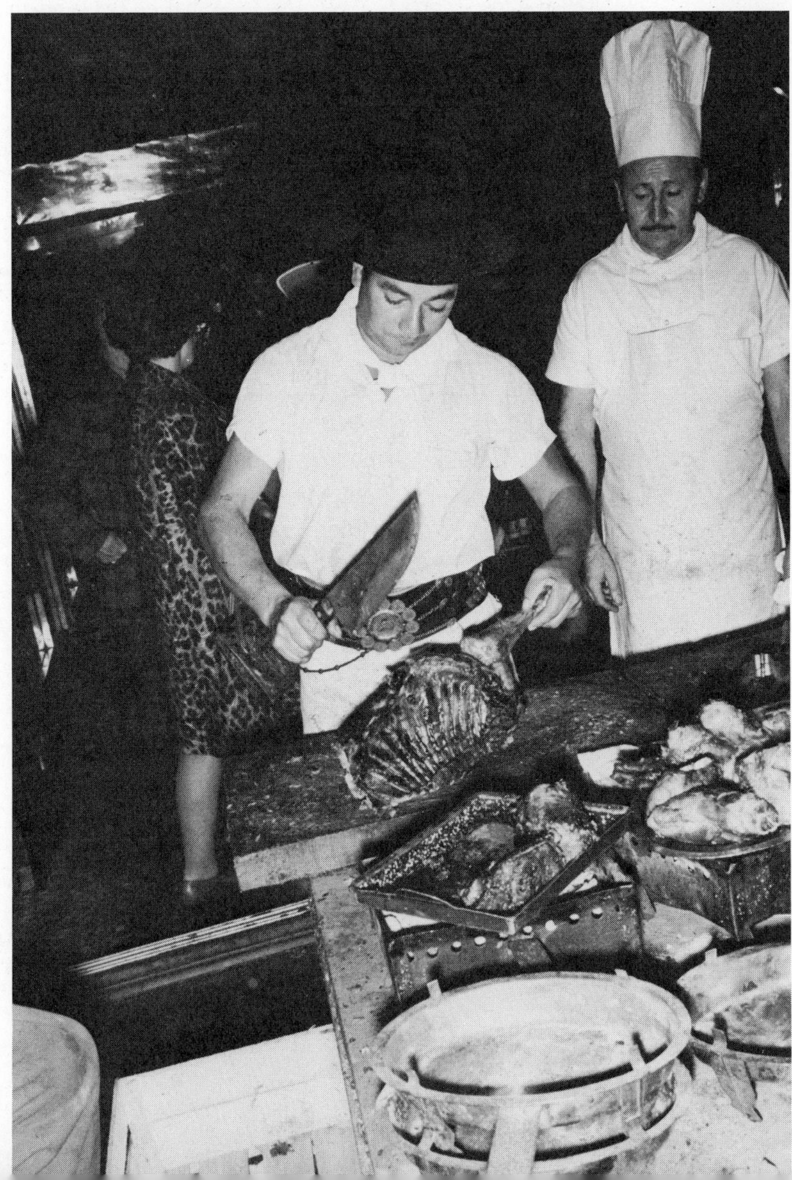

GRAMMAR UNIT 5

21 • Present indicative of radical changing verbs o>ue; e>ie

Recuerdo que por aquí tenemos el mejor restaurante.	*I remember* that around here we have the best restaurant.
¿Cuál **prefieres**?	Which one *do you prefer*?
¿Qué **quiere Ud.** comer ahora?	What *do you want* to eat now?
Podemos comenzar.	*We can* begin.
¿Qué **sugerís**?	What *do you suggest*?
¿Qué **prefieren** los señores?	What *do* the gentlemen *prefer*?

-ar (ue)

RECORDAR *to remember*	
rec**ue**rdo	recordamos
rec**ue**rdas	recordáis
rec**ue**rda	rec**ue**rdan

-er (ue)

VOLVER *to return*	
v**ue**lvo	volvemos
v**ue**lves	volvéis
v**ue**lve	v**ue**lven

-ir (ue)

DORMIR *to sleep*	
d**ue**rmo	dormimos
d**ue**rmes	dormís
d**ue**rme	d**ue**rmen

-ar (ie)

COMENZAR *to begin*	
com**ie**nzo	comenzamos
com**ie**nzas	comenzáis
com**ie**nza	com**ie**nzan

-er (ie)

QUERER *to want*	
qu**ie**ro	queremos
qu**ie**res	queréis
qu**ie**re	qu**ie**ren

-ir (ie)

SUGERIR *to suggest*	
sug**ie**ro	sugerimos
sug**ie**res	sugeris
sug**ie**re	sug**ie**ren

In the present indicative certain verbs change the last vowel in the stem to a diphthong whenever the stress falls on that vowel; **o** becomes **ue**, **e** becomes **ie**.

22 • Present indicative of tener and venir: irregular

Tengo mucha **hambre**.	*I am* very *hungry*.
Yo siempre **vengo** aquí.	I always *come* here.
Aquí **tienen** el menú.	Here *you have* the menu.
Aquí **vienen** los señores.	Here *come* the gentlemen.
Aquí **tenemos** el mejor restaurante.	Here *we have* the best restaurant.
Siempre **venimos** aquí.	*We* always *come* here.

TENER (ie)	
tengo	**tenemos**
tienes	**tenéis**
tiene	**tienen**

VENIR (ie)	
vengo	**venimos**
vienes	**venís**
viene	**vienen**

Tener and **venir** are radical changing verbs with an irregular first person singular in the present indicative.

23 • Forms and agreement of descriptive adjectives

A.

el hotel **nuevo**	the *new* hotel
los hoteles **nuevos**	the *new* hotels
la casa **nueva**	the *new* house
las casas **nuevas**	the *new* houses
el teatro **grande**	the *big* theater
los teatros **grandes**	the *big* theaters
la casa **grande**	the *big* house
las casas **grandes**	the *big* houses
un libro **azul**	a *blue* book
unos libros **azules**	some *blue* books
una casa **azul**	a *blue* house
unas casas **azules**	some *blue* houses

a) Adjectives agree with nouns they modify in gender and number.
b) When the masculine singular of an adjective ends in *o* you can form the feminine by changing the *o* to *a*. The plurals of these adjectives are formed by adding *s*.
c) An adjective ending in *e* has the same form for both masculine and feminine. The plurals are formed by adding *s*.
d) There also are adjectives which end in a consonant. They have the same form for both masculine and feminine except adjectives of nationality which add *a* for the feminine. The masculine plurals are formed by adding *es*.

B.

La casa y **la** iglesia son **blancas.**	The house and the church are white.
El restaurante y **el** café son **antiguos.**	The restaurant and the café are old.
El café y **la** casa son **nuevos.**	The café and the house are new.

Adjectives modifying more than one noun are plural. If any of the nouns is masculine the adjective is masculine.

24 • Position of adjectives

A.	el libro **azul**	the *blue* book
	la iglesia **blanca**	the *white* church

Adjectives often follow the nouns they modify.

B.	los amigos **buenos**	the *good* friends
	una **buena** amiga	a *good* friend
	un **buen** amigo	a *good* friend
	las amigas **malas**	the *bad* friends
	unos **malos** amigos	some *bad* friends
	un **mal** amigo	a *bad* friend

The adjectives **bueno** and **malo** occasionally precede the nouns they modify. When they do, the masculine singular forms drop the *o*.

C.	el hombre **grande**	the *big* (*large*) man
	las señoras **grandes**	the *big* (*large*) ladies
	unos **grandes** hombres	some *big* (*great*) men
	unas **grandes** señoras	some *big* (*great*) ladies
	un **gran** hombre	a *big* (*great*) man
	una **gran** señora	a *big* (*great*) lady

The adjective **grande** occasionally precedes the noun it modifies. When it does, the meaning changes from the literal *big*, *large* (referring to size) to the figurative *big*, *great*. When **grande** precedes, it shortens to **gran** before both masculine and feminine nouns.

25 • Comparative and superlative forms of adjectives: regular

POSITIVE	COMPARATIVE	SUPERLATIVE
cara expensive	**más** cara *more* expensive	**la más** cara *the most* expensive
	menos cara *less* expensive	**la menos** cara *the least* expensive
bonito pretty	**más** bonito *prettier*	**el más** bonito *the prettiest*
	menos bonito *less* pretty	**el menos** bonito *the least* pretty

A. The comparative form of the adjective is expressed with **más** or **menos** before the adjective.

B. The superlative form of the adjective is formed by placing the definite article before the comparative form.

26 • Comparative and superlative forms of adjectives: irregular

POSITIVE		COMPARATIVE		SUPERLATIVE	
bueno	good	**mejor**	*better*	**el mejor**	*the best*
malo	bad	**peor**	*worse*	**el peor**	*the worst*
joven	young	**menor**	*younger*	**el menor**	*the youngest*
viejo	old	**mayor**	*older*	**el mayor**	*the oldest*

27 • Expressions of comparison

a) Hay **más** mesas **que** camareros, — There are *more* tables *than* waiters.
El té está **más** caliente **que** el café. — The tea is hott*er than* the coffee.
Hablas **más** rápido **que** yo. — You speak fast*er than* I.

Superiority in comparisons is expressed by **más . . . que.***

b) Hay **menos** mesas **que** camareros. — There are *fewer* tables *than* waiters.
El té está **menos** caliente **que** el café. — The tea is *less* hot *than* the coffee.
Hablas **menos** rápido **que** yo. — You speak *less* rapidly *than* I.

Inferiority in comparisons is expressed by **menos . . . que**.

c) Tengo **tantos** libros **como** Ud. — I have *as many* books *as* you.
Tengo **tanto** dinero **como** tú. — I have *as much* money *as* you.
Tengo **tanta** hambre **como** sed. — I have *as much* hunger *as* thirst. (I am *as* hungry *as* I am thirsty.)

In comparisons, equality in quantity is expressed by **tanto . . . como**. **Tanto** will agree with the noun to which it refers.

d) Es **tan** conveniente **como** la otra. — It's *as* convenient *as* the other.
Hablo **tan** bien **como** él. — I speak *as* well *as* he.

In comparisons, equality in quality is expressed by **tan . . . como**. **Tan** is always followed by an adjective or adverb.

---

* It is necessary to distinguish between **más . . . que** which is used in comparisons, and **más de** which is an expression of quantity:

María tiene **más de** 2 hermanos. — María has *more than* 2 brothers.

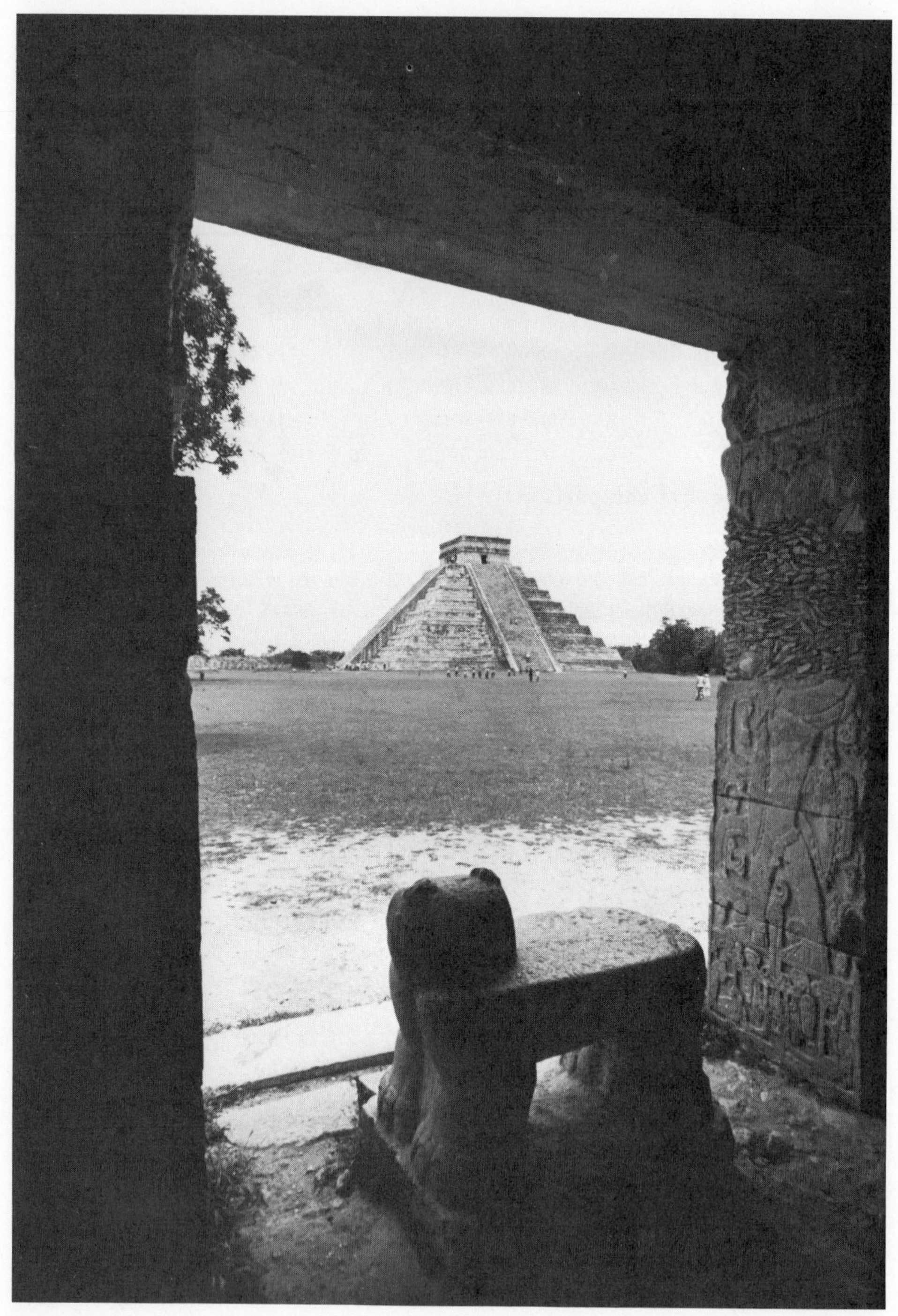

Chichén Itzá, Mexico

ejercicios

I. *Usando los sujetos indicados, haga frases con la forma correcta del verbo* (Using the given subjects, make sentences with the correct form of the verb):

EJEMPLO: (preferir) comer ahora. Yo / Vosotras
Yo prefiero comer ahora.
Vosotras preferís comer ahora.

A. 1. (recordar) bien la ciudad.
Tú / Ellos / Ud. / Nosotros / Vosotros / Yo

2. (volver) cuanto antes.
Manuel / Yo / Uds. / Tú / Nosotros / Vosotros

3. nunca (dormir) la siesta.
Uds. / Nosotros / Yo / Tú / Ella

4. (poder) volver a casa.
Nosotros / Yo / Tú / Ellas / Vosotros / Carlos

B. 1. no (comenzar) con el postre.
Tú / Yo / Ellos / Nosotras / Ella / Vosotros

2. (querer) ir a otro sitio.
Nosotros / Yo / Uds. / Robert / Carlos y Manuel / Tú / Vosotras

3. (sugerir) otros platos.
Yo / Ella / Tú / El camarero / Nosotros / Ellos

4. (preferir) una mesa cuadrada.
Tú / Nosotros / María y Elena / Uds. / Él / Yo

C. 1. (tener) los boletos.
Tú / Yo / Uds. / Él / Nosotros / Vosotros

2. nunca (venir) aquí.
Nosotros / Ellos / Yo / Vosotros / Ud. / Ellas / Tú

II. *Sustitución:*

1. Este plato cuesta doscientas pesetas.
La comida en el otro restaurante / El telegrama / Un boleto / El postre

2. Los vinos cuestan mucho.
Los relojes de oro / Los mejores restaurantes / Los hoteles lujosos

3. Una botella de cerveza no cuesta mucho.
Esta sopa / El plato típico / Una comida en este restaurante

III. *Conteste afirmativamente las preguntas siguientes:*

1. ¿Recuerdas a qué hora termina la función? **2.** ¿Quieren Uds. volver a casa antes de cenar? **3.** ¿Qué prefiere él, esperar aquí o regresar al hotel? **4.** ¿Duermes después o antes de medianoche? **5.** ¿A qué hora volvéis a la oficina? **6.** ¿Tienen Uds. un plato típico? **7.** ¿Qué día vienen de Nicaragua?

IV. *Conteste las preguntas siguientes, usando el verbo* **tener** (**tener** is used in several expressions with different idiomatic constructions in English):

1. ¿Tiene Ud. mucha hambre? **2.** ¿Tiene Ud. mucha sed? **3.** ¿Cuántos años tiene Ud.? (*How old are you? Answer: I have* ____ *years.*) **4.** ¿Tiene Ud. sueño? (*Are you sleepy?*) **5.** ¿Qué tiene Ud. en el menú? **6.** ¿Tienes que estudiar? (**tener que** *to have to*). **7.** ¿Tienen Uds. mucha hambre? **8.** ¿Tienen Uds. mucha sed? **9.** ¿Cuántos años tienen Uds.? **10.** ¿Tienen Uds. sueño? **11.** ¿Qué tienen Uds. en el menú? **12.** ¿Tenéis que estudiar?

V. *Complete con la forma correspondiente del adjetivo:*

A. buen, bueno, buena, buenos, buenas
1. Es un ____ hombre. Es un hombre ____. **2.** Es una ____ niña. Es una niña ____. **3.** Son unos ____ amigos. Son unos amigos ____. **4.** Es un ____ hotel. Es un hotel ____. **5.** Son unas ____ comidas. Son unas comidas ____.

B. mal, malo, mala, malos, malas
1. Es un ____ hombre. Es un hombre ____. **2.** Son unos ____ amigos. Son unos amigos ____. **3.** Son unas ____ comidas. Son unas comidas ____. **4.** Es una ____ niña. Es una niña ____. **5.** Es un ____ hotel. Es un hotel ____.

C. gran, grande, grandes
1. Es un ____ hombre. Es un hombre ____. **2.** Es un ____ hotel. Es un hotel ____. **3.** Es una ____ librería. Es una librería ____. **4.** Es una ____ ciudad. Es una ciudad ____. **5.** Son unos ____ hoteles. Son unos hoteles ____. **6.** Son unas ____ librerías. Son unas librerías ____. **7.** Son unas ____ ciudades. Son unas ciudades ____.

VI. *Sustituya las palabras indicadas, cambiando el adjetivo a la forma correcta:*

1. Ella es norteamericana.
   Él es / Uds. son / Nosotros somos / Ellas son / Yo soy
2. Una comida excelente.
   Un hotel / Unas librerías / Unos hombres / Una sopa
3. Un restaurante español.
   Una ventana / Un plato / Unas mesas / Unos estudiantes

VII. *Sustituya la forma correcta de los adjetivos indicados:*

1. Recuerdo los hoteles excelentes.
   malo / grande / lujoso / cercano
2. Quiero un postre caro.
   frío / bueno / caliente / francés
3. Aquí está la casa típica.
   pequeño / español / barato / grande

VIII. *Complete las frases usando en la posición correcta los adjetivos indicados:*

EJEMPLO: El hotel está cerca. bueno
El hotel bueno está cerca.

1. El hotel está cerca.
   bueno / buen / grande / gran / caro
2. El avión llega a mediodía.
   primer / otro / segundo / alemán / tercer
3. Es un camino.
   mal / malo / bueno / buen / conveniente

IX. *Sustitución:*

1. Este restaurante es bueno.
   mejor / el mejor
2. Este hotel es malo.
   peor / el peor
3. Es el buen restaurante.
   mal / mejor / peor
4. Carlos es menor.
   el menor / mayor / el mayor
5. María es mi hermana menor.
   mayor / pequeña / grande

X. *Diga en español:*

EJEMPLO: The soup is good. better / the best
La sopa es buena.
La sopa es mejor.
La sopa es la mejor.

1. This restaurant is expensive.
   more expensive / the least expensive
2. The table is small.
   smaller / the biggest
3. My brother is big.
   bigger / the smallest
4. Carlos is the younger brother.
   the oldest brother / the younger / the biggest brother / the smaller brother / the older
5. The house is big and old.
   bigger and older / smaller and newer (**nuevo** *new*) / the biggest and the newest / the smallest and the oldest
6. It's the best restaurant.
   the worst / the oldest / the newer / the biggest / the smallest

XI. *Complete las frases siguientes según la información indicada:*

EJEMPLO: Yo tengo 10 pesos. Tú tienes 15 pesos.
Tú tienes más pesos que yo.
Yo tengo menos pesos que tú.

1. Carlos tiene 4 hermanos. María tiene 6 hermanos.
   María tiene ___ hermanos ___ Carlos.
   Carlos tiene ___ hermanos ___ María.
2. Yo bebo 3 cafés. Tú bebes 3 cafés.
   Tú bebes ___ cafés ___ yo.
   Yo bebo ___ cafés ___ tú.
3. Nosotros escribimos 4 cartas. Uds. escriben 4 cartas también.
   Nosotros escribimos ___ cartas ___ Uds.
   Uds. escriben ___ cartas ___ nosotros.
4. Yo hablo muy bien. Carlos habla muy bien.
   Carlos habla ___ bien ___ yo.
   Yo hablo ___ bien ___ Carlos.
5. Manuel habla bien pero María habla muy bien.
   María habla ___ que Manuel.
   Manuel no habla ___ como María.

XII. *Cambie las frases según el ejemplo:*

EJEMPLO: Sugiero comer en el restaurante cercano.
Sugiero comer en el cercano.*

1. Aquí tenemos el mejor restaurante. **2.** Aquí tenemos el peor restaurante. **3.** Aquí tenemos el buen restaurante. **4.** Aquí tenemos el mal restaurante. **5.** Prefiero el postre helado. **6.** Prefiero el postre caliente. **7.** Prefiero el postre caro. **8.** Prefiero el postre francés. **9.** Son las oficinas más grandes de la ciudad. **10.** Son las oficinas más nuevas de la ciudad. **11.** Son las oficinas más lujosas de la ciudad. **12.** Sugiero la mesa que está aquí. **13.** Sugiero el restaurante que está aquí. **14.** Sugiero las librerías que están aquí. **15.** Sugiero los platos que están aquí.

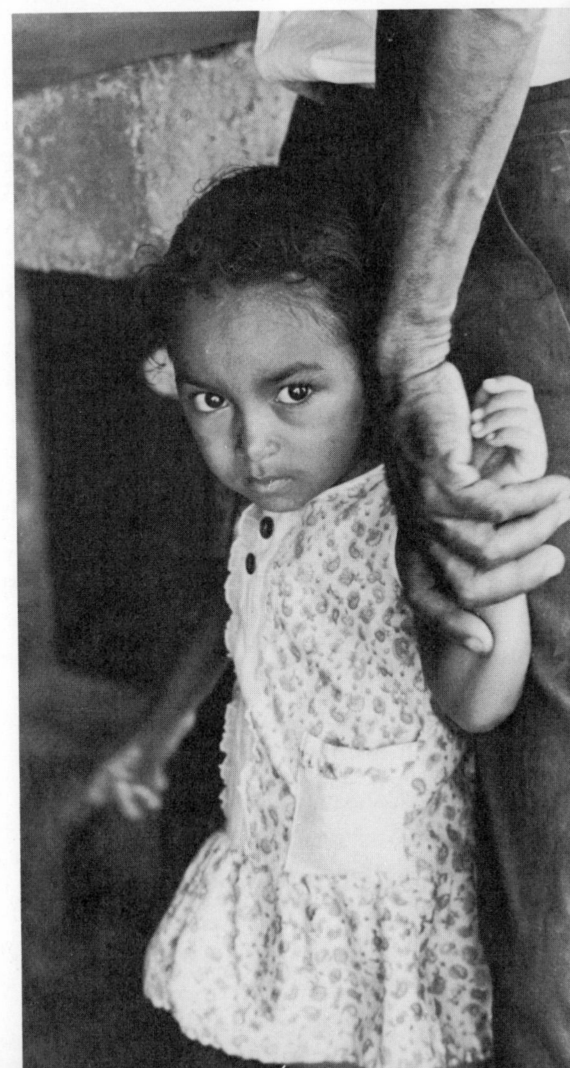

* Review footnote of *Conversación* 9.

10

Preparando una fiesta

CARLOS: Adela, tengo el gusto de presentarte a mi amigo Robert Scott.

ROBERT: Mucho gusto, señorita.

ADELA: Encantada de conocerlo.

CARLOS: Acabo de invitar a Robert a la fiesta que tenemos el sábado.

ADELA: ¡Qué bueno! ¿Puedes venir, Robert?

ROBERT: Por supuesto, y con mucho gusto. ¿Puedo colaborarles en algo?

CARLOS: Claro. Puedes ayudarnos a prepararla; tenemos que hacer muchas cosas.

ADELA: A ver, los discos . . . ¿los tenemos ya?

CARLOS: Sí. Felipe me dice que nos los consigue. ¿Y qué sirves durante la fiesta, Adela?

ADELA: Bocadillos y pastas, refrescos y un ponche de frutas.

CARLOS: Robert, te pido un favor. ¿Puedes tocar algo con el banjo?

ROBERT: Sí, con mucho gusto. ¿Les gusta la música norteamericana?

ADELA: Sí, a mí me gustan especialmente las canciones de vaqueros.

CARLOS: Les digo que ésta va a ser una gran fiesta.

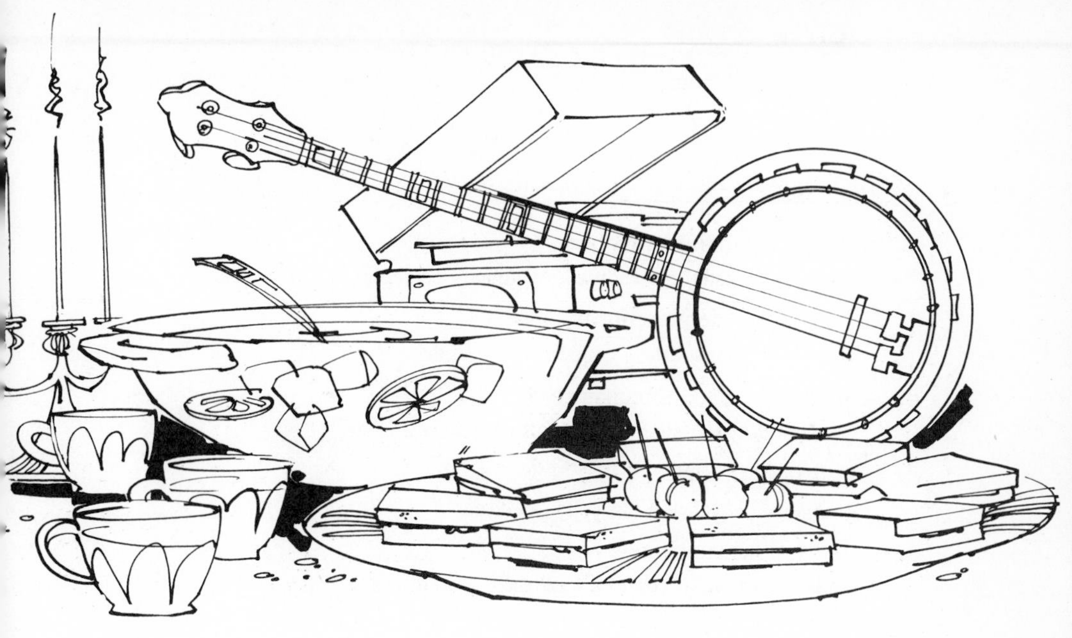

Preparing a party

CARLOS: *Adela, I have the pleasure of presenting to you my friend Robert Scott.*

ROBERT: *Much pleasure, miss.*

ADELA: *Delighted to meet you.*

CARLOS: *I have just invited Robert to the party that we are having on Saturday.*

ADELA: *How good! Can you come, Robert?*

ROBERT: *Of course, and with much pleasure. Can I help you out with something?*

CARLOS: *Sure. You can help us prepare it; we have to do many things.*

ADELA: *Let's see, the records . . . do we already have them?*

CARLOS: *Yes. Felipe tells me that he is getting them for us. And what are you serving during the party, Adela?*

ADELA: *Little sandwiches and cookies, soft drinks and a fruit punch.*

CARLOS: *Robert, I'm asking you a favor. Can you play something with the banjo?*

ROBERT: *Yes, gladly. Do you like North American music?*

ADELA: *Yes, I especially like cowboy songs (cowboy songs are especially pleasing to me).*

CARLOS: *I'm telling you that this is going to be a great party.*

ejercicios

I. *Sustitución:*

1. Yo acabo de invitar a Robert.
preparar la fiesta / presentarte a mi amigo / colaborarles en algo / llegar

2. Tiene el gusto de presentarte.
invitarnos / prepararlas / conocerlo / ayudarlo

3. Tenemos que hacer muchas cosas.
prepararla / tocar algo / invitar a Robert / presentarte

4. Les gusta la música.
el ponche / la canción / la fiesta / el disco

5. Me gustan las canciones.
las fiestas / muchas cosas / los refrescos / los discos

II. *Conteste en español:*

1. ¿Qué preparan Adela y Carlos? **2.** ¿Quién presenta Robert a Adela? **3.** ¿Qué dice Adela cuando Carlos le presenta a Robert? **4.** ¿Qué dice Robert cuando Carlos le presenta a Adela? **5.** ¿Qué acaba de hacer Carlos? **6.** ¿Cuándo tienen la fiesta? **7.** ¿Puede venir Robert? **8.** ¿Quién les colabora en la fiesta? **9.** ¿Qué tienen que hacer? **10.** ¿Quién nos consigue los discos? **11.** ¿Qué sirve Adela durante la fiesta? **12.** ¿Quién toca el banjo? **13.** ¿Qué música les gusta? **14.** ¿Cuáles canciones les gustan? **15.** ¿Cómo va a ser la fiesta?

III. *Dígale a otro estudiante:*

1. que quiere presentarlo a un amigo. **2.** que Ud. tiene mucho gusto en conocerlo. **3.** que Ud. lo invita a una fiesta. **4.** que Ud. lo ayuda a preparar la fiesta. **5.** que Ud. tiene mucho que hacer. **6.** que Ud. tiene los discos. **7.** que Ud. le pide un favor. **8.** que Ud. toca bien la guitarra. **9.** que Ud. le dice que es una gran fiesta.

IV. *Conteste en español:*

1. ¿Tiene Ud. gusto en conocerlo? **2.** ¿Acaba Ud. de preparar la fiesta? **3.** ¿Cuándo tienen Uds. la fiesta? **4.** ¿Quién consigue los discos? **5.** ¿Qué sirve Ud. durante la fiesta? **6.** ¿Puede Ud. tocar el banjo o la guitarra? **7.** ¿Qué clase de música le gusta? (**clase** *class, type*) **8.** ¿Le gustan las canciones de vaqueros?

V. *Cambie las frases según el ejemplo:*

EJEMPLO: Él quiere presentarte
Él te presenta.

1. Él quiere conocerlo. **2.** Ella acaba de invitarnos. **3.** Puede ayudarme. **4.** Ella tiene que prepararla. **5.** Quiere tocarlos. **6.** Ud. va a tenerlos.

VI. *Dictado: Conversación 9*

VII. *Conversaciones:*

A. Introduce two friends of yours to each other.

B. Discuss party plans.

Folk dancers, Peru

CONVERSACIÓN

Conversación femenina

ADELA: ¿A quién le escribes la tarjeta postal?

JUANITA: Se la escribo a una prima que está en España.

ADELA: Voy de compras después de almorzar. ¿Te la echo al correo?

JUANITA: No, muchas gracias. Yo también pienso ir al centro si consigo hora en el salón de belleza. Necesito lavarme y peinarme el pelo.

ADELA: ¿Quieres hora para shampú y peinado? Te la consigo con mi peluquera.

JUANITA: ¿Está la peluquería en el centro?

ADELA: Sí, está en el mismo edificio que la barbería Modelo.

JUANITA: ¿Puedes llamar ahora?

ADELA: Sí, ¿y después me acompañas a comprar unos zapatos?

JUANITA: Con mucho gusto, pero antes deseo pasar por la oficina de correos, echar unas cartas y comprar unas estampillas.

ADELA: Me gustan tus zapatos pero los tacones son muy altos. ¿Crees que los puedo conseguir con tacones bajos?

JUANITA: Sí, y además más baratos, ya que la zapatería Elda tiene liquidación.

ADELA: Es una tienda que me gusta mucho porque atienden bien y venden calzado y bolsas de moda.

Girl talk

ADELA: *To whom are you writing the post card?*

JUANITA: *I'm writing it to a cousin who is in Spain.*

ADELA: *I'm going shopping after eating lunch. Shall I mail it for you (throw it in the mail for you)?*

JUANITA: *No, thanks a lot. I also plan to go downtown if I get an appointment at the beauty shop. I need to have my hair done (to wash and comb my hair).*

ADELA: *Do you want an appointment for shampoo and set? I'll get it for you with my hairdresser.*

JUANITA: *Is the beauty shop downtown?*

ADELA: *Yes, it is in the same building as the Modelo barbershop.*

JUANITA: *Can you call now?*

ADELA: *Yes, and afterwards will you go with me to buy some shoes?*

JUANITA: *Gladly, but before I wish to go by the post office, mail some letters and buy some stamps.*

ADELA: *I like your shoes but the heels are very high. Do you think that I can get them with low heels?*

JUANITA: *Yes, and besides cheaper, since the Elda shoe store is having a sale.*

ADELA: *It is a store that I like a lot because they serve [you] well and sell fashionable shoes and purses.*

ejercicios

I. *Sustitución:*

1. ¿A quién le escribes la tarjeta postal?
la carta / el telegrama / la tarjeta / ahora

2. Voy de compras después de almorzar.
cenar / comer / beber el café / tomar algo

3. Pienso ir de compras.
ir al centro / echar un carta al correo / pasar por la oficina / conseguir hora

4. Se la escribo a una prima.
a mis hermanos / a mi amigo / a Carlos / a mis padres

5. Después me acompañas a comprar unos zapatos.
echar unas cartas / comprar unas estampillas / la peluquería / la barbería

6. Me gustan tus zapatos.
las zapaterías modernas / las bolsas de moda / los peinados nuevos / los tacones bajos

7. Es una tienda que me gusta mucho.
un salón de belleza / un edificio / una barbería / una moda

II. *Conteste en español:*

1. ¿Qué escribe Juanita? **2.** ¿A quién se la escribe? **3.** ¿Qué va a hacer Adela después de almorzar? **4.** ¿Adónde piensa ir Juanita? **5.** ¿Con quién ofrece Adela conseguir hora? **6.** ¿Dónde está la peluquería? **7.** ¿En qué edificio está? **8.** ¿Qué va a hacer Juanita en la oficina de correos? **9.** ¿Qué zapatos le gustan más a Adela, los de tacones altos o los de tacones bajos? **10.** ¿Por qué le gusta a Adela la zapatería Elda?

III. *Conteste en español:*

1. ¿Qué se hace con una carta? **2.** ¿Le gusta a Ud. escribir cartas? **3.** ¿Prefiere Ud. ir de compras antes o después de almorzar? **4.** ¿Para qué se va a la peluquería? **5.** ¿Dónde se puede comprar estampillas? **6.** ¿Cuáles prefieres, los tacones bajos o los altos? **7.** ¿Cuándo vende una tienda a precios más bajos? **8.** ¿Qué se vende en una zapatería?

IV. *Pregúntele a otro estudiante:*

1. a quién escribe. **2.** si escribe una tarjeta o una carta. **3.** si escribe a alguien que está en España. **4.** si piensa ir de compras. **5.** adónde va de compras. **6.** si puede acompañarlo al centro. **7.** si le gustan las liquidaciones. **8.** adónde se va para shampú y peinado. **9.** adónde se va para echar unas cartas.

V. *Dictado: Conversación 10*

VI. *Conversaciones:*

A. "I'm going shopping."
"Good. Can I go along?"
"Sure. But first I have to mail some letters."
"Okay. I also have to go to the post office."

B. "Do you like my new shoes?"
"Yes, but the heels are too low."
"At the *Zapatería Elda* you can get them with higher heels."

GRAMMAR UNIT 6

28 • Present indicative of radical changing verbs e>i

Te **pido** un favor.	*I'm asking* you a favor.
¿Y qué **sirves**?	And what *are you serving*?
Nos los **consigue.**	*He's getting* them for us.
Pedimos café.	*We order* coffee.
Servís bocadillos.	*You are serving* little sandwiches.
Siguen hasta la plaza.	*They continue* as far as the plaza.

PEDIR (i) *to ask for*	
pido	pedimos
pides	pedís
pide	piden

SEGUIR (i) *to continue, follow*	
sigo*	seguimos
sigues	seguís
sigue	siguen

In the present indicative, certain **-ir** verbs with **e** as the last vowel in the stem change the **e** to **i** whenever the stress falls on that vowel.

29 • Present indicative of decir (to say, to tell): irregular

Les **digo** que va a ser una gran fiesta.	*I'm telling* you that it is going to be a great party.
¿Qué **dices**?	What *are you saying*?
Me **dice** que nos los consigue.	*He tells* me that he is getting them for us.
Decimos que sí.	*We say* yes.
¿**Decís** que tenéis una fiesta?	*Are you saying* that you are having a party?
Nos **dicen** que no les gusta.	*They tell* us that they don't like it.

DECIR	
digo	**decimos**
dices	**decís**
dice	**dicen**

Decir is a radical changing **-ir** verb of the **e>i** group, with an irregular first person singular in the present indicative.

* Note that the *u* is dropped when the *g* is followed by an *o* or an *a*.

30 ● Personal pronouns used as direct* objects of a verb

A.	¿Y después **me** acompañas?	And afterwards will you accompany *me*?
	Tengo el gusto de presentar**te** a mi amigo.	I have the pleasure of presenting *you* to my friend.
	Encantada de conocer**lo**.	Delighted to know *you*.
	Él **la** ama.	He loves *her*.
	Puedes ayudar**nos**.	You can help *us*.
	¿Puedo ayudar**os** en algo?	Can I help *you* with anything?
	¿Crees que **los** puedo conseguir?	Do you think that I can get *them*?
	Nosotros no **las** tenemos.	We do not have *them*.

SINGULAR	PLURAL
me	**nos**
te	**os**
lo (*m.*), **la** (*f.*)	**los** (*m.*), **las** (*f.*)

B.	Encantada de conocer**los**.	Delighted to know *you*.
	No **la** tenemos.	We don't have *it*.

The direct objects **lo, la, los, las** can refer to either persons or things.

31 ● Personal pronouns used as indirect** objects of a verb

Me dicen que sí.	They tell *me* yes.
Te pido un favor.	I'm asking *you* a favor.
¿**A quién le** escribes?	*To whom* are you writing?
Nos consigue los discos.	He is getting the records *for us*.
Os consigue los discos.	He is getting *you* the records.
Puedo hablar**les**.	I can speak *to you*.

SINGULAR	PLURAL
me	**nos**
te	**os**
le (*m.* & *f.*)	**les** (*m.* & *f.*)

---

* The direct object of a verb answers the *whom?* or *what?* of the action expressed by the verb. EX: I write *the letter*. *What* do I write? *The letter*. I see *him*. *Whom* do I see? *Him*.

** The indirect object of a verb answers the *to whom?* or *for whom?* the action of the verb is directed. EX: I write (*to*) *John*. *To whom* do I write? (*To*) *John*. I bought *him* the book; I bought the book *for him*. *For whom* did I buy the book? (*For*) *him*.

32 ● Position of direct and indirect object pronouns

A.

Lo digo.	I say *it*.
No **te** hablo.	I don't speak *to you*.
Yo **te** hablo.	I speak *to you*.

Direct and indirect object pronouns precede a conjugated verb form and follow a subject or negative.

B.

Encantada de conocer**lo**.	Delighted to know *you*.
Voy a hablar**te**.	I am going to speak *to you*.
Te voy a hablar.	I am going to speak *to you*.

Object pronouns generally follow and are attached to infinitives. However when the infinitive comes after a conjugated verb, the pronoun often precedes the entire verb group. Note that the two verbs of the group are never separated.

C.

Le escribo **a ella**.	I write *to her*.
Le escribo **a él**.	I write *to him*.
A mí me gusta.	*I* like it.

Clarification or emphasis may require the repetition of an object with a prepositional phrase introduced by **a**.

33 ● Forms and position of direct and indirect object pronouns used together

A.

Te lo digo.	I tell *it to you*.
¿**Me la** echas al correo?	Will you mail *it for me*?
Voy a decír**telo**.*	I am going to tell *it to you*.

The indirect object pronoun always precedes the direct object pronoun.

B.

Le digo.	I tell *to him* (*to her*, *to you*).
lo digo.	I tell *it*.
Se lo digo.	I tell *it to him* (*to her*, *to you*).
Les escribo (la carta).	I write (the letter) *to them*.
la escribo.	I write *it*.
Se la escribo.	I write *it to them*.

* Note that whenever two pronouns are attached to a word, a written accent must be placed on the stressed syllable of that word.

Voy a decir**le**.	I am going to tell *you* (*him*, *her*).
Voy a decir**lo**.	I am going to tell *it*.
Voy a decír**selo**.	I am going to tell *it to you* (*to him*, *to her*).

The indirect object pronouns **le** and **les** become **se** when followed by a direct object pronoun also beginning with *l*.

34 • Gustar (to appeal, to be pleasing), used in sentences equivalent to English sentences with "to like"

Me gusta la casa.	*I like* the house.
Le gustan las casas.	*She likes* the houses.
Nos gusta el café.	*We like* coffee.
Os gustan las chicas bonitas.	*You like* pretty girls.

In English we say *I like the house*, *I like the houses*. The person who does the liking is the subject and the thing liked is the object. In Spanish, with **gustar**, one must literally say *the house appeals to me*, *the houses appeal to me*, so the English object becomes the Spanish subject and the English subject becomes the Spanish indirect object. Usually only two conjugated forms of **gustar** are used, the third person singular and plural.

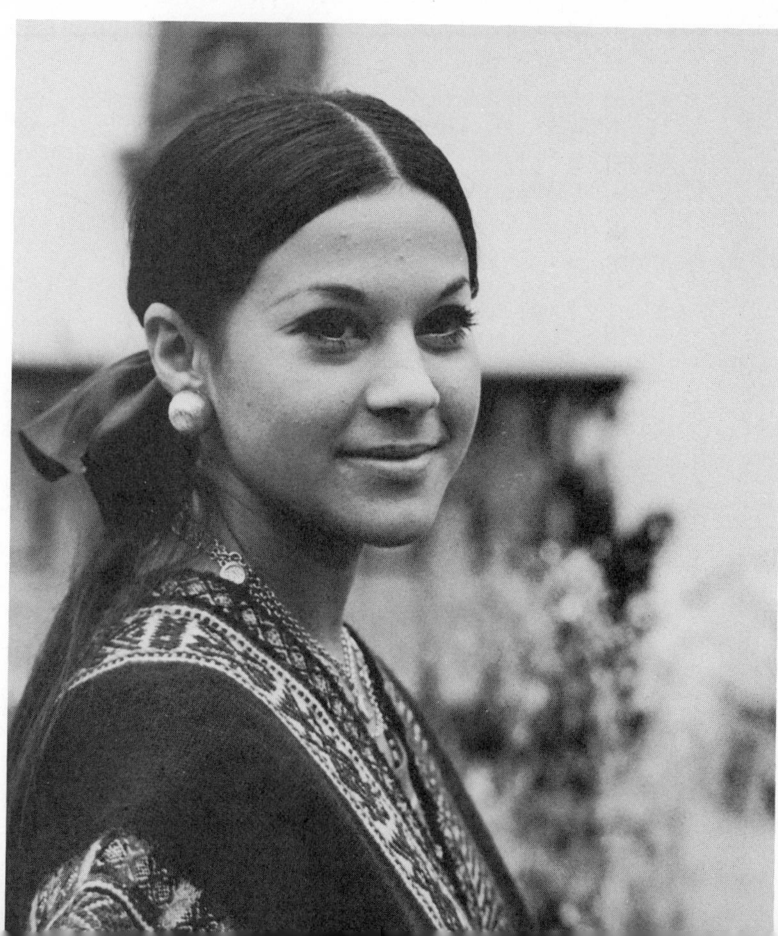

ejercicios

I. *Usando los sujetos indicados, ponga la forma correcta del verbo:*

EJEMPLO: ____ nos (*repetir*) la pregunta. Manuel / Vosotras
Manuel nos repite la pregunta.
Vosotras nos repetís la pregunta.

1. ____ me (*pedir*) un favor.
Tú / Ellos / Ud. / Uds. / Vosotros / Él

2. ____ te (*pedir*) un favor.
Él / Vosotros / Yo / Nosotros / Juan y Robert / Ella

3. ____ (*conseguir*) hora para las dos.
Nosotros / Uds. / Tú / Yo / Vosotros

4. ____ les (*decir*) que sí.
María y Carlos / Vosotros / Yo / Nosotros / Tú

II. *Cambie las frases según el ejemplo:*

EJEMPLO: Yo escribo *la carta.*
Yo la escribo.

1. Tú escribes *la carta.* **2.** Él conoce *a María.* **3.** Pides *un favor.* **4.** Vosotros ayudáis a preparar *la fiesta.* **5.** ¿No tenemos *los discos*? **6.** Invitan *a Carlos y a María.*

III. *Conteste las preguntas, usando* **lo, la, los, las***:*

EJEMPLO: ¿Tenéis discos en casa?
Sí, los tenemos en casa.

1. ¿Conoce él a las señoritas? **2.** ¿Ayudan Uds. a conseguir los discos? **3.** ¿No compráis unas bolsas aquí? **4.** ¿Invitas a Juan a la fiesta? **5.** ¿Puedo acompañar a María?

IV. *Conteste afirmativamente y luego negativamente:*

EJEMPLO: ¿Me ayudáis?
Sí, te ayudamos.
No, no te ayudamos.

1. ¿Me invitas a la fiesta? **2.** ¿Te puedo acompañar? **3.** ¿Nos conocen ellos? **4.** ¿Os acompaño al cine?

V. *Cambie las frases siguientes, sustituyendo el sustantivo por* **lo, la, los, las** (*y* **le** *o* **les** *por* **se**, *cuando sea necesario*):

EJEMPLO: Me preparas los bocadillos.
Me los preparas.
Les enviamos el telegrama.
Se lo enviamos.

1. Me escribe las cartas. **2.** Te presento a Juan. **3.** Nos envían el disco. **4.** Le pido una taza de té. **5.** Os digo la verdad (*the truth*).

VI. *Cambie las frases según el ejemplo:*

EJEMPLO: Voy a decirlo *a los amigos.*
Se lo digo.
Necesito comprarme *unos zapatos.*
Me los compro.

1. Quiero presentarte *a Juan.* **2.** Necesita pedirnos *un favor.* **3.** Vamos a conseguirle *hora.* **4.** Van a decirme *la verdad.* **5.** Debo prepararos *la fiesta.*

VII. *Conteste en español:*

1. ¿Les gusta la casa nueva? **2.** ¿Os gusta mucho la idea? **3.** ¿Te gustan las bolsas de moda? **4.** ¿Le gustan los edificios antiguos? **5.** ¿Qué te gusta más, los tacones cuadrados o los redondos?

VIII. *Diga en español:*

A. **1.** I like the party. **2.** You like my hairdo. **3.** He likes American music. **4.** We like the store. **5.** They like to play the banjo.

B. **1.** I like your shoes. **2.** You like cowboy songs. **3.** She likes the new stamps. **4.** We like low heeled shoes. **5.** You (*plur.*) like large purses.

C. **1.** Do they like him? **2.** Do you like me? **3.** Do we like them (*masc.*)? **4.** Does she like him? **5.** Do I like her? **6.** Do they (*masc.*) like them (*fem.*)?

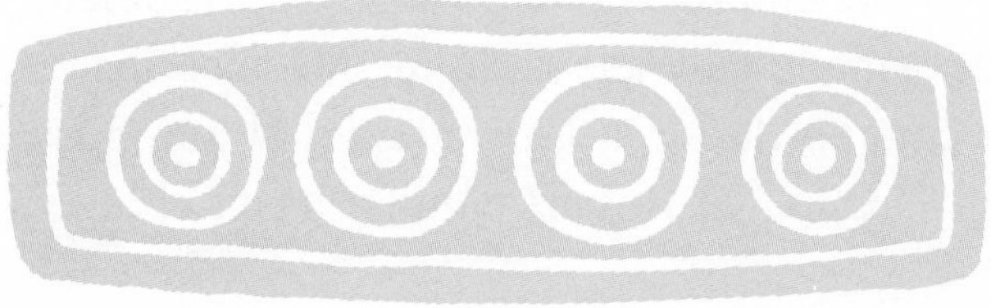

Lake Patzcuaro, Mexico

A través de México

Robert está de muy buen humor. Lleva pocos días en México y el español ya le suena familiar. Como le gusta mucho conversar, aprovecha toda ocasión que encuentra para hacerlo. Robert dice que, a pesar del poco tiempo que lleva en la ciudad, tiene facilidad para buscar o preguntar por los sitios que le interesan de la ciudad.

Robert piensa dedicar el tiempo que le queda para recorrer y ver otras partes del país y divide de la siguiente manera los días que le quedan de estancia en México: del 8 al 11 de setiembre piensa visitar Guadalajara; del 15 al 17 del mismo mes, uno de los puertos del Atlántico, o Tampico o Veracruz. La última semana de setiembre piensa pasarla en Acapulco, y por último, un fin de semana en Oaxaca donde Manuel tiene unos parientes.

En camino de ida a Guadalajara el autobús para por unas horas en Pátzcuaro. Robert camina hasta el lago y puede ver a los pescadores manejar las curiosas redes de mariposa. Guadalajara, situada a 595 kilómetros al noroeste de la Ciudad de México, es la segunda ciudad del país en población y es famosa por la alfarería y trabajos en vidrio. A Robert le atraen el clima templado y seco, la hermosura de la ciudad, y los ejemplares de la arquitectura colonial, entre ellos el palacio del gobernador.

Acapulco, el más importante puerto para la comunicación entre el imperio español y las islas Filipinas hasta la independencia de México en 1821, es hoy en día un lugar mundialmente famoso como sitio de recreo, por la incomparable belleza de la costa y por las magnificas playas.

El Estado de Oaxaca está al sudeste del país sobre el Océano Pacífico. La ciudad de Oaxaca, fundada por los aztecas en 1486 y ocupada por los conquistadores en 1522, está situada en el mismo Estado, en un ancho valle rodeado de montañas. Robert y Manuel pasan un fin de semana en la ciudad y la mañana del domingo van a las ruinas de Monte Albán donde Robert saca muchas fotografías.

Mientras los dos amigos viajan de vuelta a la capital Robert piensa lo mucho que le gusta México.

Preguntas:

1. ¿Cuánto tiempo lleva Robert en México? **2.** ¿Para qué aprovecha Robert toda ocasión que encuentra? **3.** ¿Cómo divide Robert los días que le quedan en el país? **4.** ¿En qué ciudad mexicana tiene Manuel unos parientes? **5.** ¿Dónde para el autobús en camino de ida a Guadalajara? **6.** ¿Qué ve Robert en Pátzcuaro? **7.** ¿A qué distancia de México está situada Guadalajara? **8.** ¿Por qué es famosa Guadalajara? **10.** ¿Por qué es famoso Acapulco hasta 1821? **11.** ¿Por qué es famoso Acapulco hoy en día? **12.** ¿Dónde está situado el Estado de Oaxaca? **13.** ¿A dónde van Robert y Manuel domingo por la mañana? **14.** ¿Qué piensa Robert durante el viaje de vuelta a la capital?

12

Un paseo

CARLOS: ¿Quieres salir a dar un paseo esta tarde?

ROBERT: Por supuesto. ¿A dónde vamos?

CARLOS: ¿Qué tal caminar hasta el lago?

ROBERT: ¿Qué tiempo hace hoy? ¿Hace calor?

CARLOS: No. No hace calor. Hace muy buen tiempo pero con algo de viento.

ROBERT: ¿Es que aquí, en Managua, nunca hace frío?

CARLOS: No. Como sabes, Nicaragua es un país tropical. Aquí la temperatura nunca baja a menos de 20 grados y nunca sube a más de 40 grados centígrados.

ROBERT (*un poco más tarde*): El cielo está nublado y ya no hace sol. ¿Crees que va a llover?

CARLOS: No por fuerza. Eso aquí no quiere decir nada.

ROBERT: En todo caso aquí traigo este paraguas.

CARLOS: ¡Qué paraguas ni qué historias! Aquí la lluvia es tan fuerte que el paraguas no sirve para nada.

Truena y relampaguea.

ROBERT: ¿Ves los relámpagos?

CARLOS: No, pero oigo los truenos. ¡Empieza a llover a cántaros!

ROBERT: Ya estoy empapado hasta los huesos. Tienes razón. Llueve y este paraguas mío no sirve para nada.

A walk

CARLOS: *Do you want to go out for a walk this afternoon?*

ROBERT: *Sure. Where will we go?*

CARLOS: *How about walking over to the lake?*

ROBERT: *What's the weather like today? Is it hot?*

CARLOS: *No. It isn't hot. The weather is very good but with some wind.*

ROBERT: *Isn't it ever cold here, in Managua?*

CARLOS: *No. As you know, Nicaragua is a tropical country. The temperature never goes down lower than 20 degrees and never goes up higher than 40 degrees centigrade.*

ROBERT (a little later): *The sky is cloudy and it's no longer sunny. Do you think that it is going to rain?*

CARLOS: *Not necessarily. That doesn't mean anything here.*

ROBERT: *In any case here I'm bringing this umbrella.*

CARLOS: *Umbrella?! You're kidding! Here the rain is so strong that the umbrella is good for nothing.*

It thunders and it lightnings.

ROBERT: *Do you see the lightning?*

CARLOS: *No, but I hear the thunder. It's beginning to pour (to rain by pitchers-[full])!*

ROBERT: *I'm already soaked to the skin (bones). You are right. It's raining and this umbrella of mine isn't any good.*

ejercicios

I. *Sustitución:*

1. Hace calor hoy.
frío / buen tiempo / viento / mucho calor / demasiado frío

2. No hace frío.
sol / mucho viento / muy buen tiempo / mal tiempo / mucho calor

3. ¿Crees que va a llover?
hacer frío / hacer sol / hacer buen tiempo / relampaguear / llover a cántaros

4. El paraguas no sirve para nada.
El impermeable (*raincoat*) / El abrigo (*coat*) / El suéter / El sombrero

II. *Pregúntele a otro estudiante:*

1. ¿Quieres salir a dar un paseo? **2.** ¿Adónde vamos? **3.** ¿Qué tiempo hace? **4.** ¿Hace calor hoy? **5.** ¿Es que aquí nunca hace frío? **6.** ¿Crees que va a llover? **7.** ¿Llevo (*take*) el paraguas? **8.** ¿Ves los relámpagos? **9.** ¿Oyes los truenos? **10.** ¿Estás empapado? **11.** ¿Llueve poco o mucho?

III. *Conteste en español:*

1. ¿Qué tiempo hace hoy? **2.** ¿Hace viento? **3.** ¿Llueve? **4.** ¿Crees que va a hacer sol? **5.** ¿Qué tiempo hace en el mes de julio? **6.** ¿Qué tiempo hace en diciembre? **7.** ¿Hace mucho viento en el mes de marzo? **8.** ¿Hace frío o calor en enero? **9.** ¿Llueve en abril? **10.** ¿Cómo está el cielo hoy, nublado o claro? **11.** ¿Cuándo necesitas un paraguas y un impermeable?

IV. *Pregúntele a otro estudiante:*

1. si quiere dar un paseo. **2.** adónde quiere ir. **3.** qué tiempo hace. **4.** si hace frío o calor. **5.** si hace sol o si el cielo está nublado. **6.** si él quiere caminar hasta el lago. **7.** si quiere caminar hasta el parque. **8.** si debe llevar (*take, carry*) un paraguas hoy. **9.** si el paraguas sirve para algo. **10.** si cree que va a llover. **11.** si le gusta ver los relámpagos. **12.** si está empapado hasta los huesos. **13.** si tiene razón o no. **14.** si llueve mucho.

V. *Dictado: Conversación 11*

VI. *Conversaciones:*

A. Discuss the weather.

B. Invite somebody to go for a walk.

CONVERSACIÓN

13

¿Qué estación del año prefieres?

CARLOS: ¿Sabes que quiero hacer un viaje a tu país sólo para ver la nieve?

ROBERT: Sin duda te va a gustar mucho. Ver caer la primera nieve es una experiencia inolvidable.

CARLOS: ¿Qué hacen Uds. en esos días de invierno?

ROBERT: Cuando nieva bastante, mis hermanos y yo salimos a esquiar y, si el tiempo lo permite, vamos a patinar sobre hielo.

CARLOS: ¿Saben todos los norteamericanos esquiar y patinar?

ROBERT: ¡Oh no! Muchos de ellos sólo saben lo que son esquíes acuáticos. Para ellos es siempre verano.

CARLOS: ¿Qué estación del año te gusta más?

ROBERT: Nuestra primavera es muy bonita pero el otoño con su variedad de colores me atrae más.

CARLOS: ¡Cómo deseo conocer los Estados Unidos!

ROBERT: Si alguna vez vas allí, tienes que ir a nuestra casa y conocer a mis padres. Los amigos míos son siempre bienvenidos.

CARLOS: Esas ideas tuyas casi me ponen en camino.

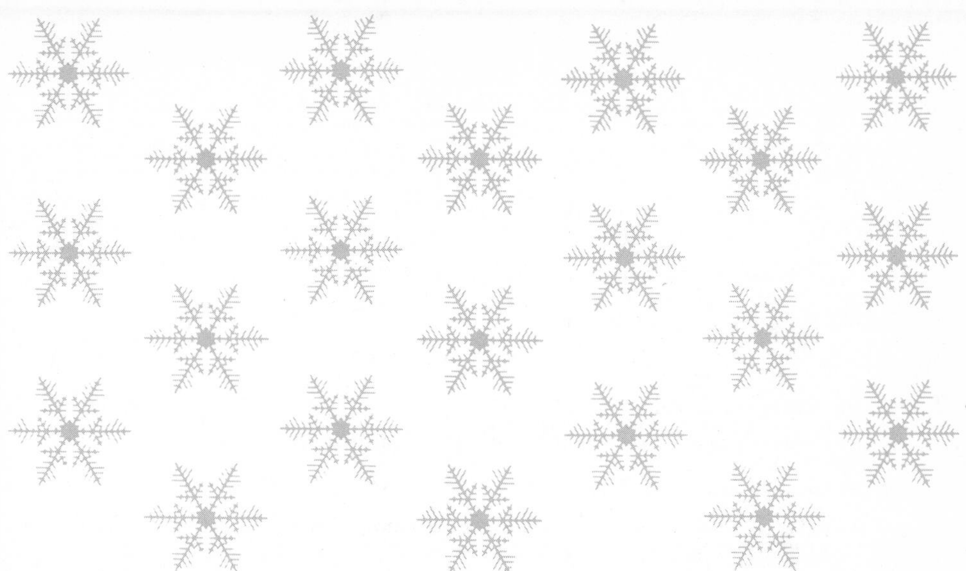

What season of the year do you prefer?

CARLOS: *Do you know that I want to take (make) a trip to your country only in order to see the snow?*

ROBERT: *Without doubt you're going to like it a lot. To see the first snow fall is an unforgettable experience.*

CARLOS: *What do you do in those winter days?*

ROBERT: *When it snows enough, my brothers and I go out to ski and, if the weather permits it, we go ice skating (to skate over ice).*

CARLOS: *Do all North Americans know how to ski and skate?*

ROBERT: *Oh no! Many of them only know what water skis are. For them it is always summer.*

CARLOS: *What season of the year do you like most?*

ROBERT: *Our spring is very pretty but fall with its variety of colors attracts me more.*

CARLOS: *How I wish to know the United States!*

ROBERT: *If some time you go there, you have to go to our house and meet my parents. Friends of mine are always welcome.*

CARLOS: *Those ideas of yours almost put me on [my] way.*

ejercicios

I. *Sustitución:*

1. ¿Qué haces en el invierno?
   el verano / la primavera / el otoño / un día de lluvia

2. No me gusta esquiar.
   patinar / ver caer la nieve / el invierno / el mal tiempo

3. Me gusta ver llegar la primavera.
   el buen tiempo / la primera nieve / el otoño / mi estación favorita

4. Me gustan esas ideas tuyas.
   todas las estaciones del año / los esquíes acuáticos / los colores del otoño / las flores de la primavera

5. En el invierno se puede patinar sobre hielo.
   visitar a amigos / escribir cartas / jugar a los naipes (*play cards*) / tocar el banjo

II. *Conteste en español:*

1. ¿Qué estación del año prefieres? **2.** ¿Por qué te gusta más que las otras? **3.** ¿Por qué quiere Carlos hacer un viaje a los Estados Unidos? **4.** ¿Le gusta a Robert ver caer la primera nieve? **5.** ¿Qué tiempo hace en el invierno? **6.** ¿Quiere Ud. hacer un viaje este verano? **7.** ¿Qué hacen Uds. en los días de invierno? **8.** ¿Te gusta ver la nieve? **9.** ¿Desea Ud. conocer México? **10.** ¿Quiere conocer a mis amigos? **11.** ¿Sabes esquiar? **12.** ¿Sabes patinar sobre hielo? **13.** ¿Saben todos los norteamericanos esquiar y patinar? **14.** ¿Cuántas veces va Ud. a esquiar cada año? **15.** ¿Sabe Ud. esquiar con esquíes acuáticos? **16.** ¿En qué estación hay hojas (*leaves*) en los árboles (*trees*)? **17.** ¿En qué estación cambian de color las hojas? **18.** ¿En qué estación hace calor?

III. *Pregúntele a alguien:*

1. qué estación prefiere. **2.** por qué. **3.** si sabe patinar o esquíar. **4.** si le gusta la nieve. **5.** si le gustan los colores de los árboles en el otoño. **6.** cuándo comienza el invierno. **7.** si hace menos frío en otoño que en el verano. **8.** si el invierno dura mucho tiempo aquí. **9.** por qué le gusta a Robert la primavera. **10.** si a todo el mundo (*everybody*) le gusta ver llegar el invierno. **11.** cuándo termina el verano. **12.** si muchos de los norteamericanos saben esquiar sobre nieve. **13.** si es la primera vez que nieva este año. **14.** si le gusta jugar a los naipes. **15.** si hace buen tiempo en esta estación.

IV. *Dictado: Conversación 12*

V. *Conversación:*

"Which season do you like most and why?"

Andean mountains, Chile

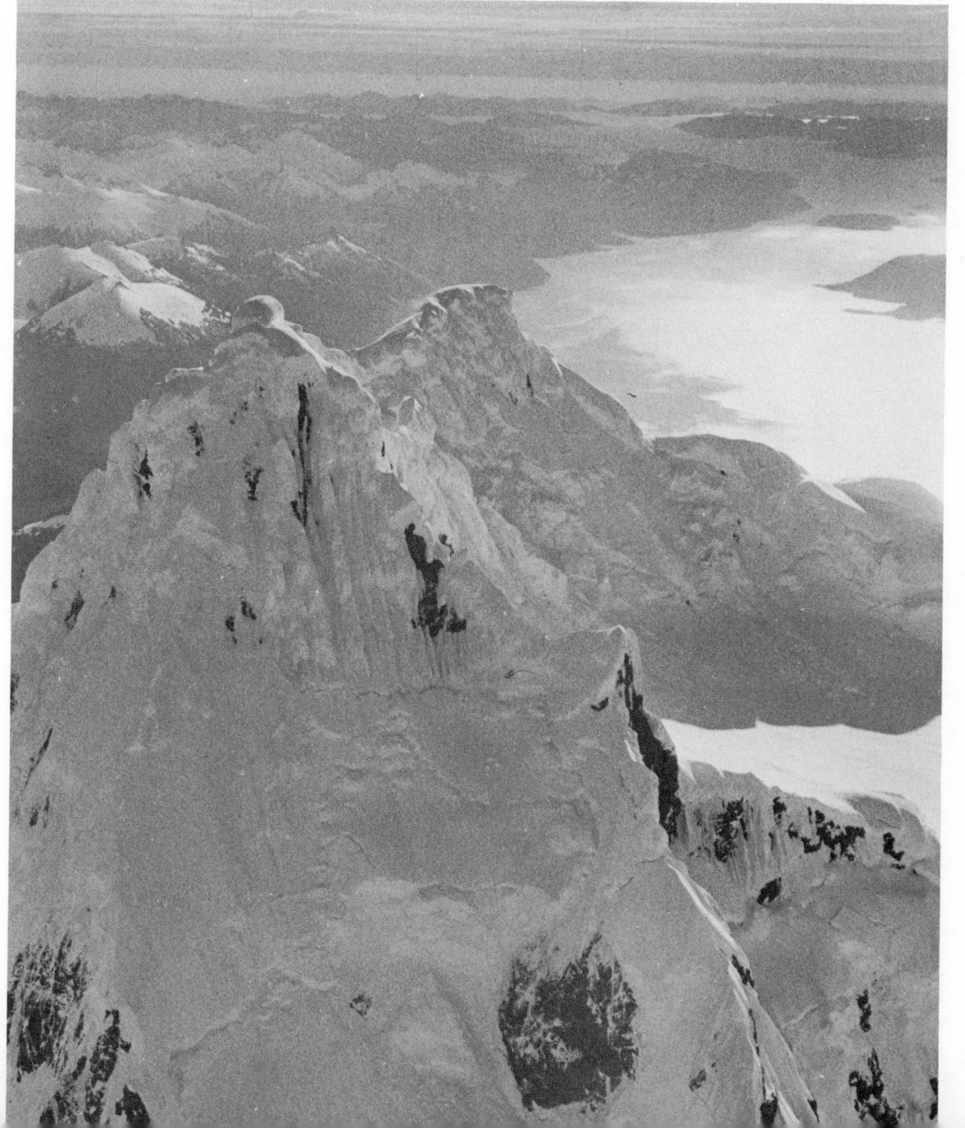

GRAMMAR UNIT 7

35 • Common verbs with irregular first person singulars in the present indicative

Veo los relámpagos.	*I see* the lightning.
Sé esquiar.	*I know how* to ski.
Conozco a Carlos.	*I know* Carlos.
Aquí **traigo** este paraguas.	Here *I'm bringing* this umbrella.
Caigo en el hielo.	*I fall* on the ice.
Pongo leche en el café.	*I'm putting* milk in the coffee.
Salgo mañana para Managua.	*I'm leaving* tomorrow for Managua.
Oigo los truenos.	*I hear* the thunder.

VER *to see*	
veo	vemos
ves	veis
ve	ven

SABER *to know, to know how*	
sé	sabemos
sabes	sabéis
sabe	saben

CONOCER *to know (people and places)*	
conozco	conocemos
conoces	conocéis
conoce	conocen

TRAER *to bring*	
traigo	traemos
traes	traéis
trae	traen

CAER *to fall*	
caigo	caemos
caes	caéis
cae	caen

PONER *to put*	
pongo	ponemos
pones	ponéis
pone	ponen

SALIR *to leave, to go out*	
salgo	salimos
sales	salís
sale	salen

HACER *to do, to make*	
hago	hacemos
haces	hacéis
hace	hacen

OÍR *to hear*	
oigo	oímos
*oyes	oís
*oye	*oyen

* Note the *y* before the ending.

36 • Demonstrative adjectives

Aquí traigo **este** paraguas.	Here I'm bringing *this* umbrella.
¿Quieres dar un paseo **esta** tarde?	Do you want to take a walk *this* afternoon?
¿Qué hacen Uds. en **esos** días de invierno?	What do you do in *those* winter days?
Esas ideas tuyas casi me ponen en camino.	*Those* ideas of yours almost put me on my way.
Esa frase no quiere decir nada.	*That* sentence doesn't mean anything.
Me gustan **aquellas** flores.	I like *those* flowers.

A. Masculine

SINGULAR		PLURAL	
este	this (*near speaker*)	**estos**	these (*near speaker*)
ese	that (*near person addressed*)	**esos**	those (*near person addressed*)
aquel	that, over there (*away from both people*)	**aquellos**	those, over there (*away from both people*)

B. Feminine

SINGULAR		PLURAL	
esta	this (*near speaker*)	**estas**	these (*near speaker*)
esa	that (*near person addressed*)	**esas**	those (*near person addressed*)
aquella	that, over there (*away from both people*)	**aquellas**	those, over there (*away from both people*)

Demonstrative adjectives always precede the noun and they must agree with it in gender and number.

37 ● Possessive adjectives, unstressed and stressed forms

A. Unstressed forms

Mis hermanos y yo salimos a esquiar.	*My* brothers and I go out to ski.
Quiero hacer un viaje a **tu** país.	I want to take a trip to *your* country.
Nuestra primavera es muy bonita.	*Our* spring is very pretty.
Me gustan **vuestras** costumbres.	I like *your* customs.

SINGULAR		PLURAL	
mi **mis**	my	**nuestro, nuestra** **nuestros, nuestras**	our
tu **tus**	your	**vuestro, vuestra** **vuestros, vuestras**	your
su **sus**	his, her, your	**su** **sus**	their, your

a) The unstressed possessive adjectives precede the noun.

b) Since they are **adjectives**, they must **agree** with the noun they modify, therefore they agree with the thing possessed and <u>not</u> with the possessor.

c)

Manuel vive en **su** casa.	Manuel lives in *his* house.
Elena vive en **su** casa.	Elena lives in *her* house.
Ud., Juan, vive en **su** casa.	You, John, live in *your* house.
José y María viven en **su** casa.	José and María live in *their* house.
Uds., señor Pérez y señora Pérez, viven en **su** casa.	You, Mr. and Mrs. Pérez, live in *your* house.

Since **su** has so many possible meanings, at times it is advisable to use an alternate construction with **de**, for clarification:

la casa **de él**	*his* house
la casa **de ella**	*her* house
la casa **de Ud.**	*your* house
la casa **de ellos**	*their* house
la casa **de ellas**	*their* house
la casa **de Uds.**	*your* house

Note that possessive adjectives are not used in Spanish when the possessor is obvious. This often is true with parts of the body and articles of clothing:

Manuel lleva **el** sombrero en **la** mano.	Manuel carries *his* hat in *his* hand.

B. Stressed forms

Este paraguas **mío** no sirve para nada.	This umbrella *of mine* isn't good for anything.
Los amigos **míos** son siempre bienvenidos.	Friends *of mine* are always welcome.
Esas ideas **tuyas** casi me ponen en camino.	Those ideas *of yours* almost put me on my way.

SINGULAR		PLURAL	
mío, mía **míos, mías**	mine, of mine	**nuestro, nuestra** **nuestros, nuestras**	ours, of ours
tuyo, tuya **tuyos, tuyas**	yours, of yours	**vuestro, vuestra** **vuestros, vuestras**	yours, of yours
suyo, suya **suyos, suyas**	his, of his hers, of hers yours, of yours	**suyo, suya** **suyos, suyas**	theirs, of theirs yours, of yours

a) The stressed possessive adjectives follow the noun.

b) Since they are adjectives, they must agree with the noun they modify.

c)

Me gusta aquella casa **suya**.	I like that house *of his.* I like that house *of hers.* I like that house *of yours.* I like that house *of theirs.*

Since **suyo** (**-a**, **-os**, **-as**) has so many possible meanings, at times it is advisable to use an alternate construction with **de**, for clarification:

Me gusta aquella casa **de él**.
Me gusta aquella casa **de ella**.
Me gusta aquella casa **de Ud**.
Me gusta aquella casa **de ellos**.
Me gusta aquella casa **de ellas**.
Me gusta aquella casa **de Uds**.

ejercicios

I. *Cambie al singular:*

1. Vemos la nieve. **2.** Sabemos patinar. **3.** Conocemos a Carlos. **4.** Traemos los discos. **5.** Caemos en el hielo. **6.** Ponemos las cartas aquí. **7.** Salimos temprano. **8.** Lo hacemos. **9.** Oímos los discos.

II. *Cambie al plural:*

1. Él ve la nieve. **2.** Sabe patinar. **3.** Conoce a Carlos. **4.** Trae los discos. **5.** Caen en el hielo. **6.** Pone las cartas aquí. **7.** Sale temprano. **8.** Lo hace. **9.** Oye los discos.

III. *Sustituya el artículo determinado por el adjetivo demostrativo correspondiente al indicado en inglés:*

EJEMPLO: (this, these) el verano
este verano
(that, those, over there) las señoras
aquellas señoras

A. (this, these)
1. la mesa, la casa, las casas, la hoja, la hermana, las hermanas
2. el correo, el restaurante, los restaurantes, el parque, el salón, los salones
3. la zapatería, el tacón, los tacones, el barbero, la liquidación, las liquidaciones

B. (that, those)
1. la fiesta, la peluquería, las peluquerías, la pasta, la semana, las semanas
2. el telegrama, el vaquero, los vaqueros, el disco, el día, los días
3. la tarde, el árbol, los árboles, el mes, la oficina, las oficinas

C. (that, those, over there or some distance away)
1. la familia, la niña, las niñas, la librería, la avenida, las avenidas
2. el banco, el patio, los patios, el mercado, el teatro, los teatros
3. la tarde, la noche, las noches, el fin de semana, los fines de semana

IV. *Sustituya las palabras en itálicas por el posesivo correspondiente:*

EJEMPLO: *el* hermano *de Juan*
su hermano

A. **1.** *la* hermana *de Juan* **2.** *la* hermana *de María* **3.** *el* hermano *de Juan* **4.** *el* hermano *de María* **5.** *la* madre *de Juan* **6.** *la* madre *de María* **7.** *el* padre *de Juan* **8.** *el* padre *de María* **9.** *los* padres *de Juan* **10.** *los* padres *de María* **11.** *la* casa *de Juan* **12.** *las* casas *de Juan* **13.** *el* disco *de María* **14.** *los* discos *de María* **15.** *la* carta *de Juan y María* **16.** *las* cartas *de Juan y María* **17.** *el* amigo *de Juan y María* **18.** *los* amigos *de Juan y María* **19.** *el* paraguas *de María* **20.** *los* paraguas *de Juan y María*

B. **1.** *la* hermana *de Ud.* **2.** *la* hermana *de Uds.* **3.** *el* hermano *de Ud.* **4.** *el* hermano *de Uds.* **5.** *la* madre *de Ud.* **6.** *el* padre *de Ud.* **7.** *los* padres *de Ud.* **8.** *los* padres *de Uds.* **9.** *la* casa *de Ud.* **10.** *la* casa *de Uds.* **11.** *las* casas *de Ud.* **12.** *las* casas *de Uds.* **13.** *los* amigos *de Ud.* **14.** *los* amigos *de Uds.*

V. *Cambie al plural:*

EJEMPLO: mi amiga
mis amigas
tu conversación
tus conversaciones

1. mi casa, mi padre, mi avión, mi oficina **2.** tu abrigo, tu carta, tu idea, tu amigo **3.** nuestro hermano, nuestra hermana, nuestra casa, nuestro padre, nuestra carta, nuestro patio **4.** su paraguas, su hermana, su teléfono, su idea

VI. *Conteste las preguntas siguientes usando el adjetivo posesivo:*

1. ¿Dónde están tus padres? **2.** ¿Dónde viven los padres de Carlos? **3.** ¿Dónde vive el padre de María? **4.** ¿Escribe Robert a su madre? **5.** ¿Están los hermanos de Robert en los Estados Unidos? **6.** ¿Están las hermanas de Robert en los Estados Unidos también? **7.** ¿Dónde viven nuestros amigos? (*including person addressed*). **8.** ¿Dónde viven vuestros amigos? **9.** ¿Dónde viven nuestras amigas? (*excluding person addressed*). **10.** ¿Dónde viven vuestras amigas? **11.** ¿Sabe Ud. el número de teléfono de Robert? **12.** ¿Sabe Ud. el número de teléfono de María?

VII. *Sustituya la forma átona* (unstressed) *por la forma tónica* (stressed) *del adjetivo posesivo:*

EJEMPLO: mi casa
una casa mía

1. mi amigo, mis amigos, mi amiga, mis amigas **2.** tu viaje, tus viajes, tu idea, tus ideas **3.** su casa, sus casas, su telegrama, sus telegramas **4.** la hermana de Juan, las hermanas de Juan, el hermano de María, los hermanos de María **5.** nuestro vecino, vuestras oficinas, nuestra canción, vuestro hotel

VIII. *Diga en español:*

1. I like the snow. **2.** I don't like their house. **3.** What's the date? **4.** Tomorrow is the date of our departure. **5.** I'm not very hungry. **6.** I have the pleasure of introducing to you my friends Robert and Carlos. **7.** Much pleasure. **8.** I am getting an appointment. **9.** I like your shoes. **10.** I am going to mail my letters. **11.** His store is having a sale. **12.** Our ideas are good. **13.** What's the weather like? **14.** The weather is good. **15.** It rains and it snows.

Pachacamoc, Peru

14

Conversación masculina

CARLOS: ¿Estás listo pronto?

ROBERT: Sí, ahora mismo. Busco la corbata roja pero no la encuentro por ninguna parte.

CARLOS: Si quieres te puedo prestar una de las mías. ¿Te gusta aquélla?

ROBERT: No, gracias. No me gustan las tuyas.

CARLOS: ¿Qué quieres decir con eso? ¿Que tengo mal gusto?

ROBERT: No, nada de eso. Solamente que me gustan más las mías que las tuyas.

CARLOS: ¿Qué tal una de las de mi hermano?

ROBERT: No, casi todas las suyas son de pajarita y hoy en día nadie las usa.

CARLOS: A este paso nunca vamos a salir de aquí. ¿No puedes escoger una corbata de otro color?

ROBERT: ¿Queda bien una verde con el traje azul?

CARLOS: En mi opinión de ningún modo. ¿Estás cierto de que no tienes la tuya en uno de los cajones?

ROBERT: En éste de arriba desde luego no está. En ése de abajo tampoco.

CARLOS: ¿Es ésta que está aquí en el ropero?

ROBERT: ¡Por fin la encontramos! Ésa es.

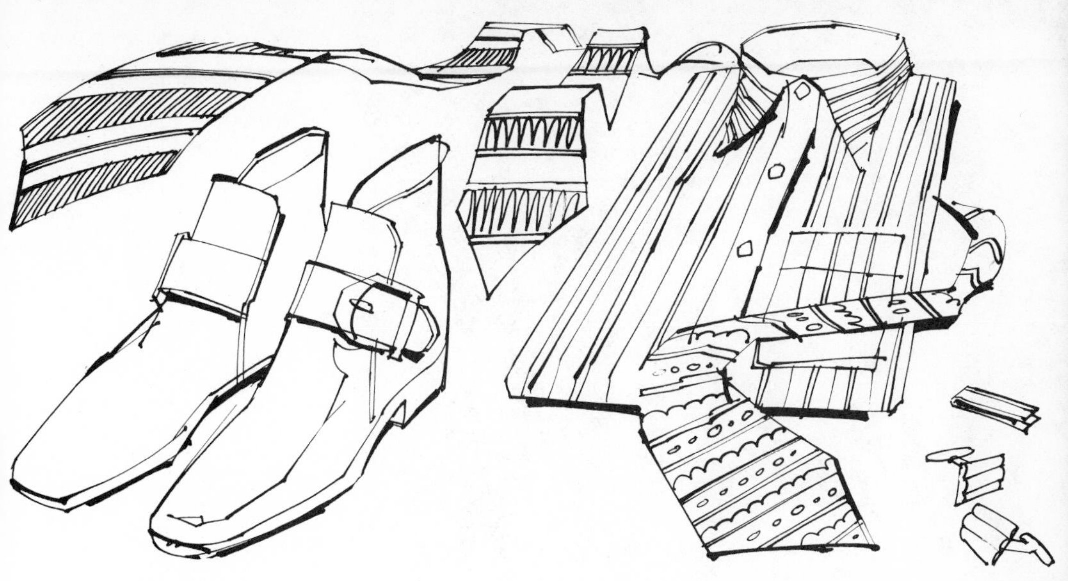

Boy talk

CARLOS: *Will you be ready soon?*

ROBERT: *Yes, right away. I'm looking for my (the) red tie but I don't find it anywhere.*

CARLOS: *If you want I can lend you one of mine. Do you like that one over there?*

ROBERT: *No, thanks. I don't like yours.*

CARLOS: *What do you mean (want to say) with that? That I have bad taste?*

ROBERT: *No, nothing like (of) that. Only that I like mine more than yours.*

CARLOS: *How about one of my brother's (one of the [ties] of my brother)?*

ROBERT: *No, almost all his are bow (little bird) ties and nowadays nobody uses them.*

CARLOS: *At this rate (pace) we're never going to leave from here. Can't you choose another color?*

ROBERT: *Does a green one go well with the blue suit?*

CARLOS: *In my opinion not at all (in no way). Are you certain that you don't have yours in one of the drawers?*

ROBERT: *Of course it isn't in this top one. Nor in that bottom one either.*

CARLOS: *Is it this one that is here in the wardrobe?*

ROBERT: *We find it at last! That's it.*

ejercicios

I. *Sustitución:*

1. Busco mi corbata roja.
   de pajarita / verde / azul / negra / blanca
2. Solamente quiero decir que me gustan más mis corbatas que las tuyas.
   mis sombreros . . . los tuyos / mis trajes . . . los tuyos / mis bolsas . . . las tuyas / mis ideas . . . las tuyas
3. ¿Queda bien una corbata verde con un traje azul?
   una corbata roja . . . un traje verde / un sombrero rojo . . . un abrigo negro / un abrigo azul . . . un vestido (*dress*) gris (*grey*)
4. Me gustan mis corbatas más que las tuyas.
   menos que / tanto como / mucho más que / mucho menos que
5. Es una de mis corbatas.
   uno de mis amigos / una de mis hermanas / uno de los míos / una de las mías

II. *Conteste en español:*

1. ¿Cuándo va a estar listo Robert? **2.** ¿Sabe Robert dónde está su corbata roja? **3.** ¿Quiere Carlos prestarle una de las suyas? **4.** ¿Quiere Robert llevar (*wear*) una de las corbatas de Carlos? **5.** ¿Le gustan a Robert las corbatas de Carlos? **6.** ¿Quiere Robert llevar una de las del hermano de Carlos? **7.** ¿Por qué no le gustan a Robert las corbatas de pajarita? **8.** ¿Dónde busca Robert la corbata roja? **9.** ¿Busca Robert en los cajones? **10.** ¿Encuentra la corbata allí? **11.** ¿Dónde está la corbata que busca?

III. *Pregúntele a otro estudiante:*

1. si va a estar listo pronto. **2.** si quiere prestarle una corbata. **3.** qué busca Robert. **4.** si queda bien una corbata verde con un traje azul. **5.** si tiene buen gusto. **6.** si Robert encuentra la corbata en el cajón. **7.** qué encuentra Carlos en el ropero. **8.** si ésta es la corbata que busca Robert. **9.** de qué color es esta corbata. **10.** si pone la corbata en el cajón. **11.** si escoge una de otro color.

IV. *Diga en español:*

A. 1. Robert has many ties. **2.** He has more ties than Carlos. **3.** Do you like bow ties? **4.** I like them a lot. **5.** He can lend me one of his ties.

B. 1. I am looking for my red dress. **2.** I can't find it. **3.** Do you like that one over there? **4.** No, I like that one better. **5.** Do you mean that I have bad taste?

C. 1. I am ready. **2.** right now **3.** nowhere **4.** in my opinion **5.** not at all **6.** the top drawer and that bottom one **7.** at last **8.** that's it

V. *Dictado: Conversación 13*

VI. *Conversación:*

Ask a friend to lend you a raincoat. He can't find it so he says he can lend you his umbrella.

GRAMMAR UNIT 8

38 • Demonstrative pronouns

En **éste** de arriba no está.	It isn't in *this* top *one.*
En **ése** de abajo tampoco.	Nor in *that* bottom *one* either.
¿Es **ésta** que está aquí en el ropero?	Is it *this one* that is here in the wardrobe?
Ésa es.	*That*'s it.
¿Te gusta **aquélla**?	Do you like *that one* (*over there*)?
¿Qué quiere decir con **eso**?	What do you mean by *that*?
¿Qué es **esto**?	What is *this*?
Me habla de **eso**.	He is talking to me about *that.*

A. Masculine

	SINGULAR		PLURAL
éste	this, this one (*near speaker*)	**éstos**	these (*near speaker*)
ése	that, that one (*near person addressed*)	**ésos**	those (*near person addressed*)
aquél	that, that one over there (*away from both people*)	**aquéllos**	those, over there (*away from both people*)

B. Feminine

ésta	this, this one (*near speaker*)	**éstas**	these (*near speaker*)
ésa	that, that one (*near person addressed*)	**ésas**	those (*near person addressed*)
aquélla	that, that one over there (*away from both people*)	**aquéllas**	those, over there (*away from both people*)

C. Neuter

esto	this
eso	that
aquello	that

a) Demonstrative pronouns agree in gender and number with the nouns for which they stand.

b) Note that the masculine and feminine forms of the demonstrative pronouns have a written accent to distinguish them from the demonstrative adjectives.

c) In neuter, there are singular forms only; they refer to ideas or to things when the gender is not identified.

39 ● Possessive pronouns

Me gustan más **las mías.**	I like *mine* better.
No me gustan **las tuyas.**	I don't like *yours.*
Todas **las suyas** son de pajarita.	All *his* are bow ties.
El nuestro está aquí.	*Ours* is here.

SINGULAR		PLURAL	
el mío, la mía **los míos, las mías**	mine	**el nuestro, la nuestra** **los nuestros, las nuestras**	ours
el tuyo, la tuya **los tuyos, las tuyas**	yours	**el vuestro, la vuestra** **los vuestros, las vuestras**	yours
el suyo, la suya **los suyos, las suyas**	his, hers, yours	**el suyo, la suya** **los suyos, las suyas**	theirs, yours

a) Possessive pronouns must agree with the noun to which they refer and they are preceded by the proper definite article.*

b)

Veo **la suya.**

I see *his.*
I see *hers.*
I see *yours.*
I see *theirs.*

Since **el suyo (la suya, los suyos, las suyas)** has so many possible meanings, at times it is advisable to use an alternate construction with **de**, for clarification:

Veo **la de él.**
Veo **la de ella.**
Veo **la de Ud.**
Veo **la de ellos.**
Veo **la de ellas.**
Veo **la de Uds.**

---

* Note the difference between the possessive adjective:

—¿De quién es este libro?—Es **mío.**	"Whose book is this?" "It is *mine.*" (It belongs to me.)

and the possessive pronoun:

—¿Cuál es este libro?—Es **el mío.**	"Which book is this?" "It is *mine.*" (It is the one that belongs to me.)

40 • Negatives and their affirmative counterparts

NEGATIVE

Nunca duermo.	I *never* sleep.
No duermo **nunca.**	I *never* sleep.
Yo **tampoco** duermo.	I don't sleep *either.*
Yo no duermo **tampoco.**	I don't sleep *either.*
Él no ve **nada.**	He doesn't see *anything.*
Nadie ve **nada.**	*No one* sees *anything.*
Nadie nunca dice **nada.**	*Nobody ever* says *anything.*
Ninguno habla.	*No one* is speaking.
Ningún estudiante habla.	*No* student speaks.
No habla **ninguna** alumna.	*No* student is speaking.
Ni Carlos **ni** Robert vienen.	*Neither* Charles *nor* Robert is coming.

AFFIRMATIVE

Siempre duermo.	I *always* sleep.
Duermo **alguna** vez.	I sleep *some*times.
Yo **también** duermo.	I *also* sleep.
Yo duermo **también.**	I sleep *too.*
Él ve **algo.**	He sees *something.*
Alguien ve **algo.**	*Somebody* sees *something.*
Alguien siempre dice **algo.**	*Someone always* says *something.*
Alguno habla.	*Someone* is speaking.
Algún estudiante habla.	*Some* student is speaking.
Habla **alguna** alumna.	*Some* student is speaking.
O Carlos **o** Robert viene.	*Either* Charles *or* Robert is coming.

A. Negative words other than **no** may either precede or follow the verb. However when a negative word follows a verb another negative must precede the verb:

Nunca duermo. **No** duermo **nunca.**	I *never* sleep.
Nadie llega. **No** llega **nadie.**	*Nobody* arrives.

B. The affirmatives, **siempre**, **algo**, etc., are not used when the verb is negative; they are replaced by their negative counterparts:

Quiero **algo.**	I want *something.*
No quiero **nada.**	I *don't* want *anything.*

NEGATIVE		AFFIRMATIVE	
nunca	never	**siempre** **algún día** **alguna vez**	always some day sometime
tampoco	not either, neither	**también**	too, also
nada	nothing, not anything	**algo**	something, anything
nadie	no one, nobody, not anybody	**alguien**	someone, somebody, anybody
ninguno,* **ninguna,** **ningún****	none, not one, no one, not anyone	**alguno,** **alguna,** **algún****	some, some one, one (of)
ni . . . ni	neither . . . nor	**(o) . . . o**	(either) . . . or

* **ninguno (ningún, ninguna)** normally are found only in the singular since the most literal meaning is *not even one*. However the plural forms are found when they modify or refer to nouns which are used only in the plural: **ningunas** tijeras *no* scissors
ningunos pantalones *no* trousers

** The forms **ningún** and **algún** are used before a masculine singular noun.

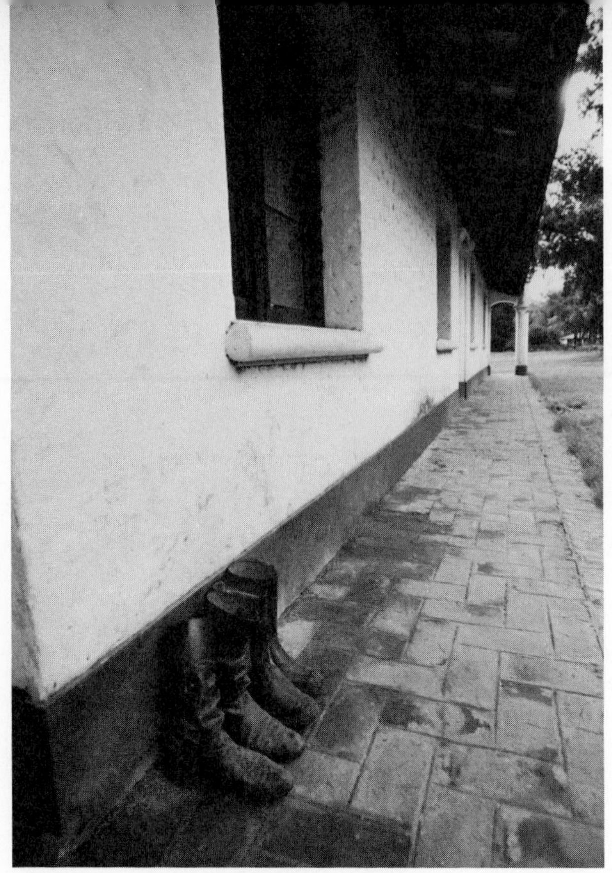

ejercicios

I. *Sustituya el objeto por el pronombre demostrativo correspondiente:*

EJEMPLO: Busca esta corbata.
Busca ésta.

A. 1. Busca esta carta. **2.** Busca estas casas. **3.** Busca este sombrero. **4.** Busca estos vestidos.

B. 1. Encontramos esta carta. **2.** Encontramos estas casas. **3.** Encontramos este sombrero. **4.** Encontramos estos vestidos.

C. 1. Prefiero aquella mesa. 2. Prefiero aquellas tortas. **3.** Prefiero aquel postre. **4.** Prefiero aquellos platos.

II. *Diga en español:*

1. I like this tie and that one. **2.** I like that coat and those (*near you*). **3.** I like these books and those (*over there*). **4.** What is this? **5.** I like that.

III. *Sustituya el objeto por el pronombre posesivo correspondiente:*

EJEMPLO: Yo tengo mi libro.
Yo tengo el mío.

A. **1.** Yo tengo mi libro. **2.** Tú tienes tu libro. **3.** Él tiene su libro. **4.** Ella tiene su libro. **5.** Ud. tiene su libro. **6.** Nosotros tenemos nuestro libro. **7.** Ellos tienen su libro. **8.** Ellas tienen su libro. **9.** Uds. tienen su libro. **10.** Vosotros tenéis vuestro libro.

B. **1.** Yo escribo mis cartas. **2.** Tú escribes tus cartas. **3.** Él escribe sus cartas. **4.** Ella escribe sus cartas. **5.** Ud. escribe sus cartas. **6.** Nosotros escribimos nuestras cartas. **7.** Ellos escriben sus cartas. **8.** Ellas escriben sus cartas. **9.** Uds. escriben sus cartas. **10.** Vosotros escribís vuestras cartas.

IV. *Diga en español:*

EJEMPLO: my book and theirs
mi libro y el de ellos
this letter and that one of hers
esta carta y ésa de ella

A. **1.** my letter and hers **2.** my letter and his **3.** my letter and theirs (*fem.*) **4.** my letter and theirs (*masc.*) **5.** my letter and yours (*sing.*) **6.** my letter and yours (*pl.*)

B. **1.** this book and that one of hers **2.** this book and that one of his **3.** that book and this one of theirs (*fem.*) **4.** that book and this one of theirs (*masc.*) **5.** that book over there and this one of yours (*sing.*) **6.** this book and that one over there of yours (*pl.*)

V. *Cambie las frases siguientes a la forma negativa:*

1. Hablo francés. **2.** Lo conozco. **3.** Siempre vengo aquí. **4.** Algún día voy a Europa. **5.** Alguna vez vas a conocerlos. **6.** Hace un viaje también. **7.** Ella compra algo en el centro. **8.** Alguien oye los discos. **9.** Busca alguna casa vieja. **10.** Busca algún edificio nuevo. **11.** Traigo algunos* amigos míos. **12.** Conozco a algunas* de ellas. **13.** Invitamos a algunos* de Uds. **14.** Pido café y té. **15.** ¿Quiere patinar o esquiar? **16.** ¿Hace frío o calor aquí?

---

* Remember that **ningún, ninguno, ninguna** are usually used in the singular, even in answer to a plural form.

15

CONVERSACIÓN

Horario de un hombre de negocios

CARLOS: ¿Robert, a qué hora te levantas?

ROBERT: Cuando me duermo temprano, me despierto a las siete y me levanto a eso de las siete y cuarto.

CARLOS: No te entiendo. ¿Cómo es que te levantas tan tarde si tienes que estar en el trabajo a las ocho?

ROBERT: Porque ordinariamente, sin apurarme, puedo bañarme, afeitarme, tomar desayuno y llegar a tiempo.

CARLOS: Yo me pongo nervioso cuando tengo que vestirme de prisa. Apenas puedo lavarme la cara y mirarme al espejo.

ROBERT: ¿Y tú a qué hora te vas a trabajar?

CARLOS: Por lo general hacia las ocho y media, y algunos días, cuando me siento eufórico, voy un poco antes.

ROBERT: ¿Para qué compañía trabajas?

CARLOS: Trabajo para la "Universal S.A."

ROBERT: ¿Dónde quedan las oficinas?

CARLOS: Están en la Plaza de la Independencia.

ROBERT: ¿Por dónde vas hasta allí?

CARLOS: Sigo la Calle Mayor hasta la esquina de la Farmacia Santiago y allí doblo a la izquierda.

ROBERT: ¿Te sientes feliz en tu trabajo?

CARLOS: No tengo de qué quejarme. Lo malo es que estoy tan ocupado que no me siento en todo el día y acabo muy cansado.

ROBERT: ¿Te acuestas temprano?

CARLOS: No, pero a eso de la medianoche ya estoy en cama.

Schedule of a businessman

CARLOS: *Robert, at what time do you get up?*

ROBERT: *When I go to sleep early, I wake up at seven and I get up about seven fifteen.*

CARLOS: *I don't understand you. How is it that you get up so late if you have to be at work at eight?*

ROBERT: *Because ordinarily, without hurrying, I can take a bath, shave, have breakfast and arrive on time.*

CARLOS: *I get nervous when I have to get dressed in a hurry. I can hardly wash my face and look at myself in the mirror.*

ROBERT: *And you, at what time do you go off to work?*

CARLOS: *Generally around eight thirty, and sometimes (some days) when I feel in a good mood, I go a little before.*

ROBERT: *For what company do you work?*

CARLOS: *I work for Universal, Inc.*

ROBERT: *Where are the offices located?*

CARLOS: *They are on Independence Square.*

ROBERT: *How do you get there?*

CARLOS: *I follow Calle Mayor up to the corner of Santiago Pharmacy and there I turn to the left.*

ROBERT: *Do you feel happy in your work?*

CARLOS: *I don't have a thing to complain about. The bad thing is that I am so busy that I don't sit down all day and I end up very tired.*

ROBERT: *Do you go to bed early?*

CARLOS: *No, but about midnight I'm already in bed.*

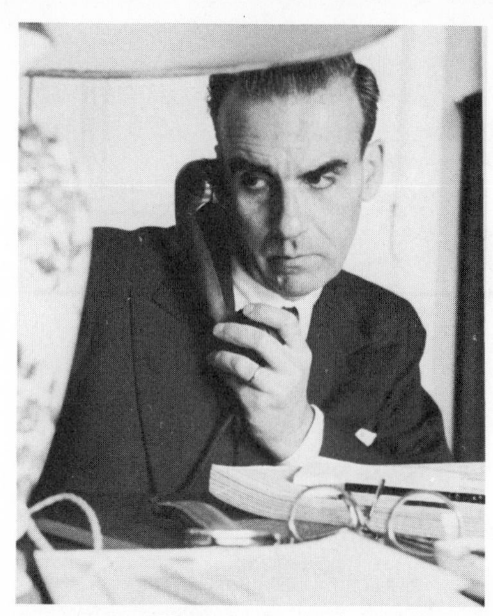

Caracas, Venezuela

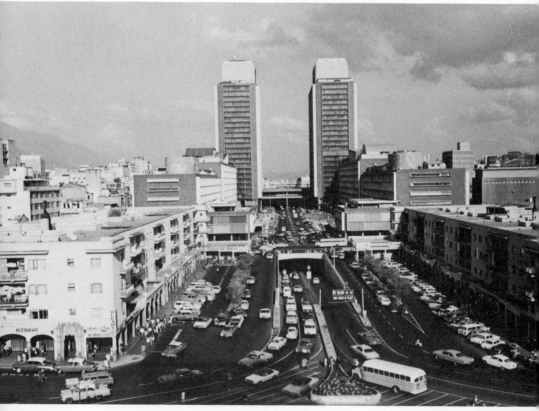

ejercicios

I. *Sustitución:*

1. ¿A qué hora te levantas?

me despierto / puedo bañarme / te vas a trabajar / te acuestas

2. Me despierto a las siete y cuarto.

Me levanto / Te levantas / Puedo afeitarme / Puedo lavarme la cara

3. No te entiendo.

te acuestas / tienes que estar en el trabajo / me pongo nervioso / trabajo para la "Universal"

4. Puedo bañarme.

afeitarme / apurarme / vestirme / mirarme al espejo

II. *Conteste en español:*

1. ¿Quién es el hombre de negocios? **2.** ¿A qué hora se levanta Robert? **3.** ¿A qué hora se levanta Ud.? **4.** ¿A qué hora tiene que estar Robert en el trabajo? **5.** ¿A qué hora tiene que estar Ud. en el trabajo? **6.** ¿Llegas a tiempo? **7.** ¿A qué hora toma Ud. el desayuno? **8.** ¿Te pones nervioso cuando tienes que apurarte? **9.** ¿Por lo general a qué hora vas a la escuela (*school*)? **10.** ¿Para qué compañía trabaja Carlos? **11.** ¿Dónde quedan las oficinas de la "Universal"? **12.** ¿Por dónde va Carlos hasta allí? **13.** ¿Por dónde vais hasta allí? **14.** ¿Te sientes feliz en tu trabajo? **15.** ¿No tienes de qué quejarte? **16.** ¿Qué es lo malo de tu trabajo? **17.** ¿Te acuestas temprano? **18.** ¿Estás en cama a eso de la medianoche?

III. *Pregúntele a otro estudiante:*

1. si es hombre de negocios. **2.** a qué hora se levanta. **3.** si se levanta tarde o temprano. **4.** a qué hora tiene que estar en el trabajo. **5.** si tiene que apurarse para llegar a tiempo. **6.** si puede bañarse antes del desayuno. **7.** si puede afeitarse sin mirarse al espejo. **8.** si se siente eufórico. **9.** si se siente felíz. **10.** si se siente triste (*sad*). **11.** si se acuesta a eso de la medianoche. **12.** si está ocupado todo el día. **13.** para qué compañía trabaja. **14.** dónde queda su casa. **15.** por dónde se va hasta allí.

IV. *Diga en español:*

1. What time do you get up? **2.** When do I go to sleep? **3.** What time do I wake up? **4.** How is it that you get up so late? **5.** When do I have to get dressed in a hurry? **6.** For what company do you work? **6.** Where is the drug store located? **8.** How do you get downtown? **9.** Where do I turn to the right? **10.** Why do you go to bed early?

V. *Dictado: Conversación 14*

VI. *Conversación:*

Discuss your schedule.

16
En el aeropuerto

CARLOS: ¿Va a llegar puntual el avión para Bogotá?

EMPLEADO: Sí, ya está para llegar.

ROBERT: Muchas gracias, Carlos, por tu hospitalidad.

CARLOS: No hay de qué. Ya sabes que siempre nos alegramos de tenerte con nosotros.

ROBERT: De mi parte un abrazo para tu padre, y para tu madre este pequeño obsequio por su amabilidad.

CARLOS: ¿Te acuerdas de la dirección de mis tíos en Bogotá?

ROBERT: No tienes por qué preocuparte. No me olvido fácilmente de los encargos. Mañana mismo me comunico con ellos.

CARLOS: ¿Te mando el dinero para los libros la semana que viene?

ROBERT: No, hombre, no. ¿No te acuerdas de que me hacen un descuento del 15 por ciento y que sólo tengo que pagar 97 pesos por ellos?

CARLOS: ¿Facturas esta maleta también o la llevas contigo?

ROBERT: La llevo conmigo.

CARLOS: Robert, ya llaman a los pasajeros. Se acerca la hora de despedirnos.

ROBERT: No sé lo que me pasa a mí que no me acostumbro a las despedidas. Adiós, Carlos.

CARLOS: Adiós, Robert.

(*Se abrazan y Robert se aleja saludando.*)

At the airport

CARLOS: *Is the plane for Bogotá going to arrive on time?*

CLERK: *Yes, now it's about to arrive.*

ROBERT: *Thank you very much, Carlos, for your hospitality.*

CARLOS: *You're welcome. You already know that we are always glad to have you with us.*

ROBERT: *On my behalf [I send] regards (an embrace) for your father, and for your mother this small gift for her kindness.*

CARLOS: *Do you remember the address of my aunt and uncle in Bogotá?*

ROBERT: *You don't have reason to worry. I don't forget errands easily.* Tomorrow *I'll get in touch with them.*

CARLOS: *Shall I send you the money for the books next week?*

ROBERT: *No, man, no. Don't you remember that they make me a 15 percent discount and that I only have to pay 97 pesos for them?*

CARLOS: *Are you checking this suitcase too or are you taking it with you?*

ROBERT: *I'm carrying it with me.*

CARLOS: *Robert, they're already calling the passengers. It's time to say good-bye (The hour of saying good-bye to each other is approaching).*

ROBERT: *I don't know what happens to me that I don't get used to good-byes. Good-bye, Carlos.*

CARLOS: *Good-bye, Robert.*

(They embrace each other and Robert moves away waving.)

ejercicios

I. *Sustitución:*

1. Va a llegar puntual el avión para Bogotá.
tarde / temprano / a tiempo / a las ocho y cuarto

2. Robert está para llegar.
salir / ir al aeropuerto / despedirse / facturar las maletas

3. Muchas gracias por su hospitalidad.
el obsequio / su amabilidad / los libros / el dinero / el descuento

4. Te acuerdas de la dirección.
los encargos / llevar la maleta / llamar a mis tíos / despedirte de tus amigos

5. Nos alegramos de tenerte con nosotros.
traerte al aeropuerto / mandarle el dinero / comunicarnos con ellos / darte las gracias

6. No tienes por qué preocuparte.
quejarte / mandar el dinero / pagar 97 pesos / comunicarte con mis tíos / despedirte de mí / alejarte de aquí / acostumbrarte a llegar puntual

7. Mando el dinero para los libros.
la compañía / Robert / pagar los boletos / el obsequio

II. *Conteste en español:*

1. ¿Dónde están Carlos y Robert? **2.** ¿Va a llegar puntual el avión? **3.** ¿Para dónde va el avión? **4.** ¿Por qué le da las gracias a Carlos? **5.** ¿Para quién da Robert un pequeño obsequio? **6.** ¿Para quién envía Robert un abrazo? **7.** ¿Se acuerda Robert de la dirección de los tíos de Carlos? **8.** ¿Cuándo se comunica Robert con ellos? **9.** ¿Para qué quiere Carlos mandarle dinero? **10.** ¿Cuánto tiene que pagar Robert por los libros? **11.** ¿Qué descuento le hacen? **12.** ¿Factura Robert la maleta o la lleva consigo (*with himself*)? **13.** ¿Cuándo llaman a los pasajeros? **14.** ¿A qué no se acostumbra Robert? **15.** ¿Cómo se despiden Carlos y Robert?

III. *Pregúntele a otro estudiante:*

1. si está para llegar el avión. **2.** si él está listo. **3.** si se acuerda de la dirección. **4.** para quién le da un obsequio a Carlos. **5.** por qué le da un obsequio a Carlos. **6.** si tiene por qué preocuparse. **7.** si se olvida fácilmente de los encargos. **8.** cuándo manda el dinero. **9.** si prefiere facturar las maletas o llevarlas. **10.** si sabe lo que le pasa. **11.** si conoce a los tíos de Carlos. **12.** si le gustan las despedidas.

IV. *Dictado: Conversación 15*

V. *Conversación:*

Say good-bye to some friends at the airport and thank them for their hospitality.

ANDES ECUATORIANOS: AÑO 1921 PILOTO CAP. ELIA LIUT
IBERIA
INFORMACION

GRAMMAR UNIT 9

41 ● Reflexives

A.

NON-REFLEXIVE		REFLEXIVE	
Te veo.	I see *you.*	**Me** veo.	I see *myself.*
La amas.	You love *her.*	**Te** amas.	You love *yourself.*
La sienta.	He seats *her.*	**Se** sienta.	He seats *himself,* he sits down.
Lo desperta-mos.	We wake *him.*	**Nos** desperta-mos.	We wake *ourselves,* we wake up.
Le laváis las manos.	You wash *his* hands.	**Os** laváis las manos.	You wash the hands *for yourself,* you wash *your* hands.
Te ponen nervioso.	They make *you* nervous.	**Se** ponen nerviosos.	They make *themselves* nervous, they get nervous.

SINGULAR		PLURAL	
me	myself	**nos**	ourselves
te	yourself	**os**	yourselves
se	himself, herself, yourself	**se**	themselves, yourselves

a) Note that the reflexive pronouns are identical in form to the direct and indirect object pronouns with the exception of the third person **se**.

b) Compare the two sets of examples above. Note that when the object of a verb is the same person or persons as the subject, the object is expressed by a reflexive pronoun.

B. **Me** lavo la cara. — I wash my face (I wash the face *for myself*).
Me la lavo. — I wash it (I wash *it for myself*).

Voy a escribir**me** la nota. — I'm going to write *myself* the note.
Voy a escribír**mela**. — I'm going to write *it to myself.*
Me la voy a escribir. — I'm going to write *it to myself.*

Reflexive pronouns follow the same rules for position as other object pronouns. A reflexive pronoun precedes any other object pronoun with which it is used.

C.

sentar	to seat
sentarse	to seat oneself, to sit down
llamar	to call
llamarse	to call oneself; to be named

The infinitive of reflexive verbs have **se**, the third person reflexive pronoun, attached.

dormir	to sleep
dormirse	*to fall asleep*
llamar	to call
llamarse	*to be named*
ir	to go
irse	*to go off, to leave*

Some verbs change their meaning when they are reflexive. Often the reflexive pronoun cannot be translated literally.

42 ● Remarks about por and para

Por and **para** are two prepositions which have such varied translations and yet at times such similar meanings that it is impossible to cover all their complexities here. "Stated roughly, **por** refers to source and **para** to destination."*

43 ● Para

In general **para** is used to indicate:

A. destination

Trabajo **para** esa compañía.	I work *for* that company.
Compra un obsequio **para** la madre.	He buys a gift *for* his mother (to give *to her*).
Una carta **para** Juan.	A letter *for* John.
Salimos **para** Europa.	We are leaving *for* Europe.
El tren **para** Madrid.	The train *for* Madrid.
Lo hago **para** María.	I am doing it *for* María (*with her in mind*).

B. intention or goal of an action

estudiar **para** médico	to study *for*, *in order* (*to be a*) doctor
estudiar **para** aprender	to study *in order to* learn
trabajar **para** comer	to work *in order to* eat

C. the use for which things are intended

tela **para** camisas	cloth *for* shirts
una taza **para** café	a cup *for* coffee
jaulas **para** pájaros	cages *for* birds

D. a determined event or point in time

Lo compro **para** su cumpleaños.	I am buying it *for* his birthday.
Lo quiero **para** mañana.	I want it *for*, *by* tomorrow.
Para Navidad haré un viaje.	*By* Christmas I will take a trip.

E. with **estar**, the equivalent of *to be about to*

Estoy **para** salir.	I am *about to* leave.

---

* Marathon Montrose Ramsey, *A Textbook of Modern Spanish* Revised by Robert K. Spaulding. Holt, Rinehart and Winston, New York, 1963, pp. 519–520.

44 • Por

In general **por** is used to indicate:

A. agent in a passive construction

El Quijote fue escrito **por** Cervantes.	*The Quijote* was written *by* Cervantes.

B. the reason or motive

Lo admiro **por** su caridad.	I admire him **for** his charitableness.
Por hablar demasiado, no come.	*Because of* talking too much, he doesn't eat.

C. a period of time

Vengo **por** un mes.	I'm coming *for* a month.
Por la mañana.	*In* the morning.
Van a terminar **por** 1972.	They're going to finish *around* 1972.

D. place (*through*, *by*, *along*) where

por el parque	*through* the park
por el lago	*by* the lake
por la calle	*along* the street

E. exchange, price or quantity

Te doy dos pesos **por** la radio.	I'll give you two pesos *for* the radio.
Lo compro **por** cien dólares.	I'm buying it *for* $100.
Los vendo **por** docenas.	I sell them *by* the dozen.
Diez **por** ciento.	Ten *per* cent.

F. in search of

Pasa **por** María.	He is coming by *for* María.
Viene **por** el sombrero.	He is coming *for* the hat.

G. in behalf of, in place of

Votamos **por** Juan.	We vote *for* John (*in his place* or cast our ballot *for him*).
Trabajo **por** mi amigo.	I work *for* my friend (*in his place*; *for his sake*).

H. with **estar**, something yet to be done

La carta está **por** escribir.	The letter is *yet to be* written.

45 • Prepositional pronouns

No sé lo que me pasa **a mí.**	I don't know what happens *to me.*
Me comunico **con ellos.**	I'll get in touch *with them.*
Nos alegramos de tenerte **con nosotros.**	We're glad to have you *with us.*
La carta es **para ti.**	The letter is *for you.*
¿La llevas **contigo**?	Are you taking it *with you*?
La llevo **conmigo.**	I'm taking it *with me.*

SINGULAR		PLURAL	
mí	me	**nosotros, nosotras**	us
ti	you	**vosotros, vosotras**	you
usted	you	**ustedes**	you
él	him	**ellos**	them
ella	her	**ellas**	them

A. The pronouns used as objects of a preposition are the same as the subject pronouns, with the exception of **mí** and **ti.**

B. With the preposition **con**, there are three irregular forms: **conmigo**, **contigo** and **consigo.**

Note that **conmigo** and **contigo** are used both in non-reflexive and reflexive sentences; **consigo** is used only in reflexive sentences, either singular or plural:

La lleva **consigo.**	He (she) is taking it *with him(her)self.*
Uds. la llevan **consigo.**	You are taking it *with yourselves.*

But in a non-reflexive sentence:

Me comunico **con ellos (con él, con ella, con Ud., con Uds.).**	I'll get in touch *with them* (*with him*, *with her*, *with you*).

ejercicios

I. *Conteste en español:*

A. **1.** ¿Cómo se llama Ud.? **2.** ¿Cómo te llamas? **3.** ¿Cómo se llama el profesor? **4.** ¿Cómo se llama ella? **5.** ¿Cómo se llaman las chicas? **6.** ¿Cómo os llamáis? **7.** ¿Cómo nos llamamos nosotros? **8.** ¿Cómo se llama Ud.? **9.** ¿Cómo me llamo?

B. **1.** ¿Cómo se llama su madre? **2.** ¿Cómo se llama tu padre? **3.** ¿Cómo se llaman sus padres? **4.** ¿Cómo se llama el hijo de tu vecino? **5.** ¿Cómo se llaman sus hermanos?

II. *Pregúntele a alguien:*

1. cómo se llama Ud. **2.** cómo te llamas tú. **3.** cómo se llama él. **4.** cómo se llama ella. **5.** cómo me llamo yo.

III. *Conteste en español:*

A. **1.** ¿Se levanta Ud. temprano? **2.** ¿Se duerme Ud. tarde? **3.** ¿Se despierta Ud. temprano? **4.** ¿Se apura Ud.? **5.** ¿Se baña Ud. temprano? **6.** ¿Se afeita Ud. por la mañana? **7.** ¿Se viste Ud. con prisa (*hurriedly*)? **8.** ¿Te lavas la cara por la mañana? **9.** ¿Se mira al espejo? **10.** ¿Se va a la escuela temprano? **11.** ¿Se siente Ud. feliz? **12.** ¿Se sienta Ud. en la silla (*chair*)? **13.** ¿Te quejas del trabajo? **14.** ¿Se comunica Ud. con los amigos? **15.** ¿Se despide Ud. de su amigo?

B. **1.** ¿Se levantan Uds. temprano? **2.** ¿Se duermen Uds. tarde? **3.** ¿Se despiertan Uds. temprano? **4.** ¿Se apuran Uds.? **5.** ¿Os bañáis temprano? **6.** ¿Se afeitan Uds. por la mañana? **7.** ¿Se visten Uds. con prisa? **8.** ¿Se lavan la cara por la mañana? **9.** ¿Se miran al espejo? **10.** ¿Se van a la escuela temprano? **11.** ¿Os sentís felices? **12.** ¿Se sientan Uds. en las sillas? **13.** ¿Se quejan Uds. del trabajo? **14.** ¿Se comunican Uds. con los amigos? **15.** ¿Se despiden Uds. de su amigo?

IV. *Pregúntele a alguien:*

1. si se levanta temprano. **2.** si se aleja el tren. **3.** si se acerca el tren. **4.** si se va al centro. **5.** si se llama Juan. **6.** si se siente feliz. **7.** si se sienta en la silla. **8.** si se olvida de los encargos. **9.** si se preocupa de eso.

V. *Conteste en español:*

1. ¿A qué hora se levanta Ud.? **2.** ¿A qué hora te acuestas? **3.** ¿A qué hora se duermen ellos? **4.** ¿Te lavas la cara por la mañana? **5.** ¿Te acostumbras a las despedidas? **6.** ¿Te apuras por la mañana? **7.** ¿Se siente nervioso durante un examen? **8.** ¿Cuándo se va Ud. a España? **9.** ¿Se viste de negro? **10.** ¿Se acercan las vacaciones?

VI. *Conteste en español:*

1. ¿Cómo se llama Ud.? **2.** ¿Se ponen Uds. nerviosos en la clase? **3.** ¿Os acostumbráis a los exámenes? **4.** ¿Me visto de verde? **5.** ¿Nos quejamos del tiempo? (*including student addressed*) **6.** ¿Nos miramos al espejo por la mañana? (*excluding student addressed*) **7.** ¿Vais a levantaros temprano? **8.** ¿Vas a acostarte temprano? **9.** ¿Van a sentirse felices? **10.** ¿Vamos a despedirnos mañana? **11.** ¿Le gusta a Ud. levantarse temprano? **12.** ¿Le gusta a Ud. despertarse tarde? **13.** ¿Les gusta a Uds. sentarse en la clase? **14.** ¿Nos gusta despedirnos en el aeropuerto? **15.** ¿Os gusta apuraros? **16.** ¿Nos gusta dormirnos muy tarde? **17.** ¿Le gusta irse temprano? **18.** ¿Te gusta bañarte con agua fría?

VII. *Complete las frases con* **para**:

1. Hay una carta ____ Juan. **2.** Salimos ____ España. **3.** El avión ____ Bogotá está ____ llegar. **4.** Estudio ____ aprender. **5.** Estudio ____ hombre de negocios. (*to be, become*) **6.** Trabajo ____ comer. **7.** Trabajo ____ la "Universal". **8.** Trabajo ____ Carlos. (*he is my boss*) **9.** ¿Compras tazas ____ café? **10.** Compras vasos (*glasses*) ____ cerveza. **11.** Tiene platos ____ postre. **12.** Lo compro ____ su cumpleaños. **13.** Te lo doy ____ tu graduación. **14.** Lo quiero ____ mañana. **15.** Los pido ____ el jueves. **16.** Va a estar aquí ____ el 4 de julio. **17.** Vamos a estar en Europa ____ el verano. **18.** El avión está ____ partir. **19.** Estoy ____ salir.

VIII. *Complete las frases con* **por**:

1. Tengo un drama ____ Shakespeare. (*written by*) **2.** La casa va a ser pintada (*painted*) ____ Carlos. **3.** Lo admiro ____ su caridad. (*because of*) **4.** ____ estudiar tanto se pone nervioso. **5.** Va a estar aquí ____ un mes. **6.** Estudio ____ la tarde. **7.** Trabajan ____ tres semanas. **8.** Van ____ el parque. (*through*) **9.** Van ____ la Avenida Norte. (*along*) **10.** Hay muchas mesas libres ____ aquí. (*around*) **11.** El camarero nos dice: " ____ aquí." (*This way*) **12.** Le doy diez dólares ____ la bolsa. **13.** Los compro ____ cien dólares. **14.** Los vende ___ docenas. **15.** Los compran ___ libras (*pounds*). **16.** Me hacen un descuento de diez ___ ciento. **17.** Viene ___ María. (*for, to pick up*) **18.** Van ___ el café. (*for, to pick up*) **19.** Trabajo ___ Carlos. (*in his place since he couldn't be here*) **20.** La carta está ___ escribir. **21.** El libro está ___ publicar.

IX. *Complete las frases con* **para** *o* **por** *según el significado de cada frase:*

1. Hay un libro ___ Juan. (*intended for him*) **2.** Hay un libro ___ Juan. (*written by him*) **3.** Escribo una carta ___ Juan. (*addressed to him*) **4.** Escribo una carta ___ Juan. (*I'm doing it instead of him*) **5.** Estudio ___ médico. (*to become a doctor*) **6.** Estudio ___ ser médico. (*because of being*) **7.** Voy a estar listo ___ las siete. **8.** Voy a graduarme (*to graduate*) ___ 1975. **9.** Voy a estudiar ___ tres años. **10.** Voy ___ María. (*to pick her up*) **11.** Voy ___ el parque. (*toward*) **12.** Voy ___ el parque. (*through*) **13.** Los invitados están ___ llegar. (*about to arrive*) **14.** La carta está ___ escribir. (*yet to be written*) **15.** Trabajo ___ comer. (*in order to*) **16.** Trabajo ___ Carlos. (*he's my boss*) **17.** Trabajo ___ Carlos. (*he's not here today*) **18.** Me da 10 dólares ___ un vestido. (*to buy the dress*) **19.** Me da 10 dólares ___ un vestido. (*in exchange for: that's what he pays*) **20.** Compran tazas ___ té. **21.** Los quiero ___ el jueves. (*by*) **22.** Le van a escribir ___ su graduación. (*around the time of*)

X. *Diga en español:*

1. They are coming with him. **2.** I am studying without her. **3.** He is coming with me. **4.** They say good-bye to us. **5.** They get in touch with you (*familiar*). **6.** We talk about them (*feminine*).

LECTURA TERCERA

La cocina mexicana

En un restaurante mexicano Robert y Manuel leen el menú. Lo primero que le llama la atención a Robert es la cantidad y variedad de platos que le presenta la cocina mexicana. Robert comenta esto con Manuel. Éste dice que mucha gente cree que la comida mexicana se reduce a unos pocos platos muy picantes, pero que esto no es cierto.

La cocina mexicana gira alrededor de tres elementos básicos: maíz, chile y frijoles, con los que el arte y la maestría del cocinero mexicano hacen inumerables y apetitosas combinaciones que dan fama a la cocina mexicana desde el tiempo de los conquistadores.

El maíz, principalmente en tortillas, constituye el alimento básico en el campo, y es el compañero de la comida mexicana en cualquier sitio. El chile es el que da a ésta la nota característica, y los frijoles, llamados "la carne y papas" de los pobres, son saboreados por todo el mundo.

El camarero cae en la cuenta que Robert es extranjero y por eso sugiere una de las especialidades de la casa, o *cabrito*, simplemente cabrito asado de una manera especial, o *mole poblano*, una salsa espesa de color oscuro y sabor muy particular sobre pollo cocido. Robert y Manuel se deciden por cabrito. Por último toman *almendrado*, el clásico postre mexicano. El almendrado es una mezcla de gelatina, clara de huevo, y almendras que se presenta con los colores de la bandera nacional: rojo, blanco y verde.

La comida termina y Robert y Manuel salen del restaurante. Mientras van para casa, Robert le da las gracias a Manuel y piensa que la cocina mexicana es digna de alabanza.

Preguntas:

1. ¿Qué le llama la atención a Robert del menú? **2.** ¿Qué cree mucha gente de la comida mexicana? **3.** ¿Cuáles son los elementos básicos de la cocina mexicana? **4.** ¿Desde cuándo es famosa la cocina mexicana? **5.** ¿Qué constituye el alimento básico en el campo? **6.** ¿Qué da la nota característica a la comida mexicana? **7.** ¿Cómo son llamados los frijoles? **8.** ¿Por qué sugiere el camarero una de las especialidades de la casa? **9.** ¿Cuáles son las especialidades de la casa? **10.** ¿Qué se presenta con los colores de la bandera nacional? **11.** ¿Cuáles son los colores de la bandera de México?

CONVERSACIÓN

Lección de historia

JUANA: ¿Sabes algo de la historia de la conquista de México?

ROBERT: Sí, sé la historia de Hernán Cortés y Montezuma.

JUANA: ¿Cuándo comenzaron los españoles la conquista de México?

ROBERT: La conquista empezó en 1519 y prácticamente terminó con la batalla de Tenochtitlán en 1521.

JUANA: ¿Qué sabes de Cortés?

ROBERT: Sé que nació en España en 1485 y llegó a México en 1519.

JUANA: ¿Sabes dónde y cuándo murió?

ROBERT: Sí, volvió a España donde murió en 1547.

JUANA: ¿Cuándo prendieron los conquistadores a Montezuma?

ROBERT: Lo prendieron en 1519 y pidieron mucho dinero por su rescate.

JUANA: ¿Dónde aprendiste todo eso?

ROBERT: Lo estudié en la Universidad.

JUANA: ¿Sacaste muy buenas notas?

ROBERT: Los profesores no me las dieron muy buenas aunque seguí los cursos de historia con mucho interés.

JUANA: Nosotros aquí en Colombia también estudiamos la historia de México y escribimos algunas redacciones sobre los conquistadores.

History lesson

JUANA: *Do you know anything about the history of the conquest of Mexico?*

ROBERT: *Yes, I know the story of Hernán Cortés and Montezuma.*

JUANA: *When did the Spaniards begin the conquest of Mexico?*

ROBERT: *The conquest began in 1519 and practically ended with the battle of Tenochtitlán in 1521.*

JUANA: *What do you know about Cortés?*

ROBERT: *I know that he was born in Spain in 1485 and he arrived in Mexico in 1519.*

JUANA: *Do you know where and when he died?*

ROBERT: *Yes, he returned to Spain where he died in 1547.*

JUANA: *When did the conquerors seize Montezuma?*

ROBERT: *They seized him in 1519 and asked for much money for his ransom.*

JUANA: *Where did you learn all that?*

ROBERT: *I studied it at the University.*

JUANA: *Did you get very good grades?*

ROBERT: *The professors didn't give me very good ones although I took (followed) the history courses with much interest.*

JUANA: *We here in Colombia also studied the history of Mexico and we wrote some reports about the conquerors.*

ejercicios

I. *Sustitución:*

1. ¿Sabes algo de la historia de México?

la historia de Cortés y Montezuma / a qué hora llega el avión / cuándo murió Cortés / patinar sobre hielo / que Juan volvió a España

2. ¿Conoces a Juana?

el aeropuerto nuevo / el mercado / a mis tíos / Managua

3. Estudié en la universidad.

historia / química (*chemistry*) / literatura española / economía / álgebra

4. Los profesores me dieron buenas notas.

comenzaron la lección / dieron mucho trabajo / escribieron libros / terminaron los cursos

II. *Conteste en español:*

1. ¿Sabes algo de la historia de la conquista de México? **2.** ¿Sabes cuándo comenzaron los españoles la conquista? **3.** ¿Qué sabes de Cortés? **4.** ¿Sabes dónde y cuándo murió? **5.** ¿Cuándo prendieron los conquistadores a Montezuma? **6.** ¿Dónde aprendiste todo eso? **7.** ¿Sacaste buenas notas?

III. *Pregúntele a alguien:*

1. si sabe algo de la historia de México. **2.** si sabe algo de Cortés. **3.** si sabe cuándo murió Cortés. **4.** si sabe la fecha de la batalla de Tenochtitlán. **5.** si estudia literatura española. **6.** si saca buenas notas en sus cursos. **7.** si estudia la historia de los Estados Unidos.

IV. *Conteste en español:*

1. ¿Cuándo nació Cortés? **2.** ¿Dónde nació Cortés? **3.** ¿Cuál es la fecha de hoy? **4.** ¿A qué hora empezó la clase? **5.** ¿Estudia Ud. literatura? **6.** ¿Le gusta el álgebra? **7.** ¿Los profesores le dieron buenas notas? **8.** ¿Sabe Ud. algo sobre los conquistadores?

V. *Diga en español:*

1. What are you studying? **2.** Where do you study? **3.** How do you study? **4.** Why do you study? **5.** What do you study for? **6.** When do you study? **7.** Which class do you prefer? **8.** Which professors do you prefer?

VI. *Dictado: Conversación 16*

VII. *Conversación:*

Say something about the history of Mexico.

GRAMMAR UNIT 10

46 ● Preterite of -ar verbs

Lo **estudié** en la Universidad.	*I studied* it at the University.
Sacaste muy buenas notas.	*You got* very good grades.
La conquista **empezó** en 1519.	The conquest *began* in 1519.
¿Cuándo **comenzaron** la conquista?	When *did they begin* the conquest.

HABLAR	
hablé	**hablamos**
hablaste	**hablasteis**
habló	**hablaron**

A. To conjugate a regular **-ar** verb in the preterite remove the infinitive ending and add the appropriate endings as indicated above.

B. Note that Spanish verb forms in the preterite have two possible meanings:

hablé *I spoke*
I did speak

47 ● Preterite of -er and -ir verbs

Comí en el restaurante.	*I ate* at the restaurant.
¿No **viviste** en Guatemala?	*Did*n't *you live* in Guatemala?
¿Dónde **aprendiste** todo eso?	Where *did you learn* all that?
Escribimos algunas redacciones.	*We wrote* some reports.
¿Cuándo **prendieron** a Montezuma?	When *did they take* Montezuma?

COMER	
comí	**comimos**
comiste	**comisteis**
comió	**comieron**

VIVIR	
viví	**vivimos**
viviste	**vivisteis**
vivió	**vivieron**

To conjugate a regular **-er** or **-ir** verb in the preterite remove the infinitive ending and add the appropriate endings as indicated above. Note that the endings for **-er** and **-ir** verbs are identical in the preterite.

48 ● Preterite of dar

Te **di** el paquete.	*I gave* you the package.
No me las **dieron.**	*They did*n't *give* them to me.

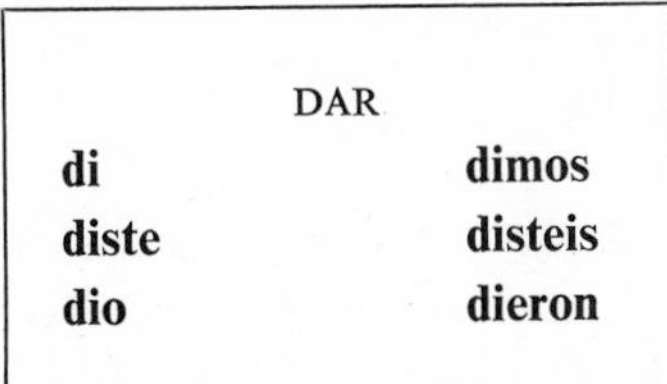

DAR	
di	**dimos**
diste	**disteis**
dio	**dieron**

Dar is an irregular **-ar** verb which takes the **-er, -ir** endings in the preterite.

49 ● Preterite of radical changing verbs

A.

Recordé el encargo.	*I remembered* the errand.
Perdiste el número.	*You lost* the number.
La conquista **empezó** en 1519.	The conquest *began* in 1519.
¿Cuándo **comenzaron** la conquista?	When *did they begin* the conquest?

RECORDAR	
recordé	**recordamos**
recordaste	**recordasteis**
recordó	**recordaron**

PERDER	
perdí	**perdimos**
perdiste	**perdisteis**
perdió	**perdieron**

-ar and **-er** verbs with radical changes in the present indicative have no changes whatsoever in the preterite and are treated as regularly conjugated verbs.

B.

Seguí los cursos.	*I followed* the courses.
Durmió hasta las nueve.	*He slept* until 9:00.
Pidieron mucho dinero.	*They asked* for a lot of money.

DORMIR	
dormí	dormimos
dormiste	dormisteis
d**u**rmió	d**u**rmieron

SUGERIR	
sugerí	sugerimos
sugeriste	sugeristeis
sug**i**rió	sug**i**rieron

PEDIR	
pedí	pedimos
pediste	pedisteis
p**i**dió	p**i**dieron

All **-ir** radical changing verbs have changes in the preterite. Those that change in the present indicative from **o** 〉 **ue** change in the preterite from **o** 〉 **u** in the third persons singular and plural. Those that change in the present indicative from **e** 〉 **ie** or **e** 〉 **i** change in the preterite from **e** 〉 **i** in the third persons singular and plural.

ejercicios

I. *Cambie al pretérito:*

EJEMPLO: Hablo español.
Hablé español.

1. Estudio español. **2.** Compras unos zapatos. **3.** El avión llega. **4.** Llamamos a Robert. **5.** Uds. sacan buenas notas. **6.** Yo me levanto a las ocho. **7.** Tú te lavas la cara. **8.** Ella cena aquí. **9.** Enviáis un telegrama. **10.** Ellos se apuran.

II. *Cambie al pretérito:*

1. Como en el restaurante. **2.** Vives en el hotel. **3.** Ud. escribe una redacción. **4.** Nosotros aprendemos la lección. **5.** Ellas me dan el obsequio. **6.** Vendéis la casa. **7.** Tú sales temprano. **8.** Él ve los relámpagos. **9.** Oímos el trueno. **10.** Juan y Carlos beben cerveza.

III. *Conteste en español:*

A. **1.** ¿A qué hora tomó Ud. el desayuno? **2.** ¿A qué hora llegasteis a la universidad? **3.** ¿A qué hora cenaste ayer (*yesterday*)? **4.** ¿A qué hora te levantaste ayer? **5.** ¿A qué hora entró él en la clase? **6.** ¿A qué hora entraron los otros estudiantes en la clase? **7.** ¿Cuándo nos comunicamos con ellos? **8.** ¿Con quién cenó ayer?

B. **1.** ¿Dónde aprendieron eso? **2.** ¿Por qué sacasteis buenas notas? **3.** ¿Cuándo recibiste el obsequio? **4.** ¿Cuándo vio Ud. caer la nieve? **5.** ¿Qué notas le dieron los profesores? **6.** ¿Dónde nació Ud.? **7.** ¿Cuándo escribieron Uds. a sus padres? **8.** ¿Qué notas le di yo? **9.** ¿Cuándo partimos para España? **10.** ¿Qué bebió ella en el almuerzo?

IV. *Cambie al pretérito:*

A. **1.** Recuerdo la fecha. **2.** Vuelves a la universidad. **3.** Él comienza la redacción. **4.** Nosotros perdemos el dinero. **5.** Ellos encuentran la corbata. **6.** Me siento en el sofá. **7.** Te despiertas temprano. **8.** Ella recuerda cómo hacerlo. **9.** Nosotros volvemos temprano. **10.** Ellos comienzan a estudiar. **11.** Perdéis tiempo. **12.** Tú te acuestas tarde.

B. 1. Duermo hasta tarde. **2.** Dormís mucho. **3.** Sugerimos comer una torta. **4.** Ellas sugieren un refresco. **5.** Me siento feliz. **6.** Se siente triste. **7.** Pedimos el libro. **8.** Piden el café. **9.** Yo me despido. **10.** Vosotras os despedís. **11.** Nosotros nos vestimos. **12.** Uds. se visten.

V. *Conteste en español:*

A. 1. ¿Recordaste la fecha? **2.** ¿Volvió a la universidad? **3.** ¿Comenzaron la redacción? **4.** ¿Perdieron el dinero? **5.** ¿Encontró Ud. la corbata? **6.** ¿Se sentó en el sofá? **7.** Se despertaron temprano? **8.** ¿Te acostaste tarde? **9.** ¿Volvisteis pronto?

B. 1. Durmió Ud. hasta tarde? **2.** ¿Sugirieron Uds. hacerlo? **3.** ¿Se sintió feliz? **4.** ¿Pidieron Uds. café? **5.** ¿Se despidió en el aeropuerto? **6.** ¿Se vistieron Uds. sin apurarse?

Marina, interpreter for Cortez

18

¿Qué tal los Rodríguez?

JUANA: ¿Dónde estuviste esta tarde?

LUISA: Estuve en el centro.

JUANA: ¿Qué hiciste?

LUISA: Fui de compras y también tuve que hacer una visita.

JUANA: ¿Lo pudiste hacer todo?

LUISA: Sí, pero no como quise.

JUANA: ¿Supiste que ayer vinieron los Rodríguez para vernos y que trajeron a sus hijos?

LUISA: ¿Dijo algo Gloria sobre el viaje que hizo ella el verano pasado?

JUANA: Sí, dijo que viajó por casi toda Europa y que fue muy divertido.

LUISA: ¿Cómo encontraste a los Rodríguez?

JUANA: Muy bien. Manolo me pareció algo más gordo. Gloria, como siempre, está muy delgada y elegante, y los niños tan traviesos como siempre.

LUISA: ¿Estuvieron mucho tiempo con Uds.?

JUANA: No, solamente unas dos horas, pero por el ruido que armaban los niños nos pareció una eternidad.

How are the Rodríguez?

JUANA: *Where were you this afternoon?*

LUISA: *I was downtown.*

JUANA: *What did you do?*

LUISA: *I went shopping and also I had to go visiting.*

JUANA: *Were you able to do it all?*

LUISA: *Yes, but not as I wanted.*

JUANA: *Did you know that yesterday the Rodríguez came to see us and that they brought their children?*

LUISA: *Did Gloria say anything about the trip that she took last summer?*

JUANA: *Yes, she said that she travelled through almost all Europe and that it was very enjoyable.*

LUISA: *How did you find the Rodríguez?*

JUANA: *Very well. Manolo seemed to me somewhat fatter. Gloria, as usual, is very thin and elegant, and the children as mischievous as always.*

LUISA: *Were they with you a long time?*

JUANA: *No, only about two hours but because of the noise the children stirred up it seemed an eternity to us.*

ejercicios

I. *Sustitución:*

1. Estuve en el centro esta tarde.
   Fui de compras / Tuve que hacer una visita / Vinieron los Rodríguez / Dijo algo sobre el viaje
2. ¿Dónde estuviste el verano pasado?
   Qué hiciste / Qué trajeron / Lo pudiste hacer todo / Viajó por Europa
3. ¿Qué dijo Gloria?
   hiciste / supiste / trajeron / hizo ella
4. ¿Qué te pareció Gloria?
   Manolo / el viaje / el ruido / el niño travieso
5. ¿Cómo encontraste a los Rodríguez?
   Manolo / Gloria / los niños / los hijos

II. *Conteste en español:*

1. ¿Dónde estuviste esta tarde? **2.** ¿Qué hiciste? **3.** ¿Lo pudiste hacer todo? **4.** ¿Supiste que ayer vinieron los Rodríguez? **5.** ¿Supiste que trajeron a sus hijos? **6.** ¿Dijo algo Gloria sobre el viaje? **7.** ¿Qué hizo ella el verano pasado? **8.** ¿Fue muy divertido? **9.** ¿Cómo encontraste a los Rodríguez? **10.** ¿Estuvieron mucho tiempo en tu casa? **11.** ¿Qué armaban los niños? **12.** ¿Qué te parecieron los niños? **13.** ¿Qué te pareció Gloria? **14.** ¿Cómo está Manolo ahora?

III. *Pregúntele a alguien:*

1. dónde estuviste esta tarde. **2.** qué hiciste. **3.** fuiste de compras. **4.** hiciste una visita. **5.** lo pudiste hacer todo. **6.** supiste quiénes vinieron ayer. **7.** supiste a quiénes trajeron. **8.** si dijo algo Gloria sobre el viaje. **9.** si hizo ella el viaje el verano pasado. **10.** por dónde viajó ella. **11.** cómo fue el viaje. **12.** cómo encontró Luisa a los Rodríguez. **13.** si estuvieron con ellos mucho tiempo los Rodríguez. **14.** qué le parecieron Gloria y Manolo. **15.** qué le pareció a Juana una eternidad. **16.** cómo están los hijos de los Rodríguez.

IV. *Conteste en español:*

1. ¿Dónde estuviste esta mañana? **2.** ¿Qué hiciste? **3.** ¿Cuándo vinieron sus padres? **4.** ¿Tuvo Ud. que hacer una visita? **5.** ¿Por qué vinieron los Rodríguez? **6.** ¿Qué dijo su amigo sobre su viaje del verano pasado? **7.** ¿Por dónde viajó? **8.** ¿Estuviste mucho tiempo allí? **9.** ¿Está Ud. más gordo o más delgado que el año pasado? **10.** Le gustan a Ud. los niños traviesos? **11.** ¿Tiene Ud. hermanos traviesos? **12.** ¿Son traviesos los niños de sus vecinos?

V. *Dictado: Conversación 17*

VI. *Conversación:*

Tell about someone's coming to visit you.

GRAMMAR UNIT 11

50 • Preterite of querer, poner, poder, saber, venir, hacer, tener, estar, decir, traer, oír, caer: irregular

No como **quise.**	Not as *I wanted.*
¿**Pusiste** el telegrama?	*Did you send* the telegram?
¿Lo **pudiste** hacer todo?	*Were you able* to do it all?
¿**Supiste** que vinieron?	*Did you know* that they came?
Vinieron los Rodríguez.	The Rodríguez *came.*
¿Qué **hiciste**?	What *did you do*?
Tuve que hacer una visita.	*I had* to go visiting.
¿Dónde **estuviste**?	Where *were you*?
¿**Dijo** algo Gloria?	*Did* Gloria *say* anything?
Trajeron a los niños.	*They brought* the children.
No **oímos** truenos.	*We did*n't *hear* thunder.
Vosotros **caísteis en la cuenta.**	You *realized.*

QUERER	**quise**	**quisimos**
	quisiste	**quisisteis**
	quiso	**quisieron**
PONER	**puse**	**pusimos**
	pusiste	**pusisteis**
	puso	**pusieron**
PODER	**pude**	**pudimos**
	pudiste	**pudisteis**
	pudo	**pudieron**
SABER	**supe**	**supimos**
	supiste	**supisteis**
	supo	**supieron**
VENIR	**vine**	**vinimos**
	viniste	**vinisteis**
	vino	**vinieron**
HACER	**hice**	**hicimos**
	hiciste	**hicisteis**
	hizo	**hicieron**

TENER	**tuve**	**tuvimos**
	tuviste	**tuvisteis**
	tuvo	**tuvieron**
ESTAR	**estuve**	**estuvimos**
	estuviste	**estuvisteis**
	estuvo	**estuvieron**
DECIR	**dije**	**dijimos**
	dijiste	**dijisteis**
	dijo	**dijeron**
TRAER	**traje**	**trajimos**
	trajiste	**trajisteis**
	trajo	**trajeron**
OÍR	**oí**	**oímos**
	oíste	**oísteis**
	oyó	**oyeron**
CAER	**caí**	**caímos**
	caíste	**caísteis**
	cayó	**cayeron**

a) Note that there are no written accents except on forms of **oír** and **caer**.

b) Note that **decir** and **traer** do not have an *i* in the third person plural.

c) **Oír** and **caer**, while not irregular in form, are irregular in spelling. The third persons singular and plural have *y* instead of *i* in their ending, in order to avoid having an unaccented *i* between two vowels.

51 • Preterite of ser and ir: irregular

Fui estudiante por muchos años.	*I was* a student for many years.
Ayer **fui** de compras.	Yesterday *I went* shopping.

SER & IR	
fui	**fuimos**
fuiste	**fuisteis**
fue	**fueron**

Ser and **ir** have identical preterite forms.

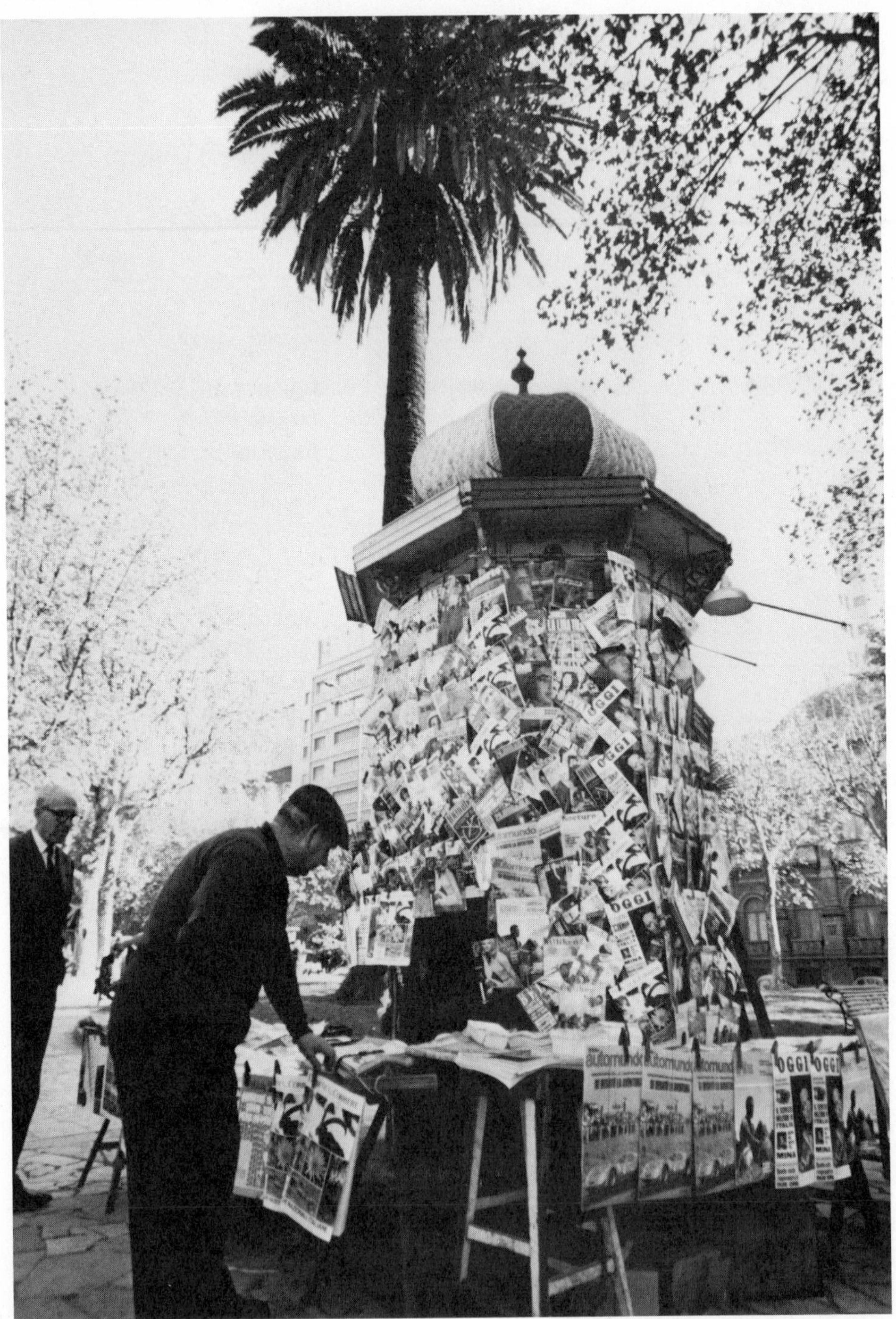
automundo
automundo
automundo
OGGI
OGGI

ejercicios

I. *Cambie al pretérito:*

1. Quiero hacer un viaje. **2.** Quieres viajar. **3.** Ella se pone nerviosa. **4.** Nosotros ponemos el libro aquí. **5.** Saben patinar. **6.** Sé esquiar. **7.** Tú vienes temprano. **8.** Ud. viene al teatro. **9.** Nosotros hacemos un viaje. **10.** Vosotros lo hacéis. **11.** Tengo tiempo. **12.** Tienes la redacción. **13.** Nosotros estamos en el mercado. **14.** Ellas están aquí. **15.** Digo que sí. **16.** Vosotros decís la verdad. **17.** Traes los discos. **18.** Traen a sus hijos. **19.** Yo oigo la música. **20.** Ellos oyen los discos. **21.** Caemos en el hielo. **22.** Ellos caen también. **23.** Voy de compras. **24.** Ud. va de compras.

II. *Cambie al pretérito:*

1. Lo digo. **2.** Yo vengo del aeropuerto. **3.** Tengo el boleto. **4.** Me pongo la corbata. **5.** Voy a la oficina de correos. **6.** Hago un postre. **7.** Traigo los esquíes acuáticos. **8.** Caigo. **9.** Lo sé. **10.** Estoy feliz. **11.** No puedo entenderte. **12.** No quiero quejarme.

III. *Diga en español:*

Yesterday afternoon Maria and Adela took a trip to the city. They went to the post office and bought some stamps and post cards. Adela also brought a letter to mail. She put the letter in the mailbox (*el buzón*) and they heard the noise that it made when it fell. Maria wanted to know if Adela knew that the Rodríguez came to visit their family. She said (that) no. Later Adela said to Maria, "Can you go with me to buy some shoes?" and she said (that) yes.

IV. *Sustitución:*

1. ¿Dónde estuviste ayer?
estuvieron / fuisteis de compras / pusiste mi reloj

2. No pudimos hacerlo todo.
quisimos / supimos / tuvimos que

3. ¿Qué hizo?
tuvo / dijo / trajo / oyó

4. Fui al cine con Carlos.
Vine a tu casa / Oí esa canción / Caí en el hielo

19

Asuntos estudiantiles

ROBERT: ¿A qué escuela ibas cuando vivías en Barranquilla?

PEDRO: En aquel entonces iba al colegio, es decir, lo que en los Estados Unidos es la "escuela secundaria".

ROBERT: ¿Qué edad tenías entonces?

PEDRO: Tenía catorce años.

ROBERT: ¿Era muy grande el colegio?

PEDRO: No, en mi tiempo éramos solamente trescientos alumnos.

ROBERT: ¿Es verdad que Barranquilla es una ciudad muy pintoresca?

PEDRO: Sí, siempre lo fue, pero últimamente lo es menos desde que se construyó mucho y establecieron algunas fábricas.

ROBERT: Y ¿cómo te parecía la vida de colegio, fácil o difícil?

PEDRO: La encontraba regular. Trabajábamos mucho; teníamos seis horas diarias de clase.

ROBERT: ¿No era eso demasiado trabajo?

PEDRO: No, no lo era. Entrábamos a las ocho de la mañana y salíamos a las cuatro de la tarde.

ROBERT: ¿Cuánto tiempo estuviste en ese colegio?

PEDRO: Estuve seis años, hasta acabar el bachillerato.

ROBERT: Y entonces ¿adónde fuiste?

PEDRO: De allí pasé a Cartagena para mis estudios universitarios.

Student matters

ROBERT: *To what school were you going when you were living in Barranquilla?*

PEDRO: *At that time I was going to "colegio," that is to say, what in the United States is a high school.*

ROBERT: *How old were you then (What age did you have then)?*

PEDRO: *I was fourteen (I had fourteen years).*

ROBERT: *Was the school very big?*

PEDRO: *No, in my time there were (we were) only three hundred students.*

ROBERT: *Is it true that Barranquilla is a very picturesque city?*

PEDRO: *Yes, it always was that (it), but lately (finally) it is (it) less since much was constructed and some factories were built (established).*

ROBERT: *And how did school life seem to you, easy or hard?*

PEDRO: *I found it so-so. We used to work much; we had six hours daily of class.*

ROBERT: *Wasn't it too much work?*

PEDRO: *No, it wasn't (it). We used to enter at eight in the morning and we used to leave at four in the afternoon.*

ROBERT: *How long (How much time) were you at that school?*

PEDRO: *I was [there] six years, until finishing the "bachillerato" (high school degree equivalent).*

ROBERT: *And then where did you go?*

PEDRO: *From there I went on (passed) to Cartagena for my university studies.*

ejercicios

I. *Sustitución:*

1. ¿Ibas a la escuela cuando vivías en Barranquilla?

Qué edad tenías / Cómo te parecía la vida de colegio / Trabajabas mucho

2. ¿Qué edad tenías entonces?

Tenías catorce años / Tenías seis horas de clase / No era eso demasiado trabajo / La ciudad era muy grande

3. En mi tiempo éramos trescientos alumnos.

trabajábamos mucho / teníamos seis horas diarias de clase / entrábamos a las ocho de la mañana / salíamos a las cuatro de la tarde

4. Es verdad que la ciudad es menos pintoresca.

se construyó mucho / establecieron algunas fábricas / estuve allí seis años / pasé a Cartagena para mis estudios universitarios

5. ¿Cómo te parecía la vida de colegio?

Barranquilla / la ciudad / el horario de clases / el colegio

6. La encontraba regular.

así, así / bien / difícil / fácil

II. *Conteste en español:*

1. ¿A qué escuela ibas cuando vivías en Barranquilla? **2.** ¿Qué edad tenías entonces? **3.** ¿Era muy grande el colegio? **4.** ¿Es verdad que Barranquilla es una ciudad muy pintoresca? **5.** ¿Cómo te parecía la vida de colegio? **6.** ¿No era eso demasiado trabajo? **7.** ¿Cuánto tiempo estuviste en ese colegio? **8.** ¿Y entonces adónde fuiste? **9.** ¿Cómo se llama el amigo de Robert?

III. *Conteste según la conversación:*

1. ¿A qué escuela ibas tú? **2.** ¿Qué es un colegio? **3.** En aquél entonces, ¿qué edad tenías? **4.** ¿Era muy grande el colegio? **5.** ¿Cuántos alumnos eran Uds.? **6.** ¿Es muy pintoresca su ciudad? **7.** ¿Se construyó mucho en el tiempo de su padre? **8.** ¿Se establecieron fábricas? **9.** ¿Trabajaban Uds. mucho en el colegio? **10.** ¿Cuántas horas diarias de clase tenían Uds.? **11.** ¿Te parecía que era demasiado trabajo? **12.** ¿A qué hora entraban Uds.? **13.** ¿A qué hora salían Uds.? **14.** ¿Cuánto tiempo estuviste en ese colegio? **15.** ¿Qué recibió Ud. cuando acabó sus estudios? **16.** ¿Entonces adónde fuiste? **17.** ¿Quiere seguir cursos universitarios?

IV. *Pregúntele a alguien:*

1. a qué escuela iba. **2.** dónde vivía. **3.** qué quiere decir "colegio". **4.** qué edad tenía. **5.** qué edad tiene. **6.** si era muy grande su escuela. **7.** cuántos alumnos había (*were there*) en su clase. **8.** si vivía en una ciudad pintoresca. **9.** si sabe si se construyeron muchas fábricas. **10.** cómo le parecía la vida de colegio. **11.** si le parecía fácil o difícil el trabajo. **12.** si la encontraba regular. **13.** si trabajaban mucho. **14.** cuántas horas diarias de clase tenían. **15.** si era demasiado trabajo. **16.** a qué hora entraban en la escuela. **17.** a qué hora salían de la escuela. **18.** cuánto tiempo estuvo en ese colegio. **19.** si acabó el bachillerato. **20.** si se fue a otra ciudad o se quedó en ésa (**quedarse** *to stay, remain*). **21.** si continúa sus estudios universitarios.

V. *Diga en español:*

1. What school were you going to? **2.** I was going to high school. **3.** How old are you? **4.** I am 17. **5.** There were three hundred students. **6.** There are 6 [of us]. **7.** It is a pretty city and it always was. **8.** Lately it is less. **9.** Much was constructed since then. **10.** We used to leave the office at 4:00. **11.** We used to enter the school at 8:00. **12.** I went on to another city.

VI. *Dictado: Conversación 18*

VII. *Conversaciones:*

A. Tell about your days in school.

B. Tell about your city.

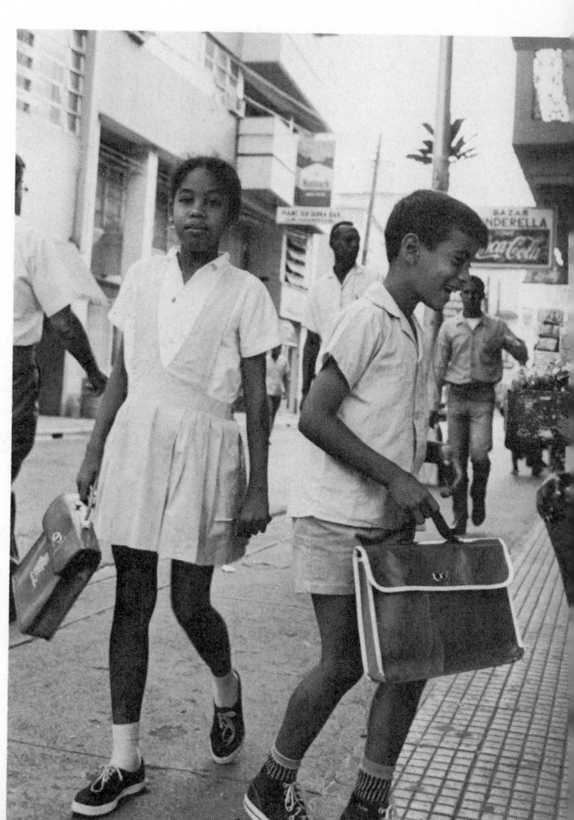

GRAMMAR UNIT 12

52 • Imperfect indicative of -ar verbs

Te levantabas temprano.	*You were getting up* early.
La **encontraba** regular.	*I found* it so-so.
Entrábamos a las ocho.	*We used to enter* at eight.

HABLAR	
hablaba	**hablábamos**
hablabas	**hablabais**
hablaba	**hablaban**

RECORDAR	
recordaba	**recordábamos**
recordabas	**recordabais**
recordaba	**recordaban**

LEVANTARSE	
me levantaba	**nos levantábamos**
te levantabas	**os levantabais**
se levantaba	**se levantaban**

A. To conjugate **-ar** verbs in the imperfect tense, remove the infinitive ending and add the appropriate imperfect endings as they appear above.

B. Note that the imperfect tense has three possible meanings:

Hablaba — I spoke / I used to speak / I was speaking

C. Note that verbs with radical changes in the present indicative (*ex.*: recordar—recuerdo) never show any change in the imperfect.

D. Reflexive verbs follow the usual pattern.

53 • Imperfect indicative of -er and -ir verbs

¿Qué edad **tenías**?	How old *were you*?
¿Cómo te **parecía**?	How *did it seem* to you?
¿Cuándo **vivías** en Barranquilla?	When *did you use to live* in Barranquilla?
Salíamos a las cuatro.	*We were leaving* at four.

COMER	
comía	**comíamos**
comías	**comíais**
comía	**comían**

VIVIR	
vivía	**vivíamos**
vivías	**vivíais**
vivía	**vivían**

ENTENDER	
entendía	**entendíamos**
entendías	**entendíais**
entendía	**entendían**

PEDIR	
pedía	**pedíamos**
pedías	**pedíais**
pedía	**pedían**

SENTIRSE *to feel*	
me sentía	**nos sentíamos**
te sentías	**os sentíais**
se sentía	**se sentían**

A. To conjugate **-er** and **-ir** verbs in the imperfect tense, remove the infinitive ending and add the appropriate imperfect endings as they appear above.

B. Note that verbs with radical changes in the present indicative (*ex.*: entender—ent**ie**ndo; pedir—p**i**do; sentirse—me s**ie**nto) never show any change in the imperfect.

C. Reflexive verbs follow the usual pattern.

54 • Imperfect indicative of ser, ir and ver: irregular

SER	
era	**éramos**
eras	**erais**
era	**eran**

IR	
iba	**íbamos**
ibas	**ibais**
iba	**iban**

VER	
veía	**veíamos**
veías	**veíais**
veía	**veían**

Ser, ir and **ver** are the only three verbs with an irregular imperfect form.

55 • Remarks about the imperfect tense

Generally speaking the Spanish imperfect tense expresses habitual actions in the past, states of mind, or conditions and descriptions in the past. In order to distinguish clearly between the use of the imperfect and preterite it can be said that the preterite expresses what happened and that the imperfect describes the circumstances, the setting or state of affairs at the time.*

EXAMPLE: Last Sunday I took a walk (*what happened*: *preterite*). The weather was good (*description of weather*: *imperfect*). I was thinking (*state of mind*: *imperfect*) of taking a long walk but I met María (*what happened*: *preterite*) who told me (*what happened*: *preterite*) that there was an excellent movie at the Collegian (*state of affairs at the local movie house*: *imperfect*). We went there together (*what happened*: *preterite*). The movie was very interesting (*state of affairs as to the particular movie*: *imperfect*). We had a good time (*what happened*: *preterite*).

56 • Preterite vs. Imperfect

A. In both Spanish and English there are two ways of viewing past actions and conditions.

In Spanish, the distinction is made by selecting either the preterite or the imperfect tense.

In English, for the definite completed past action or condition, we choose a simple verb construction such as I *walked*, I *did walk*; I *spoke*, I *did speak*. This aspect of the past is translated into the Spanish preterite.

When, in English, we wish to convey a repeated or habitual past action, a state of affairs or a continued condition in the past, we might again use a simple past: The house *was* white; he *had* money. However, there are times when we use constructions with **used to** or **was (were)+-ing**: They *used to live* here; they *were painting* the room. These two aspects of the past are always translated into the Spanish imperfect.

B. The imperfect is most commonly used

a) to describe a habitual or repeated past action:

I *went* to school at 7:00 every day.
I *used to get up* early.

* Harris & Lévêque, *Basic Conversational French*. Holt, Rinehart and Winston, page 176.

b) to describe what was going on when a specific action took place:

I *was going* downtown when I met him.
It *was raining* when I left home.

Note that **I was going** and **it was raining** describe what was going on when the specific completed past actions *I met him* and *I left home* took place.

c) to describe a continued condition or situation in the past:

The school *was* not far from my house.
There *were* many students in the school.
The house *was* white.
He *had* money.
I *was* sick.
It *was* sunny.

d) to describe a mental action or state of mind (thinking, believing, knowing, hoping, understanding) or appearance (feeling, looking, seeming) in the past:

I *felt* tired.
They *thought* they *knew* me.
She *looked* pretty.
I *was hoping* to see you.

e) with expressions of time in the past:

Eran las dos.	*It was* 2:00.
Había una vez...	*There was* once...

Barranquilla, Colombia

ejercicios

I. *Conteste en español:*

A. **1.** ¿Estudiaba Ud. la lección? **2.** ¿Se levantaba Ud. temprano? **3.** ¿Hablabas tú español? **4.** ¿Dabas el obsequio? **5.** ¿Entraban en la escuela? **6.** ¿Invitabais a Carlos? **7.** ¿Estaban en el restaurante? **8.** ¿Se apuraban ellos?

B. **1.** ¿Comía él aquí? **2.** ¿Bebía ella té? **3.** ¿Decías la verdad? **4.** ¿Tenía Ud. catorce años? **5.** ¿Vivían aquí? **6.** ¿Veníais aquí? **7.** ¿Sabían el número? **8.** ¿Oían el trueno?

C. **1.** ¿Se levantaba temprano? **2.** ¿Te dormías tarde? **3.** ¿Se bañaba en el mar? **4.** ¿Te mirabas? **5.** ¿Se sentaban en el sofá? **6.** ¿Se sentían bien? **7.** ¿Se vestían las chicas? **8.** ¿Os despedíais de los amigos?

II. *Cambie al imperfecto:*

1. Como en un restaurante. **2.** Vives en la ciudad. **3.** Ud. sale temprano. **4.** Nosotros decimos la verdad. **5.** Uds. beben café. **6.** Escribo unas cartas. **7.** Oyes el trueno. **8.** Traemos los discos. **9.** Vosotros lo hacéis con gusto.

III. *Cambie al imperfecto:*

A. **1.** No lo encuentro. **2.** Comienzas aquí. **3.** Se despierta temprano. **4.** Nos levantamos a las ocho. **5.** Encontráis el camino. **6.** Se sientan en la clase.

B. **1.** Pido café caliente. **2.** Te despides de ellos. **3.** Llueve los fines de semana. **4.** Nos sentimos bien. **5.** Vivís muy cerca. **6.** Duermen ocho horas.

C. **1.** Yo soy estudiante. **2.** Somos cuatro amigos. **3.** Tú vas al centro. **4.** Van conmigo al cine. **5.** Yo veo los libros. **6.** Ellos lo ven todo.

IV. *Incorpore a la frase las indicaciones de tiempo y cambie el verbo al imperfecto o al pretérito según el nuevo sentido:*

EJEMPLO: Empezáis a trabajar a las nueve. Ayer / Todos los lunes
Ayer empezasteis a trabajar a las nueve.
Todos los lunes empezabais a trabajar a las nueve.

1. Voy a la escuela temprano.
Todos los días / Siempre / Ayer / El lunes pasado

2. Estudio historia.
Todos los días / Siempre / Ayer / Anoche (*last night*)

3. Me levanto a las seis.

Todas las mañanas / Cuando me llamaba / Ayer / Cuando me llamó

4. Somos trescientos estudiantes.

En aquél entonces / En mi tiempo

5. Vivo en una ciudad grande.

En aquél entonces / Cuando tenía catorce años / El año pasado / Por tres años

V. *Traduzca las frases siguientes y explique por qué se usan el pretérito y el imperfecto:*

1. Yo estudiaba cuando me llamó. **2.** Llovía cuando me desperté. **3.** Eran las ocho cuando empezó a estudiar. **4.** Iba al centro cuando lo encontré. **5.** Tenía dinero cuando era joven. **6.** Hacía sol mientras patinaba. **7.** Mi colegio no estaba lejos cuando vivía en la ciudad. **8.** Me sentía cansado (*tired*) mientras tomaba el examen. **9.** Creía que los conocía. **10.** Lo esperaba mientras comía él. **11.** El colegio era muy grande cuando estaba allí. **12.** Era verdad que trabajaba mucho. **13.** La ciudad era muy pintoresca.

VI. *Conteste en español:*

1. ¿A qué hora te levantaste ayer? **2.** ¿A qué hora te levantabas ordinariamente? **3.** ¿Iba al centro todas las tardes? **4.** ¿Fue al centro ayer? **5.** ¿Entró en la escuela con Juan? **6.** ¿Entrabais a la escuela temprano? **7.** ¿A qué hora salía de casa en el verano? **8.** ¿Cuándo salió de casa ayer? **9.** ¿Llovía por las tardes? **10.** ¿Llovió ayer? **11.** ¿Fue al cine ayer? **12.** ¿Era buena la película (*film, movie*)?

VII. *Conteste en español:*

A. **1.** ¿Qué hora era cuando te levantaste? **2.** ¿Qué hora era cuando tomó el desayuno? **3.** ¿Qué hora era cuando llegasteis a la oficina? **4.** ¿Qué hora era cuando comenzó a nevar?

B. **1.** ¿Qué tiempo hacía cuando llegó? **2.** ¿Qué tiempo hacía cuando hizo el viaje? **3.** ¿Qué tiempo hacía cuando vivía allí? **4.** ¿Qué tiempo hacía cuando partió el avión?

C. **1.** ¿Hacía sol cuando se fue? **2.** ¿Hacía frío cuando salió esta mañana? **3.** ¿Hacía calor mientras trabajaba? **4.** ¿Hacía mal tiempo mientras venía aquí?

VIII. *Conteste en español:*

1. ¿Cómo era la comida en *El Patio*? **2.** ¿Había muchos alumnos en la universidad? **3.** ¿De qué color era la casa? **4.** ¿Estaba Ud. enfermo? **5.** ¿Era bonita tu ciudad? **6.** ¿Creíais que él venía?

IX. *Conteste en español:*

1. ¿Cuándo llegó Juan? **2.** ¿Se olvidó de los encargos? **3.** ¿Cayó en el hielo? **4.** ¿Estudió ayer? **5.** ¿Se apuró esta mañana? **6.** ¿Recibió la carta?

NOTE ON *TEMAS DE REPASO*

Beginning with this grammar unit you will occasionally be given a *tema de repaso* or review theme. These paragraphs are to serve as a review and to give you an opportunity to rework the patterns and to employ some of the vocabulary of previous lessons. The best way to approach these *temas* is first to read them carefully, concentrating on each sentence as a whole. Then endeavor to put the paragraphs into fluent oral Spanish before writing anything down. If any word, idiom or construction should not come to mind, try to find it first in the conversations or grammar units rather than turning to the vocabulary at the end of the text. This will assure you that you have chosen the proper contextual meaning. Finally write the paragraphs, paying close attention to correct spelling, accentuation and punctuation.

X. *Tema de repaso:*

Robert Scott is a student who is taking a trip through South America. First he went to Mexico where he met the family of a friend he knew in the United States. Later he made plans to (*para*) leave for Managua the first week of October. From there he was going to continue his trip to the other countries.

From Mexico City, Robert and a friend of his took a plane to the distant city of Oaxaca for a weekend. The weather was good and the trip was very enjoyable.

In Nicaragua some friends who liked American music invited him to their party and he played the banjo for them.

One day Robert and Carlos were walking to the lake in Managua. Robert found out (*enterarse de*) that his umbrella was good for nothing when it poured in that tropical country.

Some time later Robert said good-bye to Carlos and from Nicaragua went on to Colombia.

Cartagena, Colombia

Una invitación

ROBERT: Los Brown me invitaron a cenar. ¿Los conoces?

PEDRO: No, no los conozco. No sabía que tenías conocidos aquí. Son norteamericanos, ¿no?

ROBERT: Él es norteamericano y ella es sueca. Se conocieron en Puerto Rico.

PEDRO: ¿Cuánto tiempo hace que llegaron aquí?

ROBERT: Hace cinco años que llegaron.

PEDRO: ¿Vinieron directamente de los Estados Unidos?

ROBERT: No. Él tuvo que trabajar por dos años en México.

PEDRO: ¿Cuánto tiempo hace que los conoces?

ROBERT: Los conozco hace diez años.

PEDRO: Entonces ya los conocías en los Estados Unidos.

ROBERT: Sí. Él era socio de mi padre. Se conocieron muy jóvenes. Estudiaron juntos en *Iowa State University*.

PEDRO: ¿Hacía mucho tiempo que no los veías?

ROBERT: Sí. Por eso, así que mi padre supo que yo venía aquí, lo primero que hizo fue decirme que debía visitarlos.

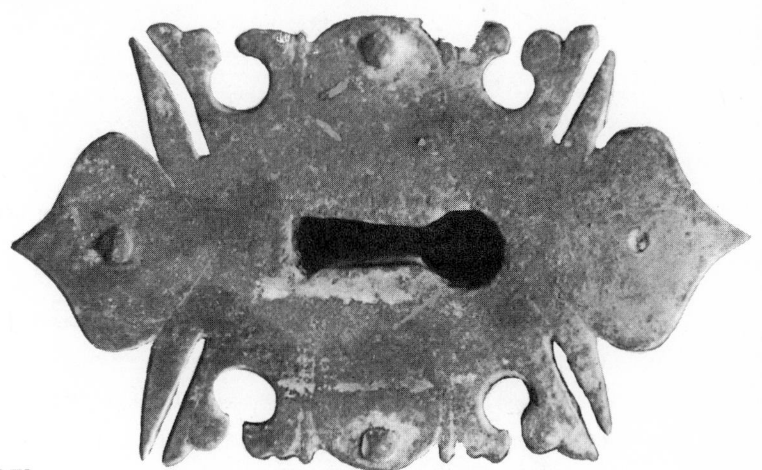

An invitation

ROBERT: *The Browns invited me to eat dinner. Do you know them?*

PEDRO: *No, I don't know them. I didn't know that you had acquaintances here. They are North Americans, aren't they?*

ROBERT: *He is North American and she is Swedish. They met each other in Puerto Rico.*

PEDRO: *How long ago did they arrive here (How much time does it make that [since] they arrived here)?*

ROBERT: *They arrived five years ago (It makes five years that [since] they arrived).*

PEDRO: *Did they come directly from the United States?*

ROBERT: *No. He had to work for two years in Mexico.*

PEDRO: *How long have you known them (How much time does it make that you know them)?*

ROBERT: *I have known them for ten years (I know them it makes ten years).*

PEDRO: *Then you already knew them in the United States.*

ROBERT: *Yes. He was a partner of my father's. They met each other [when they were] very young. They studied together at Iowa State University.*

PEDRO: *Hadn't you seen them for a long time (Did it make much time that [since] you didn't see them)?*

ROBERT: *Yes. Therefore, as soon as my father found out that I was coming here, the first [thing] that he did was to tell me that I ought to visit them.*

ejercicios

I. *Sustitución:*

1. Los Brown me invitaron a cenar.
   llegaron hace cinco años / vinieron de los Estados Unidos / se conocieron muy jóvenes / son norteamericanos.
2. No sabía que los conocías.
   los conociste / se conocieron muy jóvenes / se conocían
3. Él es norteamericano y ella es sueca.
   inglesa / española / francesa / norteamericana también
4. ¿Cuánto tiempo hace que llegaron aquí?
   se conocieron / vinieron / tuvo que trabajar en México / lo supo / lo hizo
5. ¿Cuánto tiempo hace que los conoces?
   sabe eso / es socio de su padre / estudias en la universidad / estás aquí
6. Hace cinco años que llegaron.
   se conocieron / estudiaron juntos / mi padre lo supo / vinieron
7. Hacía mucho tiempo que no los veía.
   tenía que visitarlos / debía visitarlos / no les escribía / venía aquí
8. Los conozco hace diez años.
   Se conocieron / Estudiaron aquí / Vinieron / Llegaron
9. Entonces ya los conocías.
   sabías la lección / era socio de Carlos / tenías conocidos aquí / los visitaron
10. No sabía que tenías conocidos aquí.
    Ayer supo que / Viniste porque / Hacía mucho tiempo que / Me dijiste que

II. *Conteste en español:*

1. ¿Quiénes invitaron a Robert a cenar? **2.** ¿Los conoces? **3.** ¿ Sabía Pedro que Robert tenía conocidos aquí? **4.** Son norteamericanos, ¿no? **5.** ¿Dónde se conocieron? **6.** ¿Cuánto tiempo hace que llegaron aquí? **7.** ¿Vinieron directamente de los Estados Unidos? **8.** ¿Cuánto tiempo tuvo que trabajar en México? **9.** ¿Cuánto tiempo hace que los conoces? **10.** ¿Ya los conocías en los Estados Unidos? **11.** ¿Qué edad tenían su padre y el señor Brown cuando se conocieron? **12.** ¿Dónde estudiaron juntos? **13.** ¿Hacía mucho tiempo que no veías a los Brown? **14.** ¿Qué hizo su padre así que supo que Robert venía aquí? **15.** ¿Qué es lo primero que hizo su padre? **16.** ¿A quiénes debe visitar Robert?

III. *Conteste en español:*

1. ¿Conoces a los Brown? **2.** ¿Tienes conocidos en Puerto Rico? **3.** ¿Cuánto tiempo hace que llegó a la clase? **4.** ¿Vino directamente de su casa? **5.** ¿Tuvo Ud. que trabajar anoche? **6.** ¿Cuánto tiempo hace que conocéis a vuestros vecinos? **7.** ¿Los conocía hace mucho tiempo? **8.** ¿Quién era socio de su padre? **9.** ¿Sabe Ud. cuándo se conocieron? **10.** ¿Hacía mucho tiempo que no veías a tus primos? **11.** ¿Qué es lo primero que hizo Ud. después del almuerzo? **12.** ¿Visitó Ud. a un amigo la semana pasada?

IV. *Pregúntele a alguien:*

1. si conoce a los Brown. **2.** si tiene conocidos en el Canadá. **3.** cuánto tiempo hace que llegó. **4.** si hace mucho tiempo que no comió. **5.** si tuvo que trabajar anoche. **6.** cuánto tiempo hace que ella te conoce. **7.** si hace poco tiempo que se conocieron él y su amigo. **8.** dónde lo conoció. **9.** si su padre tiene socio. **10** si sus padres se conocieron muy jóvenes. **11.** si estudiaron juntos. **12.** si hacía mucho tiempo que no estudiaba. **13.** si su profesor se puso furioso cuando supo que no sabía la lección. **14.** qué es lo primero que hizo después de dormir la siesta. **15.** si debe hacer unas visitas a sus parientes (*relatives*).

V. *Dígame:*

A. **1.** cuánto tiempo hace que llegó Ud. **2.** cuánto tiempo hace que estudiasteis. **3.** cuánto tiempo hace que vinieron. **4.** cuánto tiempo hace que los conoció.

B. **1.** cuánto tiempo hace que los conoces. **2.** cuánto tiempo hace que estudia español. **3.** cuánto tiempo hace que tienes conocidos en México. **4.** cuánto tiempo hace que no dormís.

VI. *Dictado: Conversación 19*

VII. *Conversación:*

Tell about some friends who have given you an invitation.

21

¿Cómo te sientes?

PEDRO: ¿Qué tal, Juana? Ayer no te vi en el baile. ¿Qué te pasó?

JUANA: Tuve que quedarme en casa porque no me sentía bien.

PEDRO: Lo siento mucho. ¿Fue algo serio?

JUANA: No, me dolía la cabeza y tenía tos.

PEDRO: ¿Tuvo que venir el médico?

JUANA: No, sólo fue un ligero resfrío.

PEDRO: ¿Y cómo te resfriaste?

JUANA: Anteayer Robert y yo dimos un largo paseo. Salimos de casa a las tres de la tarde. Hacía buen tiempo pero estaba frío. Cuando volvimos a casa eran más de las seis y empecé a sentirme mal.

PEDRO: Y ahora te sientes mejor, ¿no?

JUANA: Sí, mucho mejor.

PEDRO: ¿Tuviste que tomar alguna medicina?

JUANA: Mi madre me dio unas aspirinas y me hizo beber una cantidad enorme de jugo de naranja.

PEDRO: Ése es un remedio casero que nunca falla cuando se trata de un resfriado.

How do you feel?

PEDRO: *How's everything, Juana? Yesterday I didn't see you at the dance. What happened to you?*

JUANA: *I had to stay at home because I didn't feel well.*

PEDRO: *I'm very sorry (I regret it much). Was it something serious?*

JUANA: *No, my head ached (the head hurt me) and I had a cough.*

PEDRO: *Did the doctor have to come?*

JUANA: *No, it was only a light cold.*

PEDRO: *And how did you catch cold?*

JUANA: *The day before yesterday Robert and I took a long walk. We left the house at three in the afternoon. The weather was nice but it was cold. When we returned home it was after six (more than six) and I began to feel bad.*

PEDRO: *And now you feel better, right?*

JUANA: *Yes, much better.*

PEDRO: *Did you have to take some medicine?*

JUANA: *My mother gave me some aspirin and made me drink an enormous quantity of orange juice.*

PEDRO: *That is a home remedy that never fails when you're dealing with a cold.*

ejercicios

I. *Sustitución:*

1. ¿Qué tal, Juana? ¿Cómo estás?
   Robert / Carlos / Manuel / Pedro
2. Ayer no te vi en el baile.
   me dolía la cabeza / tenía tos / tuvo que venir el médico / te resfriaste
3. ¿Qué te pasó a ti?
   le . . . a Ud. / le . . . a Juana / les . . . a Uds. / les . . . a ellos
4. Tuve que quedarme en casa.
   llamar al médico / salir de casa a las tres / volver a casa / estar en casa
5. ¿Cómo te sientes, bien?
   mal / mejor / peor / mucho mejor / así, así / lo mismo (*same*) que antes
6. Me dolía la cabeza.
   un diente (*tooth*) / el pie (*foot*) / la mano (*hand*) / el estómago
7. Fue un ligero resfrío.
   un ataque de tos / un dolor de cabeza (*head ache*) / un dolor de estómago / un dolor de oído (*ear ache*)
8. ¿Cuándo te resfriaste?
   te sentías mal / empezó a sentirse mal / te sentías mejor / tuvo un resfriado (*cold*)
9. Robert y yo dimos un largo paseo.
   salimos de casa a las tres / volvimos a casa a las seis / empezamos a sentirnos mal / nos sentimos mejor
10. Hacía buen tiempo pero estaba frío.
    estaba caluroso (*hot*) / estaba nublado / con algo de viento

II. *Conteste según la conversación:*

1. ¿Cómo se siente Juana? **2.** ¿Qué le pasó? **3.** ¿Por qué tuvo que quedarse en casa? **4.** ¿Por qué no se sentía bien? **5.** ¿Fue algo serio? **6.** ¿Qué le dolía? **7.** ¿Tenía tos y dolor de cabeza? **8.** ¿Tuvo que venir el médico? **9.** ¿Adónde fueron Robert y ella anteayer? **10.** ¿A qué hora salieron de casa? **11.** ¿A qué hora volvieron a casa? **12.** ¿Qué tiempo hacía? **13.** ¿Estaba frío? **14.** ¿Se siente Juana mejor ahora?

III. *Conteste en español:*

1. ¿Cómo te sientes? **2.** ¿Qué tal te encuentras? **3.** ¿Por qué no te vi en el baile? **4.** ¿Qué te pasó? **5.** ¿Fue algo serio? **6.** ¿Le dolía la cabeza? **7.** ¿Tenía tos? **8.** ¿Tuvo que venir el médico? **9.** ¿Fue un ligero o un fuerte resfrío? (**fuerte** *strong*) **10.** ¿Cómo te resfriaste? **11.** ¿A qué hora saliste de casa? **12.** ¿A qué hora volviste a casa? **13.** ¿Eran más de las seis cuando volviste? **14.** ¿Qué tiempo hacía? **15.** ¿Estaba frío, caluroso o templado? **16.** ¿Te sientes mejor ahora?

IV. *Pregúntele a otro estudiante:*

1. cómo se siente. **2.** por qué no lo (la) vio en el baile. **3.** qué le pasó. **4.** qué tal se encuentra ahora. **5.** si fue algo serio. **6.** si le dolía la cabeza. **7.** si tenía tos. **8.** si tuvo que venir el médico. **9.** si le duele la cabeza ahora. **10.** a dónde fue anteayer. **11.** a qué hora salió de casa hoy. **12.** a qué hora piensa volver a casa hoy. **13.** cuándo va a estar en casa mañana. **14.** si tiene un ligero resfrío. **15.** si tiene un fuerte resfrío. **16.** si tiene resfrío, cómo se resfrió. **17.** si eran más de las seis cuando volvió a casa ayer. **18.** si le gusta dar un paseo por la tarde. **19.** si le gusta quedarse en casa. **20.** cuándo empezó a sentirse mejor. **21.** si se siente mejor ahora. **22.** cuándo se sintió mejor.

V. *Dictado: Conversación 20*

VI. *Conversación:*

Talk to someone about how he feels.

GRAMMAR UNIT 13

57 • Hacer in expression of time

A. **Hace** dos horas **que estudio.** — *I have been studying* for two hours.
Hace mucho tiempo **que estudio.** — *I have been studying* for a long time.

Hace + *period of time* + **que** + *present indicative* indicate that the action expressed by the main verb: began in the past, has been going on for the period of time given, and is still going on at the time the statement is made.

Estudio hace dos horas. — *I have been studying* for two hours.
Estudio hace mucho tiempo. — *I have been studying* for a long time.

The **que** is omitted if the main verb precedes the **hace** construction.

B. **Hacía** dos horas **que estudiaba.** — *I had been studying* for two hours.
Hacía mucho tiempo **que estudiaba.** — *I had been studying* for a long time.
Estudiaba hacía dos horas. — *I had been studying* for two hours.
Estudiaba hacía mucho tiempo. — *I had been studying* for a long time.

To express the same idea in the past tense, the imperfect of both verbs is used in Spanish.

C. **Hace dos horas** que comí. — I ate *two hours ago.*
Comí **hace dos horas.** — I ate *two hours ago.*

Hace (*present*) + *period of time* + **que** + *preterite of the main verb* indicate that the action of the main verb occurred the given time ago.

58 • Verbs with special meaning in the imperfect and preterite

PRETERITE		IMPERFECT	
Conocí a Juan.	*I met* Juan, *was introduced* to him.	**Conocía** a Juan.	*I knew* Juan, *was acquainted* with him.
Supe que Ud. venía.	*I learned, found out* that you were coming.	**Sabía** que Ud. venía.	*I knew, was aware of* the fact that you were coming.

Supe contestar la pregunta.	*I knew how* to answer the question *and did.*	**Sabía** contestar la pregunta.	*I knew how, had the knowledge* to answer the question.
Quise ir a Europa.	*I wanted to go* to Europe and did or didn't go, but *the wish is now terminated.*	**Quería** ir a Europa.	*I wanted to go* to Europe.
Comprendí la idea.	*I understood, caught on* to the idea.	**Comprendía** la idea.	*I understood, had an understanding* of the idea.
Tuve que estudiar.	*I had to* study *and did.*	**Tenía** que estudiar.	*I had the obligation* to study but *there is no indication* as to whether I studied or not.
Costó mucho.	*It cost* a lot, *it cost* me *when* I *paid*, thereby *terminating the cost.*	**Costaba** mucho.	*It cost* a lot, *was priced* high.
Pude hacerlo.	*I could, was able* to do it *and did.*	**Podía** hacerlo.	*I could, was able* to do it, *had the ability* but *there is no indication* as to whether I did it or not.

The nature of verbs that express state of mind, mental activity, obligation, cost, etc., causes them to be most commonly used in the imperfect indicative, since one is not concerned with the beginning or the end of the fact expressed. However, these verbs can also be used in the preterite; then they convey special meanings which

a) show the action which initiates or acts upon the condition or state of mind;

b) indicate fulfillment of a desire or obligation and the termination of a condition such as cost;

c) demonstrate physical or mental ability in action.

University, Mexico City

ejercicios

I. *Conteste en español, empezando primero por el verbo* **hacer** *y luego por el verbo principal:*

A.

EJEMPLO ¿Cuánto tiempo hace que estudia Ud.?
Hace dos horas que estudio.
Estudio hace dos horas.

1. ¿Cuánto tiempo hace que escribís cartas? **2.** ¿Cuánto tiempo hace que le duele la cabeza? **3.** ¿Cuánto tiempo hace que trabajamos? **4.** ¿Cuánto tiempo hace que juegan a los naipes? **5.** ¿Cuánto tiempo hace que tocas la guitarra?

B.

EJEMPLO ¿Cuánto tiempo hace que llegó?
Hace un año que llegué.
Llegué hace un año.

1. ¿Cuánto tiempo hace que los conociste? **2.** ¿Cuánto tiempo hace que compraste la casa? **3.** ¿Cuánto tiempo hace que volvió Ud. a España? **4.** ¿Cuánto tiempo hace que recibieron el obsequio? **5.** ¿Cuánto tiempo hace que nos comunicamos con ellos?

C.

EJEMPLO ¿Cuánto tiempo hacía que estudiaba?
Hacía mucho tiempo que estudiaba.
Estudiaba hacía mucho tiempo.

1. ¿Cuánto tiempo hacía que conocías la ciudad? **2.** ¿Cuánto tiempo hacía que estabais resfriados? **3.** ¿Cuánto tiempo hacía que viajabas por Europa? **4.** ¿Cuánto tiempo hacía que tenías tos? **5.** ¿Cuánto tiempo hacía que te sentías mal?

II. *Complete las frases siguientes con la forma verbal del pretérito o del imperfecto según el sentido de la frase:*

1. **conocer**
   Yo ___ bien a Juan. (*used to know*)
   Yo ___ a Juan ayer.
2. **saber**
   Ayer tú ___ que venía Juan. (*found out*)
   ¿___ tú que venía Juan? (*did you know*)
3. **querer**
   Él ___ ir a Europa y fue. (*suddenly wanted to go*)
   Él ___ ir a Europa. (*always wanted to go*)
4. **comprender**
   Después de hablarte, yo ___ la idea.
   Creía que yo ___ la idea.
5. **tener que**
   Me dijeron que yo ___ estudiar mucho. (*ought to*)
   No pude ir porque yo ___ estudiar. (*I studied*)
6. **costar**
   Compré la bolsa aunque (*although*) ___ mucho. (*I paid a lot*)
   No la compré porque ___ mucho. (*it was priced high*)
7. **poder**
   Yo quería venir ayer pero no ___. (*it was impossible*)
   Yo ___ venir pero no quise. (*I could come*)

III. *Diga en español:*

Last year I had to take a trip to Italy. Some relatives, whom (*a quienes*) I didn't know, knew that I was coming and invited me to spend (*pasar*) some time with them. When I met them, I found out that we couldn't communicate very well. I wanted to learn Italian, but I couldn't because I didn't have time.

Cultura hispánica

Robert está en casa de los Rodríguez quienes le invitaron a la pequeña fiesta que daban en su honor. Entre los asistentes está Jorge Gómez, un ingeniero español, con quien Robert establece amistad fácilmente. Mientras conversan, Robert le cuenta a Jorge algunas anécdotas de su viaje por Latinoamérica y le dice lo mucho que siente no poder ir a España para completar sus conocimientos de la cultura hispánica. Pronto la conversación pasó a tratar sobre las diferencias culturales entre España y Sudamérica. Robert defendió la gran semejanza cultural que existe entre España y los otros países de habla castellana. Jorge estaba de acuerdo pero añadió que le llamaba mucho la atención las particularidades de cada uno de los países sudamericanos. Robert pudo confirmar esto con su propia experiencia. Ambos llegaron a la conclusión de que las diferencias entre Latinoamérica y España, y aun entre los distintos países latinoamericanos, se deben en gran parte a la influencia de las culturas precolombinas, a sus particularidades étnicas y por supuesto a la influencia geográfica.

Jorge dijo que aun en la misma España era imposible identificar al típico español por las marcadas diferencias regionales existentes en rasgos característicos, costumbres y, a veces, aun en el lenguaje.

Robert se maravilló cuando Jorge dijo que España era, después de Suiza, el país europeo de mayor elevación media. Robert escuchó con interés como Jorge contó brevemente el origen del pueblo español, uno de los más viejos de Europa y resultado de la fusión de otros muchos pueblos.

Al despedirse, Jorge le dice a Robert que si alguna vez va a España debe visitarlo.

Preguntas:

1. ¿Dónde está Robert? **2.** ¿Quiénes invitaron a Robert? **3.** ¿Cómo se llama el ingeniero español? **4.** ¿Qué le cuenta Robert a Jorge? **5.** ¿Qué le dice Robert a Jorge? **6.** ¿Qué quiere completar Robert con un viaje a España? **7.** ¿Qué existe entre España y los otros países de lengua castellana? **8.** ¿Qué pudo confirmar Robert con su propia experiencia? **9.** ¿A qué se deben en gran parte las diferencias entre Latinoamérica y España? **10.** ¿Por qué no se puede identificar al típico español? **11.** ¿Cuál es el país europeo de mayor altitud media? **12.** Si Robert va a España, ¿a quién tiene que visitar?

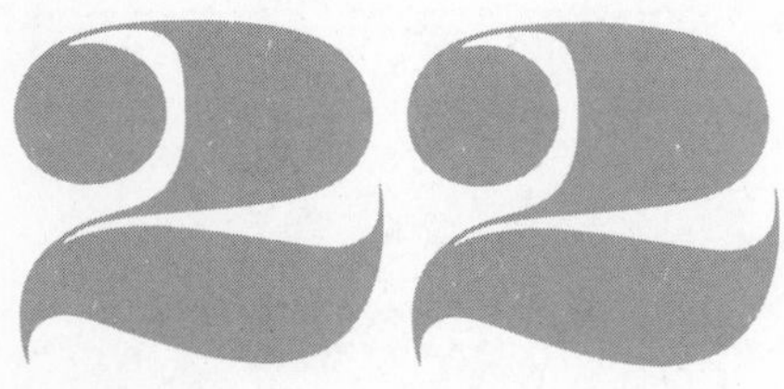

Bienvenido al Perú

UN TAXISTA: ¿Le espera alguien, señor?

ROBERT: Creo que sí. Es probable que vengan a buscarme. Ojalá no tarden mucho.

ERNESTO: Ud. es el señor Scott, ¿no? Yo soy Ernesto Hurtado. Bienvenido sea al Perú. Ojalá tenga una feliz estancia aquí.

ROBERT: Muchas gracias. Encantado de conocerlo.

ERNESTO: Mientras venía, el auto tuvo una avería. Es probable que vuelva a pasar lo mismo.

ROBERT: ¿Cree que es necesario llevarlo a reparar?

ERNESTO: Quizás tenga que hacerlo pronto.

ROBERT: Entonces es conveniente que vayamos cuanto antes al hotel.

ERNESTO: ¡Qué lástima que no tengamos tiempo para ver antes algo de la ciudad!

Palace of Justice—Lima, Peru

Welcome to Peru

A TAXI DRIVER: *Is someone waiting for you, sir?*

ROBERT: *I think so. It is probable that they are coming to meet me. I hope they aren't very late (don't delay much).*

ERNESTO: *You are Mr. Scott, aren't you? I am Ernesto Hurtado. (May you be) welcome to Peru. I hope you have a happy stay here.*

ROBERT: *Thank you very much. Delighted to know you.*

ERNESTO: *While I was coming, I had car trouble (the car had a damage). It's probable that the same thing is going to happen again (returns to happen).*

ROBERT: *Do you think that it is necessary to take it to repair [it]?*

ERNESTO: *Perhaps I'll have to do it soon.*

ROBERT: *Then it's advisable that we go as soon as possible to the hotel.*

ERNESTO: *What a shame that we don't have time to see something of the city before!*

ejercicios

I. *Sustitución:*

1. Bienvenido al Perú.

   Bienvenidos / Bienvenidas / Bienvenida

2. ¿Le espera alguien?

   Ernesto Hurtado / su pariente / un taxista / el señor Scott

3. Es probable que vengan.

   no tarden mucho / vuelva a pasar lo mismo / vayamos cuanto antes

4. Ojalá no tarden mucho.

   sea bienvenido al Perú / tenga una feliz estancia aquí / vengan a buscarme / tengamos tiempo

5. Encantado de conocerlo.

   conocerla / conocerlos / conocerlas

6. Mientras venía, el auto tuvo una avería.

   volvió a pasar lo mismo / vinieron a buscarme / tuve tiempo para ver la ciudad / llevé el coche a reparar

7. Quizás tenga que hacerlo pronto.

   vuelva a pasar lo mismo / vengan a buscarme / no tarden mucho / vayamos cuanto antes al hotel

8. ¡Qué lástima que no tengamos tiempo!

   no vengan a buscarme / vuelva a pasar lo mismo / tenga que hacerlo pronto / no tenga tiempo para verte

II. *Conteste en español:*

1. ¿Cree Ud. que le espera alguien? **2.** ¿Es probable que vengan a buscarte? **3.** ¿Es probable que tarden mucho? **4.** ¿Quién busca a Robert? **5.** ¿Cómo saluda a Robert? **6.** ¿Va a tener una feliz estancia en el Perú? **7.** ¿Mientras venía, qué le pasó a Ernesto? **8.** ¿Vuelve a pasar lo mismo? **9.** ¿Cree que es necesario llevar el coche a reparar? **10.** ¿Cuándo cree Ernesto que tiene que hacerlo? **11.** ¿Es conveniente que vayan al hotel? **12.** ¿Tienen tiempo para ver algo de la ciudad?

III. *Conteste en español:*

1. ¿Quién le espera a Ud.? **2.** ¿Quiénes vienen a buscarte en el aeropuerto? **3.** ¿Es probable que tarden mucho? **4.** ¿Tiene Ud. una feliz estancia aquí? **5.** ¿Mientras venía a la clase le pasó algo? **6.** ¿Alguna vez tuvo su coche una avería? **7.** ¿Le volvió a pasar lo mismo? **8.** ¿Lo llevó a reparar? **9.** Quizás tenga que hacerlo pronto, ¿verdad? **10.** ¿Es conveniente que nos vayamos cuanto antes? **11.** ¿Tiene tiempo para ver antes algo de la ciudad universitaria (*campus*)?

IV. *Pregúntele a otro estudiante:*

1. si le espera alguien. **2.** quién viene a buscarlo. **3.** si tardan mucho. **4.** si él es el señor Scott. **5.** si ella es la señorita Scott. **6.** si cree que va a tener una feliz estancia en esta ciudad. **7.** si le pasó algo mientras venía a clase. **8.** si su auto tuvo una avería. **9.** si es probable que vuelva a pasar lo mismo. **10.** si le vuelve a pasar lo mismo muchas veces. **11.** si es necesario llevarlo a reparar. **12.** si tiene que hacerlo cuanto antes. **13.** si van antes al hotel. **14.** si tienen tiempo para ver algo de la ciudad.

V. *Dictado: Conversación 21*

VI. *Conversaciones:*

A. Ask someone if anyone is meeting him.
B. Talk to someone about having car trouble and having to repair it.

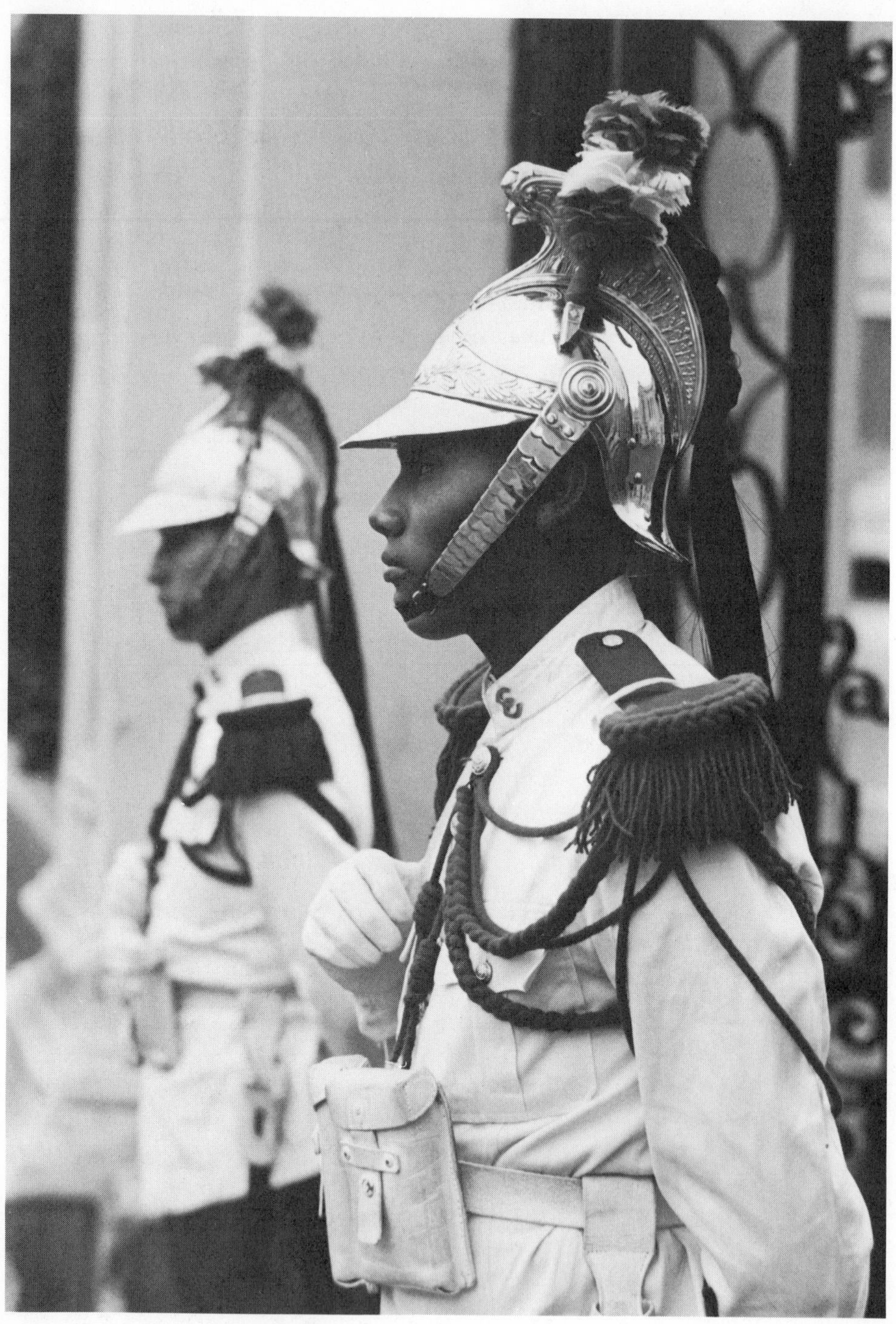

Palace guards—Lima, Peru

GRAMMAR UNIT 14

59 • Concept of subjunctive

While the indicative mood is used to state an actual fact or to ask a question, the subjunctive mood expresses uncertainty, desire, doubt, possibility, the unknown, the unaccomplished, the non-existent, etc.

60 • Present subjunctive of regular -ar verbs

Ojalá **lleguemos** temprano.	I hope *we arrive* early.
Ojalá **estudiéis.**	I hope *you study.*
Ojalá no **tarden** mucho.	I hope *they are*n't very *late.*

HABLAR (habl-o)	
hable	**hablemos**
hables	**habléis**
hable	**hablen**

LEVANTARSE (me levant-o)	
me levante	**nos levantemos**
te levantes	**os levantéis**
se levante	**se levanten**

To conjugate a regular **-ar** verb in the present subjunctive, remove the **-o** ending from the first person singular of the present indicative and add the appropriate subjunctive endings as indicated above.

61 • Present subjunctive of regular -er and -ir verbs

Es conveniente que **coma** temprano.	It's convenient *for me to eat* early.
Ojalá **vivan** aquí.	I hope *you live* here.
Ojalá **barran** el cuarto.	I hope *they sweep* the room.

COMER (com-o)	
coma	**comamos**
comas	**comáis**
coma	**coman**

VIVIR (viv-o)	
viva	**vivamos**
vivas	**viváis**
viva	**vivan**

To conjugate a regular **-er** or **-ir** verb in the present subjunctive, remove the **-o** ending from the first person singular of the present indicative and add the appropriate subjunctive endings as indicated above.

62 • Present subjunctive of -ar and -er radical changing verbs

Ojalá no **cueste** mucho.	I hope it *does*n't *cost* a lot.
Es probable que **vuelva** a pasar lo mismo.	It's probable that the same thing *is going* to happen *again*.
Es conveniente que **comencemos** ahora.	It's convenient *for us to begin* now.

-ar (ue)

COSTAR (cuest-o)	
cueste	costemos
cuestes	costéis
cueste	cuesten

-er (ue)

VOLVER (vuelv-o)	
vuelva	volvamos
vuelvas	volváis
vuelva	vuelvan

-ar (ie)

COMENZAR (comienz-o)	
comience*	comencemos
comiences	comencéis
comience	comiencen

-er (ie)

QUERER (quier-o)	
quiera	queramos
quieras	queráis
quiera	quieran

In the present subjunctive, all **-ar** and **-er** radical changing verbs make the same changes as in the present indicative, with the **o**>**ue** and the **e**>**ie** whenever the stress falls on the last vowel of the stem.

63 • Present subjunctive of -ir radical changing verbs

Es probable que **duerma**.	It's probable that *he is sleeping*.
Ojalá no lo **sugieran**.	I hope *you do*n't *suggest* it.
Ojalá **pidáis** poco.	I hope *you ask* for little.

-ir (ue, u)

DORMIR (duerm-o)	
duerma	durmamos
duermas	durmáis
duerma	duerman

-ir (ie, i)

SUGERIR (sugier-o)	
sugiera	sugiramos
sugieras	sugiráis
sugiera	sugieran

* For change from *z* to *c*, see Appendix #118.

-ir (**i**, **i**)

PEDIR (pid-o)	
pida	pidamos
pidas	pidáis
pida	pidan

In the present subjunctive, all **-ir** radical changing verbs of the **o**>**ue**, **e**>**ie**, or **e**>**i** type make two changes: whenever the stress falls on the last vowel of the stem, the change will be similar to the one made in the present indicative; in addition, there will be a change in the first and second persons plural, the **o** will become **u** and the **e** will become **i**.

64 • Present subjunctive of ser, dar, estar, ir, saber and haber: irregular

Bienvenido **sea** al Perú. — (*May you be*) welcome to Peru.
Es conveniente que **vayamos**. — It's convenient *for us to go*.

SER (soy)	**sea**	**seamos**
	seas	**seáis**
	sea	**sean**
DAR (doy)	**dé**	**demos**
	des	**deis**
	dé	**den**
ESTAR (estoy)	**esté**	**estemos**
	estés	**estéis**
	esté	**estén**
IR (voy)	**vaya**	**vayamos**
	vayas	**vayáis**
	vaya	**vayan**
SABER (sé)	**sepa**	**sepamos**
	sepas	**sepáis**
	sepa	**sepan**
HABER (he)	**haya**	**hayamos**
	hayas	**hayáis**
	haya	**hayan**

The verbs with first persons singular that do not end in *o* in the present indicative have irregular present subjunctives.

65 • Present subjunctive of verbs with irregular first persons singular in the present indicative

Ojalá **tenga** una feliz estancia.	I hope *you have* a happy stay.
Es probable que **vengan**.	It's probable that *they are coming.*
Es conveniente que **salga**.	It's convenient *for him to leave.*

TENER (teng-o)	
tenga	**tengamos**
tengas	**tengáis**
tenga	**tengan**

SALIR (salg-o)	
salga	**salgamos**
salgas	**salgáis**
salga	**salgan**

All verbs with a first person singular of the present indicative ending in *o* form the present subjunctive regularly by removing the **-o** ending from the first person singular of the present indicative and adding the appropriate subjunctive endings; therefore, since verbs such as **tener**, **salir**, etc. have an irregular stem in the first person singular of the present indicative, this irregularity will appear in all forms of the present subjunctive.

66 • Present subjunctive after exclamatory expressions and impersonal expressions

A.

Ojalá **tenga** una feliz estancia.	I hope *you have* a happy stay.
Quizás **tenga** que hacerlo pronto.	Maybe *you'll have* to do it soon.

The subjunctive is used after exclamatory or adverbial expressions. Some of the most frequent are:

ojalá (que)	would that, I wish that, I hope that
quizás	perhaps, maybe
qué lástima que	too bad that, what a shame that
qué bueno que	how good that
qué malo que	too bad that

B. a)

Es probable que **vengan**.	It's probable that *they're coming.*
Es probable que **vuelva** a pasar lo mismo.	It's probable that the same thing *is going* to happen *again.*

b) NOTE:	Es imposible **que él vaya**.	It is impossible *for him to go.*
But:	Es imposible **ir**.	It is impossible *to go.*
NOTE:	Es necesario **que estudien**.	It is necessary *for them to study.*
But:	Es necesario **estudiar**.	It is necessary *to study.*

The subjunctive is used after impersonal expressions when there is a known subject for the verb which follows. The impersonal expressions are many; some of the most common are:

es improbable	it is improbable
es necesario	it is necessary
es posible	it is possible
es lástima	it is a shame
es importante	it is important
es mejor	it is better
es peor	it is worse

Indian ruins, Peru

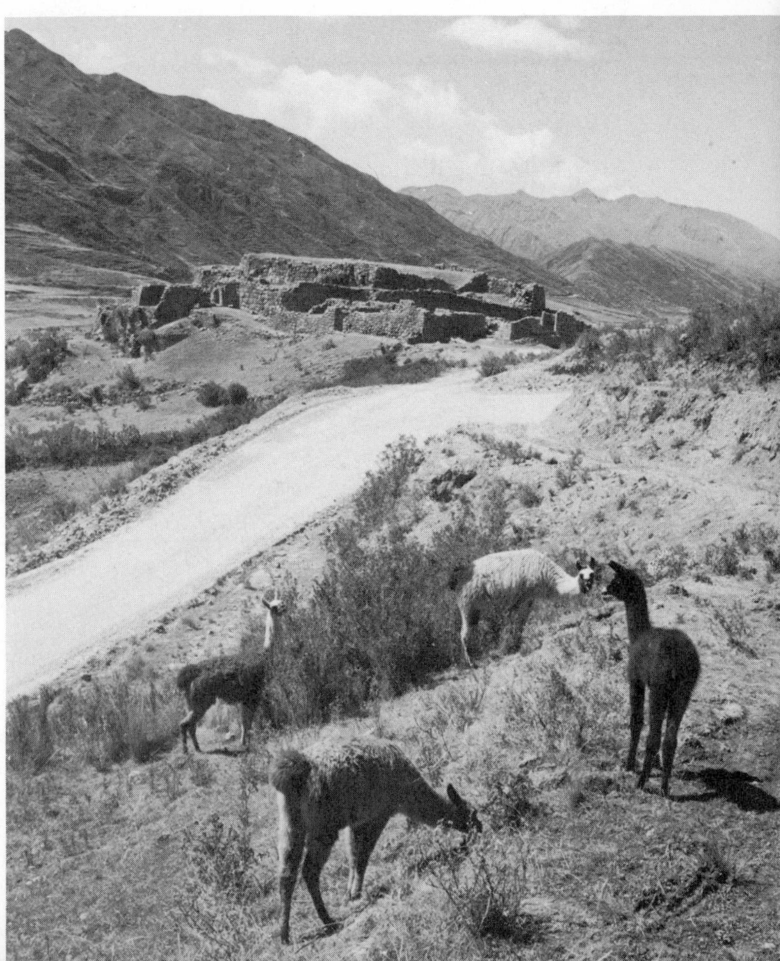

ejercicios

I. *Cambie las frases siguientes anteponiendo la expresión indicada y usando la forma correcta del subjuntivo:*

EJEMPLO: (es necesario que) Yo te espero.
Es necesario que yo te espere.
(lástima que) No comes conmigo.
Lástima que no comas conmigo.

A. (es necesario que)

1. Hablo español. **2.** Te levantas a las ocho. **3.** Él estudia mucho. **4.** Nosotros preguntamos la hora. **5.** Habláis inglés. **6.** Uds. llegan temprano.

B. (lástima que)

1. Yo vivo aquí. **2.** Tú no escribes a tus padres. **3.** Ud. recibe un obsequio. **4.** Nosotros bebemos vino. **5.** Vosotras creéis eso. **6.** Ellos comen bien.

C. (ojalá que)

1. Yo me despierto tarde. **2.** Nosotros nos despertamos tarde. **3.** Yo comienzo a trabajar. **4.** Nosotros comenzamos a trabajar. **5.** Yo quiero estudiar. **6.** Nosotros queremos estudiar. **7.** Yo vuelvo a tiempo. **8.** Nosotros volvemos a tiempo. **9.** Yo entiendo tu pregunta. **10.** Nosotros entendemos tu pregunta.

D. (es probable que)

1. Yo sugiero una fiesta. **2.** Nosotros sugerimos una fiesta. **3.** Yo pido café negro. **4.** Nosotros pedimos café negro. **5.** Yo me siento mejor. **6.** Nosotros nos sentimos mejor. **7.** Yo me muero de sed. (**morirse** *to die*) **8.** Nosotros nos morimos de sed. **9.** Yo sigo por esa calle. **10.** Nosotros seguimos por esa calle.

E. (quizás)

1. Yo tengo que escribirte. **2.** Él tiene que escribirte. **3.** Yo conozco a Adela. **4.** Ud. conoce a Adela. **5.** Yo vengo por la tarde. **6.** Nosotros venimos por la tarde. **7.** Yo pongo el libro aquí. **8.** Ellas ponen el libro aquí. **9.** Yo hago compras. **10.** Tú haces compras.

F. (es probable que)

1. Yo estoy aquí por un mes. **2.** Tú no vas a Lima. **3.** Él sabe la verdad. **4.** Nosotros les damos unos obsequios. **5.** Vosotros sois mis amigos. **6.** Uds. han llegado (*have arrived*) tarde. **7.** Yo soy bienvenido.

II. *Sustitución:*

1. Ojalá que yo hable con él.

tú llegues a tiempo / ella me escriba una carta / nosotros veamos la ciudad / Uds. lleven el coche a reparar

2. Quizás yo me acueste tarde.

tú te levantes mañana / él se apure hoy / Ud. se vista de prisa / nosotros nos acostemos tarde / ellas se sienten con nosotros / se almuerce a las doce

3. Qué lástima que no vengan hoy.

yo no venga siempre aquí / tú no tengas un buen coche / Ud. no salga con ella / nosotros no hagamos un viaje / vosotros no conozcáis a mis padres / haga tanto frío

4. Es bueno que estés en casa.

yo sea tu amigo / Ud. le dé un abrazo / ella sepa patinar sobre hielo / nosotros vayamos a esperarte / ellas hayan tomado desayuno / llueva aquí / estéis aquí

III. *Cambie las frases siguientes sustituyendo el infinitivo por* **que él** *y el subjuntivo:*

EJEMPLO: Es imposible llegar hoy.
Es imposible que él llegue hoy.

1. Es necesario estar aquí. **2.** Es posible ser bienvenido. **3.** Es lástima no saber nada. **4.** Es importante decir la verdad. **5.** Es mejor volver cuanto antes.

IV. *Tema de repaso:*

Robert met the Browns some years ago in the United States when he was twelve years old. Then Mr. Brown was a partner of his father's. When the Browns knew that Robert was in Bogotá they invited him to dinner. That day he didn't feel well and had to stay home. He called them and told them on the phone (*por teléfono*) that he was very sorry but he couldn't go. Mr. Brown said, "It's too bad that you can't come. I hope that you get better (**mejorarse** *to get better*) soon and that we can invite you again."

CONVERSACIÓN

En la hacienda

ROBERT: ¡Cuánto me alegro que tengamos la oportunidad de visitar la hacienda de tus abuelos!

ERNESTO: Mis padres y yo deseamos que conozcas un poco el interior del país. ¡Allí está la hacienda!

En la hacienda

ERNESTO: Abuelos, quiero que conozcan a mi amigo Robert.

SEÑOR HURTADO: Mucho gusto en conocerlo. Espero que le sea agradable la estancia aquí en el campo entre nosotros.

ROBERT: Muchas gracias, señor Hurtado. El gusto es mío.

ERNESTO: Le dije a Robert que debíamos aprovechar los días feriados para visitar la finca.

SEÑOR HURTADO: Muy buena idea. ¿Tuvieron un buen viaje?

ROBERT: Sí, pero resultó un tanto pesado.

SEÑORA HURTADO: Siéntense y descansen un poco. ¿Quieren tomar algo?

ERNESTO: Buena idea, abuela. No creo que una cerveza nos venga mal. ¿Qué te parece, Robert?

SEÑORA HURTADO: ¿Les parece bien si digo a la chica que traiga algo de comer también?

ROBERT: Por favor, señora, le ruego que no se moleste demasiado.

SEÑORA HURTADO: No es ninguna molestia.

SEÑOR HURTADO: Quédense para la feria del martes en el pueblo.

ERNESTO: Así lo pensamos hacer.

At the farm

ROBERT: *How glad I am that we have the chance to visit your grandparents' farm!*

ERNESTO: *My parents and I wish you to know (that you know) the interior of the country a little. There's the farm!*

At the farm

ERNESTO: *Grandparents, I want you to meet (that you meet) my friend Robert.*

MR. HURTADO: *I'm very glad to meet you. I hope that your stay here in the country among us will be pleasant for you.*

ROBERT: *Thank you very much, Mr. Hurtado. The pleasure is mine.*

ERNESTO: *I told Robert that we should take advantage of the holidays (in order) to visit the farm.*

MR. HURTADO: *Very good idea. Did you all have a good trip?*

ROBERT: *Yes, but it turned out a little tiresome.*

MRS. HURTADO: *Sit down and rest a little. Do you want to have something?*

ERNESTO: *Good idea, grandma. I don't think that a beer would suit us badly. How does it strike you, Robert?*

MRS. HURTADO: *Does it seem like a good idea (well) to you if I tell the girl to bring something to eat too?*

ROBERT: *Please, m'am, I beg you not to bother (yourself) too much.*

MRS. HURTADO: *It's no bother.*

MR. HURTADO: *Stay for the fair in town on Tuesday.*

ERNESTO: *That's what we plan to do (Thus we plan to do it).*

ejercicios

I. *Sustitución:*

1. ¡Cuánto me alegro que tengamos la oportunidad!
   conozcas el interior del país / tengan tiempo de ver la finca / se queden para la feria del martes

2. Le dije a Robert que debíamos aprovechar los días feriados.
   mis abuelos tuvieron un buen viaje / allí estaba la hacienda / pensamos visitar el pueblo

3. ¿Digo a la chica que traiga una cerveza?
   traiga algo de comer / descanse un poco / debe aprovechar los días feriados para visitar sus abuelos / vaya a la feria

4. ¿Les parece bien una cerveza?
   una visita a la ciudad / descansar un poco / que la chica les traiga algo

5. Quédense para la feria del martes.
   conocer a mis abuelos / visitar el interior del país / tomar una cerveza

6. Espero que le sea agradable su estancia entre nosotros.
   tengamos la oportunidad de ir a la hacienda / tengamos la oportunidad de conocerlos / conozcan a mis padres / la chica traiga algo de comer

7. No creo que una cerveza nos venga mal.
   conozcan bien el país / te sea agradable visitar la hacienda / tengamos la oportunidad de hacerlo

II. *Conteste en español:*

1. ¿Adónde van Robert y Ernesto? **2.** ¿De quién es la hacienda? **3.** ¿Qué desean Ernesto y sus abuelos? **4.** ¿Qué espera el señor Hurtado? **5.** ¿Qué le dijo Ernesto a Robert? **6.** ¿Tuvieron Ernesto y Robert un buen viaje? **7.** ¿Qué resultó un tanto pesado? **8.** ¿Qué les dice la señora Hurtado a los muchachos? **9.** ¿Qué les ofrece ella? **10.** ¿Qué sugiere Ernesto? **11.** ¿Cree Ernesto que una cerveza les venga mal? **12.** ¿Qué les parece si la chica les trae algo de comer? **13.** ¿Qué dice la abuela a la chica? **14.** ¿Qué le ruega Robert a la señora Hurtado? **15.** ¿Qué le contesta ella? **16.** ¿Qué les sugiere el abuelo? **17.** ¿Qué piensan hacer Ernesto y Robert? **18.** ¿Qué te parece una visita a una finca? **19.** ¿Les gusta viajar por el interior del país? **20.** ¿Qué hace Ud. para aprovechar los días feriados? **21.** ¿Dónde viven sus abuelos? **22.** ¿Los visita Ud. alguna vez?

III. *Pregúntele a otro estudiante:*

1. si conoce el interior del país. **2.** si desea conocer a su amigo. **3.** si tiene la oportunidad de visitar una hacienda. **4.** si tuvo un buen viaje. **5.** si quiere sentarse y descansar un poco. **6.** si le parece bien una cerveza. **7.** si se queda para la feria en el pueblo. **8.** si piensa quedarse para la feria del martes.

IV.

A. *Cambie las frases siguientes sustituyendo* **creo** *por* **no creo**:

EJEMPLO: Creo que es agradable.
No creo que sea agradable.

1. Creo que el gusto es mío. **2.** Creo que tengo una buena oportunidad. **3.** Creo que conocen a mi abuelo. **4.** Creo que me parece bien una cerveza (*first person singular of* **parecer** *is* **parezco**). **5.** Creo que se quedan por una semana.

B. *Cambie las frases siguientes sustituyendo* **deseo** *por* **deseo que** *y usando el verbo principal en la segunda persona singular:*

EJEMPLO: Deseo conocer a Robert.
Deseo que conozcas a Robert.

1. Deseo visitar la hacienda. **2.** Deseo tener un buen viaje. **3.** Deseo descansar un poco. **4.** Deseo decir algo a la chica. **5.** Deseo tomar una cerveza.

V. *Cambie los verbos del párrafo siguiente del presente al pasado, usando el pretérito o el imperfecto según lo requiera el sentido de las frases:*

Ernesto invita a Robert a visitar la hacienda de sus abuelos. Robert siempre desea conocer el interior del país. Cuando se acercan a la hacienda, el señor Hurtado los saluda y mientras bajan del auto les da la bienvenida. Robert visita los corrales y tiene la oportunidad de ver caballos, vacas, llamas, cerdos y otros animales domésticos. Robert, mientras recorre la hacienda a caballo, ve como los campesinos siembran oca, y contempla los campos de trigo, maíz, cebada, avena y papas.

VI. *Dictado: Conversación 22*

VII. *Conversación:*

Invite a friend of yours from the city to visit your grandparents' farm in the country.

En la tienda

ROBERT: ¿Cuánto cuestan estos pañuelos?

EL DEPENDIENTE: Diez soles cada uno, señor.

ROBERT: Deme media docena, por favor. ¿Cuánto valen los guantes?

EL DEPENDIENTE: Doscientos soles, señor.

ROBERT: Déjeme probármelos. Por favor, dígame el precio de ese abrigo.

EL DEPENDIENTE: Tres mil soles.

ROBERT: ¡No me diga! ¿Tres mil soles ese abrigo?

EL DEPENDIENTE: ¿Se lo quiere probar?

ROBERT: Sí, está bien. Tráigalo por favor.

EL DEPENDIENTE: Le sienta muy bien. ¿Se lo queda?

ROBERT: Sí, póngamelo en una caja, por favor.

EL DEPENDIENTE: ¿Se lo lleva ahora?

ROBERT: ¿Le puedo pedir que lo envíen a mi dirección?

EL DEPENDIENTE: ¿Paga ahora o prefiere que se lo pongamos a su cuenta?

ROBERT: Pago ahora. Deme la cuenta.

At the store

ROBERT: *How much do these handkerchiefs cost?*

THE CLERK: *Ten soles each one, sir.*

ROBERT: *Give me half a dozen, please. How much are the gloves?*

THE CLERK: *Two hundred soles, sir.*

ROBERT: *Let me try them on (me). Please, tell me the price of that coat.*

THE CLERK: *Three thousand soles.*

ROBERT: *Don't tell me! Three thousand soles [for] that coat?*

THE CLERK: *Do you wish to try it on?*

ROBERT: *Yes, okay. Bring it please.*

THE CLERK: *It fits you very well. Will you take it?*

ROBERT: *Yes, put it in a box for me, please.*

THE CLERK: *Will you take it along now?*

ROBERT: *Can I ask you to [have them] send it to my address?*

THE CLERK: *Will you pay now or do you prefer that we put it on your account for you?*

ROBERT: *I'll pay now. Give me the bill.*

Estamos liquidando
cuanto quedó de la gran
VENTA de JULIO
incluido todo lo

ejercicios

I. *Sustitución:*

1. ¿Cuánto cuestan estos pañuelos?

estas camisas (*shirts*) / estos calcetines (*socks*) / estos pantalones (*trousers*) / estas corbatas / estos guantes

2. Deme media docena de calcetines.

una docena de pañuelos / un par (*a pair*) de guantes / dos pares de guantes / seis calcetines / doce pañuelos

3. Dígame el precio del abrigo.

de la chaqueta / del traje / de los zapatos / de la camisa deportiva

4. ¿Le puedo pedir que lo envíen a mi dirección?

me lo pongan en una caja / me lo traigan ahora / lo lleven a mi hotel

5. ¿Prefiere pagar ahora?

ponerlo a su cuenta / que lo pongamos a su cuenta / que lo pague su amigo

II. *Conteste en español:*

1. ¿Cuánto cuestan estos guantes? **2.** ¿Cuántos pañuelos compra Robert? **3.** ¿Cuántos pañuelos hay en media docena? **4.** ¿Cuál es el precio del abrigo? **5.** ¿Le parece caro o barato a Robert? **6.** ¿Quiere probarse el abrigo? **7.** ¿Cómo le sienta? **8.** ¿Qué decide él? **9.** ¿Qué le dice al dependiente? **10.** ¿Se lleva el abrigo? **11.** ¿Dónde quiere que lo envíen? **12.** ¿Lo paga ahora o prefiere que se lo pongan a su cuenta? **13.** ¿Qué le pide al dependiente?

III. *Conteste en español:*

1. ¿Sale Ud. de compras esta tarde? **2.** ¿Le gusta hacer compras? **3.** ¿Le gusta hacer compras solo o prefiere que le acompañe alguien? **4.** ¿Puedo pedirle que me compre un periódico? **5.** ¿Qué le parece si salimos juntos y después tomamos algo? **6.** ¿Os puedo pedir que paséis por mí? **7.** ¿A qué hora viene a buscarme?

IV. *Cambie las frases siguientes sustituyendo las palabras en itálicas por el pronombre correspondiente:*

EJEMPLO: Quiero comprar *los guantes.*
Quiero comprarlos.

1. Déjeme probarme *los guantes.* **2.** ¿Quiere probarse *el abrigo*? **3.** Traiga *el impermeable*, por favor. **4.** Póngame *el abrigo* en una caja. **5.** Envíen *la caja* a mi dirección. **6.** Deme *la cuenta.*

V. *Cambie las frases siguientes sustituyendo las palabras en itálicas por el pronombre correspondiente:*

EJEMPLO: No me dé *los guantes.*
No me los dé.

A. **1.** No me diga *el precio.* **2.** No traiga *el abrigo.* **3.** No me ponga *los pañuelos* en una caja. **4.** No me envíen *las camisas* hoy. **5.** No me dé *la cuenta.*

B. **1.** No le diga *el precio.* **2.** No le traiga *el abrigo.* **3.** No le ponga *los pañuelos* en una caja. **4.** No le envíen *las camisas* hoy. **5.** No le dé *la cuenta.*

VI. *Dictado: Conversación 23*

VII. *Conversación:*

You buy clothes at a store. Ask the prices and ask them to send you the packages to your address.

GRAMMAR UNIT 15

67 ● Remarks about clauses

A clause is a group of words which contains a subject and a verb.

There are two types of clauses: independent clauses and dependent or subordinate clauses.

An independent clause is one which can stand alone, as it has a complete meaning in itself; a subordinate clause is one which cannot stand alone, since its meaning hinges upon another clause to which it refers:

I wish (*independent clause*)
that he would come (*dependent clause*)
before it rains. (*dependent clause*)

A subordinate clause functions as a noun, an adjective or an adverb:

Sé **la lección.**	I know **the lesson.** (*noun*)
Sé **que está aquí.**	I know **that he is here.** (*noun clause*)
Veo el auto **nuevo.**	I see the **new** car. (*adjective*)
Veo el auto **que es nuevo.**	I see the car **that is new.** (*adjective clause*)
Me voy **temprano.**	I am leaving **early.** (*adverb*)
Me voy **antes que venga.**	I am leaving **before he comes.** (*adverbial clause*)

68 ● Subjunctive in noun clauses

A.

Me alegro que **tengamos** la oportunidad.	I'm glad that *we have* the opportunity.
Deseamos que **conozcas** el país.	We want *you to know* the country.
Quiero que **conozcas** a mi amigo.	I want *you to know* my friend.
Espero que le **sea** agradable.	I hope that *it is* pleasant for you.
Te digo que **vengas.**	I tell *you to come.*
No creo que eso nos **venga** mal.	I don't think that that *would suit* us badly.

The subjunctive is used in the noun clause when the verb of the leading clause expresses: command, supplication, wish, will, emotion (to be glad, to regret, to like, etc.), permission or prohibition, doubt, disbelief, denial, etc.

B.

Deseamos **conocer** el país.	We want **to know** the country.
Quiero **conocer** a su amigo.	I want **to know** your friend.
Espero **ir** mañana.	I hope **to go** tomorrow.

Note that, when the subject of both verbs is the same, the infinitive is used instead of a subordinate clause with the subjunctive.

69 ● Ud. and Uds. commands

HABLAR	**¡Hable!** (or **¡Hable Ud.!**)	**¡Hablen!** (or **¡Hablen Uds.!**)
COMER	**¡Coma!** (or **¡Coma Ud.!**)	**¡Coman!** (or **¡Coman Uds.!**)
VIVIR	**¡Viva!** (or **¡Viva Ud.!**)	**¡Vivan!** (or **¡Vivan Uds.!**)
VENIR	**¡Venga!** (or **¡Venga Ud.!**)	**¡Vengan!** (or **¡Vengan Uds.!**)

To give a command to persons addressed with **Ud.** or **Uds.**, use the corresponding forms of the present subjunctive. When the subject is used, it usually follows the verb.

70 ● Object pronouns with Ud. and Uds. commands

	Affirmative	*Negative*
DECIR	**¡Diga!**	**¡No diga!**
	¡Dígame!	**¡No me diga!**
	¡Dígamelo!	**¡No me lo diga!**
LEVANTARSE	**¡Levántese!**	**¡No se levante!**
	¡Levántense!	**¡No se levanten!**

a) Direct, indirect and reflexive object pronouns follow and are attached to affirmative commands, but precede negative commands.

b) Whenever a pronoun is added to a command, an accent must be written on the next to the last syllable of the verb.

ejercicios

I. *Complete las frases con el final indicado, cambiando al subjuntivo el verbo de la oración subordinada:*

EJEMPLO: (yo aprendo la lección) Él quiere que ____.
Él quiere que yo aprenda la lección.

A. (ella trae café)
1. Yo quiero que ____. **2.** Le ruego que ____. **3.** No creo que ____. **4.** No me gusta que ____. **5.** Me alegra que ____.

B. (ellos los conocen)
1. Espero que ____. **2.** No creo que ____. **3.** Me gusta que ____. **4.** Siento que ____. **5.** Dudo (*I doubt*) que ____.

C. (te despiertas temprano)
1. Te ruego que ____. **2.** Espero que no ____. **3.** Sugiero que ____. **4.** Me alegro que ____. **5.** No creo que ____.

II. *Complete las frases con el final indicado, cambiando al subjuntivo el verbo de la oración subordinada:*

EJEMPLO: Espero que . . . estudiáis vuestras lecciones.
Espero que estudiéis vuestras lecciones.

A. Espero que . . .
1. tienes tiempo. **2.** vienen mañana. **3.** vamos al centro. **4.** vuelve más tarde. **5.** seguís cursos de biología.

B. Les ruego que . . .
1. se apuran. **2.** no se olvidan. **3.** se acercan.* **4.** se visten de prisa. **5.** se comunican* contigo.

C. Sugieren que . . .
1. pedimos café. **2.** dormimos hasta tarde. **3.** os quedáis aquí. **4.** descansamos un poco. **5.** tomamos algo de beber.

---

* See Appendix #118.

III. *Sustituya las palabras en itálicas por el pronombre correspondiente. Luego, cambie la frase al negativo:*

A.

EJEMPLO: ¡Haga *la comida*!
¡Hágala!
¡No la haga!

1. Diga *la verdad.* **2.** Traiga *el paraguas.* **3.** Compre *las maletas.* **4.** Recuerden *los encargos.* **5.** Escriban *las tarjetas postales.* **6.** Echen *la carta* al correo.

B.

EJEMPLO: ¡Escriba *a Robert*!
¡Escríbale!
¡No le escriba!

1. Sugiera *a Juan* una visita. **2.** Pida *al camarero* el menú. **3.** Envíen *a él* la corbata roja. **4.** Digan *a ellas* la verdad. **5.** Pregunte *a ellos* si vienen.

C.

EJEMPLO: ¡Hágame *la comida*!
¡Hágamela!
¡No me la haga!

1. Dígame *la verdad.* **2.** Cómpreme *los boletos.* **3.** Pídame *el menú.* **4.** Tráiganos *el paraguas.* **5.** Déjeme *las cuentas.*

D.

EJEMPLO: ¡Dígale *la verdad*!
¡Dígasela!
¡No se la diga!

1. Hágales *la comida.* **2.** Échenles *las cartas.* **3.** Sírvanle *los refrescos.* **4.** Repárenle *el coche.* **5.** Pídales *el dinero.*

E.

EJEMPLO: ¡Lávese *la cara*!
¡Lávesela!
¡No se la lave!

1. Póngase *la corbata.* **2.** Aféitense *la barba.* **3.** Quítense *los zapatos.* (**quitarse** *to take off*). **4.** Lávense *las manos.* **5.** Péinese *el cabello.*

IV. *Sustituya las frases siguientes por los imperativos correspondientes:*

EJEMPLO: Quiero que Ud. hable.
¡Hable Ud.!
Les pido a Uds. que no hablen.
¡No hablen Uds.!

A. **1.** Quiero que Ud. venga. **2.** Quiero que Ud. traiga la caja. **3.** Quiero que Uds. descansen un poco. **4.** Quiero que Uds. duerman bien. **5.** Quiero que Ud. pruebe el traje.

B. **1.** Le pido a Ud. que no esté aquí tarde. **2.** Le pido a Ud. que no tome vino. **3.** Les pido a Uds. que no pidan postre. **4.** Les pido a Uds. que no esquíen en las montañas (*the mountains*). **5.** Les pido a Uds. que no hagan bocadillos.

V. *Sustituya las frases siguientes por los imperativos correspondientes. Luego, cambie las órdenes al negativo:*

EJEMPLO: Quiero que se levante.
¡Levántese!
¡No se levante!

1. Quiero que se despierte. **2.** Quiero que se apuren. **3.** Quiero que se bañen. **4.** Quiero que se vayan. **5.** Quiero que se comuniquen con ellos.

VI. *Repaso de las Conversaciones 19 y 20:*

1. ¿A qué escuela iba Pedro cuando vivía en Barranquilla? **2.** ¿Qué edad tenía Pedro entonces? **3.** ¿Cuántos alumnos había en el colegio de Pedro? **4.** ¿Cree Ud. que Barranquilla es una ciudad pintoresca? **5.** ¿Cómo le parecía a Pedro la vida de colegio? **6.** ¿Cuántas horas trabajaban diariamente? **7.** ¿Cuánto tiempo estuvo Pedro en el colegio de Barranquilla? **8.** ¿A dónde pasó Pedro para seguir sus estudios universitarios? **9.** ¿Quién invitó a Robert a cenar en Bogotá? **10.** ¿De qué país son los Brown? **11.** ¿Cuánto tiempo hace que llegaron a Bogotá? **12.** ¿Cuánto tiempo hace que viven en Bogotá? **13.** ¿Dónde trabajó Mr. Brown antes de llegar a Bogotá? **14.** ¿Cuánto tiempo hace que Robert conoce a los Brown? **15.** ¿Hacía mucho tiempo que Robert no veía a los Brown?

VII. *Tema de repaso:*

Yesterday Ernesto invited Robert to visit his grandparents' farm. Robert said, "How glad I am that you ask me to go with you." Ernesto answered, "I hope that the weather is good and that we have a good trip. But before we go I suggest that you buy a coat and some gloves because it's always cold in the Sierra." Robert and Ernesto go to a store where they ask the clerk, "Please send us the things that we bought."

They arrive at the farm and Ernesto introduces Robert to his grandparents. Sr. Hurtado greets them and says that he hopes that they have a pleasant stay. Then Sra. Hurtado says, "Sit down, rest a while." She then calls the maid and tells her to bring them something to eat and to drink. When Sr. Hurtado said, "Stay for the fair in town this weekend," Robert and Ernesto answered that that was what they planned to do.

Una corrida de toros

ERNESTO: Antes que te vayas del Perú tienes que ver una corrida de toros.

ROBERT: Sí, con tal que me acompañes y me la expliques para que pueda apreciarla.

ERNESTO: Por suerte, el cartel de la próxima corrida es muy bueno.

ROBERT: ¿Es verdad que torea Paco Cadenas? Ojalá consigamos entradas de barrera.

ERNESTO: Por supuesto, a no ser que sean demasiado caras.

ROBERT: ¿Qué entradas piensas comprar, de sol o de sombra?

ERNESTO: Amigo mío, te olvidas de que estás en Lima. Eso de sol y sombra está bien para otras partes, pero no para aquí.

ROBERT: Qué ganas tengo de ver el desfile, los picadores, los banderilleros, y el matador en su traje de luces.

ERNESTO: Aquí matan los toros. No sé si eso te va a gustar.

ROBERT: No creo que me moleste, a menos que lo hagan de manera cruel.

A bullfight

ERNESTO: *Before you leave Peru you have to see a bullfight.*

ROBERT: *Yes, provided that you go with me and explain it to me so that I can appreciate it.*

ERNESTO: *Luckily the bill of the next bullfight is very good.*

ROBERT: *Is it true that Paco Cadenas is fighting (bulls)? I hope we get "barrera" section tickets.*

ERNESTO: *Of course, unless they are too expensive.*

ROBERT: *What tickets do you plan to buy, sunny or shady [side]?*

ERNESTO: *My friend, you forget that you are in Lima. That [business] of sun and shade is fine for other places (parts), but not for here.*

ROBERT: *How anxious I am (What desires I have) to see the parade, the picadores, the banderilleros, and the matador in his "suit of lights".*

ERNESTO: *Here they kill the bulls. I don't know if you are going to like that.*

ROBERT: *I don't think that it will bother me, unless they do it in a cruel way.*

ejercicios

I. *Sustitución:*

1. Antes que te vayas tienes que ver una corrida.

   acompañarme a una corrida / conseguirme boletos para una corrida / explicarme una corrida / conocer el interior del país

2. Yo voy con tal que me acompañes.

   me compres boletos / me la expliques / el cartel sea bueno / toree Paco Cadenas / tengas ganas de ir

3. ¿Es verdad que torea Paco Cadenas?

   me acompañas / el cartel es bueno / consigues entradas / las entradas no son caras / tienes ganas de ver al matador

4. Te olvidas de que estás en Lima.

   vienen hoy / te consigo entradas / aquí matan los toros

5. No sé si eso te va a gustar.

   la corrida . . . va / las entradas de barrera . . . van / el ver matar los toros . . . va / los picadores . . . van

II. *Conteste en español:*

1. Antes que se vaya del Perú, ¿qué tiene que hacer Robert? **2.** ¿Para qué quiere Robert que Ernesto le explique la corrida? **3.** ¿Cómo es el cartel de la próxima corrida? **4.** ¿Quién torea? **5.** ¿Qué entradas quieren conseguir? **6.** ¿Van a comprar entradas de barrera? **7.** ¿Piensan comprar entradas de sol o de sombra? **8.** ¿De qué se olvida Robert? **9.** ¿Hace mucho sol en Lima? **10.** ¿Qué tiene ganas de ver Robert? **11.** ¿Cómo se viste el matador? **12.** ¿Se matan los toros en Perú? **13.** ¿Cree Robert que eso de matar los toros le moleste? **14.** ¿Jamás vio Ud. una corrida de toros? **15.** ¿Sabe Ud. dónde hay corridas de toros? **16.** ¿Le parece cruel matar los toros? **17.** ¿En un juego (*game*) de béisbol se venden entradas de sombra y de sol? **18.** ¿Se juega al béisbol en el invierno? **19.** ¿Se juega al hockey? **20.** ¿Sabe Ud. por qué nunca se juega al béisbol por la mañana?

III. *Pregúntele a otro estudiante:*

1. si jamás vio una corrida de toros. **2.** dónde se puede ver una corrida de toros. **3.** si necesita que alguien se la explique. **4.** si el cartel de la próxima corrida es bueno. **5.** si es verdad que torea Paco Cadenas. **6.** qué entradas piensa comprar. **7.** qué tiene ganas de ver en una corrida. **8.** si en el Perú se matan los toros. **9.** si eso le molesta.

IV. *Sustitución:*

1. Deseo ver una corrida.
   Tengo que / Tengo tiempo para / Tengo ganas de
2. Necesito escribir unas cartas.
   Tengo que / Tengo tiempo para / Tengo ganas de
3. Deseamos ver el desfile.
   Tenemos que / Tenemos tiempo para / Tenemos ganas de
4. Quiero comprar entradas.
   Tengo que / Tengo tiempo para / Tengo ganas de
5. Necesitan acompañarte.
   Tienen que / Tienen tiempo para / Tienen ganas de

V. *Dictado: Conversación 24*

VI. *Conversación:*

Discuss going to a bullfight.

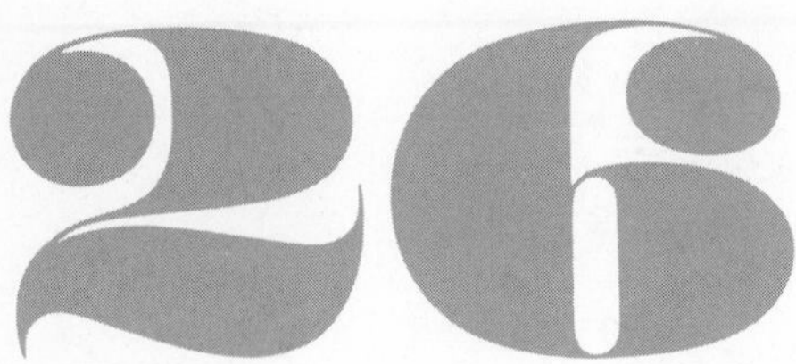

De compras

LAURA: Antes que cierren las tiendas tengo que hacer unas compras. Primero voy a la panadería y después a la tienda de abarrotes.

ROBERT: ¿Cómo a dos sitios? ¿No hay una tienda donde puedas comprar pan y otros comestibles a la vez?

LAURA: No, y no la va a haber hasta que acaben de construir el supermercado. Es más, para comprar carne, supuesto que todavía tengan, tengo que ir a una carnicería lejos de aquí.

ROBERT: Y pensar que en mi país se encuentra todo eso en el mismo lugar aunque a veces haya que ir un poco lejos.

LAURA: ¿Todo? ¿Desde pan y verduras hasta pollo y carne de res?

ROBERT: Y también leche, queso, mantequilla y huevos. Lo que no hay es algún sitio donde se pueda comprar un pavo vivo, a menos que vayas a una granja de pavos.

LAURA: ¡Qué bueno! Cuando Ernesto y yo vayamos a los Estados Unidos después de casarnos, el ir de compras va a ser más sencillo.

Shopping

LAURA: *Before the stores close I have to make some purchases. First I'm going to the bakery and afterwards to the grocery store.*

ROBERT: *How come to two places? Isn't there one store where you can buy bread and other groceries at the same time?*

LAURA: *No, and there isn't going to be (it) until they finish building the supermarket. Besides, in order to buy meat, supposing that they still have [it], I have to go to a butcher shop far from here.*

ROBERT: *And to think that in my country you find all that in the same place even though at times you have to go a little far.*

LAURA: *Everything? From bread and vegetables to chicken and beef?*

ROBERT: *And also milk, cheese, butter and eggs. What there isn't is a place where you can buy a live turkey, unless you go to a turkey farm.*

LAURA: *That's nice! When Ernesto and I go to the United States after marrying, going shopping is going to be easier.*

ejercicios

I. *Sustitución:*

1. Antes que cierren las tiendas tengo que hacer unas compras.
   voy a la panadería / voy a la tienda de abarrotes / tengo que ir a una carnicería / voy a ir de compras

2. Primero voy a la panadería.
   a la tienda de abarrotes / al supermercado / a una carnicería / a otro sitio

3. No hay una tienda donde puedas comprar pan y otros comestibles a la vez.
   un pavo vivo / carne y pan / pollo y leche / queso y verduras

4. En mi país se encuentra todo en el mismo lugar.
   el supermercado / el mercado / la tienda de abarrotes / un sitio

5. No se puede comprar todo a menos que se vaya al centro.
   al supermercado / a la ciudad / a la tienda / a otro sitio lejos de aquí

II. *Conteste en español:*

1. Antes que cierren las tiendas, ¿qué tiene que hacer Laura? **2.** ¿Adónde va primero? **3.** ¿A dónde va después? **4.** ¿No hay una tienda donde pueda comprar pan y otros comestibles a la vez? **5.** ¿Cuándo la va a haber? **6.** ¿Para comprar carne, adónde tiene que ir Laura? **7.** ¿Dónde está la carnicería? **8.** En los Estados Unidos, ¿dónde se encuentra todo? **9.** En los Estados Unidos, ¿qué se encuentra en el supermercado? **10.** ¿Hay algún sitio en los Estados Unidos donde se puede comprar un pavo vivo? **11.** ¿Cuándo van Laura y Ernesto a los Estados Unidos? **12.** ¿Qué les va a ser más sencillo?

III. *Conteste en español:*

1. ¿Tiene Ud. que hacer unas compras? **2.** ¿Adónde va para comprar comestibles? **3.** ¿Qué compras en el supermercado? **4.** Para comprar carne, ¿adónde va? **5.** ¿Jamás compró Ud. un pavo vivo? **6.** ¿Le gusta a Ud. ir de compras? **7.** ¿Le gusta a Ud. pasar mucho tiempo en el supermercado? **8.** ¿Compra Ud. alimentos (*food*) congelados (*frozen*)?

IV. *Pregúntele a otro estudiante:*

1. si tiene que hacer unas compras. **2.** a dónde va. **3.** si va a una tienda de abarrotes. **4.** si va al supermercado. **5.** si compra alimentos congelados. **6.** si nos prepara una comida. **7.** si le gusta pasar horas en el supermercado. **8.** qué compra en el mercado. **9.** qué tiene que comprar en el supermercado.

V. *Dictado: Conversación 25*

VI. *Conversación:*

Discuss going shopping for groceries.

GRAMMAR UNIT 16

71 • Subjunctive in adjective clauses

Busco **un lugar donde vendan** pan.	I'm looking for *a place where they sell* bread.
No hay **ningún sitio donde se pueda** comprarlo.	There is *no place where you can* buy it.

The subjunctive is used in an adjective clause, when the antecedent which it modifies is indefinite, unknown or non-existent.

72 • Subjunctive in adverbial clauses

A.

Tiene que ir **antes (de) que** te vayas.	He has to go *before* you leave.
Voy **con tal que** me acompañes.	I'll go *provided that* you go with me.
La explico **para que** pueda apreciarla.	I'll explain it *so that* you can appreciate it.
Compra entradas **a no ser que** sean muy caras.	Buy tickets *unless* they are very expensive.
Me molesta **a menos que** lo hagan de prisa.	It bothers me *unless* they do it quickly.

As with noun and adjective clauses, the use of the subjunctive in adverbial clauses is required by the idea of uncertainty, negation, etc. In an adverbial clause, this is expressed by the combination of both the main verb and the conjunction.

Some conjunctions normally take the subjunctive:

antes (de) que	before
con tal (de) que	provided that
para que	so that
a no ser que	lest, unless
a menos que	unless
sin que	without
a fin de que	so that

B.

Me quedo **hasta que** acaben de construirlo.	I'm staying *until* they finish building it.
Iré **aunque** haya que ir lejos.	I will go *although* I have to go far.
Estudie **así que** tenga tiempo.	Study *as soon as* you have time.

Some conjunctions take the subjunctive when uncertainty of futurity is implied; the main verb is then present with the idea of future, future or a command form.

Some of the most frequent conjunctions which may take the subjunctive are:

así que	as soon as
cuando	when, whenever
después (de) que	after
hasta que	until
aunque	although
siempre que	always
mientras (que)	while
como	how, however
donde	where, wherever

C. Note however that when the action of the main verb is currently in progress or is in a past tense, the indicative may be used in the subordinate clause:

Voy al mercado siempre que **quiero** comprar frutas.	*I go* to the market each time *I want* to buy fruit.
Iba al mercado siempre que **quería** comprar frutas.	*I used to go* to the market each time *I wanted* to buy fruit.

ejercicios

I. *Cambie las frases siguientes al negativo:*

EJEMPLO: Hay una tienda donde puede comprar cerveza.
No hay ninguna tienda donde pueda comprar cerveza.

1. Hay una tienda donde puede comprar pan. **2.** Hay una tienda donde puede comprar alimentos congelados. **3.** Hay una tiende donde puede comprar pan y verduras. **4.** Hay algún sitio donde se puede comprar un pavo vivo. **5.** Hay algún sitio donde se puede comprar carne de res. **6.** Hay algún sitio donde se puede comprar abarrotes.

II. *Cambie las frases siguientes, sustituyendo el antecedente determinado por un antecedente indeterminado:*

EJEMPLO: Busco la casa que tiene muchas ventanas.
Busco una casa que tenga muchas ventanas.
Buscan a la señora que vende guantes.
Buscan una señora que venda guantes.

1. Busco al profesor que sabe inglés. **2.** Buscamos el mercado donde venden pavos vivos. **3.** Buscan el lugar donde se puede comprar todo. **4.** Buscáis el mercado que está cerca.

III. *Cambie las frases siguientes, anteponiendo el verbo* **querer** *acompañado del infinitivo:*

EJEMPLO: Compré una casa que es grande.
(Quiero comprar . . .)
Quiero comprar una casa que sea grande.

1. Fui a un mercado donde se venden verduras y carne.
(Quiero ir . . .)

2. Compramos una tienda que está lejos.
(Queremos comprar . . .)

3. Fuimos a una panadería donde se vende más.
(Queremos ir . . .)

4. Comprasteis una granja que es grande.
(Queréis comprar . . .)

IV. *Haga una oración única, combinando las dos oraciones independientes con las conjunciones indicadas:*

EJEMPLO: (Voy a estudiar.) (Juan viene.) antes de que
Voy a estudiar antes de que Juan venga.

1. (Voy a estudiar.) (Juan viene.)
antes de que, con tal que, para que, sin que

2. (Hago compras.) (Me acompañas.)
a fin de que, con tal que, sin que, antes de que

3. (No se pueden comprar pavos vivos.) (Se va a una granja.)
a no ser que, a menos que, sin que

V. *Complete las frases usando, según el caso, el infinitivo o el subjuntivo:*

EJEMPLO: (conocer)
Deseamos que vosotros ___ el país.
Deseamos ___ (*nosotros*) el país.
Deseamos que vosotros conozcáis el país.
Deseamos conocer el país.

1. (pasar)
Voy de compras antes de que María ___ por Juan.
Voy de compras antes de ___ (*yo*) por Juan.

2. (ir)
Compro los boletos sin ___ (*yo*) al centro.
Compro los boletos sin que tú ___ al centro.

3. (llevar*te*)
Conseguimos las entradas para que Juan ___ a la corrida.
Conseguimos las entradas para ___ (*nosotros*) a la corrida.

VI. *Complete las frases usando la forma correcta del verbo* **cerrar**:

1. Voy a la carnicería ya que ellos ___ temprano. **2.** Vas a la carnicería porque ellos ___ temprano. **3.** Vamos a la carnicería a menos que ellos ___ temprano. **4.** Vais a la carnicería con tal que ellos no ___ temprano.

VII. *Combine las dos oraciones independientes con las conjunciones indicadas usando, según el caso, el indicativo o el subjuntivo para la oración subordinada:*

EJEMPLO: (Voy a la tienda.) (Me lo pides.) porque, sin que
Voy a la tienda porque me lo pides.
Voy a la tienda sin que me lo pidas.

A. 1. (Pedro se va a probar el abrigo.) (Le dicen el precio.)
así que, cuando, después de que, hasta que, aunque, mientras, porque, ya que

2. (Todo va a ser más sencillo.) (Vamos a los Estados Unidos.)
así que, cuando, hasta que, después de que, aunque, porque, ya que

3. (No vaya al centro.) (Deja de llover.)
así que, cuando, después de que, hasta que, aunque

B. 1. (Salgo de compras.) (Vengo a la ciudad.)
siempre que, así que, cuando, ya que, porque

2. (Venía a la ciudad.) (Necesitaba zapatos.)
siempre que, cuando

(No venía a la ciudad.) (Necesitaba zapatos.)
hasta que, aunque

3. (Como.) (Tengo hambre.)
siempre que, mientras que, así que, cuando, porque, ya que

VIII. *Diga en español:*

1. I eat when I am hungry. **2.** Eat whenever you are hungry. **3.** I shop where they sell expensive things. **4.** I'll shop wherever they sell expensive things. **5.** Tell me how you understand it. **6.** Do it however you wish.

IX. *Repaso de las Conversaciones 21 y 22:*

1. ¿Vio Pedro a Juana en el baile? **2.** ¿Qué le pasó a Juana? **3.** ¿Fué algo serio lo que tuvo Juana? **4.** ¿Cómo se resfrió Juana? **5.** ¿Cómo se siente Juana ahora? **6.** ¿Tuvo Juana que tomar alguna medicina? **7.** ¿Cuál es el remedio casero que según Pedro nunca falla? **8.** ¿Qué le dice Robert al taxista? **9.** ¿Quién va a buscar a Robert al aeropuerto? **10.** ¿Qué dice Ernesto cuando encuentra a Robert? **11.** ¿Qué tuvo el auto mientras venía al aeropuerto? **12.** ¿Antes que vayan al hotel pueden ver algo de la ciudad?

X. *Tema de repaso:*

Ernesto thinks that before Robert goes away he has to see a bullfight. Robert likes the idea provided that Ernesto goes with him and explains it to him so that he can learn something about bullfighting. Robert is very anxious to see the parade and the matador in his "suit of lights".

After the bullfight Robert and Ernesto decide to visit Laura. She is thinking about (*pensar en*) going to grocery stores to buy meat, potatoes, bread, milk and vegetables. Robert is surprised (*sorprenderse*) that there isn't one store where you can buy all of these foods at the same time.

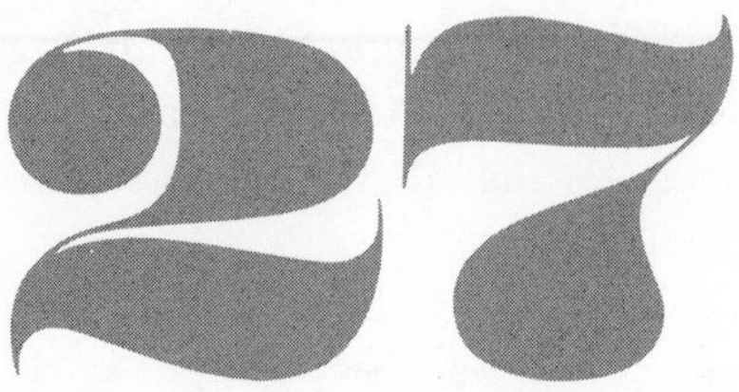

En casa de Laura Quirós

LA MADRE: Laura, dime una cosa, ¿es hoy cuando Ernesto trae a su amigo a cenar?

LAURA: Sí, y apurémonos porque van a llegar temprano.

LA MADRE: Dile a la criada que arregle la sala y quite el polvo de los muebles, y tú, mientras tanto, pon la mesa.

LAURA: Mamá, por favor, sé buena, ve al jardín y córtame unas flores.

LA MADRE: ¿Qué quieres que te traiga?

LAURA: Tráeme rosas amarillas y claveles blancos para el comedor; para el recibidor bastan unas violetas.

LA MADRE: Luisa, ven acá un momento. Cuando lleguen los invitados haz el favor de avisarme.

LAURA: Mamá, ¿quieres que prepare los cócteles?

LA MADRE: No. Que lo haga papá en cuanto llegue. O más bien, dejemos que los muchachos decidan lo que quieren tomar.

LAURA: Tienes razón. Quizás Robert prefiera probar el singani puro, aunque no creo que lo pueda resistir.

LA MADRE: Por si acaso, déjame ver si hay bebida suficiente.

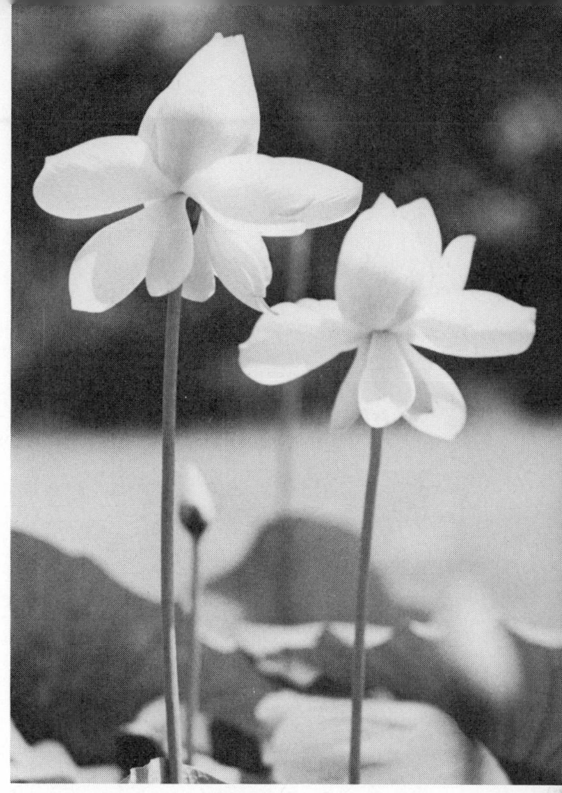

At Laura Quirós' house

THE MOTHER: *Laura, tell me something: is it today that Ernesto is bringing his friend to eat dinner?*

LAURA: *Yes, and let's hurry because they are going to arrive early.*

THE MOTHER: *Tell the maid to straighten up (arrange, fix) the living room and dust (take the dust from) the furniture, and you, meanwhile, set the table.*

LAURA: *Mom, please, be good, go to the garden and cut me some flowers.*

THE MOTHER: *What do you want me to bring you?*

LAURA: *Bring me yellow roses and white carnations for the dining room; for the entrance hall some violets are enough.*

THE MOTHER: *Luisa, come here a moment. When the guests arrive do [me] the favor of letting me know.*

LAURA: *Mom, do you want me to prepare the cocktails?*

THE MOTHER: *No. Let Dad do it as soon as he arrives. Or rather, let's let the boys decide what they want to have.*

LAURA: *You're right. Maybe Robert will prefer to try pure singani, although I don't think that he can stand it.*

THE MOTHER: *Just in case, let me see if there is enough (drink).*

ejercicios

I. *Sustitución:*

1. Apurémonos porque van a llegar temprano.

ya que van a llegar temprano / así que lleguen los invitados / para que la criada arregle la sala / cuando lleguen los muchachos

2. Dile a la criada que arregle la sala.

quite el polvo de los muebles / ponga la mesa / vaya al jardín / te traiga las flores / prepare los cócteles

3. Y tú, mientras tanto, pon la mesa.

sé buena / ve al jardín / tráeme rosas amarillas / ven acá un momento / déjame ver si hay bebida suficiente

4. ¿Qué quieres que te traiga?

arregle / prepare / haga / decida

5. Tráeme rosas amarillas.

claveles blancos / violetas / el singani / unos vasos

6. Cuando lleguen los invitados, haz el favor de avisarme.

Cuando arregles la sala / Cuando quites el polvo de los muebles / Cuando pongas la mesa / Cuando prepares la comida

7. Que lo haga papá en cuanto llegue.

Que los arregle la criada / Que quite ella el polvo de los muebles / Que traiga ella las flores / Que lo decida él

8. Que lo haga ella en cuanto llegue.

vaya al jardín / nos corte unas flores / venga acá / decida

9. Por si acaso, déjame ver si hay bebida suficiente.

lo puede resistir / tiene razón / hay violetas / hay polvo en los muebles

II. *Conteste en español:*

1. ¿A quién trae Ernesto a cenar? **2.** ¿Es hoy cuando Ernesto trae a su amigo a cenar? **3.** ¿Qué dice la madre que haga la criada? **4.** ¿Qué tiene que hacer Laura? **5.** ¿Qué le dice Laura a su madre? **6.** ¿Qué quiere Laura que le traiga su madre? **7.** ¿Qué flores ponen en el recibidor? **8.** ¿Qué tiene que hacer Luisa cuando lleguen los invitados? **9.** ¿Qué pregunta Laura a su mamá? **10.** ¿Qué sugiere mamá que haga papá en cuanto llegue? **11.** ¿Cree Laura que Robert pueda resistir el singani? **12.** ¿Qué va a ver la madre?

III. *Conteste en español:*

1. ¿Trae Ud. a un amigo a cenar? **2.** ¿A quién trae a cenar? **3.** ¿Van a llegar Uds. temprano? **4.** ¿Le dice Ud. a la criada que arregle la sala o lo hace Ud. mismo? **5.** ¿Le gusta quitar el polvo de los muebles? **6.** ¿Sabe poner la mesa? **7.** ¿Tiene Ud. una criada o hace Ud. el trabajo de la casa sola? **8.** ¿Prefiere Ud. rosas, claveles o violetas? **9.** ¿Tiene Ud. un jardín con flores? **10.** Si te lo pido, ¿puedes hacerme un favor? **11.** ¿Puede Ud. preparar una comida con un plato típico de los Estados Unidos, un postre helado, y unas bebidas?

IV. *Pregúntele a otro estudiante:*

1. si trae a un amigo a cenar. **2.** a quién trae a cenar. **3.** si van a llegar temprano. **4.** si le dice a la criada que arregle la sala o lo hace por si mismo (*by himself*). **5.** si le gusta quitar el polvo de los muebles. **6.** si sabe poner la mesa. **7.** si tiene una criada o hace el trabajo de la casa por si mismo. **8.** si prefiere rosas, claveles o violetas. **9.** si tiene un jardín con flores. **10.** si puede hacerle un favor. **11.** si puede preparar una comida con un plato típico de los Estados Unidos. **12.** qué puede servir de postre.

V. *Cambie las frases al imperativo, afirmativo y luego negativo:*

EJEMPLO: La señora habla.
Señora, hable.
Señora, no hable.

1. La señora va al jardín. **2.** El señor llega a tiempo. **3.** Las señoras deciden ahora. **4.** Los señores dejan de hablar. **5.** Carlos y Juan ven si hay bebida suficiente.

VI. *Cambie las frases al imperativo, sustituyendo las palabras en itálicas por un pronombre:*

EJEMPLO: La señora habla *español.*
Señora, háblelo.
Señora, no lo hable.

1. La señora arregla *la sala.*
2. Las señoras quitan *el polvo* de los muebles.
3. El señor me trae *unas flores.*
4. Los señores les preparan *los cócteles.*
5. La señora nos pone *la mesa.*

VII. *Sustitución:*

1. Dime una cosa.
   le / nos / le a ella / les
2. Córtame unas flores.
   le / nos / te / les
3. Tráeme rosas amarillas.
   le / nos / te / les
4. Hazme el favor.
   le / nos / te / les
5. Déjame ver.
   le / nos / les

VIII. *Dictado: Conversación 26*

IX. *Conversación:*

Discuss arranging the house and preparing a meal for dinner guests.

GRAMMAR UNIT 17

73 • Regular tú commands

	Affirmative	*Negative*
HABLAR	**¡Habla!** (or **¡Habla tú!**)	**¡No Hables!**
COMER	**¡Come!** (or **¡Come tú!**)	**¡No Comas!**
VIVIR	**¡Vive!** (or **¡Vive tú!**)	**¡No Vivas!**
SENTARSE	**¡Siéntate!** (or **¡Siéntate tú!**)	**¡No te sientes!**

A. To give a command to a person addressed with **tú**, take the **tú** form of the present indicative and drop the final *s*.

B. To give a negative **tú** command, use the **tú** form of the present subjunctive; the negative is placed in front of the verb.

C. As with **Ud.** and **Uds.** commands, direct, indirect and reflexive object pronouns will follow and be attached to affirmative commands and they will precede negative commands:

¡Levánta**te**!	¡No **te** levantes!
¡Cóme**lo**!	¡No **lo** comas!
¡Hábla**me**!	¡No **me** hables!
¡Dá**selo**!	¡No **se lo** des!

74 • Irregular tú commands

	Affirmative	*Negative*
SER	**¡Sé!**	**¡No seas!**
TENER	**¡Ten!**	**¡No tengas!**
SALIR	**¡Sal!**	**¡No salgas!**
PONER	**¡Pon!**	**¡No pongas!**
VENIR	**¡Ven!**	**¡No vengas!**
HACER	**¡Haz!**	**¡No hagas!**
IR	**¡Ve!**	**¡No vayas!**
DECIR	**¡Di!**	**¡No digas!**

Some verbs have irregular affirmative **tú** commands although the negative will always be formed regularly.

75 • Vosotros commands

	Affirmative	*Negative*
HABLAR	**¡Hablad!**	**¡No habléis!**
COMER	**¡Comed!**	**¡No comáis!**
VIVIR	**¡Vivid!**	**¡No viváis!**
SENTARSE	**¡Sentaos!**	**¡No os sentéis!**

A. To give a command to persons addressed with **vosotros**, take the infinitive, drop the **-r** and add **-d.** There are no irregular **vosotros** commands.

B. To give a negative **vosotros** command, use the **vosotros** form of the present subjunctive; the negative is placed in front of the verb.

C. As with the **Ud.**, **Uds.** and **tú** commands, direct, indirect and reflexive object pronouns will follow and be attached to affirmative commands and they will precede negative commands. Note that in affirmative commands with a reflexive pronoun attached, the **-d** ending is dropped:

¡Comed**lo**!	¡No **lo** comáis!
¡Hablad**me**!	¡No **me** habléis!
¡Levanta**os**!	¡No **os** levantéis!

76 • Nosotros commands (let's, let us)

	Affirmative	*Negative*
HABLAR	**¡Hablemos!**	**¡No hablemos!**
COMER	**¡Comamos!**	**¡No comamos!**
VIVIR	**¡Vivamos!**	**¡No vivamos!**
SENTARSE	**¡Sentémonos!**	**¡No nos sentemos!**

A.* Both affirmative and negative **nosotros** commands use the **nosotros** form of the present subjunctive.

B. Note that in affirmative commands with a reflexive pronoun attached, the *s* of the verb ending is dropped: senté**monos**, levanté**monos**, vá**monos**. However, with non-reflexive pronouns, the pattern is the same as with the other persons commands:

¡Comámos**lo**!	¡No **lo** comamos!
¡Hablémos**le**!	¡No **le** hablemos!

* The affirmative **nosotros** command for **ir** is **vamos**.

77 • Indirect commands

Que venga ella.	*Let* her come.
Que lo hagan ellos.	*Have* them do it.

a) an indirect command is an order given to someone through another person (*have her come, let them do it*). In Spanish, these expressions are replaced by a **que** clause followed by the subjunctive. When a subject is given, it is placed after the verb for emphasis.

b) Since this is not a direct command, object pronouns always go before the verb.

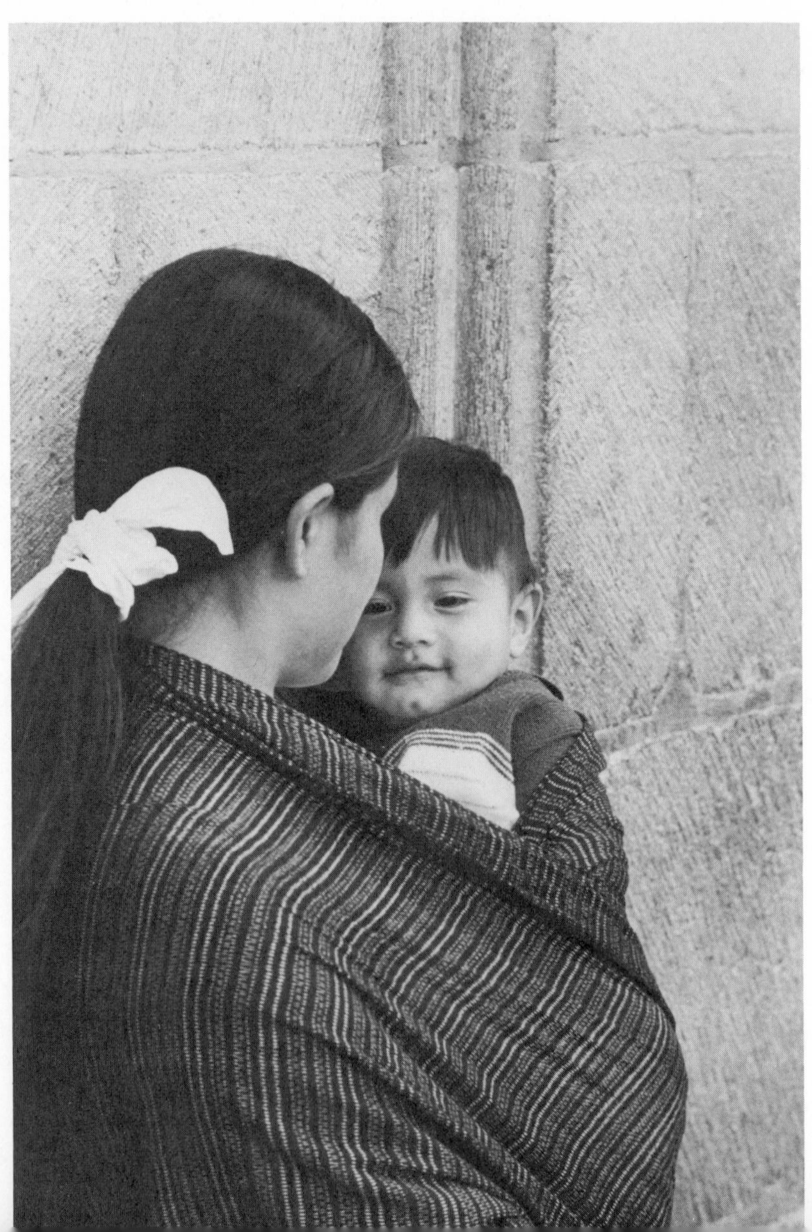

ejercicios

I. *Cambie las frases siguientes al imperativo de la segunda persona singular,* **tú**, *y luego de la segunda persona plural,* **vosotros***:*

EJEMPLO: Hablo español ahora.
¡Habla español ahora!
¡Hablad español ahora!

1. Estudio la lección. **2.** Llego cuanto antes. **3.** Cierro la ventana. **4.** Espero en el jardín. **5.** Comienzo ahora.

II. *Cambie las frases siguientes al imperativo de la segunda persona singular y luego de la segunda persona plural, sustituyendo las palabras en itálicas por el pronombre correspondiente:*

EJEMPLO: Cierro *la ventana.*
¡Ciérrala!
¡Cerradla!

1. Llamo *a Carlos.* **2.** Recuerdo *los encargos.* **3.** Aviso *a Robert.* **4.** Arreglo *la sala.* **5.** Dejo *los claveles* aquí.

III. *Cambie las frases siguientes al imperativo de la segunda persona singular y luego de la segunda persona plural:*

EJEMPLO: Vivo en una pensión.
¡Vive en una pensión!
¡Vivid en una pensión!

1. Como aquí. **2.** Salgo ahora. **3.** Sigo cursos de español. **4.** Aprendo de prisa. **5.** Vuelvo temprano.

IV. *Cambie las frases siguientes al imperativo de la segunda persona singular, sustituyendo las palabras en itálicas por el pronombre correspondiente y añadiendo la palabra* **también***:*

EJEMPLO: Sugiero *un sandwich.*
¡Sugiérelo tú también!

1. Traigo *flores.* **2.** Oigo *el disco.* **3.** Pido *el menú.* **4.** Aprendo *la lección.* **5.** Veo *las corridas de toros.*

V. *Cambie las frases siguientes al imperativo de la segunda persona singular:*

EJEMPLO: Me miro.
¡Mírate!
Digo que sí.
¡Di que sí!

A. **1.** Me siento aquí. **2.** Me apuro. **3.** Me duermo. **4.** Me afeito. **5.** Me acerco.

B. **1.** Soy buen estudiante. **2.** Tengo cuidado. **3.** Salgo temprano. **4.** Vengo cuanto antes. **5.** Hago un favor.

VI. *Cambie las frases siguientes al imperativo de la segunda persona singular, sustituyendo las palabras en itálicas por el pronombre correspondiente:*

1. Tengo *las flores.* **2.** Digo *la verdad.* **3.** Me voy ahora. **4.** Pongo *la mesa.* **5.** Hago *un favor.*

VII. *Cambie las frases siguientes a la forma negativa:*

A. **1.** ¡Llega tú temprano! **2.** ¡Cierra la ventana! **3.** ¡Espera tú en el jardín! **4.** ¡Recuerda los encargos! **5.** ¡Arregla la sala!

B. **1.** ¡Sigue cursos de filosofía! **2.** ¡Aprende la historia de México! **3.** ¡Vuelve a las diez! **4.** ¡Sugiere tú algo! **5.** ¡Sabe la lección!

C. **1.** ¡Llámalo ahora! **2.** ¡Ciérralas ahora! **3.** ¡Espérame tú aquí! **4.** ¡Recuérdalos mañana! **5.** ¡Déjalas en la mesa!

D. **1.** ¡Síguelos! **2.** ¡Piérdela! **3.** ¡Escríbeles! **4.** ¡Pídelas! **5.** ¡Bébelo tú!

E. **1.** ¡Siéntate! **2.** ¡Levántate! **3.** ¡Vístete! **4.** ¡Lávate! **5.** ¡Acuéstate!

VIII. *Cambie las frases siguientes a la segunda persona singular del imperativo, afirmativo y luego negativo:*

1. Yo tengo miedo. (*I am afraid*) **2.** Yo salgo temprano. **3.** Yo pongo la mesa. **4.** Yo vengo a mediodía. **5.** Yo hago la comida. **6.** Yo voy al centro. **7.** Yo digo una mentira. (*a lie*)

IX. *Cambie las frases siguientes a la segunda persona singular del imperativo, afirmativo y luego negativo, sustituyendo las palabras en itálicas por el pronombre correspondiente:*

EJEMPLO: Yo les preparo *los cócteles.*
¡Prepáraselos!
¡No se los prepares!

1. Yo le pido *un favor.* **2.** Yo les traigo *las flores.* **3.** Yo le envío *un telegrama.* **4.** Yo le mando *un obsequio.* **5.** Yo les doy *el dinero.*

X. *Conteste en español, usando la primera persona plural del imperativo:*

EJEMPLO: ¿Hablo ahora?
Sí, hablemos ahora.

A. **1.** ¿Estudio ahora? **2.** ¿Escribo ahora? **3.** ¿Como ahora? **4.** ¿Llamo ahora? **5.** ¿Decido ahora?

B. **1.** ¿Recuerdo la fecha? **2.** ¿Vuelvo ahora? **3.** ¿Comienzo ahora? **4.** ¿Pido la cuenta? **5.** ¿Duermo hasta tarde?

C. **1.** ¿Salimos ahora? **2.** ¿Traemos los discos? **3.** ¿Oímos la música? **4.** ¿Ponemos la mesa? **5.** ¿Tenemos cuidado? (**tener cuidado** *to be careful*)

XI. *Conteste en español afirmativamente y luego negativamente:*

EJEMPLO: ¿Lo hablamos ahora?
Sí, hablémoslo.
No, no lo hablemos.

A. **1.** ¿La arreglamos ahora? **2.** ¿Los dejamos aquí? **3.** ¿Les escribimos? **4.** ¿Te lo mandamos? **5.** ¿Las traemos? **6.** ¿Te la decimos? **7.** ¿Los enviamos?

B. **1.** ¿Nos sentamos aquí? **2.** ¿Nos despertamos temprano? **3.** ¿Nos abrazamos? **4.** ¿Nos vamos? **5.** ¿Nos dormimos? **6.** ¿Nos despedimos? **7.** ¿Nos vestimos?

XII. *Conteste en forma negativa, usando la persona indicada entre paréntesis:*

EJEMPLO: (ellos)
¿Estudio yo?
No, que estudien ellos.

A. (ellos)
1. ¿Vengo yo? **2.** ¿Hablo yo? **3.** ¿Llamo yo? **4.** ¿Recuerdo yo? **5.** ¿Comienzo yo?

B. (él)
1. ¿Lo digo yo? **2.** ¿Se lo envío yo? **3.** ¿Las llamo yo? **4.** ¿La cierro yo? **5.** ¿Os lo mando yo?

C. (ella)
1. ¿Me acuesto yo? **2.** ¿Me despierto yo? **3.** ¿Me apuro yo? **4.** ¿Me voy yo? **5.** ¿Me quejo yo?

XIII. *Repaso de las Conversaciones 22 y 23:*

1. ¿Qué desea Ernesto que Robert conozca? **2.** ¿Qué dice el señor Hurtado cuando Ernesto le presenta a Robert? **3.** ¿Para qué aprovecharon Ernesto y Robert los días feriados? **4.** ¿Qué les dice la señora Hurtado que hagan Robert y Ernesto? **5.** ¿Qué le ruega Robert a la señora Hurtado? **6.** ¿Hasta cuándo se van a quedar Ernesto y Robert en la finca? **7.** ¿Para qué se quedan? **8.** ¿Qué compra Robert en la tienda de ropa? **9.** ¿Cuál es el precio de los guantes? **10.** ¿Qué hace Robert con el abrigo? **11.** ¿Cómo le sienta el abrigo? **12.** ¿Dónde quiere Robert que el dependiente le ponga el abrigo? **13.** ¿Se lleva Robert el abrigo consigo o pide al dependiente que se lo envíen? **14.** ¿Prefiere Robert pagar al contado (**pagar al contado** *to pay cash*) o que se lo pongan a su cuenta?

XIV. *Tema de repaso:*

Today Ernesto is bringing some friends for dinner. His mother and his sister have to hurry because the guests are going to arrive early. His mother tells the maid, "Straighten up the house, dust the living room furniture and set the table." Laura asks her mother to go to the garden and bring her some flowers for the table. Laura likes roses better than violets and she hopes that there are enough flowers in the garden. Mother tells Laura, "Prepare the drinks but don't do it until your father arrives. Better, let's let the guests decide what (*lo que*) they prefer to have."

Lake Titicaca, Peru—Bolivia

LECTURA QUINTA

Volando hacia Lima

Son las cuatro y veinte de la madrugada. El avión en que viaja Robert acaba de despegar del aeropuerto de Bogotá. El avión toma altura mientras las luces de la ciudad desaparecen.

El día, largo e* intenso, dejó a Robert muy cansado. Ahora reclina el respaldo del asiento y se duerme con facilidad. Le despiertan los altoparlantes de a bordo. Se despereza, mira el reloj: son las ocho de la mañana. Por las ventanillas del avión penetra un sol de claridad especial. Vuelan a 23.000 pies de altura.

Robert le pregunta al pasajero del asiento de al lado qué dijeron. El pasajero levanta la vista del libro que lee y dice: "Fue el capitán que anunció que sobrevolamos la Cordillera Blanca, y que a nuestra izquierda podemos ver el Huascarán, la montaña más alta del Perú." Robert mira por la ventanilla y contempla la inmensa mole blanca con las manchas verde-azulosas de algunas lagunas glaciares.

Robert entabla conversación con el viajero. Éste es peruano, pero esta vez no se va a detener en Lima sino que sigue hasta Buenos Aires. Robert aprovecha la ocasión para hacerle algunas preguntas sobre el Perú. —Lo que Ud. ve a la derecha en el horizonte,—dice el viajero,—es la desértica franja costera que se extiende desde el sur de Ecuador hasta el norte de Chile. Un poco después Robert pregunta:—¿Vamos a pasar sobre el lago Titicaca? El pasajero sonríe y le dice:—No, mi amigo, el lago Titicaca queda mucho más al sur de Lima entre Perú y Bolivia.

* Before a word starting with *i*-, y becomes e.

—Yo leí muchas cosas acerca del lago Titicaca,—dice Robert, —por ejemplo que está a 12.000 pies sobre el nivel del mar, que es el mayor lago de Sudamérica y el más alto lago navegable del mundo, que su profundidad máxima es de 900 pies, y que se caracteriza por tener una temperatura casi constante de 51 grados Fahrenheit, pero nunca supe exactamente dónde se encontraba.

Los parlantes suenan otra vez, ahora para anunciar que dentro de diez minutos van a aterrizar en Lima. Robert se maravilla de ver sólo nubes. El pasajero explica que se trata de la neblina que suele cubrir Lima y sus alrededores gran parte del año.—Cuando está despejado se puede ver,—dice el viajero, —las ruinas preincaicas de Pachacamác donde Pizarro acampó mientras planeaba la ciudad.

En el horizonte sobre el intenso azul del mar se destaca una isla. El viajero le dice a Robert que ya están sobre Lima puesto que la isla es la famosa San Lorenzo que está enfrente del Callao, el puerto de Lima.

En el letrero luminoso se lee "Abróchense los cinturones de seguridad." "No fumar." El avión comienza a descender. Ya están en Lima. Robert siente que se tenga que acabar tan interesante conversación.

Preguntas:

1. ¿Qué hora era cuando el avión despegó de Bogotá? **2.** ¿Qué hace Robert con el asiento? **3.** ¿Qué despierta a Robert? **4.** ¿A quién le pregunta Robert qué dijo el capitán? **5.** ¿Qué hacía el pasajero cuando Robert le preguntó? **6.** ¿Qué es el Huascarán? **7.** ¿Qué ve Robert a la derecha del avión? **8.** ¿Desde dónde hasta dónde se extiende el desierto costero? **9.** ¿Dónde queda el lago Titicaca? **10.** ¿Qué cosas leyó Robert acerca del lago Titicaca? **11.** ¿Qué es lo que no sabía Robert sobre el lago Titicaca? **12.** ¿Para qué suenan otra vez los parlantes? **13.** Según el pasajero ¿qué se ve llegando a Lima cuando no está nublado? **14.** ¿Cómo se llama la isla que está frente al puerto de Lima? **15.** ¿Qué se lee en el letrero luminoso del avión?

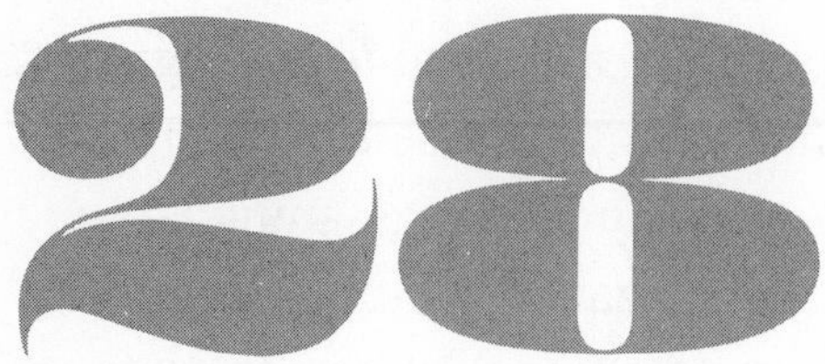

Junto al mar

ROBERT: Tenías razón, el panorama es maravilloso. No creía que la costa del Perú fuera tan espectacular.

ERNESTO: Precisamente por eso, y porque a todo el mundo le gusta, yo quería que vinieras a esta playa antes de que te fueras de Lima.

ROBERT: ¡Ojalá pudiéramos quedarnos aquí para siempre!

ERNESTO: Bien me dijo Laura que te trajera aquí cuanto antes.

ROBERT: ¿Le dijiste que veníamos hoy?

ERNESTO: Sí y le sugerí que nos acompañara, pero no pudo aceptar la invitación porque hoy iba a estar muy ocupada.

ROBERT: ¡Cuánto quisiera poder dar un paseo en barca!

ERNESTO: No sé si es posible. Por lo menos el año pasado, cuantas veces estuve aquí, no hubo quien alquilara botes.

ROBERT: No dije que saliéramos en bote, sólo que me gustaría si pudiéramos. Ya te oí decir que aquí el mar siempre está muy picado.

ERNESTO: Sentémonos aquí entonces y contemplemos el romper de las olas.

ROBERT: Nunca me pude imaginar que fuera posible encontrar una playa con arena tan fina y blanca como ésta.

Lima, Peru

By the sea

ROBERT: *You were right, the panorama is marvellous. I didn't think that the coast of Peru was so spectacular.*

ERNESTO: *Exactly because of that, and because everybody likes it, I wanted you to come to this beach before you left Lima.*

ROBERT: *If only we could stay here forever!*

ERNESTO: *How right Laura was when she told me (Well Laura told me) to bring you here as soon as possible.*

ROBERT: *Did you tell her that we were coming today?*

ERNESTO: *Yes and I suggested to her that she come with us, but she couldn't accept the invitation because today she was very busy.*

ROBERT: *How much I would like to be able to take a ride in a boat.*

ERNESTO: *I don't know if it is possible. At least last year, every time I was here, there wasn't [anyone] who rented boats.*

ROBERT: *I didn't say that we should go out in a boat, only that I'd like [to] if we could. I already heard you say that here the ocean is always very rough.*

ERNESTO: *Let's sit down here then and watch (contemplate) the breaking of the waves.*

ROBERT: *I never could imagine that it was possible to find a beach with sand as fine and white as this.*

ejercicios

I. *Sustitución:*

1. No creía que la costa del Perú fuera tan espectacular.
   vinieras a esta playa antes / te fueras de Lima / pudiéramos quedarnos aquí / nos acompañara
2. Precisamente por eso a todo el mundo le gusta.
   a Laura le / a Robert y Ernesto les / a nosotros nos / a mí me
3. Yo quería que vinieras a esta playa.
   no te fueras de Lima / pudiéramos quedarnos aquí para siempre / Laura te trajera aquí / saliéramos en bote
4. Yo quería que vinieras aquí antes de que te fueras de Lima.
   saliéramos / ellos nos acompañaran / quisiera dar un paseo
5. ¿Le dijiste a Laura que veníamos hoy?
   no tenías razón / quería venir / no se fuera / te trajera aquí
6. Le sugerí que nos acompañara.
   viniera a la playa / no se fuera de Lima / te trajera aquí / alquilara la casa
7. ¡Cuánto quisiera dar un paseo en barca!
   ver el romper de las olas / encontrar una playa con arena tan fina como ésta / que nos acompañara / que vinieras a esta playa
8. Cuantas veces estuve aquí, no hubo quien alquilara botes.
   me acompañara / quisiera dar un paseo / saliera en bote / viniera aquí por la tarde
9. Ya te oí decir que el mar está muy picado.
   no hubo quien alquilara botes / estaba muy ocupada / a todo el mundo le gusta / quería venir aquí antes

II. *Conteste en español:*

1. ¿Quién tenía razón? **2.** ¿Cómo es el panorama? **3.** ¿Dónde están Robert y Ernesto? **4.** ¿Qué no creía Robert? **5.** ¿Por qué lo trajo Ernesto a la playa? **6.** ¿Qué quería Ernesto que Robert hiciera antes de que se fuera? **7.** ¿Dónde querían quedarse para siempre? **8.** ¿A dónde le dijo Laura a Ernesto que trajera a Robert? **9.** ¿Cuándo le dijo Ernesto a Laura que venían? **10.** ¿Qué le sugirió a Laura? **11.** ¿Por qué no pudo ir? **12.** ¿Qué dijo Robert de dar un paseo? **13.** ¿Por qué no sabe Ernesto si es posible? **14.** ¿Qué dijo Ernesto del mar? **15.** ¿Dónde se sentaron Robert y Ernesto? **16.** ¿Para qué se sentaron? **17.** ¿Qué no se pudo imaginar Robert?

III. *Conteste en español:*

1. ¿Cree Ud. que el panorama junto al mar es espectacular? **2.** ¿No cree Ud. que la costa sea maravillosa? **3.** ¿A Ud. le gusta estar junto al mar? **4.** ¿Quería Ud. que yo viniera aquí? **5.** ¿Quería Ud. que él se fuera anteanoche? **6.** ¿Quisiera Ud. quedarse en la playa para siempre? **7.** ¿Quisiera que le trajera algo de comer? **8.** ¿Quisiera dar un paseo en barca? **9.** ¿Me dijiste que venías aquí hoy? **10.** ¿Quién le sugirió que fuera a ver el mar? **11.** ¿Estaba Ud. muy ocupado hoy? **12.** ¿El año pasado hubo quien le trajera un obsequio? **13.** ¿Cuántas veces fuiste a la playa el año pasado? **14.** ¿Le gusta contemplar el romper de las olas del mar? **15.** ¿Jamás imaginaste que fuera posible encontrar una playa con arena blanca?

IV. *Pregúntele a otro estudiante:*

1. si cree que el panorama junto al mar es maravilloso. **2.** cuántas veces fue al mar. **3.** si le gusta la idea de vivir cerca del mar. **4.** si le gusta visitar la costa. **5.** si quería que tú vinieras aquí temprano. **6.** si a todo el mundo le gusta esquiar sobre las olas del mar. **7.** si quiere visitar la playa de Lima. **8.** si alguien le sugirió que él le acompañara al centro. **9.** si estaba muy ocupado hoy. **10.** si quisiera dar un paseo en barca. **11.** si hay quien alquile botes aquí. **12.** si le gusta salir en bote. **13.** si te oyó decir que el mar está picado en Lima. **14.** si le gusta contemplar el romper de las olas. **15.** si puede imaginar cuán (*how*) hermoso es el panorama de la costa. **16.** si le gusta construir castillos de arena en la playa.

V. *Diga en español:*

1. you are right **2.** you are wrong (you are not right) **3.** exactly **4.** because of that **5.** everybody **6.** as soon as possible **7.** I am busy **8.** I would like to take a ride **9.** at least **10.** last year **11.** every time **12.** I heard you say **13.** let's sit down here

VI. *Dictado: Conversación 27*

VII. *Conversación:*

Discuss going to the beach.

29

De nuevo en la ciudad

ERNESTO: Encuentro el volante algo duro. Me parece que tenemos un pinchazo.

ROBERT: Sí, una llanta está desinflada. Ya dudaba que durara mucho en esta carretera tan mala.

ERNESTO: Sabía que estaba muy gastada, pero esperaba que pudiéramos ir y volver sin que nos diera problemas.

ROBERT: ¿Crees que hay por aquí cerca un puesto de gasolina donde nos la puedan arreglar?

ERNESTO: No lo sé. Además no en todas las gasolineras reparan llantas. Pero no te preocupes. En pocos minutos la cambio y yo mismo me la arreglo en casa.

ROBERT: ¿Eres tú capaz de repararte el coche?

ERNESTO: No de hacerle grandes arreglos, pero sí de hacer cosas sencillas como cambiar el aceite, limpiar el carburador, poner parches a los neumáticos, líquido a los frenos, aceite en la caja de cambios, y cosas por el estilo.

ROBERT: Yo acostumbraba a hacer lo mismo. Cuando le rogué a mi padre que me comprara mi primer coche, lo hizo con la condición de que yo mismo me encargara de él.

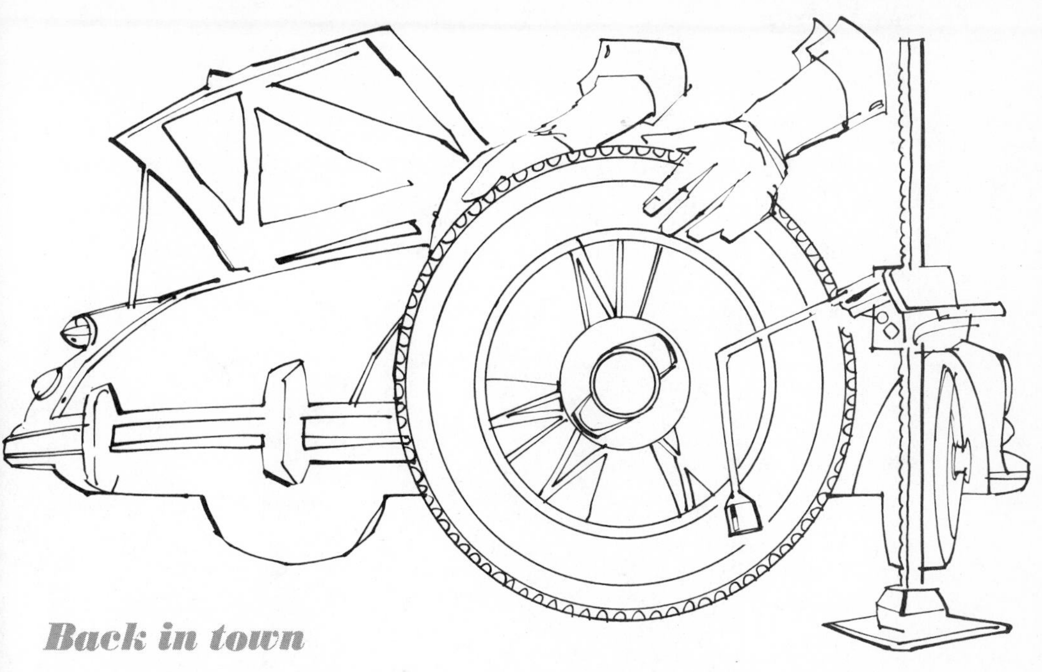

Back in town

ERNESTO: *I find the steering somewhat hard. It seems to me that we have a flat tire (puncture).*

ROBERT: *Yes, a tire is flat (deflated). I already doubted that it would last long (much) on such a bad road (on this highway so bad).*

ERNESTO: *I knew that it was very worn, but I was hoping that we could go and return without its giving problems to us.*

ROBERT: *Do you think that there is around here nearby a gas station where they can fix it for us?*

ERNESTO: *I don't know (it). Besides not at all filling stations do they repair tires. But don't worry. In a few minutes I'll change it and I myself will fix it (for myself) at home.*

ROBERT: *Are you able to repair (capable of repairing) the car for yourself?*

ERNESTO: *Not of making big repairs on it, but yes of doing simple things like changing the oil, cleaning the carburetor, putting patches on the tires, fluid in the brakes, oil in the transmission, and things like that.*

ROBERT: *I used to do the same thing. When I begged my father to buy me my first car, he did it with the condition that I myself take charge of it.*

ERNESTO: Ya que eres un mecánico experto, quisiera tan pronto como lleguemos a casa, que me ayudaras a revisar la bomba de gasolina y cambiar los limpiaparabrisas.

ROBERT: Con mucho gusto. No puedes imaginarte cómo tengo ganas de ensuciarme las manos con grasa de auto.

Lima, Peru

ERNESTO: *Since you are an expert mechanic, I would like, as soon as we get home, that you help me check over the fuel pump and change the windshield wipers.*

ROBERT: *Gladly. You can't imagine how anxious I am to get my hands dirty with car grease.*

Francisco Pizarro, Lima

ejercicios

I. *Sustitución:*

1. Me parece que tenemos un pinchazo.

   una llanta está desinflada / la llanta está muy gastada / el volante está algo duro / debe haber por aquí un puesto de gasolina

2. Dudaba que la llanta durara mucho.

   pudiéramos ir y volver hoy / nos diera problemas / me comprara un coche / me ayudaras / Ud. me acompañara

3. Esperaba que pudiéramos ir y volver.

   la llanta durara / él me comprara mi primer coche / me ayudaras / ella me acompañara

4. Dudaba que pudiéramos ir sin que nos diera problemas.

   sin que me encargara de cambiar la llanta / antes de que te fueras / antes de que me ayudaras / a menos que mi padre me comprara una llanta

5. Además no en todas las gasolineras reparan llantas.

   limpian carburadores / ponen parches a los neumáticos / revisan bombas de gasolina / venden limpiaparabrisas

6. ¿Eres tú capaz de repararte el coche?

   hacerle grandes arreglos / cambiar una llanta / poner aceite en la caja de cambios / ayudarme a revisar la bomba de agua

7. Tan pronto como lleguemos a casa quisiera que me ayudaras.

   quisiera que repararas el neumático / quisiera ensuciarme las manos con grasa de auto / voy a cambiar los limpiaparabrisas / quiero limpiar los faros (*headlights*)

II. *Conteste en español:*

1. ¿Cómo encuentra Ernesto el volante? **2.** ¿Por qué lo encuentra duro? **3.** ¿Qué le pasó con la llanta? **4.** ¿Por qué dudaba que durara mucho? **5.** ¿Qué estaba muy gastada? **6.** ¿Qué esperaba Ernesto? **7.** ¿Qué buscan Ernesto y Robert? **8.** ¿Quién cambia la llanta? **9.** ¿Quién se arregla la llanta desinflada? **10.** ¿Son Ernesto y Robert capaces de hacerle arreglos al coche? **11.** ¿Qué puede hacer Ernesto? **12.** ¿Qué le rogó Robert a su padre? **13.** ¿Bajo (*under*) cuáles condiciones le compró el coche? **14.** ¿Qué van a hacer los muchachos cuando lleguen a casa?

III. *Conteste en español:*

1. Cuando Ud. encuentra el volante duro ¿sabe lo que le pasa al coche? **2.** ¿Podéis cambiar una llanta desinflada? **3.** ¿Sabéis poner parches a los neumáticos? **4.** ¿Qué puede pasar cuando uno viaja por una carretera mala con unas llantas gastadas? **5.** ¿Jamás tuvo Ud. una avería en su coche? **6.** ¿Hay por aquí cerca un puesto de gasolina? **7.** ¿Por dónde se va a la gasolinera más cercana? **8.** ¿Es Ud. capaz de repararse el coche? **9.** ¿Puede Ud. hacerle grandes arreglos o cosas sencillas? **10.** ¿Cuáles son las cosas que hace un mecánico experto? **11.** ¿Cuáles son las cosas sencillas, según Ernesto? **12.** ¿Cuáles de esas cosas puede Ud. hacer? **13.** ¿Tiene Ud. coche propio (*of your own*)? **14.** ¿Le rogó Ud. alguna vez a su padre que le comprara un coche? **15.** Después de comprar su primer coche, ¿va Ud. a ser capaz de encargarse de él? **16.** ¿Quisiera Ud. ensuciarse las manos con grasa de auto?

IV. *Pregúntele a alguien:*

1. si alguna vez encontró el volante duro. **2.** si alguna vez tuvo un pinchazo. **3.** si sabe lo que debe hacer si tiene una llanta desinflada. **4.** si tuvo problemas con su coche. **5.** si cree que hay por aquí cerca un puesto de gasolina. **6.** si en todas las gasolineras reparan llantas. **7.** si se preocupa de la condición de mi auto. **8.** si puede cambiar una llanta en pocos minutos. **9.** si es capaz de repararse el coche. **10.** si es capaz de hacerle al coche grandes arreglos o sólo de repararle cosas sencillas. **11.** si sabe limpiar el carburador y cambiar el aceite. **12.** si acostumbraba a hacer esas cosas. **13.** si rogó a su padre que le comprara un coche. **14.** si es un mecánico experto. **15.** si quisiera que le ayudara Ud. a revisar la bomba de gasolina.

V. *Diga en español:*

A. 1. We have a flat tire. **2.** The tire is flat. **3.** The tire is worn out. **4.** The highway is bad. **5.** The windshield is dirty (*sucio*). **6.** The tank (*tanque*) is empty (*vacío*).

B. 1. I used to do the same. **2.** Don't worry. **3.** Don't worry about that. **4.** I'll do it myself. **5.** as soon as **6.** besides **7.** in a few minutes **8.** gladly

VI. *Dictado: Conversación 27*

VII. *Conversación:*

Talk about fixing up your car.

GRAMMAR UNIT 18

78 • Imperfect* subjunctive of -ar, -er and -ir verbs; imperfect subjunctive of ser

Le sugerí que nos **acompañara**.	I suggested to her that *she accompany* us.
Dudaba que **durara** mucho.	I doubted that *it would last* long.
No dije que **saliéramos** en bote.	I didn't say *we should go out* in a boat.
No creía que **fuera** tan espectacular.	I didn't think *it was* so spectacular.
Quería que **vinieras**.	He wanted *you to come.*

HABLAR (habla-ron)	
hablara	**habláramos**
hablaras	**hablarais**
hablara	**hablaran**

COMER (comie-ron)	
comiera	**comiéramos**
comieras	**comierais**
comiera	**comieran**

DORMIR (durmie-ron)	
durmiera	**durmiéramos**
durmieras	**durmierais**
durmiera	**durmieran**

SER (fue-ron)	
fuera	**fuéramos**
fueras	**fuerais**
fuera	**fueran**

To conjugate any Spanish verb in the imperfect subjunctive, remove the **-ron** ending from the third person plural of the preterite and add the appropriate imperfect subjunctive endings** as indicated above.

79 • Uses of the imperfect subjunctive

A. Exclamations:

¡Ojalá **vinieran** temprano!	I wish *they would come* early.
¡Cuánto **quisiera** dar un paseo en auto!	How much *I'd like* to take a ride.

---

* In Spanish, this tense is called **pretérito imperfecto**; it is a *past* tense.

** There is another form of the imperfect subjunctive, which is not used as frequently as this one; the stem is the same, but the endings are: **-se, -ses, -se, -semos, -seis, -sen.**

B. Impersonal expressions:

Fue probable que lo **escogieran**.	It was probable that *they chose it.*

C. Noun clauses:

No creía que la costa **fuera** tan espectacular.	I didn't think that the coast *was* so spectacular.
Yo quería que **vinieras**.	I wanted *you to come.*

D. Adjective clauses:

No hubo quien **alquilara** botes.	There wasn't anyone who *rented* boats.
Busqué un lugar que **estuviera** más cerca.	I looked for a place that *was* closer.

E. Adverbial clauses:

Estudié antes de que **te fueras**.	I studied before *you left.*
Me quedé para que **viniera**.	I stayed so that *he could come.*

F. After **como si**:

Como si **cantara** bien.	As if *he sang* well.
Como si **fuera** inteligente.	As if *he were* intelligent.

G. Softened statements:

Quisiera venir.	*I would like* to come.
¿**Quisieras** venir conmigo?	*Would you like* to come with me?

a) After exclamatory expressions, impersonal expressions, noun clauses, adjective clauses and adverbial clauses, the rules for the use of the imperfect subjunctive are identical to those for the use of the present subjunctive.

b) The imperfect subjunctive is used: 1) when the verb of the main clause is in a past tense; 2) after an exclamatory expression, when the verbal action is in the past; 3) after **como si** (*as if*), when the idea expressed is contrary to reality. Note that **como si** is never followed by a present subjunctive.

c) The imperfect subjunctive of **querer** is used somewhat frequently to soften a statement or request.

ejercicios

I. *Complete las frases siguientes con la forma correcta del subjuntivo:*

EJEMPLO: Espero que estudien.
Esperaba que ____.
Esperaba que estudiaran.

A. 1. Deseo que me ayudes.
Deseaba que me ____.
2. Espero que lo reparen.
Esperaba que lo ____.
3. Quiero que me escojáis* una corbata.
Quise que me ____ una corbata.
4. Les ruego que me lo compren.
Les rogué que me lo ____.
5. Nos sugieren que durmamos hasta las diez.
Nos sugirieron que ____ hasta las diez.
6. Es posible que se levante temprano.
Fue posible que ____ temprano.
7. No creéis que vendamos la casa.
No creísteis que ____ la casa.
8. Prohiben que vengáis.
Prohibieron que ____.
9. Me dices que te traiga aquí.
Me dijiste que te ____ aquí.
10. Él duda que lo pidas.
Él dudó que lo ____.

B. 1. Voy a reparar la llanta cuando llegue a casa.
Iba a reparar la llanta cuando ____ a casa.
2. Vamos a esperar aquí hasta que él llame.
Íbamos a esperar aquí hasta que él ____.
3. Me avisan antes de que salgan.
Me avisaron antes de que ____.
4. Estudio para que me den buenas notas.
Estudié para que me ____ buenas notas.
5. Lo van a hacer tan pronto como estéis aquí.
Lo iban a hacer tan pronto como ____ aquí.
6. No podemos ir y volver sin que nos cambien la llanta.
No pudimos ir y volver sin que nos ____ la llanta.

---

* See Appendix # 118 **C**

7. Quiero ir antes de que te vayas.
   Quería ir antes de que ___.
8. No puedo hacerlo a menos que me ayudes.
   No pude hacerlo a menos que me ___.
9. Lo vas a hacer como te diga ella.
   Lo ibas a hacer como te ___ ella.
10. Lo debo hacer aunque no quiera.
   Lo debía hacer aunque no ___.

C. 1. Busco una muchacha que sepa hablar español.
   Busqué una muchacha que ___ hablar español.
2. Quiero comprar una casa que esté lejos de aquí.
   Quería comprar una casa que ___ lejos de aquí.
3. No hay quien alquile botes.
   No hubo quien ___ botes.
4. No hay nadie que recuerde el número.
   No había nadie que ___ el número.
5. ¿Hay algún restaurante donde sirvan* comida española?
   ¿Hubo algún restaurante donde ___ comida española?
6. No hay sitio donde se pueda comprar todo.
   No hubo sitio donde ___ comprar todo.
7. No encuentro ninguna tienda que tenga impermeables.
   No encontré ninguna tienda que ___ impermeables.
8. Busco un señor que nos haga los arreglos.
   Buscaba un señor que nos ___ los arreglos.
9. No conozco a nadie que me traiga a la playa.
   No conocía a nadie que me ___ a la playa.
10. Quiero hablar con alguien que me diga la verdad.
   Quise hablar con alguien que me ___ la verdad.

D. 1. ¡Qué lástima que no esté aquí hoy!
   ¡Qué lástima que no ___ aquí ayer!
2. Lástima que ahora no estudies mucho.
   Lástima que antes no ___ mucho.
3. Dice que quizás lleguen esta tarde.
   Dijo que quizás ___ esta tarde.
4. ¡Qué bueno que me lleves al aeropuerto!
   ¡Qué bueno que ayer me ___ al aeropuerto!
5. ¡Qué malo que no reciban buenas notas!
   ¡Qué malo que el año pasado no ___ buenas notas!

---

* changes radical like **pedir**

II. *Complete las frases con el final indicado, cambiando al subjuntivo el verbo de la oración subordinada:*

EJEMPLO: Estudia como si . . . le gusta
Estudia como si le gustara.

1. Trabaja como si . . .
duerme, le gusta, tiene mucho tiempo
2. Lo hace como si . . .
no es mecánico experto, lo encuentra difícil, está cansado
3. Me lo dicen como si . . .
saben lo que pasó, entienden el problema, piden un favor

III. *Cambie al imperfecto de subjuntivo el verbo principal (y el verbo subordinado, excepto cuando es infinitivo):*

EJEMPLO: Quiero que vengas conmigo.
Quisiera que vinieras conmigo.

1. Quiero que estudiéis. **2.** Quiere acompañarme. **3.** ¿Quieres ayudarme? **4.** Quiero que me prestes 10 pesos. (**prestar** *to lend*) **5.** Quieren enviárnoslo. **6.** ¿Quiere Ud. traerme el menú?

IV. *Repaso de las Conversaciones 25 y 26:*

1. ¿Qué tuvo que ver Robert antes de que se fuera? **2.** ¿Con qué condición fue Robert a ver la corrida de toros? **3.** ¿Cómo era el cartel de la próxima corrida de toros? **4.** ¿Qué clase de entradas deseaba Robert que consiguieran? **5.** ¿De qué se olvidaba Robert cuando pensaba comprar entradas de sol o de sombra? **6.** ¿Qué tenía ganas de ver Robert? **7.** ¿Qué tenía Laura que hacer antes de que cerraran las tiendas? **8.** ¿A dónde tenía que ir? **9.** ¿Cuándo iba a haber una tienda donde se pudiera comprar pan y otros comestibles a la vez? **10.** Según Robert, ¿qué es todo lo que se puede comprar en el mismo lugar en su país? **11.** ¿Qué va a ser más sencillo cuando Laura y Ernesto vayan a los Estados Unidos después de casarse?

V. *Tema de repaso:*

One day Robert and Ernesto went to the sea coast. The panorama seemed marvellous to Robert. He exclaimed, "If only I could live by the sea!" Ernesto suggested before to Laura that she accompany them. She said that it was impossible for her to go because she was very busy. She told him that she hoped they could go boating because she thought the ocean wasn't rough.

While they were returning to the city Ernesto and Robert had a flat tire. They tried (*tratar de*) to find a gas station that fixed tires but they didn't have luck (*tener suerte*). Robert said, "Let's change it and I'll repair it at home myself."

Cuzco, Peru

30

¡Qué bonito es el aeropuerto de Lima!

ROBERT: ¿Crees que tendré problemas en la aduana con esta piel de vicuña?

ERNESTO: Aquí en Lima seguramente no te dirán nada . . . ahora, en Santiago no sé qué normas tendrán.

ROBERT: De todas maneras, me gusta tanto que aunque tuviera que pagar impuestos de entrada lo haría con gusto.

ERNESTO: Probablemente no te cobrarán nada. Si llevaras más de una, sería otra cosa.

ROBERTO: ¿Tendré que enseñar el pasaporte para comprar los boletos o crees que no me lo pedirán?

ERNESTO: No sé, pero llévalo. Así, si te lo piden, no tendrás ningún problema.

ROBERT: Si tuviéramos tiempo, esta tarde me gustaría dar una vuelta por el barrio residencial de Miraflores.

ERNESTO: ¿Hiciste las valijas?

ROBERT: ¿Se dice valijas aquí?

ERNESTO: ¿No lo sabías? Aquí llamamos valijas a lo que en México llaman petacas y en Ecuador maletas.

ROBERT: Mañana a estas horas le diré adiós al impresionante Aeropuerto Jorge Chávez que tanto me gustó.

How pretty Lima's airport is!

ROBERT: *Do you think that I will have problems at customs with this vicuna fur (skin)?*

ERNESTO: *Here in Lima surely they will not say anything to you . . . now, in Santiago I don't know what standards they will have.*

ROBERT: *Anyway, I like it so much that although I might have to pay import duty (taxes of entrance) I would do it gladly.*

ERNESTO: *Probably they won't charge you anything. If you took more than one, it would be another thing.*

ROBERT: *Will I have to show my passport in order to buy the tickets or do you think that they won't ask me for it?*

ERNESTO: *I don't know, but take it. So, if they ask you for it, you will not have any problem.*

ROBERT: *If we have time, this afternoon I would like to take a ride (give a turn) through the residential district of Miraflores.*

ERNESTO: *Did you pack your suitcases?*

ROBERT: *Do you say* valijas *here?*

ERNESTO: *Didn't you know (it)? Here we call* valijas *(to) what in Mexico they call* petacas *and in Ecuador* maletas.

ROBERT: *Tomorrow at this time (at these hours) I will say good-bye to the impressive Jorge Chávez Airport that I liked so much.*

ejercicios

I. *Sustitución:*

1. ¿Crees que tendré problemas en la aduana?
   no me dirán nada / me cobrarán algo / me lo pedirán / tendrás algún problema
2. Tendré problemas con esta piel de vicuña.
   los impuestos de entrada / el pasaporte / los boletos / las valijas
3. Seguramente no te dirán nada.
   tendré problemas en la aduana / lo haría con gusto / me gustaría dar una vuelta / no te cobrarán nada
4. Si llevaras más de una sería otra cosa.
   tuviera que pagar impuestos / tuviéramos tiempo / me acompañaras / quisiera ayudarme

II. *Conteste en español:*

1. ¿Cómo es el aeropuerto de Lima? **2.** ¿Cree Robert que tendrá problemas en la aduana? **3.** ¿Por qué se preocupa Robert? **4.** ¿Le dirán algo en Lima? **5.** ¿Qué lleva Robert? **6.** ¿Sabe Ernesto qué normas tendrán en Santiago? **7.** ¿Tiene Robert que pagar impuestos de entrada? **8.** ¿Cree Ernesto que le cobrarán algo? **9.** ¿Le cobrarían algo si llevara más de una piel? **10.** ¿Creen ellos que le pedirán a Robert el pasaporte para comprar los boletos? **11.** ¿Qué le sugiere Ernesto? **12.** ¿Por qué le sugiere que lleve el pasaporte? **13.** ¿Qué le gustaría hacer a Robert? **14.** ¿Si tuvieran tiempo por dónde le gustaría dar una vuelta? **15.** ¿Ya hizo Robert las valijas? **16.** ¿Cómo llaman a las valijas en México? **17.** ¿Cómo llaman a las valijas en Ecuador? **18.** ¿Cuándo dirá Robert adiós? **19.** ¿Cómo se llama el aeropuerto de Lima?

III. *Conteste en español:*

1. ¿Alguna vez tuvo Ud. problemas en la aduana? **2.** ¿Sabéis qué normas tienen en la aduana? **3.** ¿Le gustan las pieles de vicuña? **4.** ¿Tuvo Ud. que pagar impuestos el año pasado? **5.** ¿Tiene Ud. pasaporte? **6.** ¿Tendrá Ud. que enseñar el pasaporte si compra boletos para un viaje a Europa? **7.** ¿Cree que le pedirán el pasaporte si viaja por Sudamérica? **8.** ¿Le gustaría dar una vuelta esta tarde? **9.** ¿Por dónde le gustaría dar una vuelta? **10.** ¿Hay un nuevo barrio residencial aquí? **11.** ¿Le gusta a Ud. hacer las valijas? **12.** ¿Cómo se dice "valija" en México y en Ecuador? **13.** ¿Qué vais a hacer mañana a estas horas?

IV. *Pregúntele a otro estudiante:*

1. si cree que Robert tendrá problemas en la aduana. **2.** qué lleva Robert. **3.** si tiene una piel de vicuña. **4.** si le dirán algo a Robert porque trae una piel de vicuña. **5.** si sabe qué normas tienen en la aduana de los Estados Unidos. **6.** si aunque tuviera que pagar impuestos en la aduana compraría una piel de vicuña. **7.** si le cobrarán algo en el aeropuerto si viaja con muchas valijas. **8.** si tiene pasaporte. **9.** si le gustan las fotografías de los pasaportes. **10.** si enseña a los aduaneros (*customs officials*) lo que contienen las maletas. **11.** si le pedirán los boletos si hace un viaje por avión. **12.** qué le gustaría hacer esta tarde si tuviera tiempo. **13.** si le gustaría dar una vuelta por el parque. **14.** si hace sus valijas con cuidado (*carefully*). **15.** qué va a hacer mañana a estas horas.

V. *Dictado: Conversación 29*

VI. *Conversación:*

Talk with a friend about leaving the country, buying tickets and going through customs.

GRAMMAR UNIT 19

80 • Future tense of regular -ar, -er and -ir verbs

Te **hablaré** mañana.	*I will talk* to you tomorrow.
¿**Comeremos** aquí?	*Will we eat* here?
No te **cobrarán** nada.	*They won't charge* you anything.

HABLAR	
hablaré	**hablaremos**
hablarás	**hablaréis**
hablará	**hablarán**

COMER	
comeré	**comeremos**
comerás	**comeréis**
comerá	**comerán**

VIVIR	
viviré	**viviremos**
vivirás	**viviréis**
vivirá	**vivirán**

DORMIR	
dormiré	**dormiremos**
dormirás	**dormiréis**
dormirá	**dormirán**

LEVANTARSE	
me levantaré	**nos levantaremos**
te levantarás	**os levantaréis**
se levantará	**se levantarán**

a) To conjugate the future of all regular verbs, add the appropriate future endings to the infinitive as indicated above.

b) The future can be translated two ways, with either *will* or *shall*:

Hablaré — *I will speak* / *I shall speak*

81 • Future tense of tener, venir, salir, poner, poder, saber, haber, querer, hacer, decir: irregular

¿Crees que **tendré** problemas?	Do you think *I will have* problems?
No tendrás ningún problema.	*You won't have* any problem.
No te **dirán** nada.	*They won't say* anything to you.

TENER	
tendré	**tendremos**
tendrás	**tendréis**
tendrá	**tendrán**

VENIR	
vendré	**vendremos**
vendrás	**vendréis**
vendrá	**vendrán**

SALIR	
saldré	**saldremos**
saldrás	**saldréis**
saldrá	**saldrán**

PONER	
pondré	**pondremos**
pondrás	**pondréis**
pondrá	**pondrán**

Drop infinitive vowel and insert *d*.

PODER	
podré	**podremos**
podrás	**podréis**
podrá	**podrán**

QUERER	
querré	**querremos**
querrás	**querréis**
querrá	**querrán**

SABER	
sabré	**sabremos**
sabrás	**sabréis**
sabrá	**sabrán**

HABER	
habré	**habremos**
habrás	**habréis**
habrá	**habrán**

Drop *e* of infinitive.

HACER	
haré	**haremos**
harás	**haréis**
hará	**harán**

DECIR	
diré	**diremos**
dirás	**diréis**
dirá	**dirán**

Some verbs have irregular stems for the future.

82 • Conditional tense of regular -ar, -er and -ir verbs

Me gustaría dar una vuelta.	*I would like* to take a ride.
Compraríamos boletos.	*We would buy* tickets.
Viviríais aquí.	*You would live* here.

HABLAR	
hablaría	**hablaríamos**
hablarías	**hablaríais**
hablaría	**hablarían**

COMER	
comería	**comeríamos**
comerías	**comeríais**
comería	**comerían**

VIVIR	
viviría	**viviríamos**
vivirías	**viviríais**
viviría	**vivirían**

DORMIR	
dormiría	**dormiríamos**
dormirías	**dormiríais**
dormiría	**dormirían**

LEVANTARSE	
me levantaría	**nos levantaríamos**
te levantarías	**os levantaríais**
se levantaría	**se levantarían**

a) To conjugate the conditional of all regular verbs, add the appropriate conditional endings to the infinitive as indicated above.

b) The conditional can be translated two ways, with either *should* or *would*:

Hablaría — *I should speak* / *I would speak*

83 • Conditional tense of tener, venir, salir, poner, poder, saber, haber, querer, hacer, decir: irregular

Lo **haría** con gusto.	*I would do* it gladly.
Sería otra cosa.	*It would be* another thing.
Querrían ir.	*They would like* to go.

TENER	**tendr**ía, etc.
VENIR	**vendr**ía, etc.
SALIR	**saldr**ía, etc.
PONER	**pondr**ía, etc.

Drop infinitive vowel and insert *d*.

PODER	**podr**ía, etc.
SABER	**sabr**ía, etc.
HABER	**habr**ía, etc.
QUERER	**querr**ía, etc.

Drop *e* of infinitive.

HACER	**har**ía, etc.
DECIR	**dir**ía, etc.

Some verbs have irregular stems for the conditional.

84 • Si (if) clauses

NOTE:	Si llevaras más de una, **sería** otra cosa.	If you took more than one, *it would be* another thing.
	Si tuviéramos tiempo, **me gustaría** ir.	If we had time, *I would like* to go.
But:	Si llevas más de una, **será** otra cosa.	If you take more than one, *it will be* another thing.
	Si tenemos tiempo, **me gustará** ir.	If we have time, *I will like* to go.

Si requires an imperfect subjunctive when the verb of the main clause is in a conditional tense. Note that you never use the present subjunctive after **si**.

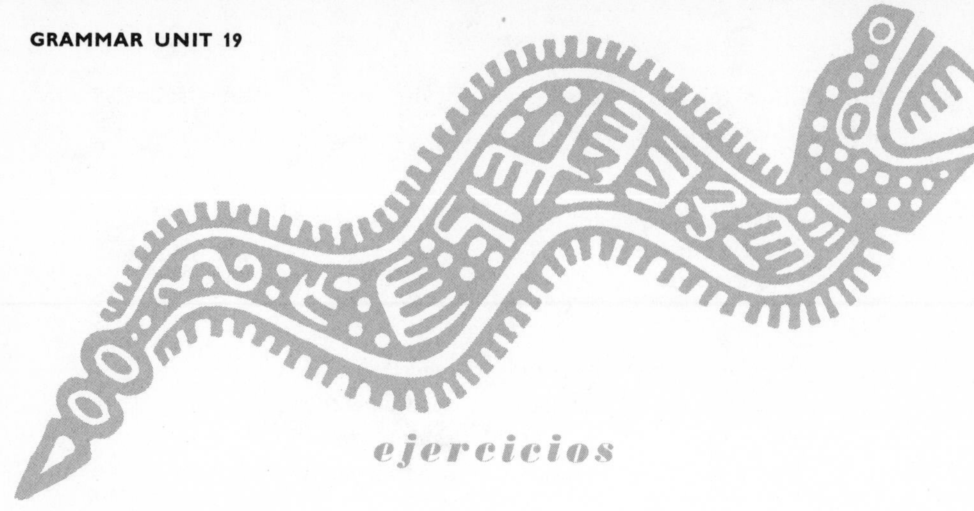

ejercicios

I. *Cambie al futuro:*

EJEMPLO: Te hablo.
Te hablaré.

A. **1.** Estudio mucho. **2.** Compras valijas. **3.** Me acompaña. **4.** Los ayudamos. **5.** Os bañáis en la playa. **6.** Me lo reparan.

B. **1.** Como en casa. **2.** Duermes tarde. **3.** Se levanta a las ocho. **4.** Te lo sugerimos. **5.** Pedís los boletos. **6.** Pierden el dinero.

C. **1.** Tengo tiempo. **2.** Vienes temprano. **3.** Sale del aeropuerto. **4.** Ponemos la mesa. **5.** Podéis venir. **6.** Sé la lección. **7.** Quieres ir. **8.** Hay una carretera nueva. **9.** Hacemos las maletas. **10.** Dicen la verdad.

II. *Cambie al condicional:*

EJEMPLO: Te hablo.
Te hablaría.

A. **1.** Estudio mucho. **2.** Compras valijas. **3.** Me acompaña. **4.** Los ayudamos. **5.** Os bañáis en la playa. **6.** Me lo reparan.

B. **1.** Como en casa. **2.** Duermes tarde. **3.** Se levanta a las ocho. **4.** Te lo sugerimos. **5.** Pedís los boletos. **6.** Pierden el dinero.

C. **1.** Tengo tiempo. **2.** Vienes temprano. **3.** Sale del aeropuerto. **4.** Ponemos la mesa. **5.** Podéis venir. **6.** Sé la lección. **7.** Quieres ir. **8.** Hay una carretera nueva. **9.** Hacemos las maletas. **10.** Dicen la verdad.

III. *Conteste las preguntas, completando la frase indicada entre paréntesis:*

EJEMPLO: (No, pero ___ si la tienda estuviera abierta.)
¿Va a comprar guantes?
No, pero compraría guantes si la tienda estuviera abierta.

A. (No, pero ___ si tuviera tiempo.)
1. ¿Va a ir? **2.** ¿Va a comer? **3.** ¿Va a llamar? **4.** ¿Va a comprar los boletos? **5.** ¿Va a acompañarme? **6.** ¿Va a estudiar?

B. (No, pero ___ si me lo pidiera.)
1. ¿Va a reparar el auto? **2.** ¿Va a enseñarme la valija nueva? **3.** ¿Va a comprar comestibles? **4.** ¿Va a traer a su hermano? **5.** ¿Va a darle la dirección?

C. (No, pero ___ si pudieran.)
1. ¿Van a venir temprano? **2.** ¿Van a salir hoy? **3.** ¿Van a poner la mesa? **4.** ¿Van a saber la lección? **5.** ¿Van a querer ir?

D. (No, pero ___ si no tuvieran tanta prisa.)
1. ¿Van a hacerlo? **2.** ¿Van a decírmelo? **3.** ¿Van a levantarse? **4.** ¿Van a sentarse? **5.** ¿Van a comunicarse?

IV. *Conteste las preguntas, usando en forma condicional la frase indicada entre paréntesis:*

EJEMPLO: (No tienes el libro.) ¿Leerías la lección?
Si tuviera el libro, leería la lección.

A. **1.** (No tiene tiempo.) ¿Iría al centro? **2.** (No le gustan las pieles.) ¿Las compraría? **3.** (Sus abuelos no viven en una finca.) ¿Viajaría al campo? **4.** (Mañana no es día feriado.) ¿No trabajaría en la oficina? **5.** (No hay nada de comer.) ¿No regresaría al supermercado?

B. **1.** (No saben preparar la comida.) ¿Se apurarían? **2.** (No encuentran el trabajo difícil.) ¿Se quejarían? **3.** (La llanta no está desinflada.) ¿Se la arreglarían? **4.** (No descansan por la tarde.) ¿No tendrían sueño? **5.** (El correo no llega a tiempo.) ¿Habría una carta para mí?

V. *Sustituya el futuro por el condicional y el presente indicativo por el imperfecto subjuntivo:*

EJEMPLO: Estudiaré si tengo tiempo.
Estudiaría si tuviera tiempo.

A. **1.** Te llamaré si tengo tiempo. **2.** Me ayudarán si quieren. **3.** No nos dirán nada si pagamos los impuestos. **4.** No me gustará si me hacen pagar. **5.** No podréis ir si no hago las maletas.

B. **1.** Te lo pedirán si lo necesitan. **2.** Lo sabrán si estudian. **3.** Se quitará el suéter si hace calor. **4.** Alquilarán botes si el mar no está picado. **5.** Escogeremos otros si no nos gustan estos.

VI. *Ponga en pasado el párrafo siguiente. Cambie los verbos del presente al pretérito o al imperfecto de indicativo o subjuntivo, o al condicional, según lo requiera el nuevo sentido:*

Robert toma el avión y va a Lima. Mientras el taxi lo lleva del aeropuerto a la Plaza San Martín ve pasar siete autobuses. Si termina sus negocios a tiempo, visita a unos conocidos y almuerza con ellos. Por la tarde piensa (*is planning*) ir al puerto (*port*), pero mientras va a la catedral (*cathedral*) cambia de idea. Como ahora tiene más tiempo quiere sacar algunas fotografías del palacio presidencial. Al día siguiente, por la mañana temprano, vuelve al aeropuerto y sigue su viaje.

VII. *Tema de repaso:*

Robert said that before he leaves Lima he would like to buy a vicuna fur but he wonders if the customs officials of Santiago will ask him to pay import duty. He asked Ernesto if he will have to take his passport with him to buy the plane tickets. Ernesto reminded (*recordar*) him that, if he would like to take a ride through Miraflores, he would have to pack his suitcases as soon as possible. When Robert heard Ernesto say *valijas* he was surprised. Ernesto explained to him that he would find different words for "suitcase" in Latin America. The next day Robert left from Lima's beautiful (*hermoso*) airport that he liked so much.

San Martín Plaza—Lima, Peru

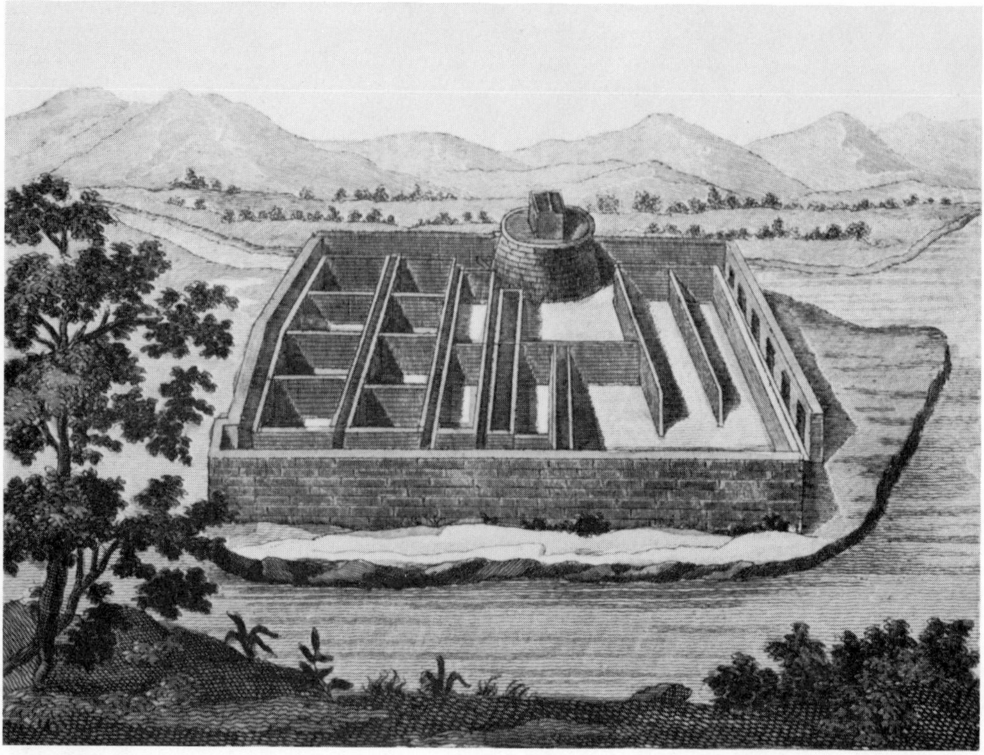

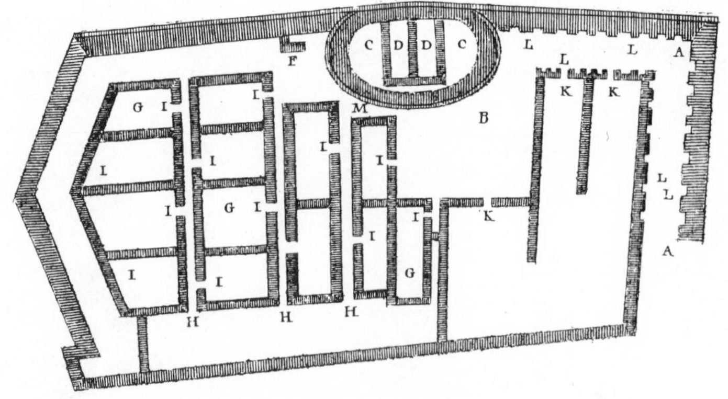
C D D C
F
L L L A
L
G I
K K
M
B
L L
K
G I
G
A
H H H

Civilizaciones precolombinas

El cielo está nublado y oscuro. Como empieza a gotear, Robert y Carlos se refugian en la casa hacienda donde les espera el abuelo de Carlos que llegó unos momentos antes.

Robert se dirige a Carlos y le pregunta que era lo que le oyó decir al campesino que encontraron mientras venía hacia casa.

—El campesino me dijo *Imaynalla kanki*?* y yo le contesté *Hualejlla puni*.*

Robert le preguntó a Carlos qué quería decir eso y éste le contestó que *Imaynalla kanki*? significa "¿Cómo estás?" y la respuesta *Hualejlla puni*, "muy bien".

—¿Hablas quichua?—le preguntó Robert a Carlos.

—No mucho, pero lo suficiente para seguir una conversación sencilla.

—Carlos, dime unas frases comunes en quichua.

—*Ima sutiki*? que quiere decir "¿Cómo te llamas?" *Maskha huatayoj kanki*? "¿Cuántos años tienes?" etc., etc.

—¡Qué lengua tan interesante!—dijo Robert. —¿Cuál es su origen?

Carlos le cuenta que el quichua que hoy en día habla la mayoría de los campesinos de los países andinos (Ecuador, Perú, Bolivia) fue la lengua oficial del Imperio de los Incas, la

* Read with Spanish pronunciation.

más avanzada civilización de la América precolombina. Al abuelo esto último le pareció demasiado e interrumpió:

—¿No crees que sería mejor decir una de las más avanzadas? Como sabes, es muy difícil comparar civilizaciones como la azteca de México, la maya del Yucatán y la inca del Perú.

A Robert el tema le pareció muy interesante y se atrevió a pedirle a don José que, puesto que la tarde estaba tan mala y no podrían salir a montar a caballo como pensaban, les dijera algo más acerca de las tres mayores civilizaciones indígenas de Latinoamérica.

Don José y los dos muchachos platicaron por largo tiempo. Don José, entre otras muchas cosas, les dijo de los incas, que la ciudad de Cuzco fue la capital de su imperio, y que los constructores de edificios públicos y obras arquitectónicas del imperio, por carecer de papel y de un sistema adecuado de escritura, se valieron para planear las construcciones de modelos a escala hechos con arcilla.

Don José les contó cómo, en 1912, el profesor norteamericano Hiram Bingham descubrió las ruinas de Machu Picchu, la olvidada ciudad fortaleza situada a unos 60 kilómetros al noroeste de Cuzco.

De los aztecas a Robert le impresionó lo que contó don José acerca de la capital Tenochtitlán y de la famosa piedra calendario. Dicha ciudad estaba sobre una isla pantanosa en el entonces lago Texcoco, en el sitio ocupado hoy en día por la ciudad de México.

Robert y Carlos le oyeron decir a don José lo que no se pudieron imaginar antes, que los mayas estaban tan avanzados en matemáticas como los europeos de la época, y que su calendario que dividía el año en 19 meses, 18 de veinte días y uno de 5, era quizás más ajustado al año astronómico que nuestro actual calendario gregoriano.

Machu Picchu, Peru

Preguntas:

1. ¿En qué idioma hablaron Carlos y el campesino? **2.** ¿Qué quiere decir en castellano *Ima sutiki*? **3.** ¿Quiénes hablan quichua hoy en día? **4.** ¿Cuáles son los países andinos? **5.** ¿Por qué le pidió Robert a don José que les dijera algo acerca de las tres mayores culturas indígenas de Latinoamérica? **6.** ¿Cuáles son esas tres culturas? **7.** ¿Qué ciudad fue la capital del imperio inca? **8.** ¿Quién descubrió Machu Picchu? **9.** ¿Qué ciudad fue la capital de los aztecas? **10.** ¿A qué civilización pertenece la piedra calendario? **11.** ¿Cómo dividian el año los mayas?

31

Alquilando casa

CONSUELO: ¿Has visto el periódico de hoy? Anuncian varios apartamentos que quizás nos interesen, Guillermo.

GUILLERMO: No sé si hoy voy a tener tiempo para buscar casa, porque me han escrito de Lima que el periodista norteamericano llega hoy.

CONSUELO: ¿No podríamos por lo menos ir a ver dos de los apartamentos nuevos? He llamado a los propietarios y me han dicho que los tienen abiertos hasta el mediodía.

GUILLERMO: Bueno, si estás lista y me prometes no tardar mucho, podemos ir ahorita. ¿Cuántas piezas tienen?

CONSUELO: A ver. El más cercano tiene sala, comedor, cocina con estufa y refrigerador, dos alcobas, baño con ducha, un patio con lavadero, y cuarto para la criada en el ático.

GUILLERMO: ¿Cuánto piden de alquiler?

CONSUELO: Cuatro mil pesos.

GUILLERMO: ¿No te parece muy caro? He leído que los precios de las viviendas van a bajar, pero a mí me parece que no.

ANUNCIOS POR PALABRAS

ALQUILERES

Las OFERTAS de esta sección están dedicadas exclusivamente a los anuncios de agentes colegiados de la Propiedad Inmobiliaria y propietarios de fincas

Pisos

Ofertas

English-français. oficinas,

• CENTRICO. renta baja. 2240889

• VALLEHERMOSO, 3, a quiler apartamentos, servicios de garaje, lavandería, centralita. desde 6.000 y por semanas. aire acondicionado Señor Ronda

• PISOS, 4.000. 5.000 información gratuita. Jardines, 3. Lu- decas.

• DISPONEMOS pisos céntricos, hasta 4.000 Uzpi. José Antonio. 65. segundo

• 3.000, apartamento; 3.500. piso. Barrio Pilar. Torre 6. Sancho.

• DESPACHO exterior, teléfono, calefacción, 3.000. Preciados, 35, segundo derecha.

• OFICINAS amuebladas, Madrazo, Lagasca. 2624067.

• APARTAMENTOS lujo, todos servicios incluidos. Quintana, 22. 2481600.

• ALQUILAMOS apartamentos, calefacción, agua caliente central, ascensor. 2.700 pesetas.

• DIRECTAMENTE, despachos amplios, teléfono, Mola. 2757232.

• SAN Sebastián de los Reyes, vacío. Calle Real Vieja, 12.

• APARTAMENTO amueblado, todo confort, para señoritas extranjeras, barrio Salamanca, cuatro habitaciones, cocina, baño, 7.000. 2768854, 2675060.

• ARGUELLES, estudios amueblados, desde 5.500. 2324835.

• SANTA Marca, apartamento vacío, 6.000. 2324835.

• ALUCHE, vacío, magníficamente decorado, 5.500. 2324835.

• GUZMAN Bueno, maravilloso ático, 14.000. 2324835.

• DISPONEMOS oficinas todas zonas, superficies, precios. 2324835.

• PUEBLO Nuevo, amueblado, dos dormitorios, teléfono, 4.250. 2768363. Agencia.

• VACIO, cinco habitaciones, Manuel Becerra, 5.500. 2550938.

• AMUEBLADO, cinco habitaciones, Alvarado, 7.000.

• AMUEBLADO, cuatro habitaciones, Pinar Rey, 4.000

VACIO, tr

• PISOS en casi todas zona Desengaño, 12, quin

• VACIO, Alcorcón, 3 dormitorios, 2.700. 232839

• AMUEBLADO, Vallecas, dormitorios, teléfono, 4.500. 23218

• PARA señoritas alquilo amueblado, zona Estrecho, dos dormitorios, teléfono, 4.500.

• CARABANCHEL Bajo, amueblado, cuatro dormitorios, 4.000. 2328

• APARTAMENTO amuebl barrio Pilar, 3.000. 232

• MOSTOLES, amueblado, dormitorios, 3.500. 232

• ARRIENDO amueblado, cón, tres dormitorios, 3.000. 23

• ALTO Extremadura, habitaciones, terrazas, 3.7 23

• ALQUILO, barrio Pilar, blado, dos dormitorios, 4.200.

• VACIO, cuatro habita servicios, teléfono, cal junto Mayor, 5.000.

Renting a home

CONSUELO: *Have you seen today's paper? They advertise several apartments that perhaps may interest us, Guillermo.*

GUILLERMO: *I don't know if today I am going to have time to house hunt (look for a house), because they have written me from Lima that the North American journalist is arriving today.*

CONSUELO: *Wouldn't we be able at least to go see two of the new apartments? I have called the landlords and they have told me they have them open until noon.*

GUILLERMO: *Okay, if you are ready and you promise me not to take long, we can go right now. How many rooms do they have?*

CONSUELO: *Let's see. The closest one has a living room, dining room, kitchen with stove and refrigerator, two bedrooms, bath with shower, a patio with a washing place, and a room for the maid in the attic.*

GUILLERMO: *How much rent are they asking (How much do they ask for rent)?*

CONSUELO: *Four thousand pesos.*

GUILLERMO: *Doesn't that seem very expensive to you? I have read that the prices of apartments (dwellings) are going to go down but it doesn't seem so to me.*

CONSUELO: En cambio, yo he oído justamente lo contrario. Ya que hemos decidido mudarnos de casa, no nos queda más remedio que hacer algo inmediatamente. Nuestro contrato de arriendo se acaba el mes que viene.

GUILLERMO: No te preocupes por eso. De todas maneras hemos de buscar otro sitio puesto que siempre hemos querido una casa más espaciosa. Y no olvides que tengo que estar en el aeropuerto a la una y cuarto. Ahora léeme el otro anuncio y vámonos.

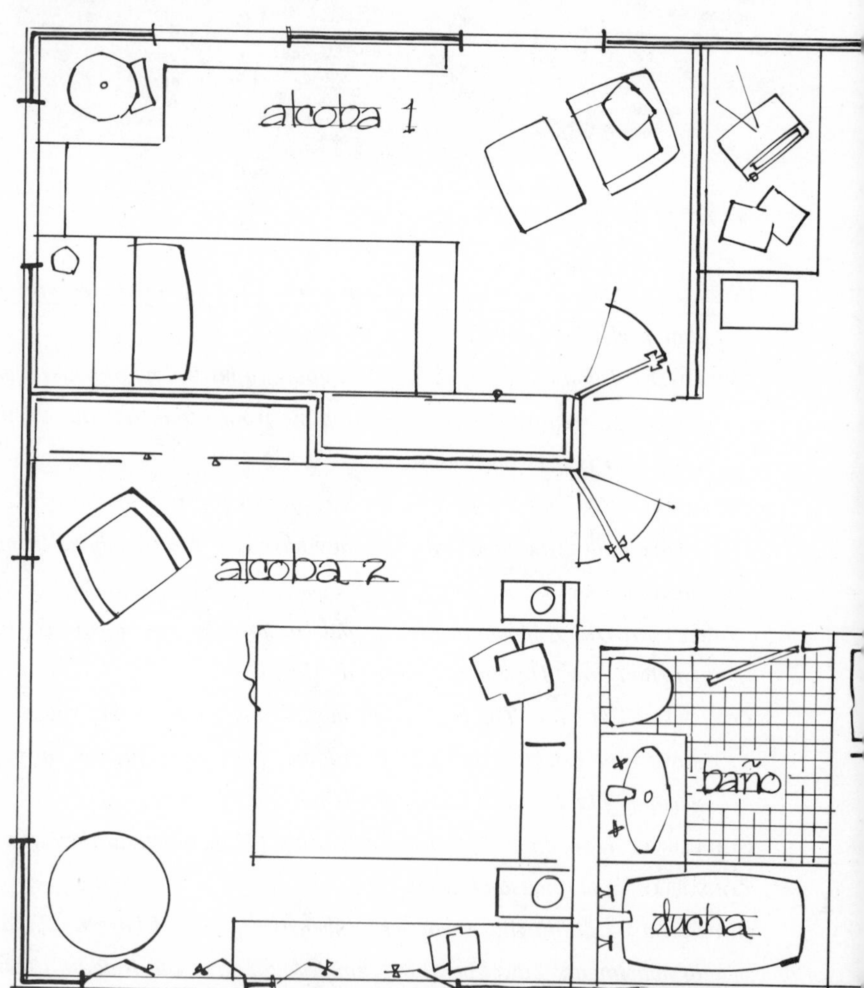

CONSUELO: *On the other hand, I have heard just the opposite. Since we have decided to move there's nothing left for us to do except do something immediately (no more recourse is left to us than to do something). Our lease is up (ended) next month.*

GUILLERMO: *Don't worry about that. In any case we are to look for another place since we have always wanted a more spacious house. And don't forget that I have to be at the airport at one fifteen. Now read me the other ad and let's go.*

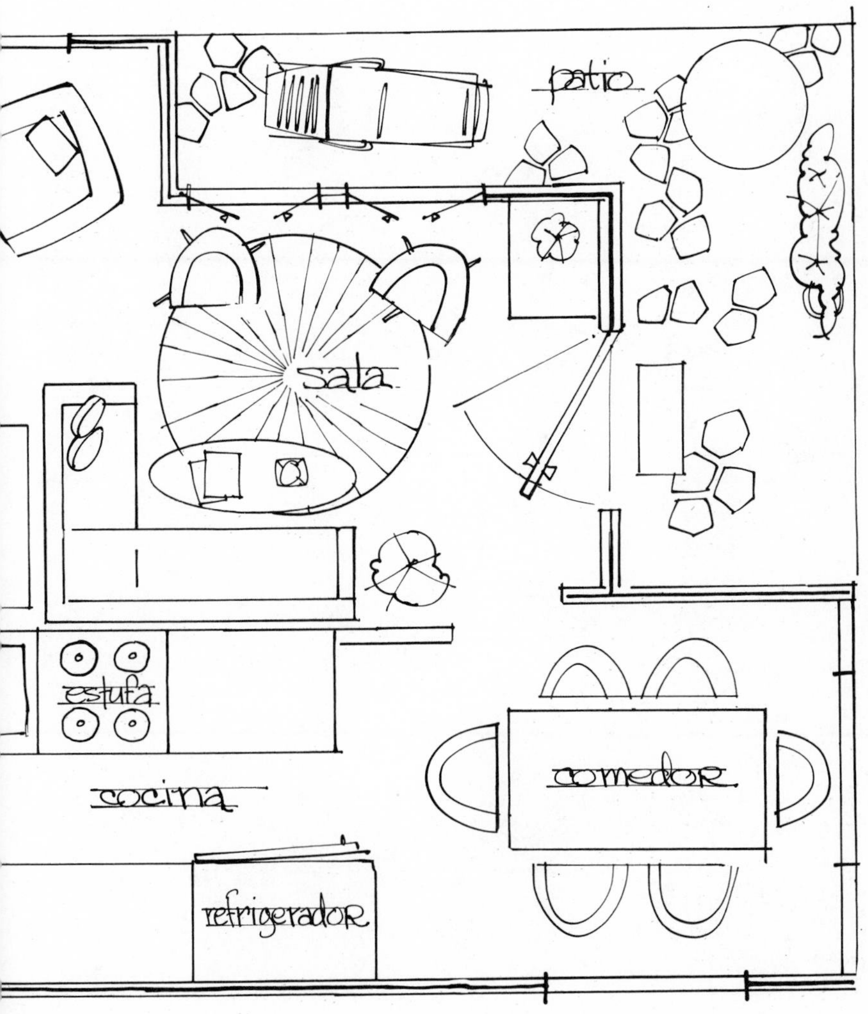

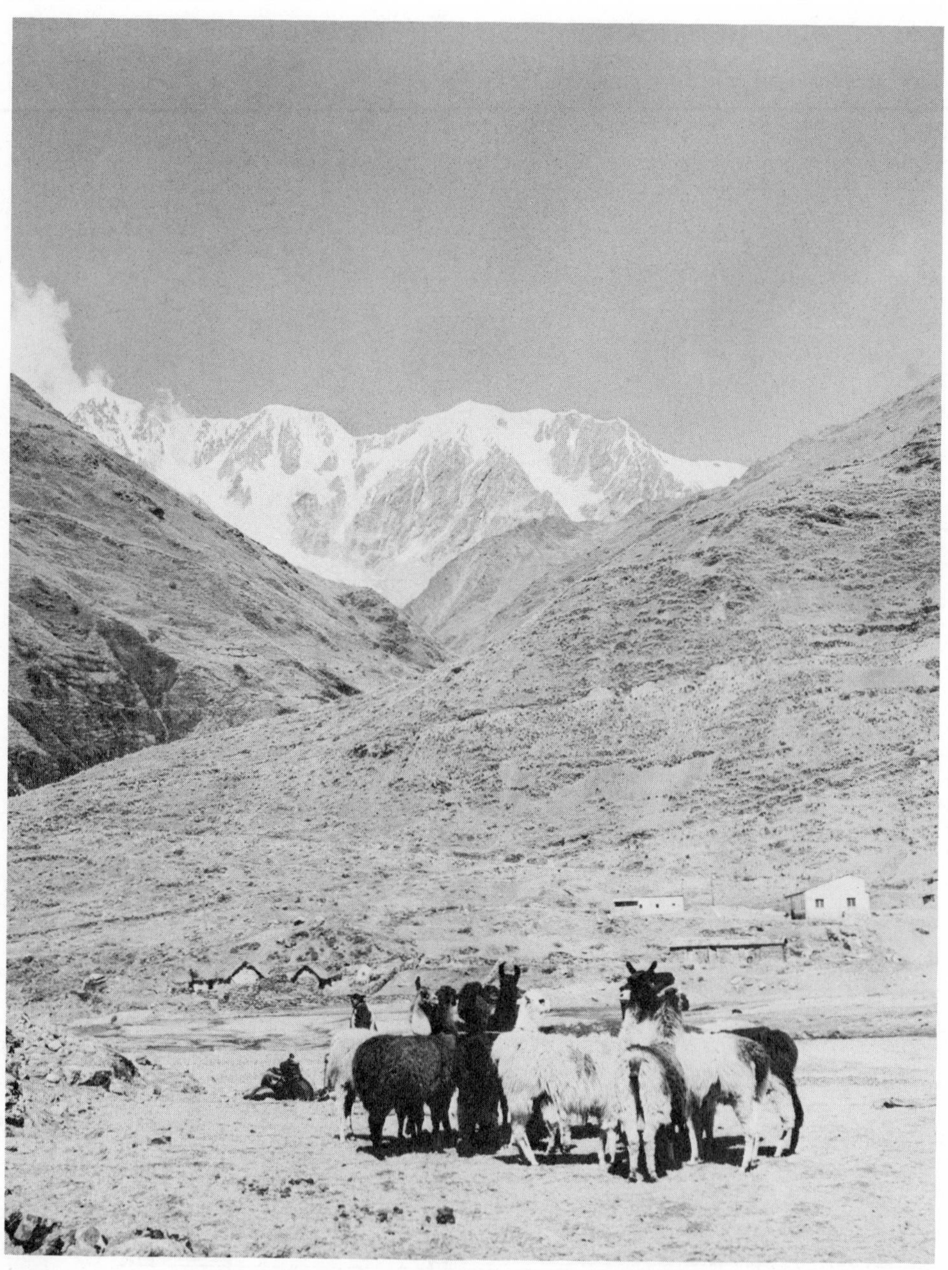

ejercicios

I. *Sustitución:*

1. ¿Has visto el periódico de hoy?
que anuncian varios apartamentos / los apartamentos nuevos / la cocina / los precios

2. No sé si voy a tener tiempo para buscar casa.
ver dos de los apartamentos nuevos / leer el periódico / hacer algo inmediatamente / buscar otro sitio

3. Me han escrito que el norteamericano llega hoy.
anuncian varios apartamentos / podríamos ver dos de los apartamentos nuevos / los precios de las viviendas bajan / nuestro contrato de arriendo se acaba

4. He llamado a los propietarios.
al norteamericano / al periodista / al aeropuerto / a la oficina

5. Me han dicho que el norteamericano llega hoy.
Me han escrito / He leído / He oído / Hemos decidido

6. Los tienen abiertos hasta el mediodía.
la medianoche / las ocho / que los alquilen / que salgan los propietarios

7. El más cercano tiene cuatro piezas.
El más lejano / El más barato / El más caro / El más espacioso

8. Hemos de buscar otro sitio.
mudarnos de casa / alquilar una casa / comprar una casa / buscar casa

9. Los precios de las viviendas bajan.
de los alquileres / de los anuncios / de los apartamentos / de las pensiones

10. He oído justamente lo contrario.
Me han dicho / Han escrito / He leído / Hemos decidido

11. No nos queda más remedio que hacer algo inmediatamente.
buscar otro sitio / alquilar una casa / estar en el aeropuerto a la una y cuarto / estar listos a tiempo

12. De todas maneras hemos de buscar otro sitio.
no olvides que tengo que estar en el aeropuerto / no te preocupes por eso / hemos decidido mudarnos de casa / no nos queda más remedio

II. *Conteste en español:*

1. ¿Ha visto Consuelo el periódico de hoy? **2.** ¿Qué anuncian en el periódico? **3.** ¿Qué tipo de apartamentos les interesan a Guillermo y a Consuelo? **4.** ¿Cuántos apartamentos nuevos van a ver? **5.** ¿A quiénes ha llamado Consuelo? **6.** ¿Qué le han dicho los propietarios? **7.** ¿Cuándo están abiertos los apartamentos? **8.** ¿Está lista Consuelo? **9.** ¿Por qué se pregunta Guillermo (**preguntarse** *to wonder*) si va a tener tiempo para buscar casa? **10.** ¿Qué le han escrito? **11.** ¿De dónde llega Robert, el periodista norteamericano? **12.** ¿Qué quiere Guillermo que Consuelo le prometa? **13.** ¿Cuántas piezas tiene el primer apartamento? **14.** ¿Cuánto piden de alquiler por el más cercano? **15.** ¿A Guillermo le parece muy caro o muy barato? **16.** ¿Qué ha leído Guillermo? **17.** ¿Le parece a él que los precios de las viviendas bajan? **18.** En cambio, ¿qué ha oído Consuelo? **19.** ¿Qué han decidido Consuelo y Guillermo? **20.** ¿Les queda más remedio? **21.** ¿Qué han de buscar? **22.** ¿Cuándo se acaba el contrato de arriendo? **23.** ¿Qué han querido siempre? **24.** ¿Qué no debe olvidar Consuelo? **25.** ¿Al fin qué le dice Guillermo a Consuelo que haga?

III. *Conteste en español:*

1. ¿Has visto el periódico de hoy? **2.** ¿Ha leído Ud. los anuncios? **3.** ¿Quiere alquilar una casa? **4.** ¿Quiere pagar mucho de alquiler? **5.** ¿Le ha escrito alguien esta semana? **6.** ¿A quién ha llamado Ud. hoy? **7.** ¿Le han dicho que los precios de las viviendas bajan o suben? **8.** ¿Siempre está Ud. listo a tiempo? **9.** ¿Prometéis no tardar mucho? **10.** ¿Cuántas piezas tiene su casa? **11.** ¿Cuáles son los cuartos de su casa? **12.** ¿Tiene su casa un cuarto para una criada? **13.** ¿Le parecen muy caros los precios en las tiendas? **14.** ¿Va a mudarse de casa? **15.** ¿Por qué se preocupa Ud.? **16.** ¿Busca Ud. otro sitio en donde vivir? **17.** ¿Siempre ha querido una casa más espaciosa? **18.** ¿Dónde tienes que estar a la una y cuarto?

IV. *Pregúntele a otro estudiante:*

1. si ha visto el periódico de hoy. **2.** si ha visto el periódico del domingo. **3.** si le gusta leer los anuncios. **4.** si le interesan los anuncios de apartamentos. **5.** si le interesan los anuncios de empleos (*jobs*). **6.** si tiene tiempo para ir al centro hoy. **7.** si busca casa. **8.** si prefiere comprar o alquilar casa. **9.** a quién ha llamado esta mañana. **10.** quién le ha llamado recientemente. **11.** si le han dicho que las tiendas no están abiertas los días feriados. **12.** si sabe hasta cuándo tienen abiertos los bancos. **13.** si siempre está listo a tiempo. **14.** si tarda mucho en vestirse. **15.** cuántas piezas tiene su casa. **16.** cuántas alcobas tiene su casa. **17.** si su casa tiene ático. **18.** qué otros cuartos tiene su casa. **19.** si el precio del alquiler le parece alto. **20.** si ha leído el periódico de ayer. **21.** si le parece que los precios bajan o suben. **22.** si ha decidido mudarse de casa. **23.** si se mudó de casa el año pasado. **24.** si tiene contrato de arriendo. **25.** qué va a hacer el mes que viene. **26.** qué va a hacer el fin de semana que viene. **27.** si se preocupa mucho. **28.** si siempre ha querido una casa espaciosa y lujosa. **29.** si olvidó que Ud. tiene que estudiar esta tarde.

V. *Repaso de la Conversación 27:*

1. ¿Qué le pregunta a Laura Quirós su madre? **2.** ¿Por qué dice Laura que se tienen que apurar? **3.** ¿Qué le tiene que decir Laura a la criada según su madre? **4.** ¿Qué le pide Laura a su madre? **5.** ¿Qué flores quiere Laura que le traiga su madre? **6.** ¿Para dónde quiere Laura las rosas amarillas y los claveles blancos? **7.** ¿Qué decidirán los muchachos con respecto a los cócteles? **8.** ¿Qué preferiría Robert probar según Laura? **9.** ¿Qué quiere ver la madre?

VI. *Dictado: Conversación 30*

VII. *Conversación:*

Discuss renting and buying houses.

GRAMMAR UNIT 20

85 • Remarks about past participles

a) The past participle is used in compound tenses: I have *walked*, they had *spoken*, etc.
b) The past participle can also be used as an adjective: the *spoken* word, the *closed* door, *said* paragraph, etc. In Spanish, when past participles are used as adjectives, they agree with the noun.

86 • Regular past participles of -ar verbs

He **llamado.**	I have *called.*
el encargo **olvidado**	the *forgotten* errand

To form regular past participles of **-ar** verbs, remove the infinitive ending and add **-ado.**

87 • Regular past participles of -er and -ir verbs

Has **comido.**	You have *eaten.*
Está **dormido.**	He is *asleep.*
Está **dormida.**	She is *asleep.*

To form regular past participles of **-er** and **-ir** verbs, remove the infinitive ending and add **-ido.**

88 • Past participles of romper (to break), volver (to return), morir (to die), poner, ver, escribir (to write), abrir (to open), cubrir (to cover), decir, hacer: irregular

ROMPER	**roto**	*broken*
VOLVER	**vuelto**	*returned*
MORIR	**muerto**	*dead*
PONER	**puesto**	*put*
VER	**visto**	*seen*
ABRIR	**abierto**	*opened*
CUBRIR	**cubierto**	*covered*

ESCRIBIR	**escrito**	*written*
DECIR	**dicho**	*said*
HACER	**hecho**	*made, done*

89 ● Remarks about perfect tenses

The perfect tenses are compound tenses formed, in English, with the *helping* or *auxiliary* verb **to have** plus the past participle.

In Spanish, the auxiliary verb is **haber**. The verb **tener** means *to have* in the sense of *possess*.

Present, past, future and conditional perfect tenses are formed by the present, past, future and conditional of the auxiliary verb followed by the past participle:

He llamado.	*I have* called.
Había hablado.	*He had* spoken.
Habremos estudiado.	*We will have* studied.
Habrían venido.	*They would have* come.

90 ● Present* perfect indicative

No **he** llamado a los propietarios.	*I have*n't called the landlords.
¿**Has** visto el periódico?	*Have you* seen the paper?
Me **han** dicho que sí.	*They have* told me yes.

The present indicative of the auxiliary verb **haber** (*to have*) is:

he	**hemos**
has	**habéis**
ha	**han**

He llamado.	*I have* called.
Has escrito.	*You have* written.
Ha vuelto.	*He has* returned.
Hemos dormido.	*We have* slept.
Habéis hablado.	*You have* spoken.
Han entendido.	*They have* understood.

The present perfect indicative is formed with the present indicative of the verb **haber** plus the past participle of the main verb.

* In Spanish, this tense is actually a type of preterite and is called **pretérito perfecto**.

ejercicios

I. *Sustituya el pretérito indefinido por el pretérito perfecto:*

EJEMPLO: Estudié
He estudiado

A. **1.** Llamé a Juan. **2.** Lo compraste en la tienda. **3.** Alquilaron apartamentos. **4.** Enviamos la caja. **5.** Recordasteis la fecha. **6.** Echó las cartas al correo.

B. **1.** Comí en el restaurante más cercano. **2.** Viviste en un apartamento nuevo. **3.** Recibió unas cartas. **4.** Salimos temprano. **5.** Escribisteis el anuncio. **6.** Trajeron el menú.

C. **1.** Me levanté. **2.** Te preocupaste por eso. **3.** Se quejó del trabajo. **4.** Nos apuramos. **5.** Os sentisteis mejor. **6.** Ya se fueron.

D. **1.** Me desperté. **2.** Le pediste un favor. **3.** Siguió cursos de español. **4.** Nos comunicamos ayer. **5.** Me olvidasteis pronto. **6.** Se acostumbraron a no tardar mucho.

E. **1.** Rompí mi camisa. **2.** Volviste a casa. **3.** Murió el gato (*cat*). **4.** Pusimos la mesa. **5.** Pudisteis verlo. **6.** Vieron el periódico.

F. **1.** Te lo escribí. **2.** Abriste las ventanas. **3.** Cubrió la silla. **4.** Dijimos que no. **5.** Quisisteis venir. **6.** Hicieron las petacas.

II. *Cambie los verbos al plural:*

A. **1.** He leído el periódico. **2.** He visto el anuncio. **3.** He buscado casa. **4.** He alquilado un apartamento. **5.** Te he dicho que no.

B. **1.** Te has levantado temprano. **2.** ¿Te has puesto triste? **3.** Has abierto la ventana. **4.** Has cerrado la puerta. **5.** Has esquiado sobre las olas.

C. **1.** Ha sugerido eso. **2.** Ha recordado los encargos. **3.** Ha ido a la playa. **4.** Ha sido matador. **5.** Me lo ha dado.

III. *Conteste las preguntas según el ejemplo:*

EJEMPLO: ¿Estudias la lección?
No, ya la he estudiado.

1. ¿Escribes las cartas? **2.** ¿Abres la ventana? **3.** ¿Oyen ellos los discos? **4.** ¿Escuchan Uds. la música? **5.** ¿Comienzan Uds. a buscar casa? **6.** ¿Pierden ellos el juego? **7.** ¿Eres el primero? **8.** ¿Te piden el favor? **9.** ¿Se van ellos? **10.** ¿Hacéis la comida?

IV. *Repaso de las Conversaciones 28, 29 y 30:*

1. ¿Qué no creía Robert? **2.** ¿Por qué quería Ernesto que vinieran a la playa? **3.** ¿Por cuánto tiempo le gustaría a Robert estar en la costa del Perú? **4.** ¿Por qué no podrán salir a dar una vuelta en barca? **5.** ¿Por qué encontraba Ernesto el volante algo duro? **6.** ¿Qué no había por allí cerca? **7.** ¿Qué podía Ernesto repararle al coche? **8.** ¿A qué quería Ernesto que le ayudara Robert tan pronto como llegaran a casa? **9.** ¿Pensaba Ernesto que, en el aeropuerto de Lima, le iban a decir algo a Roberto por causa de (*because of*) la piel de vicuña? **10.** Si tuvieran tiempo, ¿por dónde le gustaría a Robert dar una vuelta en auto?

V. *Tema de repaso:*

Consuelo has just asked Guillermo if he has read the ads of today's paper. They have house hunted for a long time and Consuelo has seen some ads that interest her. Guillermo has received a letter that lets him know that Robert is arriving today. Therefore he doesn't know if he will be able to go see some of the new apartments and houses that they advertise. Nevertheless (*sin embargo*) if Consuelo is ready soon, he thinks that he has time to go with her for a few hours. Consuelo has already told him that the least expensive apartment has four rooms and that the landlord pays the electric (*de la electricidad*) bill. Consuelo and Guillermo have to decide soon what (*lo que*) they will do since their lease will be up next month and they will have to move.

Conversando con un pasajero

EL PASAJERO: ¿Había estado Ud. antes en Sudamérica?

ROBERT: No, pero siempre estuve muy interesado y había deseado mucho hacer este viaje.

EL PASAJERO: ¿Qué cosas le han llamado más la atención en Sudamérica?

ROBERT: Las mujeres bonitas, el carácter amable de la gente y la pasión que ponen en el deporte.

EL PASAJERO: ¿Ha asistido Ud. a un partido de fútbol?

ROBERT: Sí, y antes había visto algunos por televisión en los Estados Unidos. Me gustan mucho.

EL PASAJERO: Yo he seguido por radio y televisión los últimos juegos olímpicos. ¿Cree Ud. que en los Estados Unidos hubo tanto interés por ellos como en Latinoamérica?

ROBERT: Yo diría que sí, puesto que en los Estados Unidos la gente es muy aficionada a los deportes.

EL PASAJERO: ¿A qué deportes ha jugado Ud.?

ROBERT: Aunque nunca he sobresalido en ninguno, siempre me han atraído los deportes y he practicado basquetbol, tenis, béisbol, fútbol americano y golf. Es más, cuando éramos niños, mi hermano y yo hemos sido campeones de natación.

EL PASAJERO: ¡Qué barbaridad! Ud. es un perfecto atleta.

Conversing with a passenger

THE PASSENGER: *Had you been in South America before?*

ROBERT: *No, but I always was very interested and had wished a lot to take this trip.*

THE PASSENGER: *What things have called your attention most in South America?*

ROBERT: *The pretty women, the kind nature of the people and the enthusiasm (passion) that they put in sports.*

THE PASSENGER: *Have you attended a soccer game?*

ROBERT: *Yes, and before I had seen some on TV in the United States. I like them a lot.*

THE PASSENGER: *I have followed the latest olympic games on radio and television. Do you think that in the United States there was as much interest in them as in Latin America?*

ROBERT: *I would say so, since in the United States the people are very fond of sports.*

THE PASSENGER: *What sports have you played?*

ROBERT: *Although I have never excelled in any, sports always have attracted me and I have played basketball, tennis, baseball, football and golf. Besides, when we were children, my brother and I were (have been) swimming champions.*

THE PASSENGER: *Good heavens! You are a perfect athlete.*

ejercicios

I. *Sustitución:*

1. ¿Había estado Uds. antes en Sudamérica?
   en los Estados Unidos / en Latinoamérica / en España / en Ecuador

2. Siempre había deseado mucho hacer este viaje.
   asistir a un partido de fútbol / ver los juegos olímpicos / sobresalir en algún deporte / ser campeón de natación

3. ¿Ha asistido Ud. a un partido de fútbol en los Estados Unidos?
   Lo han llamado a Robert / Ha seguido los últimos juegos / Ha jugado a algunos deportes / Ha sobresalido en algún deporte

4. Me han atraído los deportes.
   los juegos olímpicos / basquetbol y tenis / béisbol y fútbol

5. Habíamos sido campeones de natación.
   golf / fútbol americano / basquetbol / tenis

II. *Conteste en español:*

1. ¿Había estado Robert antes en Sudamérica? **2.** ¿Qué había deseado hacer? **3.** ¿Con quién habla Robert? **4.** ¿Qué cosas le han llamado más la atención en Sudamérica? **5.** ¿Le gustan a la gente de Sudamérica los deportes? **6.** ¿Ha asistido Robert a un partido de fútbol? **7.** ¿Qué había visto antes por televisión? **8.** ¿Le gustan a Robert los partidos de fútbol? **9.** ¿Cómo ha seguido el pasajero los últimos juegos olímpicos? **10.** En los Estados Unidos ¿hubo tanto interés por ellos como en Latinoamérica? **11.** En los Estados Unidos ¿es la gente muy aficionada a los deportes? **12.** ¿A qué deportes ha jugado Robert? **13.** ¿Ha sobresalido en alguno? **14.** Cuando eran niños Robert y su hermano, ¿en qué han sido campeones? **15.** ¿Cree Ud. que Robert es un perfecto atleta?

III. *Conteste en español:*

1. ¿Había estado Ud. en Sudamérica? **2.** ¿Había deseado Ud. hacer un viaje a Sudamérica? **3.** ¿A dónde había deseado Ud. hacer un viaje? **4.** ¿En qué estuvo siempre Ud. muy interesado? **5.** ¿Qué cosas le han llamado más la atención en la ciudad? **6.** ¿Habéis asistido a un partido de fútbol? **7.** ¿Ha asistido Ud. a un concurso (*contest*) de natación? **8.** ¿Habéis seguido vosotros por televisión los últimos juegos olímpicos? **9.** ¿Ve Ud. televisión todas las noches? **10.** ¿Cuál es su programa de televisión favorito? **11.** ¿Oye Ud. la radio muy a menudo? **12.** ¿Creéis que en los Estados Unidos hubo tanto interés por los juegos olímpicos como en Latinoamérica? **13.** ¿Hay mucho interés por los partidos de fútbol en los Estados Unidos. **14.** ¿Cree Ud. que en los Estados Unidos es la gente muy aficionada a los deportes? **15.** ¿Le han atraído los deportes? **16.** ¿Qué deportes ha practicado Ud.? **17.** ¿En qué deportes ha sobresalido Ud.? **18.** ¿Es Ud. un perfecto atleta?

IV. *Pregúntele a otro estudiante:*

1. si había estado en Sudamérica antes. **2.** si había viajado por otros países antes. **3.** si alguna vez había deseado hacer un viaje. **4.** qué cosas le han llamado la atención en la ciudad. **5.** si la gente de los Estados Unidos pone pasión en el deporte. **6.** si ha asistido a algún partido de fútbol el otoño pasado. **7.** si le gusta asistir a concursos de natación. **8.** si había visto algunos partidos de fútbol por televisión. **9.** si ve televisión por la noche. **10.** si oye la radio por la mañana. **11.** si ha seguido por televisión los últimos deportes invernales (*winter*). **12.** si ha seguido por televisión los últimos deportes veraniegos (*summer*). **13.** si cree que en los Estados Unidos hubo interés en los juegos olímpicos. **14.** qué deportes ha practicado. **15.** si ha sobresalido en algún deporte. **16.** si es atleta. **17.** si es campeón.

V. *Dictado: Conversación 31*

VI. *Conversación:*

Tell about various sports and those which interest you most.

33

CONVERSACIÓN

En la pensión

GUILLERMO: ¡Cuánto me alegro que hayas tenido un buen viaje!

ROBERT: Y lo hubiera tenido mejor si no me hubieran hecho esperar tanto para recoger mi equipaje.

GUILLERMO: Corre las cortinas y abre la ventana y la puerta que da al balcón. Parece como si este cuarto hubiera estado cerrado por mucho tiempo.

ROBERT: Lo haré después de poner estas maletas en el sofá.

GUILLERMO: Espero que hayas traído jabón pues, como quizás te hayas dado cuenta, en nuestros hoteles nunca lo hay.

ROBERT: Sí, ya lo había previsto y me he traído también las toallas.

GUILLERMO: Esta habitación parece bastante confortable: la cama es grande, las sábanas huelen a limpio, las mantas son de pura lana, las sillas y la butaca son nuevas, hasta el color de la alfombra es agradable.

ROBERT: Prende las luces. Quiero asegurarme de que tendré claridad suficiente para leer y escribir. No me gusta la oscuridad.

GUILLERMO: Si no hubiera habido bastante luz, habríamos podido pedir una lámpara de mesa.

ROBERT: Te agradezco que me hayas traído a una pensión. El ambiente familiar de las pensiones me gusta más que la formalidad del hotel.

GUILLERMO: Apaga la luz. Cierra la puerta y vámonos.

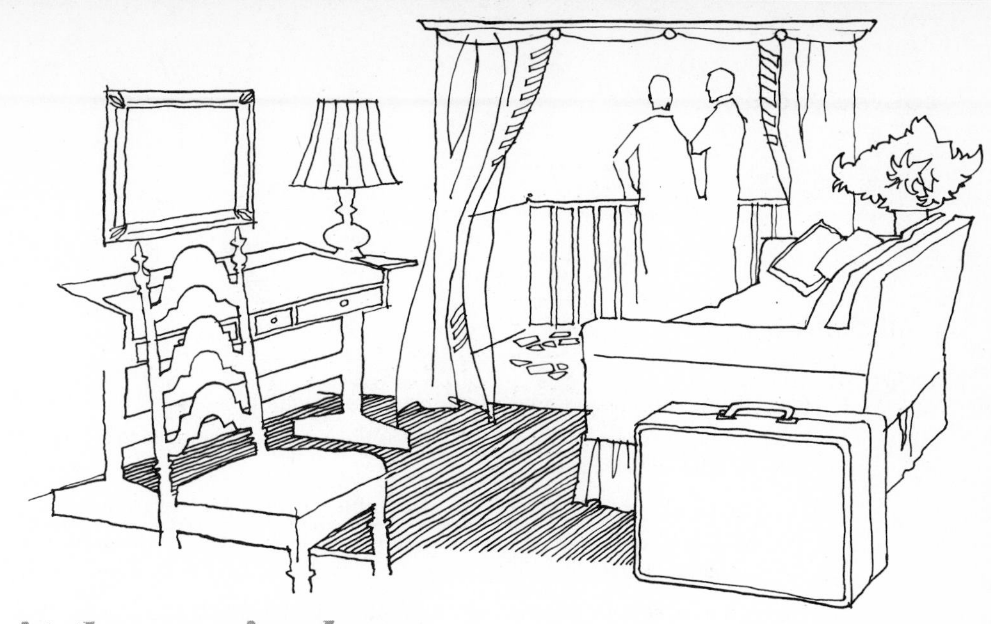

At the rooming house

GUILLERMO: *How glad I am that you have had a good trip!*

ROBERT: *I would have had a better one (I would have had it better) if they had not made me wait so much in order to pick up my luggage.*

GUILLERMO: *Pull (run) the curtains and open the window and the door that opens on to the balcony. It seems as if this room had been locked up for a long time.*

ROBERT: *I will do it after I have put these suitcases on the sofa.*

GUILLERMO: *I hope that you have brought soap since, as maybe you have realized, in our hotels there never is any (it).*

ROBERT: *Yes, I had already foreseen it and I have also brought myself towels.*

GUILLERMO: *This room seems quite comfortable: the bed is big, the sheets smell clean, the blankets are of pure wool, the chairs and the armchair are new, even the color of the carpet is pleasant.*

ROBERT: *Turn on the lights. I want to assure myself that I will have enough light to read and to write. I don't like darkness.*

GUILLERMO: *If there had not been enough light, we could have asked for a table lamp.*

ROBERT: *I am grateful to you for having brought me to a rooming house. I like the familiar atmosphere of rooming houses more than the formality of hotels.*

GUILLERMO: *Turn off the light. Shut the door and let's go.*

ejercicios

I. *Sustitución:*

1. ¡Cuánto me alegro que hayas tenido un buen viaje!
   hayas puesto estas maletas en el sofá / hayas traído jabón / te hayas dado cuenta / me hayas traído a una pensión
2. Hubiera tenido mejor viaje si no me hubieran hecho esperar tanto.
   no hubiera estado cerrado / hubiera habido bastante luz / hubiera habido toallas / lo hubiera previsto
3. Parece como si este cuarto hubiera estado cerrado.
   no hubiera tenido otro mejor / no me hubieran hecho esperar tanto / no hubiera habido bastante luz
4. Lo haré después que hayas puesto estas maletas en el sofá.
   hayas traído jabón / me hayas traído a una pensión / hayas hecho el viaje
5. Quizás te hayas dado cuenta.
   hayas tenido un buen viaje / lo hubiera tenido mejor / no me hubieran hecho esperar / haya puesto las maletas en el sofá / lo haya traído a una pensión
6. Espero que hayas traído jabón.
   hayas puesto las maletas aquí / te hayas dado cuenta / hayas traído toallas / hayas tenido un buen viaje
7. Ya lo había previsto antes.
   tenido / hecho / cerrado / habido
8. Esta habitación parece bastante confortable.
   Esta cama / Esta silla / Esa butaca / Aquella pensión
9. Quiero asegurarme de que tendré claridad suficiente para leer.
   luz suficiente / tiempo suficiente / lámpara de mesa / ambiente confortable
10. No me gusta la oscuridad.
    la alfombra / el color / la formalidad / el ambiente
11. Cierra la puerta y vámonos.
    las maletas / las ventanas / la caja / el ropero
12. Abre la ventana.
    la puerta / la petaca / la caja / el ropero
13. Podríamos haber pedido una lámpara.
    una silla / cortinas nuevas / un cuarto más grande / una mesa para escribir

14. La puerta da al balcón.
al patio / a la calle / al interior / al exterior

15. Te agradezco que me hayas traído a una pensión.
hayas puesto las maletas en el sofá / lo hayas previsto / haya bastante luz / hayas cerrado la ventana

II. *Conteste en español:*

1. ¿Ha vivido Ud. en una pensión? **2.** ¿Se alegra de que yo haya tenido un buen viaje? **3.** ¿Alguna vez le hicieron esperar para recoger su equipaje? 4. ¿Ha estado cerrado por mucho tiempo este cuarto? **5.** ¿Dónde habéis puesto vuestras maletas? **6.** ¿Has traído jabón? **7.** ¿Te has dado cuenta de eso? **8.** ¿Hay en nuestros hoteles jabón y toallas? **9.** ¿Ya había previsto Ud. que iba a llover? **10.** ¿Ya había previsto Ud. que no tenían sillas confortables? **11.** ¿Está su habitación confortable? **12.** ¿Cómo huelen* las sábanas en la pensión en donde vive Robert? **13.** ¿Huelen bien los claveles? **14.** ¿Huele bien la comida que prepara su hermana? **15.** ¿Os gustan las mantas de lana? **16.** ¿Tiene Ud. una butaca nueva? **17.** ¿Le gusta a Ud. la alfombra de su sala? **18.** ¿Quiere Ud. asegurarse de que tendrá claridad suficiente para estudiar? **19.** ¿Le gusta estudiar en la oscuridad? **20.** ¿Si no hubiera tenido bastante luz, habría comprado Ud. otra lámpara? **21.** ¿Le gusta a Ud. el ambiente familiar de las pensiones? **22.** ¿Prefiere Ud. la formalidad de los hoteles? **23.** Antes de dormirse, ¿prende o apaga Ud. las luces? **24.** Después de salir de casa, ¿cierra o abre la puerta?

III. *Pregúntele a alguien:*

1. si ha vivido en una pensión. **2.** si se alegra de que Ud. haya tenido un buen viaje. **3.** si se alegra de que haya recogido su equipaje. **4.** si le hicieron esperar para recogerlo la última vez que hizo un viaje. **5.** si ha puesto en el bolsillo (*pocket*) los resguardos para recoger sus maletas. **6.** si le gusta esperar mucho. **7.** si había traído jabón y toallas en su último viaje. **8.** si cree que hay jabón y toallas en los hoteles de los Estados Unidos. **9.** si se había dado cuenta de que no los hay en los de Sudamérica. **10.** si ha previsto que va a llover. **11.** si había previsto que Ud. lo iba a buscar. **12.** si viven en una habitación confortable. **13.** si olía* bien el desayuno. **14.** si olían bien las flores del jardín. **15.** si le gustan las mantas de lana. **16.** si tiene butaca en su habitación. **17.** si le gustan las alfombras de colores oscuros. **18.** si se asegura de que tendrá luz suficiente para estudiar.

---

* **Oler (ue)** has an *h* at the beginning of the verb forms in the present tenses.

IV. *Conteste en español:*

1. ¿Dónde están Guillermo y Robert? **2.** ¿Ha tenido Robert un buen viaje? **3.** ¿De qué se alegra Guillermo? **4.** ¿Qué le hubiera pasado si no lo hubieran hecho esperar? **5.** ¿Para qué tuvo que esperar Robert? **6.** ¿Quién corre las cortinas y abre la ventana? **7.** ¿A dónde da la puerta? **8.** ¿Cómo parece este cuarto? **9.** ¿Por cuánto tiempo ha estado cerrado? **10.** ¿Dónde ha puesto Robert las maletas? **11.** ¿Qué espera Guillermo que Robert haya traído? **12.** ¿Por qué tiene que traer jabón? **13.** ¿De qué se ha dado cuenta Robert? **14.** ¿Ya había previsto que quizás no hubiera toallas en la pensión? **15.** ¿Cómo parece la habitación de Robert? **16.** ¿Cómo están las sábanas? **17.** ¿De qué son las mantas? **18.** ¿Les gusta el color de la alfombra? **19.** ¿Quién prende las luces? **20.** ¿Tendrá Robert claridad suficiente? **21.** ¿Qué no le gusta? **22.** Si no hubiera habido bastante luz, ¿qué podrían haber hecho? **23.** ¿Qué le agradece Robert a Guillermo? **24.** ¿Por qué le gustan más las pensiones? **25.** Antes de que se vayan, ¿qué hace Robert con la luz y la puerta?

V. *Diga en español:*

1. Pull the curtains. **2.** Open the door. **3.** Open the window. **4.** Open the suitcases. **5.** Turn off the light. **6.** Turn off the lights. **7.** Shut the door. **8.** Shut the window. **9.** Let's go.

VI. *Dictado: Conversación 32*

VII. *Conversación:*

Talk about the room of a friend who is going to live in a rooming house.

GRAMMAR UNIT 21

91 ● Past perfect indicative

Había deseado hacer este viaje.	*I had* wanted to make this trip.
¿**Había** estado **Ud.** antes en Sudamérica?	*Had you* been in South America before?
Habíamos sido campeones.	*We had* been champions.

The imperfect indicative of the verb **haber** is:

había	**habíamos**
habías	**habíais**
había	**habían**

Había ido.	*I had* gone.
Habías visto.	*You had* seen.
Había querido.	*You had* wanted.
Nos **habíamos** levantado.	*We had* gotten up.
Habíais estudiado.	*You had* studied.
Habían leído.	*They had* read.

The past perfect indicative is formed with the imperfect indicative of the verb **haber** plus the past participle of the main verb.

Note that while there is a preterite perfect formed with the preterite of the verb **haber** plus the past participle of the main verb, it is so rarely used that it will be omitted here.

92 ● Present perfect subjunctive

¡Cuánto me alegro que **hayas** tenido un buen viaje!	How glad I am that *you have* had a good trip!
Lo haré después que **haya** puesto estas maletas en el sofá.	I'll do it after *he has* put these suitcases on the sofa.

Haya comido.	*I have* eaten.
Hayas llegado.	*You have* arrived.
Haya vuelto.	*He has* returned.
Hayamos hecho.	*We have* done.
Hayáis leído.	*You have* read.
Hayan escrito.	*They have* written.

The present perfect subjunctive is formed with the present subjunctive of the verb **haber** plus the past participle of the main verb.

Remember that this is subjunctive and must be used accordingly.

93 ● Past perfect subjunctive

Parece como si **hubiera estado** cerrado.	It seems as if *it had been* closed.
Si no **hubiera habido** bastante luz, habríamos podido pedir una lámpara.	If *there had* not *been* enough light, we could have asked for a lamp.

The imperfect subjunctive of **haber** is:

hubiera	**hubiéramos**
hubieras	**hubierais**
hubiera	**hubieran**

Hubiera sido.	*I would have* been.
Hubieras ido.	*You would have* gone.
Hubiera venido.	*She would have* come.
Hubiéramos creído.	*We would have* believed.
Hubierais vuelto.	*You would have* returned.
Hubieran sabido.	*They would have* known.

The past perfect subjunctive is formed with the imperfect subjunctive of **haber** plus the past participle of the main verb.

Remember that this is subjunctive and must be used accordingly.

94 • Remarks about the sequence* of tenses

The main verb of a sentence can be in any tense, while the tense of the subordinate (dependent) verb is governed and determined or influenced by that of the main verb. When the subjunctive is used in a subordinate clause, certain rules regarding the sequence of tenses should be followed in general.

A. The dependent verb is usually present or present perfect subjunctive when the main verb is:

a) present indicative

Dudo que **vengas.**	*I doubt* that *you are coming.*
Dudo que **hayas venido.**	*I doubt* that *you have come.* *I doubt* that *you came.*

b) future

Dudaré que **vengas.**	*I will doubt* that *you are coming.*
Dudaré que **hayas venido.**	*I will doubt* that *you have come.* *I will doubt* that *you came.*

B. The dependent verb is present subjunctive when the main verb is a command:

Dígale que **venga.**	*Tell* him *to come.*

C. The dependent verb is past or past perfect subjunctive when the main verb is:

a) imperfect indicative

Dudaba que **vinieras.**	*I doubted* that *you would come.*
Dudaba que **hubieras venido.**	*I doubted* that *you had come.* *I doubted* that *you would have come.*

---

* The intention of the authors in presenting the sequence of tenses is to point out that such rules exist and to indicate the various possibilities of tense usage in sentences using the subjunctive. This does not necessarily imply the utility of memorizing or knowing all of them. The essential thing to remember is that, generally speaking, if the main verb is present or future, the verb in the subjunctive is a present tense (present or present perfect subjunctive), and if the main verb is either a past tense or the conditional, the verb in the subjunctive is a past tense (imperfect or past perfect subjunctive).

b) preterite

Dudé que **vinieras.**	*I doubted* that *you would come.*
Dudé que **hubieras venido.**	*I doubted* that *you had come.* *I doubted* that *you would have come.*

c) conditional

Dudaría que **vinieras.**	*I would doubt* that *you would come.*
Dudaría que **hubieras venido.**	*I would doubt* that *you would have come.*

Viña del Mar, Chile

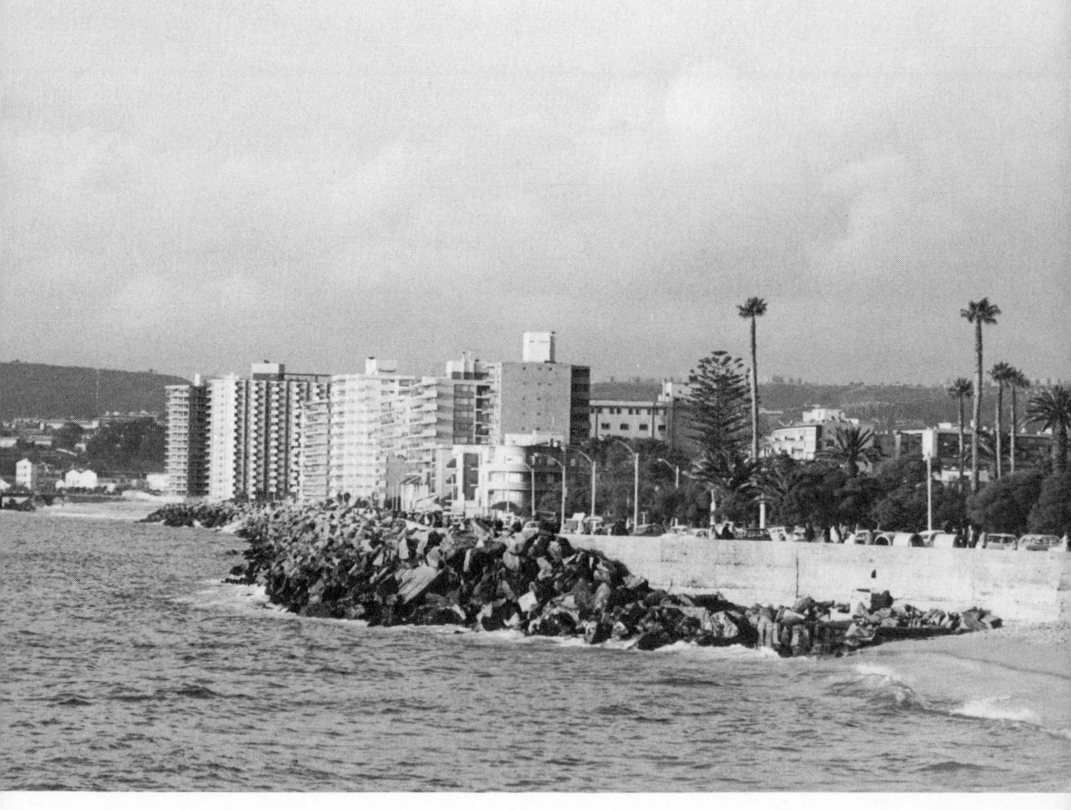

ejercicios

I. *Sustituya el pretérito perfecto por el pretérito pluscuamperfecto:*

EJEMPLO: He estudiado antes.
Había estudiado antes.

A. **1.** He escrito antes. **2.** Te has asegurado de eso. **3.** Ha corrido. **4.** Hemos abierto la puerta. **5.** Habéis alquilado una casa. **6.** Han cerrado la ventana.

B. **1.** Lo he visto. **2.** Los has invitado. **3.** Se ha lavado la cara. **4.** Nos hemos preocupado. **5.** Os habéis sentado a la mesa. **6.** Se han alejado.

C. **1.** He querido dártelo. **2.** No lo has recibido. **3.** Se ha ido. **4.** No lo hemos enviado. **5.** Lo habéis roto. **6.** Te las han dado.

II. *Sustituya el presente del subjuntivo por el pretérito perfecto del subjuntivo:*

EJEMPLO: Espero que estudies.
Espero que hayas estudiado.

1. Espero que vengas. **2.** Dudo que se sienta mejor. **3.** Es posible que vuelva temprano. **4.** Ojalá que lleguemos a tiempo. **5.** Nos alegramos de que sepáis leer. **6.** Te alegras de que esté aquí. **7.** ¡Lástima que no lo hagan! **8.** Necesitamos una llanta que no tenga pinchazo. **9.** Espero aquí hasta que vuelvas. **10.** Estudio hasta que se ponga el sol (*the sun sets*).

III. *Sustituya el pretérito imperfecto del subjuntivo por el pretérito pluscuamperfecto del subjuntivo:*

EJEMPLO: Esperaba que estudiara.
Esperaba que hubiera estudiado.

1. Esperaba que vinieras. **2.** Dudaba que se sintiera mejor. **3.** Fue posible que volvierais temprano. **4.** Ojalá que llegáramos a tiempo. **5.** Nos alegramos de que supieran leer. **6.** Te alegrabas de que estuviera aquí. **7.** Lástima que no lo hicieran. **8.** Necesitábamos una llanta que no tuviera pinchazo. **9.** Esperé aquí hasta que volvieras. **10.** Estudié hasta que se pusiera el sol.

IV. *Diga en español:*

1. I hope that you are studying. **2.** I hope that you studied. **3.** I wished that you had come. **4.** I doubt that she is here. **5.** Tell him to come. **6.** He suggested that we come earlier. **7.** They told him to turn off the lights. **8.** It was impossible for them to have rented the house. **9.** It is too bad that they had spent too much. **10.** I would never think that you would have thought the same thing. **11.** I will be glad when you unpack. **12.** I will be glad when you have written the letter. **13.** I begged you to get some stamps. **14.** They prohibited him to smoke (**fumar** *to smoke*).

V. *Repaso de la Conversación 31:*

1. ¿Qué habían anunciado en el periódico de hoy que a Consuelo le interesó? **2.** ¿Por qué no sabía Guillermo si iba a tener tiempo para buscar casa? **3.** ¿Cuántos apartamentos nuevos creía Consuelo que podrían ir a ver? **4.** ¿A quiénes había llamado Consuelo? **5.** ¿Bajo qué condición había dicho Guillermo que iría con ella? **6.** ¿Le hubiera parecido a Guillermo muy caro el alquiler si le hubieran pedido mucho menos de cuatro mil pesos? **7.** ¿Duda Guillermo que los precios de las viviendas hayan bajado? **8.** ¿Cuándo se acaba su contrato de arriendo? **9.** ¿Le ha dicho Guillermo a Consuelo que se preocupe porque el contrato se acaba el mes que viene? **10.** ¿Cuándo se mudarán de casa? **11.** ¿Qué han querido siempre conseguir? **12.** ¿A qué hora tenía que estar Guillermo en el aeropuerto?

VI. *Tema de repaso:*

Although Robert never had been in South America before, he always had been very interested in taking a trip there. His attention was called by many things that he had seen in South America. A passenger with whom he was talking one day told him that in Latin America the people put much enthusiasm in sports and Robert already had noticed that (**notar** *to notice*). When Robert arrived in Chile, they made him wait a long time to pick up his luggage. Later, when Robert and Guillermo arrived at the rooming house Robert said how glad he was that his friend had taken him there because he prefers its familiar atmosphere. Guillermo hoped that Robert had brought soap and towels since in many places they don't put any out (**no los ponen**). After turning on some lights, opening the windows and unpacking (**deshacer el equipaje** *to unpack*) they went down(stairs) (**bajar** *to go down, to go downstairs*) to have something to eat.

34

La Alhambra de Granada

ROBERT: ¿Cuándo fue construida la Alhambra de Granada?

GUILLERMO: La construcción se comenzó en 1248 y se terminó aproximadamente un siglo más tarde.

ROBERT: ¿A qué distancia de Granada se halla?

GUILLERMO: La distancia no la sé, pero está situada en la ladera de una montaña dominando Granada.

ROBERT: ¿Es muy grande la Alhambra?

GUILLERMO: Sí, está constituida de una serie de edificios tales como la ciudadela, el palacio de los reyes y los alojamientos que eran usados por nobles y funcionarios de la corte.

ROBERT: ¿Es allí donde se encuentra el famoso Patio de los Leones?

GUILLERMO: Sí, y, por cierto, ¡qué arquitectura tan interesante! Imagínate que el patio está rodeado de 124 columnas de mármol blanco. Las paredes y el techo están decorados con intrincada ornamentación ejecutada con azulejos y tallada en alabastro.

The Alhambra of Granada

ROBERT: *When was the Alhambra of Granada constructed?*

GUILLERMO: *The construction was begun in 1248 and was finished approximately one century later.*

ROBERT: *How far is it (At what distance is it found) from Granada?*

GUILLERMO: *The distance I don't know (it), but it is situated on the side of a mountain overlooking Granada.*

ROBERT: *Is the Alhambra very large?*

GUILLERMO: *Yes, it is made up of a series of buildings such as the citadel, the palace of the kings, and the quarters (lodgings) that were used by nobles and officials of the court.*

ROBERT: *Is it there where the famous Patio of the Lions is found?*

GUILLERMO: *Yes, and, certainly, what interesting architecture! Just imagine that the patio is surrounded by 124 columns of white marble. The walls and the roof are decorated with intricate ornamentation executed with glazed tiles and worked in alabaster.*

ROBERT: ¿Qué se hizo de la Alhambra después de la conquista de Granada en 1492?

GUILLERMO: Estuvo prácticamente abandonada hasta 1828 en que fue restaurada. Hoy en día es considerada como el más puro ejemplar de la arquitectura morisca en España.

ROBERT: Te aseguro que cuando vaya a España no dejaré de visitarla.

ROBERT: *What was done with the Alhambra after the conquest of Granada in 1492?*

GUILLERMO: *It was practically abandoned until 1828 when (in which [year]) it was restored. Nowadays it is considered as the purest example of the Moorish architecture in Spain.*

ROBERT: *I assure you that when I go to Spain I will not fail to visit it.*

Medieval Granada

ejercicios

I. *Sustitución:*

1. ¿Cuándo fue construida la Alhambra?
   la casa / la ciudad / la mesa / la pensión
2. ¿Cuándo fue construido el castillo?
   el edificio / el palacio / el patio / el techo
3. La construcción se comenzó hace mucho tiempo.
   La conquista / El edificio / El palacio / El trabajo
4. ¿A qué distancia de Granada se halla?
   de la ciudad / de aquí / del mercado / de la puerta
5. Está situada en la ladera de una montaña.
   lejos de aquí / cerca de aquí / a la derecha / a la izquierda
6. Está constituida de una serie de edificios.
   muchos edificios / 124 columnas / paredes decoradas / azulejos
7. Los alojamientos eran usados por nobles.
   invitados / reyes / funcionarios / conquistadores
8. ¿Es allí donde se encuentra el famoso Patio de los Leones?
   el supermercado / la tienda de abarrotes / la pensión / la iglesia
9. ¡Qué arquitectura tan interesante!
   palacio / hombre / clase / tema
10. El patio está rodeado de columnas.
    árboles / mármol / casas / paredes
11. La casa está rodeada de árboles.
    edificios / calles / tiendas / otras casas
12. Las paredes y el techo están decorados con intrincada ornamentación.
    Los edificios / Los cuartos / Los alojamientos / Los castillos
13. ¿Qué se hizo de la Alhambra?
    del castillo / de la mesa / de los muebles / del techo
14. Estuvo abandonada hasta 1828.
    por mucho tiempo / por unas semanas / hasta el año pasado / hasta hace poco
15. Es considerada como el más puro ejemplar.
    la mejor / la peor / la más interesante / la última
16. Te aseguro que iré cuando vaya a España.
    llegue / tenga tiempo / me interese / deje de llover / haga buen tiempo
17. No dejaré de visitarla.
    trabajar / ir / asegurarte que sí / construirlo

II. *Conteste en español:*

1. ¿Cuándo fue construida la Alhambra de Granada? **2.** ¿Cuándo se comenzó la construcción? **3.** ¿Cuándo se terminó la construcción ? **4.** ¿A qué distancia de Granada se halla? **5.** ¿Dónde está situada la Alhambra? **6.** ¿Es muy grande la Alhambra? **7.** ¿De qué está constituida la Alhambra? **8.** ¿Por quiénes eran usados los alojamientos de la Alhambra? **9.** ¿Cómo se llama el famoso patio que se encuentra allí? **10.** ¿Cómo es la arquitectura del patio? **11.** ¿De qué está rodeado? **12.** ¿Cómo están decoradas las paredes? **13.** ¿Cómo está decorado el techo? **14.** ¿De qué está hecha la intrincada ornamentación? **15.** ¿Qué se hizo de la Alhambra después de la conquista de Granada? **16.** ¿En qué año fue la conquista de Granada? **17.** ¿En qué año fue restaurada la Alhambra? **18.** ¿Cómo es considerada hoy en día?

III. *Conteste en español:*

1. ¿Sabe Ud. cuándo fue construida la Alhambra de Granada? **2.** ¿En qué año se comenzó la construcción de su casa? **3.** ¿Cuándo se terminó? **4.** ¿A qué distancia de aquí se halla su casa? **5.** ¿Dónde está situada su casa? **6.** ¿Hay montañas por aquí? **7.** ¿Está construida su casa de ladrillo (*brick*) o de madera (*wood*)? **8.** ¿Está constituida su casa de muchos cuartos y un garaje? **9.** ¿Es aquí donde se encuentran los famosos jardines? **10.** ¿Hay arquitectura interesante en su pueblo? **11.** ¿De qué está rodeada su casa? **12.** ¿Qué se hizo de su auto después del accidente? **13.** ¿Fue restaurado el cercano sitio histórico? **14.** ¿Hoy en día se construye mucho aquí? **15.** ¿Me aseguras que vas a estudiar? **16.** ¿Me aseguras que lo harás?

IV. *Pregúntele a otro estudiante:*

1. en qué año se comenzó la construcción de su casa. **2.** cuándo se terminó. **3.** a qué distancia de aquí se halla el mercado. **4.** dónde está situada la escuela. **5.** si hay lagos por aquí. **6.** de qué está construida su casa. **7.** si su casa está constituida de muchos cuartos y un garaje. **8.** si su pueblo está constituido de muchos edificios. **9.** si es aquí donde se encuentra el río (*river*). **10.** si le interesa la arquitectura antigua. **11.** de qué está rodeado el colegio. **12.** si el mercado está rodeado de sitios de estacionamiento (*parking places*). **13.** qué se hizo de su dinero; si lo gastó (**gastar** *to spend*). **14.** si hoy en día se construyen muchas fábricas. **15.** si no dejará de estudiar.

V. *Dictado: Conversación 33*

VI. *Conversación:*

Tell about the Alhambra.

GRAMMAR UNIT 22

95 ● Remarks about the passive voice

A. Verbs are said to have active and passive voices.

In the active voice, we are interested in what the subject, as agent, does to an object by means of the verb:

John **writes** a letter.
The wind **blew** the leaves.

B. In the passive voice, we are concerned with the action (writes, blew) and the recipient of the action (letter, leaves) rather than the agent (John, the wind). The object (the letter, the leaves) of the active sentence becomes the subject of the passive sentence, with the action expressed by the verb *to be* plus a past participle (written, blown). The agent (John, the wind) may be stated or omitted:

A letter **is being written** (by John).
The leaves **were blown** (by the wind).

96 ● Passive voice

La casa **fue vendida** (por Juan).	The house *was sold* (by John).
Los libros **serán escritos** (por los profesores).	The books *will be written* (by the professors).

In Spanish, the passive voice is formed with **ser** plus the past participle, which agrees in gender and number with the subject.
When the agent is expressed, it is introduced by **por**.

97 ● Reflexive substitute for the passive

Se cierran las puertas a las ocho.	The doors *are closed* at eight.
Se cierra la puerta.	The door *is closed.*

In Spanish, when the agent is irrelevant, the passive construction can be replaced by a reflexive verb, in the third person singular or plural.*

---

* Not to be confused with impersonal **se**, which is always used with a singular verb. (See p. 52, footnote)

98 • Past participle used with estar

A. As was pointed out earlier, the past participle can be used as an adjective, in which case it agrees in gender and number with the noun it modifies:

los botes **alquilados**	the *rented* boats
la camisa **rota**	the *torn* shirt

B. As an adjective, the past participle is often used with **estar** for description of a state of being. This is not to be confused with the passive construction made with **ser** plus the past participle and which indicates action rather than description.

When indicating the thing or instrument by which the described state is brought about, the preposition **de** is generally used:

La casa está rodeada **de** flores.	The house is surrounded *by* flowers.
El suelo está cubierto **de** juguetes.	The floor is covered *with* toys.
Nosotras estamos empapadas **de** agua.	We are soaked *with* water.

Compare the following *active*, *passive* and *descriptive* sentences:

A. Active:

Los jardineros **rodean** la casa con flores.	The gardeners *surround* the house with flowers.
El niño **cubre** el suelo con juguetes.	The child *covers* the floor with toys.
María nos **empapa** con agua.	Maria *soaks* us with water.

B. Passive:

La casa **es rodeada** con flores (por los jardineros).	The house *is surrounded* with flowers (by the gardeners).
El suelo **es cubierto** con juguetes (por el niño).	The floor *is covered* with toys (by the child).
Nosotras **somos empapadas** con agua (por María).	We *are soaked* with water (by Maria).

C. Descriptive:

La casa **está rodeada** de flores.	The house *is surrounded* by flowers.
El suelo **está cubierto** de juguetes.	The floor *is covered* with toys.
Nosotras **estamos empapadas** de agua.	We *are soaked* with water.

ejercicios

I. *Cambie las frases de la voz activa a la voz pasiva:*

EJEMPLO: Estudia la lección.
La lección es estudiada.

A. 1. Hace la comida. **2.** Recuerdo el número. **3.** Compra los comestibles. **4.** Vendéis abarrotes. **5.** Levanta las manos.

B. 1. Reciben a un amigo. **2.** Busca las corbatas. **3.** Pierde tiempo. **4.** Pido agua. **5.** Toman refrescos.

II. *Cambie las frases de la voz activa a la voz pasiva, mencionando el agente:*

EJEMPLO: He vendido la casa.
La casa fue vendida por mí.

A. 1. He estudiado la lección. **2.** Tú has construido el edificio. **3.** Ella ha encontrado los alojamientos. **4.** Nosotros hemos facturado las maletas. **5.** Habéis leído el periódico. **6.** Uds. han abandonado a sus amigos.

B. 1. Yo he escrito cartas. **2.** Has llamado a tus conocidos. **3.** Explicó el problema. **4.** Limpiamos la cocina. **5.** Vosotros habéis vuelto a tiempo. **6.** Ellos me han dicho la verdad.

C. 1. He hecho la preparación. **2.** Has cubierto las butacas. **3.** Ud. ha recibido la noticia. **4.** Nosotros le hemos dado el obsequio a él. **5.** Habéis cerrado la puerta. **6.** Ellas han abierto los roperos.

III. *Cambie las frases de la voz activa a la voz pasiva:*

EJEMPLO: Vendió la casa.
La casa fue vendida.

1. Aprendí la lección. **2.** Construyó el castillo. **3.** Encontró los alojamientos. **4.** Olvidó las maletas. **5.** Recordó los encargos.

IV. *Sustituya la forma activa por la forma reflexiva:*

EJEMPLO: Cierra las puertas.
Se cierran las puertas.
Abren la ventana.
Se abre la ventana.

A. **1.** Construyen el edificio. **2.** Comienzan la construcción. **3.** Abren el banco. **4.** Sirven comida española. **5.** Terminan la clase.

B. **1.** Cierra las petacas. **2.** Hace las maletas. **3.** Vende libros. **4.** Alquila cuartos. **5.** Hablan otros idiomas.

C. **1.** Piden muchas cosas. **2.** Habla español. **3.** Venden entradas. **4.** Factura maletas. **5.** Cortan el pelo.

V. *Sustituya las palabras indicadas y haga los cambios necesarios en los verbos en itálicas y en los participios:*

EJEMPLO: La lámpara *está* apagada. El motor / Las luces
El motor está apagado.
Las luces están apagadas.

1. La casa *está* cubierta de nieve.
Las calles / El coche / El árbol / Los campos

2. El disco *está* roto.
Las mesas / Los vasos / Este cajón / Aquella lámpara

3. La carta *está* mal escrita.
El libro / Los telegramas / Los anuncios / El letrero (*sign*)

4. El contrato *está* acabado.
La carretera / El puerto / Los libros / Las barcas

5. La comida *está* servida en la mesa.
Los refrescos / El café / La bebida / Las pastas

6. La luz *está* prendida.
El televisor (*TV set*) / La radio / El horno (*oven*) / Las lámparas / Los ventiladores (*fans*)

VI. *Cambie las frases de la voz activa a la voz pasiva, mencionando el agente:*

EJEMPLO: Juan escribió la carta.
La carta fue escrita por Juan.

1. Cortés conquistó el país. **2.** Robert presentó a María. **3.** El dependiente envolvió los abrigos (**envolver** *to wrap up*). **4.** Robert cerró la puerta. **5.** Ernesto abrió las ventanas.

VII. *Repaso de las Conversaciones 32 y 33:*

1. ¿Quién había estado interesado en hacer un viaje por Sudamérica? **2.** ¿Qué cosas le llaman la atención a Robert? **3.** ¿Le gustan a Robert los partidos de fútbol? **4.** ¿Qué deportes había practicado Robert? **5.** ¿En qué deporte sobresalieron Robert y su hermano cuando eran niños? **6.** ¿Se puede decir que Robert es un perfecto atleta? **7.** ¿Por qué no tuvo Robert un perfecto viaje? **8.** ¿Qué es lo que nunca hay, según Guillermo, en los hoteles de Chile? **9.** ¿Por qué ha traído Robert toallas también? **10.** ¿Por qué le pareció a Guillermo la habitación confortable? **11.** ¿Por qué le dice Robert a Guillermo que prenda las luces? **12.** Antes de irse, ¿qué le dice Guillermo a Robert? **13.** ¿Le gusta a Robert la formalidad de los hoteles? **14.** ¿Por qué no necesita pedir una lámpara de mesa?

VIII. *Tema de repaso:*

As is known, the Alhambra of Granada began to be constructed in 1248 and approximately one hundred years later it was finished. The Alhambra is constructed on the side of a mountain near Granada. Nobles and officials of the court of the Moors lived in some of the buildings that make up the Alhambra, and the kings had their own palace. In the Alhambra a patio surrounded by columns of marble, intricately decorated and adorned, is found and it is called the Patio of the Lions because of the figures of these animals that are found there. The Alhambra was practically abandoned for more than three centuries. In 1828 it was restored and today it is one of the finest examples of Moorish architecture that can be found in Spain.

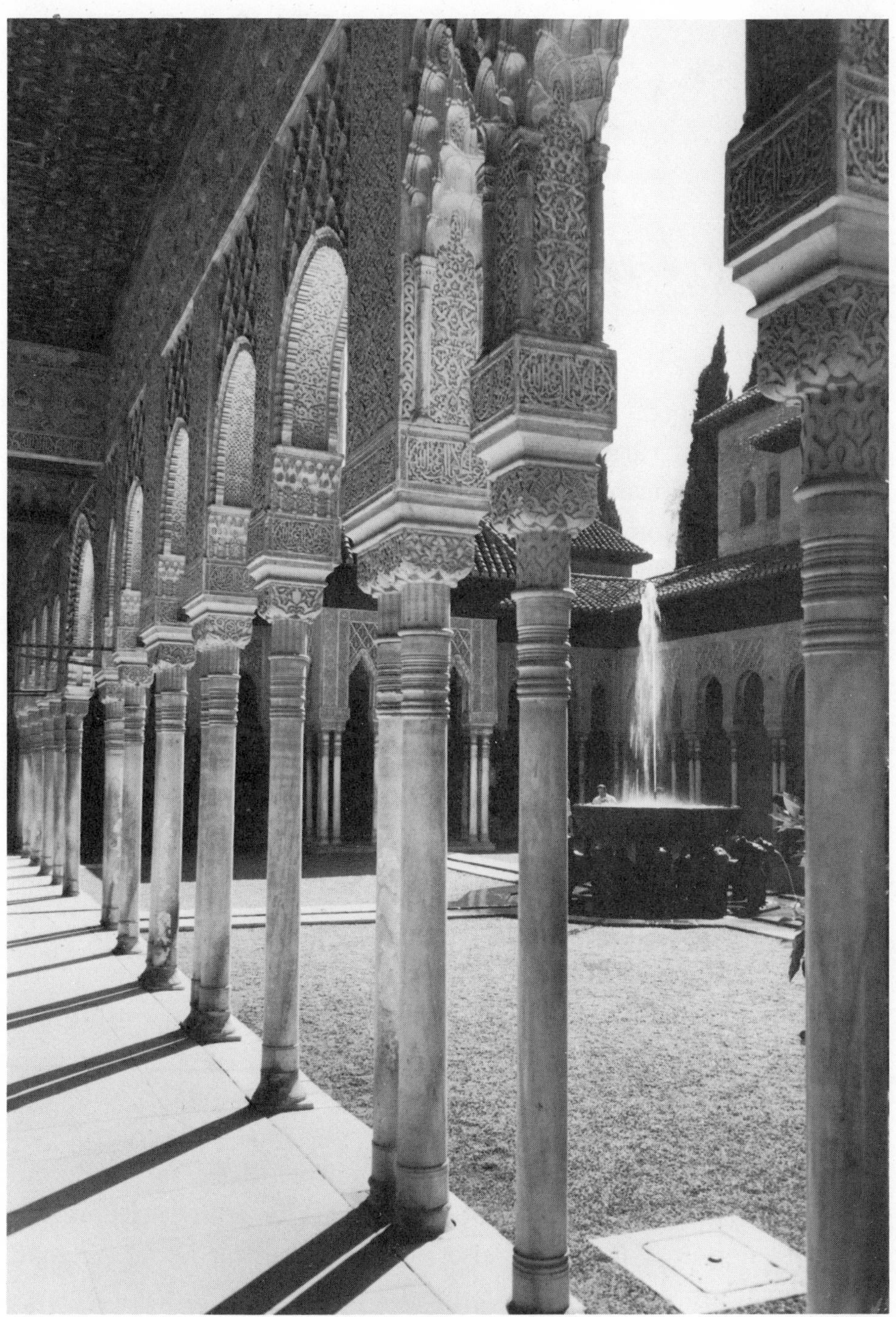

Patio of the Lions, The Alhambra

LECTURA SÉPTIMA

Entre Chile y Argentina

A Robert le encantó Chile. Nunca se hubiera podido imaginar tal variedad regional en geografía y clima en un solo país sudamericano. Chile que en su parte más ancha sólo tiene unos 400 kilómetros se extiende por algo más de 4.000 kilómetros sobre la costa del Pacífico.

El norte desértico y árido, con su guano, nitrato y minerales, principalmente cobre; la parte central templada y agrícola, con Santiago, la capital de la república; y el sur, frío y maderero, de incomparable belleza, hacen de Chile un país de profundos contrastes.

Los Andes, que sirven de frontera natural a Chile, en el extremo norte con Bolivia y al este con Argentina, forman una barrera practicamente infranqueable, en extensión y altura sólo comparable con los Montes Himalaya.

Hace unas horas que salieron de Santiago. El Transandino, tren en el que viajan Robert y Guillermo, ha dejado atrás una de las ciudades más grandes de Sudamérica, situada a 520 metros de altura, con sus espaciosos parques y plazas, jardines y avenidas, y con un clima casi perfecto.

Sentados cómodamente en el camarote, Robert y Guillermo charlan amigablemente. Robert comenta la gran variedad que presentan los distintos países de la América latina y cuán equivocado estaba al creer que Latinoamérica era uniforme.

El tren acaba de pasar por Los Andes, la última estación chilena, y se va acercando a Mendoza, la primera ciudad argentina.

Ésta es la parte del trayecto donde el tren gana su nombre "Transandino". El ferrocarril atraviesa los Andes por el paso de Uspallata, a una altura de algo más de 3.050 metros. Allí es donde se encuentra la estatua del Cristo de Los Andes simbolizando la paz firmada en 1902 entre Chile y Argentina, después de las largas disputas fronterizas.

Desde Mendoza el tren comienza a descender para cruzar los 900 kilómetros de llanura que lo separan de Buenos Aires. Esta llanura es la pampa argentina que se extiende desde las laderas de los Andes hasta el océano Atlántico, y desde el Chaco hasta el río Colorado, donde se encuentran las grandes ciudades de Argentina encabezadas por la capital Buenos Aires. Ésta es la tierra del gaucho, el legendario "vaquero argentino" de tiempos pasados, que es todavía un símbolo nacional.

Preguntas:

1. ¿Qué no se hubiera podido Robert imaginar nunca? **2.** ¿Qué longitud tiene Chile? **3.** ¿Cómo es el norte de Chile? **4.** ¿Dónde está la capital de la república? **5.** ¿Qué cosas hacen de Chile un país de profundos contrastes? **6.** ¿Qué sirve de frontera natural a Chile? **7.** ¿Con qué montes sólo se puede comparar los Andes? **8.** ¿A qué altura está la ciudad de Santiago? **9.** ¿Por qué estaba equivocado Robert? **10.** ¿Cuál es la última estación chilena en el ferrocarril Transandino (Chile-Argentina)? **11.** ¿Dónde se encuentra la estatua del Cristo de Los Andes? **12.** ¿A qué distancia (aproximada) está Mendoza de Buenos Aires? **13.** ¿Cuál es la tierra del gaucho?

CONVERSACIÓN

En el tren

ROBERT: Estoy pensando lo bien que me ha venido el que te hayas decidido a acompañarme a Buenos Aires.

GUILLERMO: El decidirme no fue nada en comparación con el tener que convencer a Consuelo que me dejara ir.

ROBERT: Ya noté que al despedirnos, tu mujer estaba un poco triste.

GUILLERMO: Bueno, pensemos en otra cosa. Vamos al coche comedor donde ya están sirviendo la comida.

En el comedor

ROBERT: Pasando por tantos coches cama, me he dado cuenta de que el Transandino es un tren muy lujoso.

GUILLERMO: Pues ya verás que el servicio está a la misma altura.

ROBERT: ¿Por qué ponen tantas piezas en cada cubierto?, dos cucharas, tres tenedores, dos cuchillos y dos vasos.

GUILLERMO: Ya te dije que el servicio es muy bueno.

Un rato después

ROBERT: ¿Qué tal si al acabar la comida vamos al coche salón a tomar una copita?

GUILLERMO: Muy buena idea. Como has visto, la comida ha sido excelente.

ROBERT: ¿Qué estás dejando de propina?

GUILLERMO: El 20 por ciento como de costumbre.

On the train

ROBERT: *I am thinking how convenient it is for me (the good it has come to me) that you have decided to go with me to Buenos Aires.*

GUILLERMO: *My deciding was nothing in comparison with having to convince Consuelo to let me go.*

ROBERT: *I already noticed that when we said good-bye (on our saying good-bye to each other) your wife was a little sad.*

GUILLERMO: *Well, let's think about something else (another thing). Let's go to the dining-car where they are already serving the meal.*

In the dining-car

ROBERT: *Passing through so many pullmans (bed-cars) I have realized that the "Transandino" (Across the Andes) is a very luxurious train.*

GUILLERMO: *Well now you will see that the service is of the same quality (at the same height).*

ROBERT: *Why do they put so many pieces in each place setting, two spoons, three forks, two knives and two glasses?*

GUILLERMO: *I already told you that the service is very good.*

A short while afterwards

ROBERT: *What do you say if when we finish (after finishing) the meal we go to the club car to have an after dinner drink (a little drink)?*

GUILLERMO: *Very good idea. As you have seen, the food was excellent.*

ROBERT: *What are you leaving for a tip?*

GUILLERMO: *20 per cent as usual.*

ejercicios

I. *Sustitución:*

1. Estoy pensando lo bien que me ha venido.
   que el decidirme no fue nada / en otra cosa / que ya están sirviendo la comida / lo bien que viajamos
2. El decidirme no fue nada en comparación con el tener que convencerla.
   el acabar a tiempo / el convencerla / el despedirme / el tener que pasar por tantos coches
3. Pensemos en otra cosa.
   despedirnos / vernos / acabar la comida / dejar una propina
4. Vamos al coche comedor.
   al coche cama / al coche salón / a la estación (*station*) / al vagón de carga (*freight car*)
5. Me he dado cuenta de que es un tren lujoso.
   el servicio está a la misma altura / el servicio es muy bueno / ya están sirviendo la comida / está dejando la propina
6. ¿Por qué ponen dos cucharas?
   tres tenedores / dos cuchillos / dos vasos / una copa
7. ¿Qué tal si al acabar vamos a tomar un café?
   después de salir del coche comedor / al pagar la cuenta / después de pasar al coche salón / al dejar la propina
8. ¿Qué estás dejando?
   pensando / sirviendo / dejando de propina / sirviendo de postre

II. *Conteste en español:*

1. ¿Qué está pensando Robert? **2.** ¿Qué es lo que le ha venido bien a Robert? **3.** ¿Qué había decidido Guillermo? **4.** ¿Qué es lo que le fue fácil a Guillermo en comparación con el tener que convencer a Consuelo? **5.** ¿A quién tuvo que convencer Guillermo? **6.** ¿De qué tuvo que convencer Guillermo a su mujer? **7.** ¿Qué notó Robert al despedirse de Consuelo? **8.** ¿En qué sugiere Guillermo que piensen? **9.** ¿A dónde sugiere Guillermo que vayan? **10.** ¿Qué están sirviendo ya en el coche comedor? **11.** ¿Por dónde pasaron Robert y Guillermo para llegar al coche comedor? **12.** Mientras iban al coche comedor, ¿de qué se había dado cuenta Robert? **13.** ¿Qué dice

Guillermo que Robert verá? **14.** ¿Qué notó Robert del cubierto? **15.** ¿Qué piezas había en el cubierto? **16.** ¿Cómo es el servicio en el Transandino? **17.** Un rato después ¿a dónde sugirió Robert que fueran? **18.** Al acabar la comida ¿qué sugirió que tomaran? **19.** ¿Qué le pareció a Guillermo la idea? **20.** ¿Cómo ha sido la comida? **21.** ¿Qué está dejando Guillermo de propina? **22.** ¿Cuánto cree Ud. que se debe dejar de propina en un restaurante lujoso?

III. *Conteste en español:*

1. ¿En qué estáis pensando vosotros ahora? **2.** ¿Qué es lo que le ha venido bien hoy? **3.** ¿A Ud. le parece difícil decidir lo que va a hacer por la tarde? **4.** Al despedirse, ¿está Ud. triste? **5.** ¿Alguna vez viajó Ud. por tren? **6.** ¿Era un tren lujoso? **7.** ¿Tenía el tren coches cama? **8.** ¿Cómo se llama el coche donde se sirve la comida en el tren? **9.** ¿Cómo es el servicio en el restaurante más lujoso de su pueblo? **10.** Por lo común, ¿cuántas piezas se ponen en un cubierto? **11.** Cuando en su casa ponen la mesa, ¿cuántos cubiertos ponen? **12.** Cuando en su casa ponen la mesa, ¿qué piezas ponen en cada cubierto? **13.** Al acabar la comida ¿qué hace Ud.? **14.** ¿Cómo se llama el último coche de un tren de pasajeros? **15.** ¿Qué deja Ud. de propina?

IV. *Pregúntele a alguien:*

1. en qué está pensando ahora. **2.** qué es lo que le ha venido bien recientemente. **3.** si alguna vez tuvo que convencer a alguien que le dejara ir a algún lugar. **4.** si alguna vez viajó por tren. **5.** qué coches tiene un tren lujoso como el Transandino. **6.** cómo se llaman los coches en donde se duerme. **7.** cómo se llaman los coches en donde se come. **8.** qué es un coche salón. **9.** cuántas piezas cree que debe haber en un cubierto. **10.** con qué se toma sopa. **11.** con qué se toma ensalada. **12.** con qué se corta la carne. **13.** en qué se bebe agua o leche. **14.** en qué se bebe vino o un licor (*liqueur*). **15.** dónde sirven copitas en el Transandino. **16.** si al acabar la comida el camarero recoge la mesa (*clears the table*). **17.** qué se pide al camarero al acabar la comida. **18.** por lo común, cuánto por ciento de la cuenta deja de propina. **19.** si está pensando en hacer un viaje por tren.

V. *Dictado: Conversación 34*

VI. *Conversación:*

Talk about traveling on a luxurious train.

Gaucho

GRAMMAR UNIT 23

99 • Present participle of regular -ar verbs

Estoy **estudiando.**	I am *studying.*
Pasando por tantos coches cama	*Passing* through so many pullmans

To form the present participle of regular **-ar** verbs, remove the infinitive ending and add **-ando.**

100 • Present participle of regular -er and -ir verbs

Están **comiendo** en la cocina.	They are *eating* in the kitchen.
Viviendo tantos años	*Living* so many years

To form the present participle of regular **-er** and **-ir** verbs, remove the infinitive ending and add **-iendo.***

101 • Present participles of radical changing verbs

A.	**Recordando** eso	*Remembering* that
	Pensando en ti	*Thinking* about you
	Queriendo ir	*Wanting* to go
	Volviendo a casa	*Returning* home

-ar and **-er** radical changing verbs make no change in the present participle, with the only exception of **poder**:

Pudiendo hacerlo	*Being able* to do it

B.	**Durmiendo** tarde	*Sleeping* late
	Muriendo de hambre	*Dying* of hunger
	Sintiéndose mejor	*Feeling* better
	Pidiendo café	*Asking* for coffee

-ir radical changing verbs change the **e**>**i** and **o**>**u** in the present participle.

---

* Verbs with a stem ending in a vowel have the *i* changed to *y*: **oír: oyendo; caer: cayendo.** Note the present participle of **ir: yendo.**

102 • Progressive tenses

Estoy pensando lo bien que me ha venido. — *I'm thinking* how convenient it is for me.
¿Qué **estás dejando** de propina? — What *are you leaving* for a tip?

Present progressive:
Estoy estudiando. — *I am studying.*

Imperfect progressive:
Estabas recordando. — *You were remembering.*

Preterite progressive:
Estuvo leyendo. — *He was reading.*

Future progressive:
Estaremos sirviendo. — *We will be serving.*

Conditional progressive:
Estaríais pensando. — *You would be thinking.*

A. The progressive tenses consist of the appropriate tenses of **estar** plus the present participle of the main verb.

B. Note that the progressive form may be used in the subjunctive when necessary, and occasionally with a compound form of **estar**:

Espero que **estén** estudiando. — I hope that *they are* studying.
Muchas **han estado** estudiando. — Many *have been* studying.

103 • Position of direct, indirect and reflexive pronouns with present participle and progressive tenses

A. Estudiándo**lo**, lo aprendí. — (By) studying *it*, I learned it.

When a present participle stands alone, the pronouns must be attached.

B. **Lo** estoy estudiando.

or

Estoy estudiándo**lo**.

Me estaba lavando las manos.
or
Estaba lavándo**me** las manos.

Me las estaba lavando.
or
Estaba lavándo**melas**.

In a progressive tense, the pronouns may either precede the auxiliary verb, or be attached to the present participle.

104 ● Infinitive as a noun

(El) ver es **(el) creer**.	*Seeing* is *believing*.
El tener que estudiar es la cuestión.	*Having* to study is the question.

An infinitive can be used as a noun. It is sometimes preceded by the definite article **el**.

105 ● Al plus infinitive

Al llegar, lo vi.	**On arriving**, I saw him. **Upon arriving**, I saw him. **When I arrived**, I saw him. **As I arrived**, I saw him.
Al llegar, te llamo. / llamaré.	**On arriving**, I'll call you. **Upon arriving**, I'll call you. **When I arrive**, I'll call you.

A. An infinitive is often used preceded by **al**.
In English, this construction may be translated by using *on* or *upon* plus a present participle, or *when* or *as* plus a conjugated verb. In both cases, the subject of the subordinate verb is supplied or implied from that of the main verb.

B. Note that this **al** + *infinitive* construction is sometimes used as an equivalent to **cuando** + *subjunctive* or **después de** + *infinitive*:

Cuando llegue, te llamo.	*When I arrive*, I'll call you.
Después de llegar, te llamo.	*After I arrive*, I'll call you.
Al llegar, te llamo.	*Upon arriving*, I'll call you.

Pampas, Argentina

ejercicios

I. *Sustituya el presente indicativo por el presente duradero:*

EJEMPLO: Estudio.
Estoy estudiando.

A. **1.** Doy el obsequio. **2.** Hablas español. **3.** Acaba la comida. **4.** Miramos el paisaje. **5.** Jugáis fútbol. **6.** Dejan el recado (*message*).

B. **1.** Como ahora. **2.** ¿No ves eso? **3.** Vive en un hotel. **4.** Recibimos el correo. **5.** Barréis la cocina. **6.** Beben agua.

C. **1.** Pienso que sí. **2.** Quieres acabar. **3.** Vuelve a casa. **4.** No dormimos ahora. **5.** Seguís el camino. **6.** Piden la cuenta. **7.** Recuerdo el encargo. **8.** Pones la mesa. **9.** Dice la verdad. **10.** Caemos en la cuenta. **11.** Oís la música. **12.** Leen la revista (*magazine*).

II. *Sustituya el presente indicativo por el presente duradero, colocando los pronombres primero después del gerundio y luego antes del verbo* **estar***:*

EJEMPLO: Lo hablo.
Estoy hablándolo.
Lo estoy hablando.

1. Me levanto. **2.** Te despides de él. **3.** No lo dice. **4.** Las servimos. **5.** Se lo rogáis. **6.** Me lavo la cara. **7.** Te cortas el pelo. **8.** Se lo pregunta. **9.** Te la sugerimos. **10.** Me los buscan.

III. *Combine las expresiones siguientes, usando la forma correcta del verbo* **estar***:*

EJEMPLO: Espero que . . .
Está estudiando.
Espero que esté estudiando.

1. Quizás no . . .
Estoy recordándolo. Estás facturándola. Está arreglando el auto. Estamos perdiendo tiempo. Estáis haciendo la maleta. Están llamándolo.

2. Ojála . . .
Estoy aprendiendo. Estás estudiándolo. Está escribiéndosela. Estamos enseñándosela. Estáis llamándolos. Están oyéndolo.

IV. *Sustituya el pretérito indefinido por el pretérito perfecto duradero:*

EJEMPLO: Estudiaron.
Han estado estudiando.

1. Lavé los platos. **2.** Apagaste las luces. **3.** Cerró las ventanas. **4.** Abrimos las cajas. **5.** Hicieron las maletas.

V. *Complete las frases siguientes con gerundios, usando los verbos indicados:*

EJEMPLO: Lo aprendí. (leerlo, estudiarlo)
Lo aprendí leyéndolo.
Lo aprendí estudiándolo.

1. Lo aprendí. (escribirlo, enseñarlo, oírlo, mirarlo, preguntarlo)

2. Llegas a tiempo. (apurarse, irse por la mañana, vestirse de prisa, probarse menos vestidos, levantarse temprano)

VI. *Sustituya las oraciones con* **cuando** *o* **después de** *por* **al** *seguido del infinitivo:*

EJEMPLO: Te llamo cuando me levante.
Te llamo al levantarme.

Te llamo después de levantarme.
Te llamo al levantarme.

1. Lo facturo cuando lleguemos. **2.** Te lo dará después de recibirlo. **3.** Tendrás que decidirte cuando dejes de trabajar. **4.** Le convenzo después de explicárselo. **5.** Va a arrendar (*to lease*) su departamento cuando parta de la ciudad. **6.** Quiere comprar unas tarjetas después de empezar el viaje. **7.** ¿Vas a sentirte mejor cuando tomes aspirinas?

VII. *Diga en español:*

1. On studying, I understood. **2.** Upon leaving, he paid. **3.** When they came, they found nothing. **4.** On calling, they noticed that they were wrong. **5.** They charge upon delivery [upon delivering]. **6.** When we received the news (*la noticia*), we were glad.

VIII. *Repaso de la Conversación 34:*

1. ¿Cuándo se construyó la Alhambra de Granada? **2.** ¿A qué distancia de Granada se halla? **3.** ¿De qué está constituida la Alhambra? **4.** ¿Por quiénes fueron usados los alojamientos? **5.** ¿Dónde se encuentra el Patio de los Leones? **6.** ¿Cuántas columnas rodean el Patio? **7.** ¿Qué está decorado con intrincada ornamentación? **8.** ¿Cuándo fue restaurada la Alhambra? **9.** ¿Cómo está considerada hoy en día la Alhambra?

IX. *Tema de repaso:*

While Robert and Guillermo are traveling from Santiago to Buenos Aires, Robert is thinking about many things. He is glad that Guillermo decided to accompany him but on thinking how sad (*lo triste*) Consuelo was (*quedarse*) upon their leaving, Robert felt a little guilty (*culpable*). Guillermo interrupts (*interrumpir*) Robert when the latter (*éste*) is speaking of their departure from Santiago. Trying to change the subject, Guillermo suggests that they go to the dining car. In order to go there, they have to go through the whole train. Robert counts the cars of the train as they pass through each one and he realizes that they are traveling on a long and luxurious train. In the dining-car, Guillermo pointed out the same thing when Robert asked why they put so many pieces in each place setting. The meal was excellent and when they finished they went to the club car where they were conversing (*conversar*) until very late.

Santiago, Chile

36

Buenos Aires

GUILLERMO: Habría sido mejor si hubiera avisado a mis parientes de que veníamos.

ROBERT: Si tienes tanta prisa, ¿por qué no lo haces desde este teléfono público?

GUILLERMO: Simplemente porque no hay guía de teléfonos y no recuerdo el número.

ROBERT: Pues, hombre, descuelga el aparato, marca el número de información y pregúntale a la operadora el número que te interesa.

Un momento después

ROBERT: ¿Cuánto tiempo llevan tus parientes aquí en Argentina?

GUILLERMO: La mayor parte de mi familia es argentina. Yo mismo habría sido argentino si a mi padre no se le hubiera ocurrido ir a estudiar a Chile.

ROBERT: Tomemos un taxi y vamos cuanto antes al hotel. Estoy muy cansado.

GUILLERMO: No te habrías cansado tanto, si anoche te hubieras acostado más temprano.

The Obelisk, Buenos Aires

Buenos Aires

GUILLERMO: *It would have been better if I had let my relatives know that we were coming.*

ROBERT: *If you are in such a hurry, why don't you do it from this public phone?*

GUILLERMO: *Simply because there is no phone book and I don't remember the number.*

ROBERT: *Well, man, take down (unhang) the receiver, dial the number of information and ask the operator the number that you want (that interests you).*

A while later

ROBERT: *How long have your relatives been here in Argentina?*

GUILLERMO: *The majority of my family is Argentinean. I would have been Argentinean myself if it hadn't occurred to my father to go to Chile to study.*

ROBERT: *Let's take a cab and let's go to the hotel as soon as possible. I am very tired.*

GUILLERMO: *You would not have gotten so tired, if last night you had gone to bed earlier.*

ejercicios

I. *Sustitución:*

1. Habría sido mejor si hubiera avisado a mis parientes.
no se le hubiera ocurrido ir / te hubieras acostado / no hubiera tenido tanta prisa / hubieras ido al hotel

2. ¿Por qué no lo haces desde este teléfono público?
el hotel / el aeropuerto / casa / la pensión

3. No hay guía de teléfonos.
hoteles / calles / información / turismo (*tourism*)

4. Pregúntale a la operadora el número que te interesa.
la dirección / la información / la hora / el teléfono

5. La mayor parte de mi familia es argentina.
alemana / española / chilena / inglesa / francesa / sueca / italiana

II. *Conteste en español:*

1. Según Guillermo, ¿qué habría sido mejor? **2.** ¿De qué querría haber avisado a sus parientes? **3.** ¿Qué sugiere Robert que haga Guillermo? **4.** ¿Por qué no se comunica con sus parientes desde el teléfono público? **5.** ¿Qué no hay en la casilla del teléfono (*phone booth*)? **6.** ¿Cómo sugiere Robert que Guillermo averigüe (*find out*) el número? **7.** ¿Cuánto tiempo llevan los parientes de Guillermo en Argentina? **8.** ¿De qué nacionalidad es la mayor parte de su familia? **9.** ¿Qué razón da Guillermo para decir que él mismo habría sido argentino? **10.** ¿Qué se le ocurrió a su padre hace mucho tiempo? **11.** ¿Qué sugiere Robert que hagan, ya que está cansado? **12.** ¿Cómo van al hotel? **13.** Según Guillermo, ¿qué le pasaría a Robert ahora si se hubiera acostado más temprano anoche?

III. *Conteste en español:*

1. ¿Habría sido mejor si hubiera avisado a sus padres que venía? **2.** Si tiene prisa en llamar, ¿usa un teléfono público? **3.** ¿Dónde está la casilla de teléfono más cercana? **4.** ¿Tiene Ud. la guía de teléfonos de los estudiantes? **5.** ¿Recuerda Ud. siempre los números de teléfono de sus amigos? **6.** Si no recuerda un número de teléfono, ¿dónde lo busca? **7.** Antes de usar el teléfono, ¿qué es lo primero que se hace? **8.** Después de descolgar el aparato, ¿qué se hace? **9.** ¿Cuánto tiempo lleva Ud. en esta ciudad? **10.** ¿De dónde es la mayor parte de su familia? **11.** Si anoche no se hubiera acostado temprano, ¿cómo se habría sentido esta mañana?

IV. *Pregúntele a alguien:*

1. si habría sido mejor si hubiera avisado al profesor que no venía ayer. **2.** si me habría avisado si no hubiera podido pasar por mí. **3.** si tiene mucha prisa. **4.** por qué tiene tanta prisa. **5.** si tiene una moneda de diez centavos para telefonear. **6.** si hay una casilla de teléfono cerca de aquí. **7.** si se encuentran casillas de teléfono enfrente de este edificio. **8.** si tiene una guía de teléfonos de los estudiantes. **9.** qué hace si no recuerda un número y no tiene guía de teléfonos. **10.** si la guía de teléfonos de nuestro pueblo es grande. **11.** de cuántos tomos (*volumes*) consiste la guía. **12.** sabiendo que se "descuelga" el aparato para llamar a alguien por teléfono, qué se hace al terminar una conversación. **13.** con quién va a hablar si marca el número cero. **14.** cuánto tiempo llevan sus padres en esta ciudad. **15.** de qué nacionalidad es la mayor parte de su familia. **16.** si le hubiera gustado si a su padre se le hubiera ocurrido ir a trabajar en Europa. **17.** si toma un autobús para llegar a la escuela. **18.** si está muy cansado ahora. **19.** si se cansó mucho ayer. **20.** si se acostó muy tarde anoche.

V. *Dictado: Conversación 35*

VI. *Conversaciones:*

A. Tell a friend how to find a public phone and how to use it.

B. Tell someone about the trip that Guillermo and Robert took to Buenos Aires.

CONVERSACIÓN

La tintorería

EMPLEADA: ¿Qué se le ofrece, señor?

ROBERT: Vengo a recoger mi ropa pero se me olvidaron los resguardos.

EMPLEADA: No se preocupe. Esto ocurre constantemente. ¿Podría indicarme cuándo la trajo?

ROBERT: Sí, el jueves pasado, si mal no recuerdo.

EMPLEADA: ¿Se acuerda de lo que trajo?

ROBERT: Por supuesto . . . un traje completo y dos pantalones para limpiar en seco, unas camisas para lavar y unas corbatas para planchar.

Después de un rato

EMPLEADA: Aquí tiene su ropa, señor. Le hemos almidonado los cuellos y los puños de las camisas; también le hemos cosido el botón que se le cayó y zurcido la camisa que se le rompió.

ROBERT: Muchas gracias. Uds. ofrecen un buen servicio.

EMPLEADA: Ordinariamente, si no se nos indica lo contrario, hacemos todo lo que hace falta, tanto en trajes como en vestidos o ropa interior.

ROBERT: Ahora que se me ocurre, ¿podría explicarme por qué se dice tintorería en vez de lavandería?

EMPLEADA: Porque al principio en estos establecimientos solamente se teñía ropa.

The cleaners

CLERK: *May I help you, sir (What can one offer you, sir)?*

ROBERT: *I'm coming to pick up my clothes (clothing) but I forgot the ticket stubs (the ticket stubs forgot themselves unto me).*

CLERK: *Don't worry. This happens constantly. Could you tell me (indicate to me) when you brought them (it)?*

ROBERT: *Yes, last Thursday if I don't remember incorrectly (badly).*

CLERK: *Do you remember what you brought?*

ROBERT: *Of course . . . a complete suit and two pairs of pants to [be] dry cleaned, some shirts to [be] washed and some ties to [be] pressed.*

After a while

CLERK: *Here are your clothes, sir (Here you have your clothing). We also have starched the collars and cuffs of the shirts for you; we have sewed [on] the button that fell off and mended the shirt that got torn.*

ROBERT: *Thank you very much. You offer good service.*

CLERK: *Ordinarily, if the contrary is not indicated to us, we do all that is needed, on suits as well as on dresses (as much on suits as on dresses) or underwear.*

ROBERT: *Now that it occurs to me, could you explain why you say dyer instead of laundry?*

CLERK: *Because at the beginning in these establishments, clothes were only dyed.*

LA
limpieza en seco / dry cleaners
LA NUEVA
IMPRENTA
PAPELERIA
UTILES ESCOLARES Y DE OFICINA-FUNDAS PAPEL PLASTICS

ejercicios

I. *Sustitución:*

1. ¿Qué se le ofrece, señor?
   le . . . señora / le . . . señorita / les . . . señores / les . . . señoras
2. Vengo a recoger mi ropa.
   un traje / la ropa interior / la mesa / a mi hermano menor
3. Se me olvidaron los resguardos.
   los vestidos / los pantalones / las camisas / las corbatas
4. Se le rompió la camisa.
   el traje / el vestido / el cuello / el puño
5. Se me ocurre explicárselo.
   recoger mi ropa / limpiar en seco el traje / almidonar los cuellos / coser el botón
6. La trajo el jueves pasado si mal no recuerdo.
   ayer / anteayer (*day before yesterday*) / la semana pasada / el miércoles
7. ¿Se acuerda de lo que trajo?
   lo que se le rompió / lo que ocurrió anteayer / planchar las camisas / zurcir los pantalones
8. Traje dos pantalones para limpiar en seco.
   un traje completo para limpiar en seco / unas camisas para lavar y planchar / unas corbatas para limpiar y planchar
9. Aquí tiene su ropa, señor.
   el traje / la camisa / los pantalones / las corbatas
10. Le hemos almidonado los cuellos.
    los puños / las camisas / la blusa (*blouse*) / el vestido de algodón (*cotton*)
11. Le hemos cosido el botón.
    la manga (*sleeve*) / el cuello / la falda (*skirt*) / la ropa interior
12. El botón se le cayó.
    La manga / El puño / El forro (*lining*) / La etiqueta (*tag*)
13. Zurcimos la camisa.
    el traje / el vestido / el forro / la ropa interior
14. Si no se nos indica lo contrario, hacemos todo lo que hace falta.
    almidonamos los cuellos / zurcimos lo que está roto / cosemos los botones
15. ¿Podría explicarme por qué se dice tintorería?
    lavandería / perfumería / panadería / carpintería / zapatería

II. *Conteste en español:*

1. ¿A dónde fue Robert? **2.** Al entrar Robert, ¿qué le dijo la empleada? **3.** ¿Por qué vino Robert a la tintorería? **4.** ¿Qué se le olvidaron? **5.** ¿Qué le pregunta la empleada? **6.** ¿Cuándo trajo Robert la ropa? **7.** ¿Recuerda mal Robert? **8.** ¿Se acuerda de lo que trajo? **9.** ¿Qué trajo Robert? **10.** ¿Qué quería que hicieran con el traje y los pantalones? **11.** ¿Para qué trajo unas camisas? **12.** ¿Para qué trajo unas corbatas? **13.** ¿Qué hicieron a los cuellos y a los puños de las camisas de Robert? **14.** ¿Por qué cosieron el botón? **15.** ¿Qué hicieron con la camisa que se le rompió? **16.** ¿Cómo es el servicio que ofrecen en esta tintorería? **17.** Si no se les indica lo contrario, ¿qué hacen? **18.** ¿Hacen todo lo que hace falta a los vestidos y a la ropa interior? **19.** ¿Podría la empleada explicarle a Robert por qué se dice tintorería? **20.** ¿Por qué se dice tintorería en vez de lavandería?

III. *Conteste en español:*

1. Cuando alguien entra en una tienda, ¿qué dice el empleado? **2.** ¿Cuántas veces a la semana recoge Ud. su ropa de la tintorería? **3.** ¿Alguna vez se le olvida el resguardo? **4.** ¿Cuándo fue la última vez que trajo ropa a la tintorería? **5.** ¿Recuerda Ud. siempre lo que trajo a la tintorería? **6.** ¿Se acuerda ahora de lo que trajo la semana pasada? **7.** ¿Qué va a llevar a la tintorería esta semana? **8.** ¿Cuántos trajes completos tiene Ud.? **9.** ¿Quiere que le limpien en seco o que le laven su vestido nuevo? **10.** ¿Qué quiere que hagan con sus camisas? **11.** ¿Lava Ud. mismo sus camisas? **12.** ¿Sabe Ud. planchar bien? **13.** ¿Le gusta lavar y planchar? **14.** ¿Quiere que le pongan almidón a los cuellos? **15.** ¿Quiere que le almidonen los puños? **16.** Si se le cayera un botón, ¿qué haría? **17.** Si se le rompiera una camisa, ¿qué le haría? **18.** ¿Cose Ud. bien? **19.** Si una tintorería no ofreciera buen servicio, ¿iría a otra? **20.** Si prefiere que le cuelguen (*to hang*) las camisas en vez de plegárselas (*to fold*), ¿se lo indica a la empleada?

IV. *Pregúntele a alguien:*

1. si trabajara en una tienda, qué diría cuando un cliente entrara. **2.** si se acordó de ir a la tintorería a recoger su ropa. **3.** si se le olvidaron los resguardos o si los tiene. **4.** cuándo fue la última vez que fue a la tintorería. **5.** si siempre se acuerda de lo que trae. **6.** qué quiere que hagan con su traje nuevo en la tintorería. **7.** si la ropa interior se limpia en seco. **8.** si las corbatas de seda (*silk*) se lavan. **9.** si él mismo puede lavarse sus camisas. **10.** si él mismo puede plancharlas. **11.** si a ella le gusta planchar. **12.** si tiene una plancha de vapor (*steam*). **13.** si se pone almidón a los cuellos y a los puños de las camisas de "lavar y llevar". **14.** si sabe coser botones para que no se caigan pronto. **15.** si puede zurcir la ropa que se le rompe. **16.** si ofrecen un buen servicio en la tintorería a la que él lleva su ropa. **17.** si le almidonan las camisas si no les indica lo contrario. **18.** si en la mejor tintorería de la ciudad hacen todo lo que le hace falta a la ropa. **19.** cómo se llama el lugar donde se limpia en seco. **20.** por qué no se llama a esos establecimientos lavandería.

V. *Dictado: Conversación 36*

VI. *Conversaciones:*

A. Tell about taking your clothes and those of your brother and sister to the cleaners.

B. Tell about mending and repairing your clothes.

GRAMMAR UNIT 24

106 • Future perfect

Habré estudiado.	*I will have* studied.
¿**Habrás** comido?	*Will you have* eaten?
Habremos llegado.	*We will have* arrived.

The future of the verb **haber** is:

habré	**habremos**
habrás	**habréis**
habrá	**habrán**

Habré estudiado.	*I will have* studied.
Habrás recibido.	*You will have* received.
Habrá leído.	*He will have* read.
Habremos llegado.	*We will have* arrived.
Habréis comprendido.	*You will have* understood.
Habrán enviado.	*They will have* sent.

The future perfect is formed by the future of **haber** plus the past participle.

107 • Conditional perfect

Habría sido argentino.	*I would have* been Argentinean.
No te **habrías** cansado tanto.	*You would*n't *have* gotten so tired.
Habría sido mejor.	*It would have* been better.

The conditional of the verb **haber** is:

habría	**habríamos**
habrías	**habríais**
habría	**habrían**

Habría estudiado.	*I would have* studied.
Habrías recibido.	*You would have* received.
Habría leído.	*She would have* read.

Habríamos llegado.	*We would have* arrived.
Habríais comprendido.	*You would have* understood.
Habrían enviado.	*They would have* sent.

The conditional perfect is formed by the conditional of **haber** plus the past participle.

108 • Remarks about si clauses

Grammar Section 84 of Grammar Unit 19 dealing with **si** clauses states that if the verb of the main or independent clause is in the conditional tense the verb of the *if* clause will be in the imperfect subjunctive:

Iría si me **llamaras**.	*I would go* if *you called* me.

By the same token, if the verb of the main clause is in the conditional perfect the verb of the *if* clause will be in the past perfect subjunctive:

Habría ido si me **hubieras llamado**.	*I would have gone* if *you had called me.*

However when the verb of the *if* clause is in the past perfect subjunctive, the conditional perfect verb of the main clause may be replaced by a past perfect subjunctive:

Habría ido si me **hubieras llamado**. or **Hubiera ido** si me **hubieras llamado**.	*I would have gone* if *you had called me.*

This usage of the past perfect subjunctive in place of the conditional perfect in *if* clause sentences occurs when, in the mind of the speaker, the action of the verb in the *if* clause lacks possibility or probability of having occurred:

Habría ido si me hubieras llamado.	I would have gone if you had called me. (*if the thought had occurred to you; at the time, there was a possibility of your calling me, but it so happens that you didn't.*)
Hubiera ido si me hubieras llamado.	I would have gone if you had called me. (*not only did you not call, you wouldn't or couldn't have called; at the time, there was no possibility or probability that even the thought would have crossed your mind or, if it had, that you would have wanted or been able to do so.*)

109 • Impersonal reflexive expressions

Se cerraron las puertas.	The doors were closed.
Se me cerraron las puertas.	The doors were closed *on me.*
Se cayó la taza.	The cup fell.
Se te cayó la taza.	The cup fell *out of your hand, off your saucer*: *you dropped* the cup.
Se le ocurrió una idea.	*He got* an idea.
Se rompieron las camisas.	The shirts were torn.
Se nos rompieron las camisas.	*Our* shirts got torn.
Se les quedaron los libros en casa.	The books were left at home *unto them*: *they left*, *they forgot their* books at home.

When some verbs are used with a reflexive substitute for the passive, an indirect object is inserted to indicate the person to whom the action occurred. At times there is no literal translation into English, so different expressions must be used to convey the same meaning.

110 • Formation of adverbs in -mente

ordinario, ordinari**a**	ordinari**amente**
solo, sol**a**	sol**amente**

In Spanish, adverbs are usually formed by adding **-mente** (the equivalent of the English *-ly* ending) to the feminine form of an adjective with the usual **-o**, **-a** endings. However, if the adjective ends in **-e** or a **consonant**, the **-mente** ending is added directly to the adjective:

simple	simple**mente**
constante	constante**mente**
usual	usual**mente**

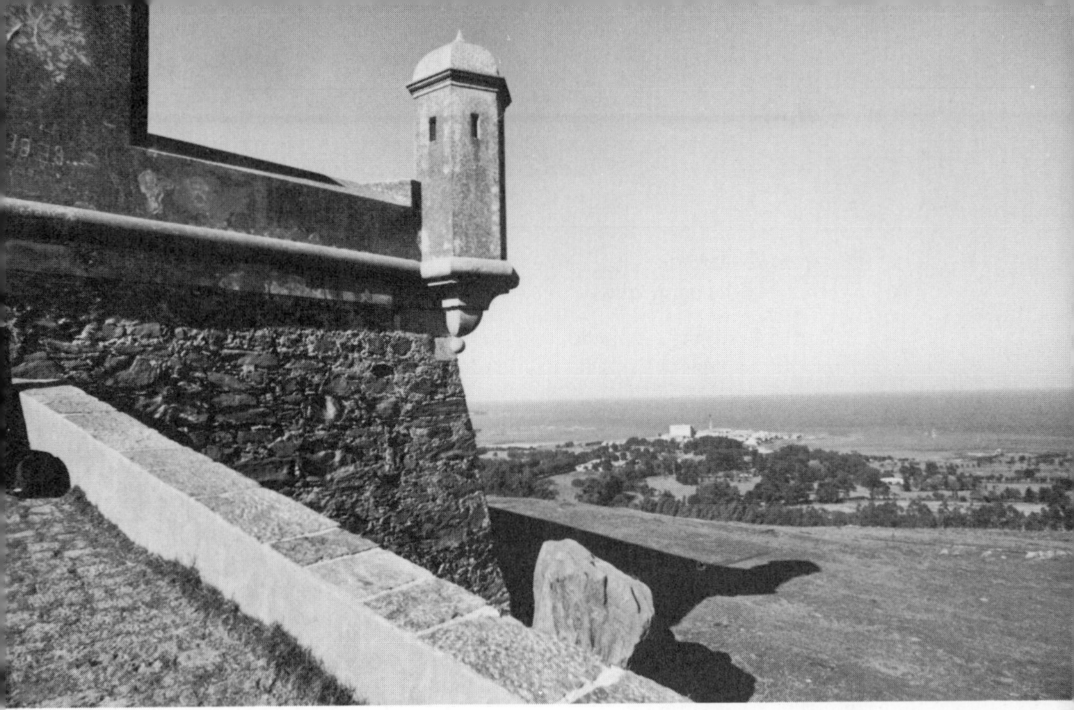

Cerro Fortress—Montevideo, Uruguay

ejercicios

I. *Sustituya el futuro por el futuro perfecto:*

EJEMPLO: Estudiaré.
Habré estudiado.

A. **1.** Almidonaré las camisas. **2.** Plancharás las blusas. **3.** Lavará el pañuelo. **4.** Limpiaremos el traje. **5.** Enviaréis la ropa. **6.** Me avisarán.

B. **1.** Tendré prisa. **2.** Vendrás temprano. **3.** Habrá guía de teléfonos. **4.** Te romperemos los resguardos. **5.** Recogeréis los vestidos. **6.** Se cansarán.

II. *Sustituya el condicional simple por el condicional compuesto:*

EJEMPLO: Estudiaría.
Habría estudiado.

A. **1.** Lo preguntaría a la empleada. **2.** Marcarías el número. **3.** Se acordaría de la fecha. **4.** Nos levantaríamos temprano. **5.** Lo haríais todo. **6.** Se construiría el edificio.

B. **1.** Llegaría más tarde. **2.** Volverías a casa. **3.** Recogería la ropa. **4.** Los haríamos teñir. **5.** Podríais explicármelo. **6.** La zurcirían.

III. *Complete las frases con la forma correcta del verbo subrayado:*

EJEMPLO: ir

a) Si llamara, ____.
Si llamara, iría.

b) Si hubiera llamado, ____. (*He might have called, but didn't.*)
Si hubiera llamado, habría ido.

c) Si hubiera llamado, ____. (*There was no chance for his calling.*)
Si hubiera llamado, hubiera ido.

1. saber

a) Si estudiara, ____.
b) Si hubiera estudiado, ____. (*He might have studied, but didn't.*)
c) Si hubiera estudiado, ____. (*There was no hope that he even opened a book.*)

2. engordar *to get fat*

a) Si comiera, ____.
b) Si hubiera comido, ____. (*He might have eaten, but didn't.*)
c) Si hubiera comido, ____. (*There wasn't any food for him to eat.*)

3. llegar

a) Si te levantaras temprano, ____ a tiempo.
b) Si te hubieras levantado temprano, ____ a tiempo. (*You have an alarm clock that you could have set.*)
c) Si te hubieras levantado temprano, ____ a tiempo. (*You had no way of waking up early.*)

4. acordarse

a) Si vieras el número, tú ____.
b) Si hubieras visto el número, tú____. (*If you had paid attention when you looked it up.*)
c) Si hubieras visto el número, tú ____. (*The number wasn't listed in the phone book.*)

5. venir

a) Si tuvieras prisa, ____ temprano.
b) Si hubieras tenido prisa, ____ temprano. (*But you refused to hurry.*)
c) Si hubieras tenido prisa, ____ temprano. (*There was no possible way to come any faster.*)

IV. *Diga en español:*

1. The money ran out (*to run out* **acabar**). **2.** He tore his suit. **3.** The book fell. **4.** Our house burned down (*to burn down* **quemarse**). **5.** I got some good ideas. **6.** He ran out of money. **7.** They dropped the book. **8.** You left the ticket stubs at home. **9.** The dog (**perro**) ate your dinner. **10.** The house burned down.

V. *Forme los adverbios correspondientes de los adjectivos siguientes:*

1. tranquilo, **2.** severo, **3.** rápido, **4.** bonito, **5.** solo, **6.** difícil, **7.** fácil, **8.** común, **9.** simple, **10.** positivo, **11.** cobarde, **12.** usual, **13.** galante, **14.** generoso, **15.** alegre.

VI. *Repaso de la Conversación 35:*

1. ¿Qué está pensando Robert? **2.** ¿Qué había sido más difícil para Guillermo, el decidirse o el convencer a su esposa? **3.** ¿Cómo estaba Consuelo al despedirse de Robert y Guillermo? **4.** ¿Dónde sugiere Guillermo ir, y por qué? **5.** ¿Cómo se había dado cuenta Robert de que el Transandino es un tren muy lujoso? **6.** ¿Cuántas piezas ponen en cada cubierto? **7.** ¿Dónde propone Robert ir después de comer, y para qué? **8.** ¿Qué le ha parecido a Guillermo la comida? **9.** ¿Qué tanto por ciento acostumbra Guillermo a dejar de propina?

VII. *Tema de repaso:*

Guillermo had thought about letting his relatives know that he and Robert were arriving Tuesday the 12th at 4:00 PM by train. Because of the hurry of the last day before the trip, he forgot to send them a wire in time. When he arrived in Buenos Aires, his first thought was to call them, but the nearest telephone booth didn't have a phone book and he didn't know their phone number. Robert suggested an easy solution (*solución*), simply Guillermo should dial information, tell the operator the name of his uncle, ask for his telephone number, and then call his relatives' home directly.

Before leaving Buenos Aires, Robert wanted to have all his clothes cleaned. He asked where the nearest cleaners was and he went there. The day that he went to pick them up he forgot the ticket stubs but the clerk told him not to worry and asked him to give her a description of what he brought. Robert thanked her for the good service and his curiosity (*curiosidad*) made him ask why such an establishment where they dry clean and wash clothes is called a "dyers".

CONVERSACIÓN

38

En el barco

ROBERT: ¿Baja Ud. en Montevideo o sigue viajando?

PASAJERO: Me quedo en Montevideo. Estuve dictando unas clases en la Universidad de La Plata y ahora estoy volviendo a casa. Ud. es norteamericano, ¿no es verdad?

ROBERT: Sí, lo habrá notado por mi acento, me imagino. Soy periodista y vengo escribiendo una serie de artículos sobre Sudamérica para el periódico de mi Universidad.

PASAJERO: Al principio, estuve pensando que Ud. parecía inglés. ¿Qué le parece el atardecer?

ROBERT: Es la puesta del sol más luminosa que he visto.

PASAJERO: Lástima que esta noche no tengamos luna llena. Le hubiera gustado mucho ver el rielar de la luna.

ROBERT: ¿Ha hecho Ud. muchas veces este viaje?

PASAJERO: Lo he venido haciendo al menos dos veces por año durante ocho años.

ROBERT: ¿Qué enseña Ud.?

PASAJERO: Antropología lingüística. Me especializo en la influencia tupí-guaraní en nuestro lenguaje popular.

Montevideo, Uruguay

On the boat

ROBERT: *Are you getting off at Montevideo or are you continuing traveling?*

PASSENGER: *I'm getting off at Montevideo. I was giving some classes at the University of La Plata and now I am returning home. You are North American, isn't that right?*

ROBERT: *Yes, you probably have noticed it because of my accent, I imagine. I am a journalist and I have been (am coming) writing a series of articles about South America for my University's newspaper.*

PASSENGER: *At the beginning I was thinking that you seemed English. What do you think of the twilight (How does the twilight seem to you)?*

ROBERT: *It is the brightest sunset that I have seen.*

PASSENGER: *Too bad that tonight we don't have a full moon. You would have liked very much to see the shining of the moon on the water.*

ROBERT: *Have you made this trip often?*

PASSENGER: *I have been (come) making it at least twice a year (two times per year) during eight years.*

ROBERT: *What do you teach?*

PASSENGER: *Linguistic anthropology. I specialize in the Tupi-Guarani influence on our popular language.*

ejercicios

I. *Sustitución:*

1. ¿Baja Ud. en Montevideo?
   Sube Ud. / Sigue viajando / Se queda / Va a dictar unas clases
2. Estuve dictando unas clases en la Universidad.
   en Montevideo / en Sudamérica / de antropología lingüística / de historia de España
3. Ahora estoy volviendo a casa.
   estoy dando unas clases / vengo escribiendo unos artículos / sigo viajando / estoy pensando que parecía inglés
4. Lo habrá notado por mi acento, me imagino.
   el barco / la serie de artículos / la puesta del sol / el lenguaje popular
5. Vengo escribiendo una serie de artículos.
   para el periódico de mi Universidad / sobre Sudamérica / una redacción sobre el lenguaje popular / una serie de artículos para una revista
6. ¿Qué le parece el atardecer?
   el amanecer (*dawn*) / la madrugada (*early morning, or the hours between midnight and dawn*) / la puesta del sol / la salida del sol (*sunrise*)
7. Es la puesta del sol más luminosa que he visto.
   la salida del sol más espectacular / el rielar de la luna más hermoso / el panorama más maravilloso / la luna llena más brillante
8. Le hubiera gustado mucho el rielar de la luna.
   la puesta del sol / la salida del sol / la luna llena / el panorama
9. Lo he venido haciendo dos veces por año.
   por semana / por mes / por día / por fin de semana
10. Me especializo en antropología.
    psicología / matemáticas / castellano

II. *Conteste en español:*

1. ¿Dónde está Robert? **2.** ¿Con quién comienza a hablar? **3.** ¿Baja el pasajero en Montevideo? **4.** ¿Sigue viajando Robert? **5.** ¿Por qué se queda el pasajero en Montevideo? **6.** ¿A dónde está volviendo ahora? **7.** ¿De dónde viene ahora? **8.** ¿Por qué estuvo en Argentina? **9.** ¿Cómo había notado el pasajero que Robert era norteamericano? **10.** ¿Cuál es la profesión del pasajero? **11.** ¿Cuál es la profesión de Robert? **12.** ¿Qué viene Robert escribiendo? **13.** ¿Para qué está escribiendo los artículos? **14.** Al principio ¿qué le pareció Robert al pasajero? **15.** ¿Qué le parece a Robert el atardecer? **16.** ¿Iban a tener luna llena esa noche? **17.** Según el pasajero, ¿qué le hubiera gustado mucho? **18.** ¿Ha hecho el profesor muchas veces este viaje? **19.** ¿Cuántas veces lo ha hecho? **20.** ¿Qué enseña el profesor? **21.** ¿En qué se especializa?

III. *Conteste en español:*

1. ¿Alguna vez viajó Ud. por barco? **2.** ¿Prefiere Ud. seguir viajando o quedarse en esta ciudad? **3.** ¿Quién estuvo dictando sus primera clases de la mañana? **4.** ¿Se podría notar por su acento de qué parte de los Estados Unidos es Ud.? **5.** ¿Quisiera Ud. ser periodista y viajar escribiendo artículos para un periódico importante? **6.** ¿Le gusta el atardecer? **7.** ¿Le gusta contemplar la puesta del sol? **8.** ¿Cuándo vio Ud. la puesta del sol más luminosa? **9.** ¿Tenemos luna llena esta noche? **10.** ¿Alguna vez vio Ud. el rielar de la luna en el mar? **11.** ¿Qué viaje ha venido haciendo Ud. muchas veces a la semana? **12.** ¿Dónde vivió Ud. durante los últimos ocho años? **13.** ¿Qué enseña el profesor más joven de la escuela? **14.** ¿Quién enseña antropología? **15.** ¿En qué se especializa Ud.? **16.** ¿Tiene ganas de estudiar el lenguaje popular de algún país?

IV. *Pregúntele a alguien:*

1. si baja en la próxima estación. **2.** de dónde viene ahora. **3.** en qué ciudad subió al autobús. **4.** si le gustan las puestas del sol. **5.** si se levanta antes del amanecer. **6.** cuál es la profesión que más le gusta. **7.** qué está escribiendo ahora. **8.** si viene a clase habiendo estudiado las lecciones. **9.** qué es lo que está explicando el profesor. **10.** si sabe si esta noche tenemos luna llena. **11.** si le notan por su acento de qué parte de los Estados Unidos es. **12.** si ha viajado mucho últimamente. **13.** si alguna vez vio el rielar de la luna en el río. **14.** dónde vivió durante los últimos tres años. **15.** en qué se especializa.

V. *Dictado: Conversación 37*

VI. *Conversaciones:*

A. Tell about your studies and what you're majoring in.

B. Tell what happened to Robert in the boat from Buenos Aires to Montevideo.

LECCIÓN

39

Carta desde Río de Janeiro

Río de Janeiro, 7 de agosto de 1971

Señor Don
Juan Manuel Mendoza
Río Hondo 2632
México, D. F.
MÉXICO

Querido Juan Manuel:

Acabo de llegar a Río de Janeiro y no puedes imaginarte la impresión que me ha causado esta linda ciudad. Como sabes, Río de Janeiro fue hasta hace poco la capital de Brasil. La ciudad, que se extiende bordeando la bahía de Guanabara en el océano Atlántico, tiene uno de los puertos naturales más espectaculares del mundo. Entre los puntos de interés de Río de Janeiro, se destacan dos famosos peñones, el Pan de Azúcar que alza su conspicua silueta sobre la bahía de Río, y el Corcovado sobre el cual se levanta la estatua del Cristo Redentor. La playa de Copacabana es famosa en el mundo entero. En ésta, te incluyo algunas tarjetas postales para que puedas juzgar por ti mismo lo que te digo.

Sugarloaf; Copacabana Beach

A letter from Rio de Janeiro

Rio de Janeiro, August 7, 1971

Mr.
Juan Manuel Mendoza
Río Hondo 2632
México, D. F. (Distrito Federal)
MÉXICO

Dear Juan Manuel,

I have just arrived in Rio de Janeiro and you can't imagine the impression that this beautiful city has made on me (has caused me). As you know, Rio de Janeiro was the capital of Brazil until a short time ago. The city, which extends bordering the Bay of Guanabara in the Atlantic Ocean, has one of the most spectacular natural ports of the world. Among the points of interest of Rio de Janeiro two famous rocky prominences stand out: the Sugarloaf, which raises its conspicuous silhouette over the bay of Rio, and the Corcovado, on which the statue of Christ the Redeemer rises. Copacabana Beach is famous the world over (in the entire world). In this [letter] I am enclosing some post cards for you so that you can judge for yourself what I am telling you.

Por haber llegado fuera de tiempo, me he perdido la fiesta más típica y popular de Río, su Carnaval. Me han dicho que con ocasión del Carnaval los "cariocas" (supongo que sabes que así se llaman los habitantes de Río) muestran el carácter alegre y la vitalidad que los caracteriza. Quisiera contarte muchas más cosas pero lo dejo para cuando nos veamos. El martes salgo para Caracas, Venezuela. De allí paso a México a mediados de setiembre. En cuanto pueda te avisaré la fecha de mi llegada.

Saludos a tus padres. Recibe un abrazo de tu amigo.

Robert

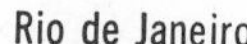

Rio de Janeiro

Because of having arrived "off season" I have missed the most typical and popular fiesta of Rio, its Carnival. They have told me that at Carnival time (with occasion of the Carnival) the "Cariocas"—I suppose that you know that that's what they call (that thus are called) the residents of Rio—show their happy nature (character) and the vitality which is characteristic of them (which characterizes them). I would like to tell you many more things but I'll leave it for when I see you (we see each other). On Tuesday I am leaving for Caracas, Venezuela. From there I'm going on to Mexico in mid-September. As soon as I can I'll let you know the date of my arrival.

Give my best (greetings) to your parents. Receive an embrace from your friend.

Robert

ejercicios

I. *Sustitución:*

1. Acabo de llegar a Río de Janeiro.
a Brasil / a la ciudad / de la playa / de Venezuela

2. No puedes imaginarte la impresión que me ha causado.
la vitalidad de los habitantes / lo espectacular de la bahía / lo conocido que es Río / cuán majestuoso es el Pan de Azúcar

3. Como sabes, Río de Janeiro fue la capital de Brasil.
es una ciudad impresionante / tiene uno de los puertos más espectaculares / celebra el Carnaval con mucho entusiasmo / es la ciudad donde se encuentra la famosa playa de Copacabana

4. En ésta te incluyo algunas tarjetas postales.
unas fotografías / estampillas de Brasil / recortes (*clippings*) de periódico / una carta de Carlos

5. Por haber llegado fuera de tiempo me he perdido la fiesta.
tan tarde / antes de tiempo / con retraso (*with delay*) / con adelanto (*too soon*)

6. Quisiera contarte muchas cosas pero lo dejo para cuando nos veamos.
mandarte unas fotos / explicártelo / avisarte / enseñarte las tarjetas

7. El martes salgo para Caracas.
De allí / En cuanto pueda / Te avisaré si / A mediados de setiembre

8. De allí paso a México.
Venezuela / España / Colombia / Brasil

9. En cuanto pueda te avisaré la fecha de mi llegada.
te diré la fecha de mi partida / te contaré muchas más cosas / te escribiré / te veré

10. Saludos a tus padres.
tu hermano / nuestro tío / mi amigo / nuestras primas

II. *Conteste en español:*

1. ¿Desde dónde viene la carta para Juan Manuel? **2.** ¿Dónde vive Juan Manuel? **3.** ¿A dónde acaba de llegar Robert? **4.** ¿Le impresionó a Robert la ciudad? **5.** ¿Qué le parece a Robert la ciudad? **6.** ¿Dónde está situada la ciudad? **7.** ¿Cómo es el puerto de Río? **8.** ¿Cuáles son los dos famosos peñones de Río? **9.** ¿Qué hace famosos los peñones? **10.** ¿Cómo se llama la playa famosa en el mundo entero? **11.** ¿Qué le incluye Robert a

Juan Manuel en la carta? **12.** ¿Para qué se las incluye? **13.** ¿Por qué se ha perdido la fiesta del Carnaval? **14.** ¿Qué le han dicho a Robert de los "cariocas"? **15.** ¿Quiénes son los "cariocas"? **16.** ¿Qué quisiera Robert contarle a Juan Manuel? **17.** ¿Cuándo se las va a contar? **18.** ¿Cuándo sale Robert de Río? **19.** ¿Para dónde sale? **20.** ¿De Venezuela adónde pasa? **21.** ¿Cuándo irá a México? **22.** ¿Qué dice Robert que le avisará a Juan Manuel? **23.** ¿Cuándo se la avisará? **24.** ¿A quiénes manda saludos? **25.** ¿Quién quiere Robert que reciba un abrazo? **26.** ¿De quién recibe Juan Manuel un abrazo? **27.** ¿Cómo se puede terminar una carta familiar?

III. *Conteste en español:*

1. ¿Dónde fue escrita la última carta que recibió Ud.? **2.** Si hubiera hecho un viaje a Río, ¿habría escrito tarjetas postales? **3.** ¿Puede Ud. imaginarse la impresión que le ha causado a Robert la linda ciudad de Río? **4.** ¿Hasta cuándo fue Río la capital de Brasil? **5.** ¿Sabe Ud. qué ciudad es la capital ahora? **6.** ¿Ha visto Ud. el océano Pacífico? **7.** ¿Sabe Ud. qué es una bahía? **8.** ¿Se ha bañado alguna vez en una playa? **9.** ¿Se perdió Ud. alguna vez algo importante por haber llegado tarde? **10.** ¿Sabe Ud. lo que es el Carnaval? **11.** ¿Ha estado Ud. en Nueva Orleáns o en Río de Janeiro para el Carnaval? **12.** ¿Tiene Ud. un carácter alegre? **13.** Cuando viaja Ud. ¿avisa la fecha de su llegada?

IV. *Pregúntele a alguien:*

1. desde dónde recibió la última carta. **2.** si le gusta escribir tarjetas postales al hacer viajes. **3.** si le habría causado una impresión maravillosa el ver Río de Janeiro. **4.** si estudió hasta hace poco. **5.** si sabe qué ciudad fue la capital de Brasil hasta no hace mucho y qué ciudad lo es ahora. **6.** si ha visto el océano Atlántico. **7.** si ha visto el océano Pacífico. **8.** si sabe dónde está el mar Mediterráneo. **9.** qué es una playa. **10.** si sabe el nombre de algunas bahías. **11.** dónde se celebra el famoso Carnaval. **12.** dónde se celebra el famoso *Mardi Gras.* **13.** si ha oído hablar del Carnaval de Río de Janeiro. **14.** si irá a Brasil el año que viene. **15.** si tiene un carácter jovial.

V. *Dictado: Conversación 38*

VI. Write a letter to a friend and read it aloud.

GRAMMAR UNIT 25

111 • Progressive tenses with seguir, ir and venir

Estoy estudiando.	I am studying.
Sigo estudiando.	I keep on studying.
Voy hablando.	I go (down the street, on my way) talking.
Vengo hablando.	I come talking.

Often, in progressive tenses, **estar** is replaced by **seguir**, **ir** or **venir** to emphasize the progression or continuity of the action.

112 • Some special verbs and verbal idioms

As has been pointed out previously, in Spanish there are many verbal constructions that have idiomatic translations in English. There are also verbs which require for certain meanings the use of a specific preposition or of a reflexive pronoun. Following is a cursory review of some of these verbal phrases used in previous lessons. A few additional expressions, which the authors thought might be interesting or handy to know, have also been included.

TENER:

A.

Tener sed: to be thirsty.
Tener hambre: to be hungry.
Tener frío: to be cold (used with people).
Tener calor: to be hot (used with people).
Tener . . . años: to be . . . years old.
Tener miedo (a, de): to be afraid (of).
Tener prisa: to be in a hurry.

Tener ganas de: to be anxious to, to be eager to.
No tener ganas de: not to feel like.

No tengo ganas de estudiar.	I don't feel like studying.

Tener razón: to be right.
No tener razón: to be wrong.

B.

Tener que: to have to.

Tengo que hacer algo.	I have to do something.

Tener . . . que . . .: to have . . . to . . .

Tengo algo que hacer.	I have something to do.
Tengo cartas que escribir.	I have letters to write.

Tener que ver con: to have to do with, to be concerned with.

Eso no tiene nada que ver con ella.	That doesn't have anything to do with her.

C.

Tener lugar: to take place.

Tener cuidado (de): to be careful (to).

Tenga cuidado.	Be careful.

No tener cuidado: not to worry.

No tenga cuidado.	Don't worry.

Tener presente: to bear in mind, to have in mind.

Lo tengo presente.	I'm bearing it in mind, I have it in mind.

Tener remedio: to be able to be remedied or helped.

No tiene remedio.	It can't be helped.

HABER:

A.

There to be.

Hay.	There is, there are.
Debe haber.	There must be.
Tiene que haber.	There has to be.
Parece haber.	There seems to be.
No hay de qué.	You're welcome.

B.

Hay que: one, you, they (*impersonal subject*) has, have to.

Hay que estudiar.	One has to study.

HACER:

A.

Hacer: used in the third person singular, with expressions of weather:

Hace frío.	It is cold.
Hacía calor.	It was hot.
Va a hacer viento.	It is going to be windy.
Hace sol.	It is sunny.
Hace buen tiempo.	The weather is good, fine.
Hace mal tiempo.	The weather is bad.

B.

Hacer: used in the third person singular, with expressions of time:

Present . . . present

Hace cinco años que vivo aquí.	I have been living here for five years.

Imperfect . . . imperfect

Hacía cinco años que vivía aquí.	I had been living here for five years.

Present . . . preterite

Hace cinco horas que llegó.	He arrived five hours ago.

Imperfect . . . past perfect

Hacía cinco horas que había llegado.	He had arrived five hours before, earlier.

C.

Hacer caso: to mind, to pay attention.

Me hace caso.	He pays attention to me, he obeys me.
Hace caso a los semáforos.	He pays attention to the traffic lights.

Hacer daño: to harm.

El granizo hizo mucho daño a las cosechas.	The hail did a lot of harm to the crops.

Hicimos daño a mi tío con no avisarle lo que pasaba.	We hurt my uncle very much by not letting him know what was happening.

Hacerle falta a uno: to be lacking to someone, to be needed by someone.

Nos hace falta dinero.	We need money.
A Juan le hacen falta zapatos.	John needs shoes.

D.

Hacerle a uno **hacer** algo: to make someone do something.

Me hizo esperar.	He made me wait.
A Juan le hicieron estudiar.	They made John study.

Hacer hacer una cosa: to have something done or made.

Hice hacer un traje.	I had a suit made.
Hice que le hicieran un traje.	I had them make you a suit.

Hacer arrancar: to start (motor, engine).

No pude hacer arrancar el auto.	I couldn't start the car.

E.

Hacerse: to become, to make oneself, to pretend.

Se hizo milionario.	He became a millionaire.
Se hizo el tonto.	He pretended to be unaware.
Se hizo el valiente.	He pretended to be brave.

F.

Hacer un viaje: to take a trip; **hacer** una maleta: to pack.

Haremos un viaje.	We will take a trip.
Hiciste la maleta.	You packed the suitcase.

Hacer el (un) favor: to do the (a) favor.

Hágame el favor de venir.	Do me the favor of coming.
Me hizo un favor.	He did a favor for me.

PASAR:

A.

Pasar: to happen, to occur.

¿Qué pasó?	What happened?
¿Qué le pasa a Ud.?	What's the matter with you?
Pase lo que pase.	Come what may.

B.

Pasar de largo: to go through without stopping, to bypass.

Yendo a la playa, pasamos la ciudad de largo.	Going to the beach, we went through (bypassed) the city.

Pasar por alto: to overlook or skip over.

Pasamos por alto la última lección.	We skipped over the last lesson.

Pasar: to go in, to go ahead.

Pase Ud.	Go in, go ahead.

(*For instance when two people reach a door, an exit, at the same time.*)

C.

Pasarlo bien: to have a good time.

Lo pasamos bien.	We had a good time.

Pasar sin: to get along, to do without.

Pasamos sin auto.	We got along without a car.

D.

Pasarse: to spoil (*food*).

La carne se pasó.	The meat spoiled.

E.

Pasar lista: to call roll.

IR:

Irse: to go away, to go off.
Ir a pie: to go on foot, to walk.
Ir a caballo: to go on horseback.
Ir en automóvil: to drive, to ride, to go by car.
Ir en camión, autobús: to drive a, to ride in a, to go by truck, bus.
Ir por tierra, mar, aire: to go by land, sea, air.
Ir por tren, avión: to go by train, plane.
Ir en tren, avión: to go on a train, plane.

Statue in Tres Poderes Plaza, Brasilia

ejercicios

I. *Cambie cada verbo a la forma duradera correspondiente, usando sucesivamente* **estar**, **ir**, **seguir** *y* **venir**:

EJEMPLO: Estudio.
Estoy estudiando.
Voy estudiando.
Sigo estudiando.
Vengo estudiando.

Estudiaba.
Estaba estudiando.
Iba estudiando.
Seguía estudiando.
Venía estudiando.

A. **1.** Comeré. **2.** Viajas. **3.** Pensaba. **4.** Leeríamos. **5.** Recuerdan.

B. **1.** Lo hice. **2.** Me buscabas. **3.** Te escuchará. **4.** Se lo decíamos. **5.** Tocan la guitarra.

II. *Diga en español:*

1. It was cold when I came. **2.** The weather will be bad. **3.** Yesterday it was sunny. **4.** Tomorrow it is going to be windy. **5.** I have been playing the guitar for seven years. **6.** I had been waiting here for three hours. **7.** I found it an hour ago. **8.** She never pays attention to me. **9.** We need more time. **10.** They made him buy it. **11.** I wanted to have a box made. **12.** I took a trip to Europe last year. **13.** We will get (become) rich. **14.** After working they were thirsty. **15.** I am always cold in this class. **16.** I didn't feel like studying but they made me (do it). **17.** The accident was (took place) on the corner. **18.** That had nothing to do with the situation. **19.** There seemed to be 3,000 people but there were only 2,000. **20.** You have to eat to live. **21.** I didn't drive to town, I walked. **22.** What happened yesterday? **23.** The professor called the roll but overlooked my name. **24.** Do us the favor of sending us the bill. **25.** He has to work. **26.** They have meals to prepare. **27.** He's wrong. **28.** I'm afraid of the thunder. **29.** Be careful not to fall. **30.** It can't be helped. **31.** We will have a good time. **32.** They can't get along without me.

III. *Repaso de la Conversación 36:*

1. ¿Qué hubiera sido mejor según Guillermo? **2.** ¿Qué sugiere Robert que haga Guillermo ya que tiene tanta prisa? **3.** ¿Qué razón da Guillermo para no hacer lo que Robert propone? **4.** ¿Cómo y a quién se pregunta el número que interesa? **5.** ¿Por qué dice Guillermo que él mismo habría sido argentino? **6.** ¿En qué van al hotel? **7.** ¿Por qué le ruega Robert a Guillermo ir cuanto antes al hotel? **8.** ¿Se acostó temprano Robert anoche?

IV. *Tema de repaso:*

During the trip by boat from Buenos Aires to Montevideo, Robert met a very interesting person (*persona*). He was a university professor who was coming back from the University of La Plata where he had been giving some courses. His field was linguistics and he was very interested in tracing (*seguir*) the influence of some Indian languages on the folk (*popular*) language of today. The professor noticed at once by Robert's accent that he was a foreigner (*extranjero*). Robert told him the reason for his trip to South America. That afternoon the sunset was magnificent and both stayed talking until very late, looking at the shining of the moon on the water. Robert liked it a lot but the professor didn't pay much attention since he had made the same trip at least fifteen times. The professor got off the boat in Montevideo. Four days later Robert arrived in Rio de Janeiro. The first thing he did was to write to his Mexican friend Juan Manuel Mendoza. To show him that what he was telling him about this magnificent city was true, he sent him a few post cards. Robert's attention was called by the Sugarloaf and Corcovado peaks. He enjoyed swimming at the Copacabana Beach very much. He was sorry that he couldn't have been there for Carnival since everybody told him so much about it. After some time he sadly left Rio by plane and flew (*volar*) to Caracas.

40

Adiós a Caracas

TAXISTA: ¿Qué le ha parecido nuestra ciudad?

ROBERT: No he estado mucho tiempo, pero creo que puedo decir que Caracas figura entre las mejores ciudades de Sudamérica.

TAXISTA: ¿Pudo visitar la parte antigua de la ciudad?

ROBERT: Por supuesto. Fue lo primero que fui a recorrer. La encontré muy pintoresca pero me llamó la atención el encontrar pocos edificios anteriores a 1812.

TAXISTA: Quizás no sepa que un año después de la independencia de Venezuela, Caracas fue sacudida por un terremoto y quedó casi totalmente destruida. ¿Qué le ha parecido el sector moderno de la ciudad?

ROBERT: Ha sido lo que más me ha impresionado, sobre todo por su actividad industrial. Me han dicho que en Caracas se ha construido mucho durante los últimos años.

TAXISTA: Seguro que le ha caído bien el clima, ¿no?

ROBERT: ¡No faltaba más! Ya me habían dicho que la situación de la ciudad en un valle, no lejos de la costa, hace que el clima sea muy agradable y saludable a la vez. ¿Nos falta todavía mucho para llegar al aeropuerto?

Good-bye to Caracas

TAXI DRIVER: *How have you liked our city (How has our city seemed to you)?*

ROBERT: *I haven't been [here] long (much time), but I think that I can say that Caracas figures among the best cities of South America.*

TAXI DRIVER: *Were you able to visit the old part of the city?*

ROBERT: *Of course. It was the first thing that I went to tour (travel through). I found it very picturesque, but finding few buildings [constructed] prior to 1812 called my attention.*

TAXI DRIVER: *Perhaps you don't know that one year after the independence of Venezuela, Caracas was shaken by an earthquake and it was left (remained) almost totally destroyed. How did you like the modern sector of the city?*

ROBERT: *It has been the thing that (that which) has impressed me most, above all because of its industrial activity. They have told me that in Caracas a lot has been constructed during the last [few] years.*

TAXI DRIVER: *I am sure that the climate has impressed you favorably, hasn't it?*

ROBERT: *Of course! I have been told (they have already told me) that the location of the city in a valley, not far from the coast, makes the climate (be) very pleasant and healthy at the same time. Is it still going to be a long time before we get to the airport (Is much [time] still lacking to us in order to arrive at the airport)?*

TAXISTA: Sí, bastante. Pero no se preocupe, que llegaremos a tiempo. Mire qué paisaje y color tan bonitos los de aquellas montañas.

ROBERT: Sí, ya los vi al llegar y me parecieron cosa única.

TAXISTA: Por fin. Ahí enfrente tenemos el aeropuerto. Ya hemos llegado.

ROBERT: ¿Cree Ud. que podré encontrar facilmente un mozo que me ayude a llevar y a facturar las maletas?

TAXISTA: Por supuesto. Hay muchos, y suelen estar esperando en la parada de taxis y autobuses. Además, no se preocupe, porque si no lo encontrara, yo mismo le ayudaría.

TAXI DRIVER: *Yes, quite a bit. But don't worry for we will arrive on time. Look what pretty scenery and color (those) of those mountains.*

ROBERT: *Yes, I already saw them when I arrived and they seemed to me something unique.*

TAXI DRIVER: *At last. There ahead we have the airport. Now we've arrived.*

ROBERT: *Do you think that I will be able to easily find a porter who will help me carry and check my (the) suitcases?*

TAXI DRIVER: *Of course. There are many, and they are used to (be) waiting at the cab and bus stop. Besides, don't worry, because if you didn't find one (him) I would help you myself.*

Caracas, Venezuela

ejercicios

I. *Sustitución:*

1. ¿Qué le ha parecido nuestra ciudad?

la parte antigua de la ciudad / la actividad industrial / el sector moderno / la situación de la ciudad

2. ¿Pudo visitar la parte antigua de la ciudad?

las mejores ciudades de Sudamérica / el valle / el barrio industrial / Caracas

3. Fue lo primero que fui a recorrer.

me pareció / me llamó la atención / encontré muy pintoresco / me impresionó

4. Se ha construido mucho durante los últimos años.

La ciudad fue sacudida por algunos terremotos / Ya los vi / Solían estar esperando / Ha sido lo que más me ha impresionado

5. ¿Le ha caído bien el clima?

nuestra ciudad / el sector moderno / la actividad industrial / el paisaje

6. La situación hace que el clima sea agradable.

saludable / húmedo / seco / desagradable

7. ¿Nos falta mucho para llegar al aeropuerto?

recorrer la ciudad / visitar la parte antigua / ver la actividad industrial / facturar las maletas

8. Ahí enfrente tenemos el aeropuerto.

A la izquierda / A la derecha / Lejos / Cerca / Detrás / Ahí delante (*there in front, ahead of us*)

9. Suelen estar esperando.

recorrer la ciudad / llegar a tiempo / venir con retraso / ayudar

II. *Conteste en español:*

¿A qué dice Robert adiós? **2.** ¿Qué le ha parecido la ciudad? **3.** ¿Cuánto tiempo ha estado Robert en Caracas? **4.** ¿Entre qué ciudades figura Caracas? **5.** ¿Qué fue lo primero que fue a recorrer Robert? **6.** ¿Qué le llamó la atención a Robert en la parte antigua de la ciudad? **7.** ¿Cuándo fue sacudida Caracas por un terremoto? **8.** ¿Cómo quedó la ciudad después del terremoto? **9.** ¿Es Caracas una ciudad industrial? **10.** ¿Dónde está situada Caracas? **11.** ¿Qué se ha hecho mucho, en Caracas, durante los últimos años? **12.** ¿Le ha caído bien a Robert el clima? **13.** ¿Qué hace que el clima de Caracas sea muy agradable? **14.** ¿Les falta mucho para llegar al aeropuerto cuando Robert se lo pregunta al taxista? **15.** ¿De qué no tiene que preocuparse, según el taxista? **16.** ¿Cuándo vio Robert las montañas que le enseña el taxista? **17.** ¿Qué le parecieron a Robert las montañas? **18.** ¿Para qué quiere Robert encontrar un mozo? **19.** ¿Por qué no tiene Robert por qué preocuparse en encontrar un mozo? **20.** ¿Dónde suelen estar esperando los mozos? **21.** Si Robert no encontrara un mozo, ¿qué haría el taxista?

III. *Conteste en español:*

1. ¿Qué le ha parecido el libro de castellano? **2.** ¿Cuánto tiempo ha estado Ud. esperando? **3.** ¿Ha recorrido Ud. alguna vez un barrio interesante de una ciudad? **4.** ¿Qué le llama más la atención en su pueblo? **5.** ¿En qué año fue la independencia de los Estados Unidos? **6.** ¿Cómo quedó San Francisco después del terremoto? **7.** ¿Hay mucha industria en su pueblo? **8.** ¿Dónde está situada San Francisco? **9.** ¿Han construido mucho en su pueblo durante los últimos años? **10.** ¿Le cae bien el clima de este Estado? **11.** ¿Le falta mucho para terminar sus estudios? **12.** ¿Ha visto Ud. algún paisaje bonito? **13.** Si Ud. llegara al aeropuerto con mucho equipaje, ¿a quién le gustaría encontrar? **14.** ¿Ha ayudado Ud. a alguien a llevar a facturar las maletas? **15.** ¿Dónde suelen Uds. estudiar?

IV. *Pregúntele a alguien:*

1. qué le ha parecido el año escolar. **2.** cuánto tiempo ha estado estudiando castellano. **3.** qué barrio de la ciudad más grande del Estado cree que le gustaría a un extranjero recorrer. **4.** qué parte del Estado le llamaría más la atención a un visitante extranjero. **5.** si sabe cuándo comenzó la guerra de la independencia de los Estados Unidos. **6.** contra quiénes combatieron los habitantes de las trece primeras colonias. **7.** si sabe en qué año se obtuvo la paz. **8.** si alguna vez ha presenciado (*to witness*) un terremoto. **9.** si tiene miedo a los terremotos. **10.** si hay mucha industria en este Estado. **11.** si se ha construido mucho aquí. **12.** dónde está el paisaje más bonito que ha visto. **13.** si cree que debe dar una gran propina al mozo que le ayuda con el equipaje. **14.** si alguna vez se le perdieron los talones (*baggage checks*) de las maletas facturadas. **15.** dónde suele desayunar.

V. *Dictado: Lección 39*

VI. *Conversaciones:*

A. Tell about the points of interest to be found in a big, old city.
B. Tell about hurrying to a railroad station or airport to catch a train or plane.
C. Tell about your idea of a beautiful scenery.

41

"¿Cuál es la cosa?"

ROBERT: Después de haber pasado varios meses en Latinoamérica espero que se me haya mejorado mi vocabulario español.

MARGARITA: Me imagino que sí. ¿Quieres que te pongamos una prueba? Juguemos a "¿Cuál es la cosa?"

ROBERT: ¡Magnífico!, con tal que me expliquen de qué va.

MARGARITA: Tú sales fuera de la habitación y, mientras estás fuera, nosotros escogemos un objeto. Al regresar tú nos haces preguntas sobre lugar, tamaño, color, etc. hasta que creas que has averiguado lo que tenemos pensado.

Robert sale y el grupo se decide por el sofá. Robert regresa y empiezan el juego.

ROBERT: ¿Está el objeto que han pensado dentro o fuera de la casa?

EL GRUPO: No está fuera sino dentro.

ROBERT: ¿Está aquí abajo o arriba?

EL GRUPO: Está por aquí abajo.

ROBERT: ¿Está lejos de mí?

EL GRUPO: No, está cerca.

"What is the thing?"

ROBERT: *After having spent several months in Latin America I hope that my Spanish vocabulary has improved.*

MARGARITA: *I imagine so. Do you want us to give you a test? Let's play "What is the thing?"*

ROBERT: *Wonderful! Provided that you explain to me what's going on.*

MARGARITA: *You go out of the room, and while you are outside we choose an object. When you return you ask us questions about place, size, color, etc. until you think that you have figured out what we have thought [up].*

Robert leaves and the group decides on the sofa. Robert returns and they begin the game.

ROBERT: *Is the object that you have thought [of] outside or inside the house?*

THE GROUP: *It isn't outside but inside.*

ROBERT: *Is it down here or upstairs?*

THE GROUP: *It's down around here.*

ROBERT: *Is it far from me?*

THE GROUP: *No, it's near.*

ROBERT: ¿Está detrás de mí?

EL GRUPO: No.

ROBERT: ¿Entonces está enfrente de mí?

EL GRUPO: No, tampoco está enfrente de ti.

ROBERT: Entonces debe estar a un lado. ¿Está a mi derecha o a mi izquierda?

EL GRUPO: Está a la izquierda.

ROBERT: ¿Está encima de la mesa?

EL GRUPO: No. Y no está debajo de la mesa tampoco.

ROBERT: ¿Está en el suelo o está colgado de la pared?

EL GRUPO: Está en el suelo.

ROBERT: ¿Es alto o bajo?

EL GRUPO: Es más bien bajo.

ROBERT: ¿De qué tamaño es, grande o pequeño?

EL GRUPO: Es más bien grande que pequeño.

ROBERT: ¿Es pesado o ligero?

EL GRUPO: Pesa más que la mesa y menos que el tocadiscos estereofónico.

ROBERT: ¿Qué forma tiene, cuadrada, redonda o rectangular?

EL GRUPO: Es rectangular.

ROBERT: ¿Es largo o corto?

EL GRUPO: Es largo.

ROBERT: ¿Es duro o blando?

EL GRUPO: Según lo tomes, ambas cosas.

ROBERT: ¿Es de color claro u oscuro?

EL GRUPO: Es oscuro.

ROBERT: ¿Se usa mucho?

EL GRUPO: Ejem . . . Es conveniente tenerlo.

ROBERT: ¿Tiene todo el mundo uno en su casa?

EL GRUPO: Posiblemente, pero los vecinos de al lado tienen dos.

ROBERT: ¡Es el sofá?

EL GRUPO: ¡Eso es! ¡Lo acertaste!

ROBERT: *Is it behind me?*

THE GROUP: *No.*

ROBERT: *Then is it in front of me?*

THE GROUP: *No, it isn't in front of you either.*

ROBERT: *Then it must be to one side. Is it on my right or on my left?*

THE GROUP: *It is on the left.*

ROBERT: *Is it on the table?*

THE GROUP: *No. And it isn't under the table either.*

ROBERT: *Is it on the floor or is it hanging (hung) on the wall?*

THE GROUP: *It's on the floor.*

ROBERT: *Is it high or low?*

THE GROUP: *It's rather low.*

ROBERT: *What size is it, big or small?*

THE GROUP: *It's big rather than small.*

ROBERT: *Is it heavy or light?*

THE GROUP: *It weighs more than the table and less than the stereophonic record player.*

ROBERT: *What shape is it, square, round or rectangular?*

THE GROUP: *It is rectangular.*

ROBERT: *Is it long or short?*

THE GROUP: *It's long.*

ROBERT: *Is it hard or soft?*

THE GROUP: *According to how you take it, both.*

ROBERT: *Is it a dark or light color?*

THE GROUP: *It's dark.*

ROBERT: *Is it used a lot?*

THE GROUP: *Hum . . . it's convenient to have it.*

ROBERT: *Does everybody have one in his home?*

THE GROUP: *Possibly, but the next door neighbors have two.*

ROBERT: *Is it the sofa?!*

THE GROUP: *That's it! You guessed it (correctly)!*

ejercicios

I. *Sustitución:*

1. Después de haber pasado varios meses en Latinoamérica espero que se me haya mejorado mi vocabulario español.
unos años / unas semanas / varios días / algún tiempo

2. Espero que se me haya mejorado mi vocabulario.
no se me haya empeorado (**empeorar** *to worsen*) / se me haya aumentado / no se me haya disminuido / se me haya enriquecido / no se me haya empobrecido

3. ¿Quieres que te pongamos una prueba?
que te hagamos unas preguntas / que te pongamos un examen / dar un examen (*take an exam*) / someterte a un examen (*take an exam*)

4. Juguemos a "¿Cuál es la cosa?".
a los naipes / a los bolos (**jugar a los bolos** *to bowl*) / al billar (*billiards*) / al escondite (*hide-and-seek*)

5. Magnífico, con tal que me expliquen de qué va.
sepan / les enseñen / no estemos equivocados (*mistaken*) / averigüen

6. Tú vas afuera de la clase.
adentro / a la izquierda / al fondo (*to the back*) / al frente (*to the front*)

7. Tú nos haces preguntas hasta que creas que lo has averiguado.
lo has acertado / lo sabes / nosotros hemos pasado la prueba / lo hemos aprendido

8. Has averiguado lo que tenemos pensado.
planeado / escrito / preparado / hecho

9. El grupo se decide por el sofá.
el televisor / la película / unos refrescos / unos bocadillos

10. No está fuera sino dentro.
lejos . . . cerca / abajo . . . arriba / al fondo . . . al frente / enfrente . . . detrás / aquí . . . allí / acá . . . allá

11. Debe estar a un lado.
a mi derecha / a mi izquierda / encima de la mesa / debajo del sofá

12. Está en el suelo.
en la pared / en el techo / colgado de la pared / colgado del techo

13. Tampoco está enfrente.
delante / detrás / a nuestra izquierda / a nuestra derecha

14. ¿Es alto o bajo?
grande . . . pequeño / pesado . . . ligero / cuadrado . . . rectangular / oscuro . . . claro

15. Pesa más que la mesa y menos que el tocadiscos estereofónico.
la lámpara . . . el sofá / la silla . . . la butaca / el cuadro (*painting*). . . el televisor / la panera (*breadbox*) . . . la sartén (*skillet*)

16. Es más bien grande que pequeño.
pesado . . . ligero / alto . . . bajo / duro . . . blando / largo . . . corto

17. Según lo tomes, ambas cosas.
ninguna de las cosas / sí / no / posiblemente

18. ¿Se usa mucho?
frecuentemente / poco / todo el tiempo / todos los días

19. ¿Tiene todo el mundo uno en su casa?
su jardín / su auto / su cocina / la pared

20. Los vecinos de al lado tienen dos.
La tienda . . . tiene / La casa . . . tiene / Los hermanos . . . tienen / El supermercado . . . tiene

21. Eso es. Lo acertaste.
acerté / acertamos / acertaron / acertó

II. *Conteste en español:*

1. ¿Cuánto tiempo ha pasado Robert en Latinoamérica? **2.** ¿Qué espera Robert? **3.** ¿Qué se imagina Margarita? **4.** ¿Qué le pregunta Margarita a Robert? **5.** ¿A qué sugiere Margarita que jueguen? **6.** ¿Qué le parece a él la idea? **7.** ¿Para qué quiere Robert que se lo expliquen? **8.** ¿Cómo se juega a "¿Cuál es la cosa?" **9.** Después de haber mandado a Robert fuera de la habitación, ¿qué hizo el grupo? **10.** ¿Está el objeto que han pensado dentro o fuera de la casa? **11.** ¿Está allí arriba? **12.** ¿Está lejos de él? **13.** ¿Está cerca de él? **14.** ¿Está detrás de él? **15.** ¿Está enfrente de él? **16.** ¿Está a un lado? **17.** ¿Está a su derecha? **18.** ¿Está a su izquierda? **19.** ¿Está encima de la mesa? **20.** ¿Está debajo de la mesa? **21.** ¿Está en el suelo. **22.** ¿Está colgado de la pared? **23.** ¿Es alto? **24.** ¿Es bajo? **25.** ¿Es más bien pequeño que grande? **26.** ¿Es ligero? **27.** ¿Pesa más o menos que el tocadiscos esterofónico? **28.** ¿Pesa más bien mucho que poco? **29.** ¿De qué forma es? **30.** ¿Es corto? **31.** ¿Es largo? **32.** ¿Es más bien duro que blando? **33.** ¿Es de color claro? **34.** ¿Es de color oscuro? **35.** ¿Se usa mucho? **36.** ¿Es conveniente tener uno? **37.** ¿Tiene todo el mundo uno en su casa? **38.** ¿Cuántos tienen los vecinos de al lado? **39.** ¿Cuántos tiene Ud. en casa? **40.** ¿Qué dijo el grupo cuando Robert lo acertó? **41.** ¿Qué decidió Robert que había escogido el grupo?

III. *El profesor piensa en una cosa que está presente. Hágale preguntas hasta que Ud. acierte qué es.*

IV. *Piense en un objeto presente y pídale a otro estudiante que le haga preguntas a Ud. hasta que acierte lo que Ud. había escogido. Pueden usarse, para este ejercicio, los vocablos sugeridos en las listas* **A** *y* **B.**

Lista de vocablos **A**:

Clase (*f.*) *class, classroom.* Pasillo *hall.* Escalera *stairway.* Persianas *Venetian blinds; window shades.* Pizarra *blackboard.* Borrador *eraser.* Tiza *chalk.* Mesa de estudiante *student desk.* Mesa de profesor *teacher's desk.* Cuaderno *notebook.* Papel (*m.*) *paper.* Pluma *pen.* Tinta *ink.* Tintero *inkwell.* Bolígrafo *ball point pen.* Lápiz (*m.*) *pencil.* Goma de borrar *rubber eraser.* Papelera *waste basket.* Percha *hat or clothes rack.* Mapa (*m.*) *map.*

Lista de vocablos **B**:

Rojo *red.* Verde *green.* Amarillo *yellow.* Azul *blue.* Blanco *white.* Negro *black.* Anaranjado *orange.* Rosado *pink.* Morado *purple.* Dorado *gold.* Plateado *silver.* Gris *grey.* Marrón *brown.* Rubio *blond.* Moreno *brunette.* Pelirrojo *redhead.* A cuadros *plaid, checked.* Rayado *striped.* De lunares *polkadotted.* Estampado (de flores, figuritas) *printed* (*with flowers, figures, designs*).

V. *Conteste en español:*

1. ¿De qué color es el cielo en un día nublado? **2.** ¿Qué colores tienen los semáforos? **3.** ¿De qué color es la nieve? **4.** ¿De qué color es una moneda de veinticinco centavos? **5.** ¿De qué color es una naranja? **6.** ¿De qué color es el mar? **7.** ¿De qué color es el carbón (*coal*)? **8.** ¿Qué colores hay en la bandera nacional? **9.** ¿Qué colores hay en una puesta del sol? **10.** ¿De qué color es un anillo (*ring*) de oro? **11.** ¿De qué color son las mesas que Ud. ve? **12.** ¿De qué color es su camisa? **13.** ¿De qué color son sus pantalones? **14.** ¿De qué color es su traje? **15.** ¿De qué color es su blusa? **16.** ¿De qué color es su vestido? **17.** ¿De qué color es su traje de baño? **18.** ¿Cuál es su color favorito? **19.** ¿Cuáles son los colores del arco iris (*rainbow*)? **20.** ¿Es el profesor moreno, rubio o pelirrojo? **21.** ¿De qué color es su cabello (*hair*)? **22.** Conoce Ud. a alguna pelirroja? **23.** ¿Tiene Ud. una chaqueta a cuadros? **24.** ¿Tiene Ud. un vestido a cuadros morados? **25.** ¿Tiene Ud. un traje rayado? **26.** ¿Tiene Ud. una blusa rayada? **27.** ¿Tiene Ud. una blusa de lunares? **28.** ¿Tiene Ud. unos vestidos estampados de flores o de figuritas?

VI. *Diga en español:*

1. It is inside. **2.** It's inside the house. **3.** It's outside. **4.** It's outside the classroom. **5.** It's upstairs. **6.** It's downstairs. **7.** It's up there. **8.** It's down there. **9.** It's down around here. **10.** It's up around there. **11.** It's far. **12.** It's far from here. **13.** It's near. **14.** It's near them. **15.** It's in front. **16.** It's in front of us. **17.** It's straight ahead. **18.** It isn't behind me either. **19.** It's behind. **20.** It's to one side. **21.** It's to their left. **22.** It's on the right. **23.** It's on top of the TV. **24.** It's under the chair. **25.** It's on top. **26.** It's underneath. **27.** It's on the floor. **28.** It's on the wall. **29.** It's hanging from the ceiling. **30.** It's high. **31.** It's low. **32.** It's rather high. **33.** It's somewhat low. **34.** What size is it? **35.** How much does it weigh? **36.** What shape is it? **37.** It's big rather than small. **38.** It's heavy rather than light. **39.** It's long rather than short. **40.** It's soft rather than hard. **41.** It's a dark color. **42.** It's a light color. **43.** It's used a lot. **44.** Everybody has one. **45.** Not everybody has one. **46.** Nobody has one. **47.** The neighbors next door have one. **48.** The store next door has one. **49.** The people next door have one. **50.** The house next door has one. **51.** That's it. **52.** You guessed it (correctly)!

VII. *Dictado: Conversación 40*

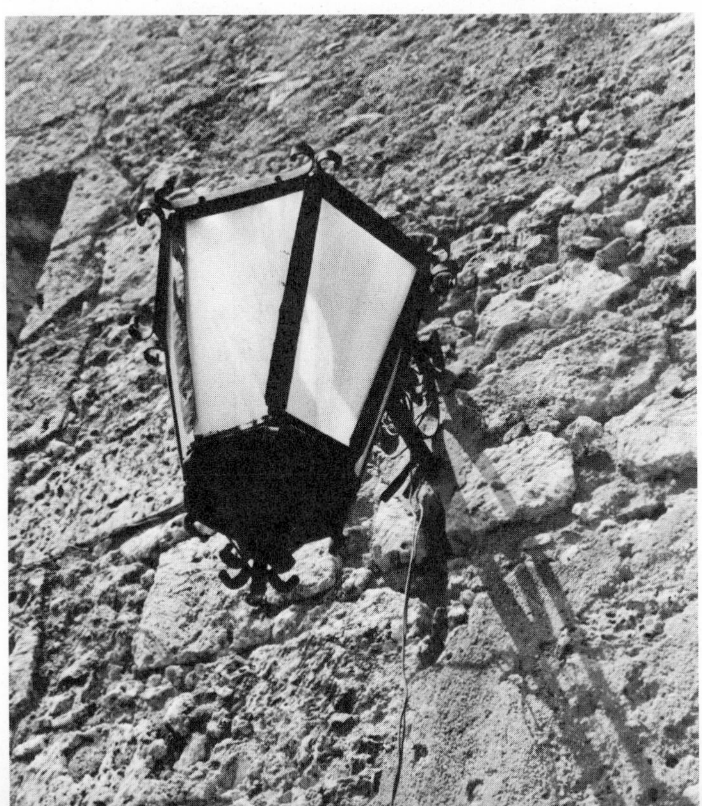

GRAMMAR UNIT 26

113 • Notes about some groups of verbs that may have similar English translations

A. To become:

a) Llegar a ser (*literally to arrive at being*).

No attention is given to the means by which the result was reached.

Llegó a ser un buen abogado.	He became a good lawyer.
Llegó a ser gobernador.	He became governor.

b) Hacerse (*literally to make oneself*).

The state or position was reached either through effort or through natural causes.

Se hizo abogado.	He became a lawyer.
El trabajo se hizo más fácil.	The work became easier.
Se hizo oscuro.	It became dark.

c) Volverse (*literally to turn oneself into*).

A change is indicated here.

Se volvió más triste.	He became sadder.
El líquido se volvió amarillo.	The liquid became yellow.
El barro se volvió duro.	The mud became hard.

d) Ponerse (*literally to put oneself*).

This is usually used to indicate the arrival at some physical or emotional state.

Se puso triste.	He became sad.
El vino se puso agrio.	The wine became sour.
Se puso enfermo.	He became ill.

e) **Cumplir** (*to complete, fulfill*).
Used with age.

Le regalaron un auto cuando cumplió 21 años.	They gave him a car when he became twenty-one.

f) **Sentarle bien** to be becoming (*literally to sit well on him, you, etc.*).
Used with clothing, etc.

El vestido le sienta bien.	The dress becomes her, is becoming to her.

B. To meet:

a) **Conocer** to be introduced to, to make the acquaintance of.

Lo conocí en México.	I met (*was introduced to*) him in Mexico.
Quiero que los conozcas.	I want you to meet (*become acquainted with*) them.

b) **Recibir** to greet, to receive, to pick someone up as at a station.

La recibimos en el aeropuerto.	We met her at the airport.
Nos recibieron en el comedor.	They met (*greeted, received*) us in the dining room.

c) **Reunirse** to come together, usually as in a formal meeting.

El comité se reune a las dos.	The committee is meeting at two.

d) **Encontrar** to run into, encounter; get together when used reflexively.

Lo encontré en la Avenida Norte.	I met (*ran into*) him on North Avenue.
¿Nos encontramos a las tres a la puerta del cine?	Shall we meet [*each other*] (*get together*) at three at the door of the movie theater?

C. To find:

a) Encontrar

Usually no attention is paid to personal effort in looking for something or someone.

Al abrir el cajón lo encontré.	When I opened the drawer I found it.
Nos encontrarás aquí.	You'll find us here.
Encontré un lápiz en el bolsillo.	I found a pencil in my pocket.
¿Encontró la carretera sin dificultad?	Did he find the highway without difficulty?

b) Hallar

This usually implies the process by which the end was reached.

Después de buscar por dos horas lo hallé.	After looking for two hours I found it.
Juan halló un tesoro.	John found a treasure.
De repente me hallé en la calle.	Suddenly I found myself on the street.

c) **Averiguar** to find out.

Al fin lo averigüé.	I finally found it out.

D. To take:

a) Tomar

Used with food, liquid, remedies, pictures, modes of transportation, and when something is handed, offered or made available to you.

Tomaremos un sandwich.	We'll take a sandwich.
Tomaremos café.	We'll take coffee.
Tomamos aspirinas.	We take aspirin.
Tomo fotografías.	I take pictures.
Tomamos el tren (avión, barco, . . .).	We took the train (plane, boat, . . .).
Tómelo.	Take it.
Tome asiento.	Take a seat.
Tomaré el cuarto.	I'll take the room.

b) Llevar

Used with the idea of transporting something or somebody somewhere, literally or figuratively.

La señora lleva su bolsa.	The lady is taking her purse.
Te llevaré al centro en el auto.	I'll take you downtown in the car.
Lleve estos trajes a la tintorería.	Take these suits to the cleaners.
Si estudias, te llevaré a cenar.	If you study I'll take you to dinner.

c) Llevarse to take along, to carry off, etc.

Llévate esto a tu casa.	Take this along to your house.
Me lo llevo.	I'll take it with me.

d) Quitar to take away.

Le quité la pistola.	I took the gun away from him.
Quite ese libro de ahí.	Take that book away from there.

e) Quitarse to take off.

Me quito el sombrero.	I'm taking off my hat.
Se quitó el abrigo.	He took off his coat.

f) Durar to last.

Refers to a time period.

¿Cuánto dura el viaje?	How long does the trip take?
¿Cuánto durará la función?	How long will the performance take (*last*)?

g) Tardar

Usually referring to the amount of time a person takes to do something.

¿Qué tardas en planchar una camisa?	How long do you take to iron a shirt?
No tarde mucho.	Don't take long.

E. To play:

a) **Jugar** to play a game.
This is usually followed by **a** when the game is given.

Juego a los bolos.	I bowl.
Juego a los naipes.	I play cards.

b) **Tocar** to play an instrument.

Toco la guitarra.	I play the guitar.
Toco el piano.	I play the piano.

F. To return:

a) **Volver, regresar** to go or come back.

Vuelvo, regreso a casa.	I'm returning home.
Volvieron, regresaron temprano.	They returned early.

b) **Devolver** to return something to some person or place.

Devolvíste el libro.	You returned the book.
Te lo devuelven.	They are returning it to you.
Devuélvalo a su lugar.	Return it (*put it back*) to its place.

G. To try:

a) **Tratar de** to try to, to make an effort, to endeavor to.

Trataré de hacerlo.	I'll try to do it.
Trató de llegar a tiempo.	He tried to arrive on time.

b) Probar to try out, experiment, taste.

¿Probó Ud. el vino?	Did you try the wine?
¿Probó Ud. el coche?	Did you try out the car?

c) Probarse to try on.

Me probé la chaqueta.	I tried on the jacket.
Se prueba los zapatos.	He is trying on the shoes.
Se los prueba.	He is trying them on.

H. To think:

a) Pensar to think about, to plan, to intend.
To have in mind but without extreme concentration on the object thought of.

Pienso que sí.	I think so.
Pienso ir.	I plan (intend) to go.
Pienso estudiar esta noche.	I'm thinking about studying tonight.
Pienso bajar aquí.	I'm thinking about getting off here.

b) Pensar en to think about.
There is concentration on the object thought of.

Pienso en el examen.	I'm thinking about the test.
Pienso en hacer un viaje.	I'm thinking about taking a trip.
Pienso en ti.	I'm thinking about you.
Nunca pienso en trabajar.	I never think about working.

c) Pensar de to think of, to give opinion of.

¿Qué pensó de su vestido?	What did you think of her dress?
¿Qué piensa Ud. de mi trabajo?	What do you think of my work?

114 • Aquí, acá, ahí, allí, allá

A. **Aquí** (*here*) and **allí** (*there*) usually refer to a specific area or at least one limited in the mind of the speaker.

El libro está aquí en la mesa.	The book is here on the table.
El libro está allí en la mesa.	The book is there on the table.
Aquí en los Estados Unidos no comemos eso.	Here in the United States we don't eat that.
Allí en Europa no comen eso.	There in Europe they don't eat that.

B. **Ahí** (*there*) usually refers to a location closer to the person addressed.

Vete de ahí.	Get out of there.
¿Hay agua ahí?	Is there water there (*where you are*)?

C. **Acá** (*here*) and **allá** (*there*) usually refer to a more general area.

Ven acá.	Come here.
¿Por qué fuiste allá?	Why did you go there? (*You are no longer there, otherwise* ahí *would be used*).
¿Oíste lo que pasó allá?	Did you hear what happened there?
Por allá andan sus amigos.	Your friends are over there.

Compare these with **éste, ése** and **aquél**:

éste	*this* (near speaker).	**aquí**	*here* (more specific area).
		acá	*here* (more general area).
ése	*that* (near person addressed).	**ahí**	*there*
aquél	*that* (away from both)	**allí**	*there* (more specific area).
		allá	*there* (more general area).

It should be noted that these are generalizations and that the frequent usage of these adverbs of location has brought about idiomatic and regionalistic expressions which at times could appear to be contrary to the above statements.

Cartagena, Colombia

ejercicios

I. *Diga en español:*

1. He will become a good doctor. **2.** He became an expert in electricity. **3.** The road became more difficult. **4.** He became crazy. **5.** I'm becoming furious. **6.** I'll be glad when I become 25. **7.** The white hat was very becoming to her. **8.** I met them in Miami. **9.** They met us with open arms. **10.** The engineering students meet once a month. **11.** I met him downtown. **12.** I couldn't find them anywhere (*por ninguna parte*). **13.** He found the lost wallet. **14.** I found out his phone number. **15.** I like to play soccer very much. **16.** I play the trombone. **17.** I have never taken dramamine. **18.** Yesterday I took the plane. **19.** Here it is. Take it. **20.** He always takes his umbrella with him. **21.** Take me to the airport, please. **22.** The thieves (*los ladrones*) took the suitcase. **23.** They had to take off the child's shoes. **24.** Since it was hot he took off his jacket. **25.** How long does the school year last? **26.** How long do you take to shave? **27.** They returned ahead of time (*antes de tiempo*). **28.** Juan never returns what he borrows (*pedir prestado*). **29.** He tried the soup. **30.** He tried on the pajamas (*el pijama*). **31.** I'm thinking about his trip. **32.** What do you think of him?

II. *Diga en inglés:*

1. El rancho está allá lejos. **2.** Mi casa está allí. **3.** ¿Puedo ir ahí? **4.** ¿Crees que puedo ir allí? **5.** Venga acá. **6.** Vaya allá.

III. *Repaso de las Conversaciones 40 y 41:*

1. ¿Qué le pareció Caracas a Robert? **2.** ¿Qué fue lo primero que recorrió Robert de Caracas? **3.** ¿Qué le llamó la atención en la parte antigua de la ciudad? **4.** ¿En qué año fue la independencia de Venezuela? **5.** ¿Qué es lo que más le ha impresionado de Caracas? **6.** ¿Cómo le cayó el clima de Caracas? **7.** ¿Qué le preocupa a Robert al llegar al aeropuerto? **8.** ¿Qué espera Robert después de haber pasado varios meses en Latinoamérica? **9.** ¿A qué le propone Margarita jugar? **10.** ¿Cuándo empieza el juego? **11.** ¿Qué es lo que habían pensado los amigos de Robert? **12.** ¿Después de cuántas preguntas lo acertó Robert?

IV. *Tema de repaso:*

From Venezuela, Robert went to Mexico. After spending some two weeks (15 days) with the family of his friend Juan Manuel, he returned to the United States where his parents and brother and sisters were waiting for him eagerly (*con ansia*). Robert had only three weeks left before starting school (*para empezar el curso en la Universidad*). He spent a great part of his time putting in order (*orden*) the notes he had written during his trip, writing his articles, and telling his friends and relatives the many experiences of his exciting (*estimulante*) summer. He learned one thing very well, that anywhere (*en todas partes*) personal contact (*trato personal*) and understanding (*comprensión*) make friends (*hacer amigos*). The entire trip was a wonderful and valuable (*valioso*) experience for him, something that he will never forget!

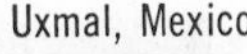

Uxmal, Mexico

LECTURA OCTAVA

Pensando en Latinoamérica

Robert, sentado en el avión, camino de casa, trata de poner en orden la multitud de impresiones que ha venido recibiendo este verano. El término Latinoamérica le trae a la memoria las veinte repúblicas que se extienden desde el Río Grande hasta el Cabo de Hornos. Por su memoria pasa esa tierra que contiene todas las variedades topográficas y contrastes físicos imaginables desde la densa selva tropical hasta el desierto, desde la llanura costera hasta la alta sierra, desde las inmensas praderas hasta las grandes metrópolis.

Robert piensa que si ahora tuviera que definir al latinoamericano se vería en un problema. ¿Quién es el latinoamericano, el sumiso indio, el habitante de las grandes ciudades, el aristócrata hacendado, el gaucho, el minero boliviano o chileno, el mexicano, el brasileño, el peruano? Sin embargo cree que podría distinguir inmediatamente un latinoamericano de un anglosajón.

Robert ha podido observar que Latinoamérica se encuentra en medio de una profunda revolución económica y social. La rápida urbanización, la creciente industrialización, y algunos otros aspectos de la modernización así como el incremento en comunicación de ideas, están sacudiendo las raíces de su tradicionalismo. Robert cree que una de las características de la Sudamérica de hoy día es su idealismo y ansia de justicia social.

Robert se siente cansado del viaje; sin embargo está satisfecho porque cree que el haber visitado tantos países y el haber hecho amistad con gentes tan distintas le han enriquecido mucho.

Statue of Justice, Brasilia

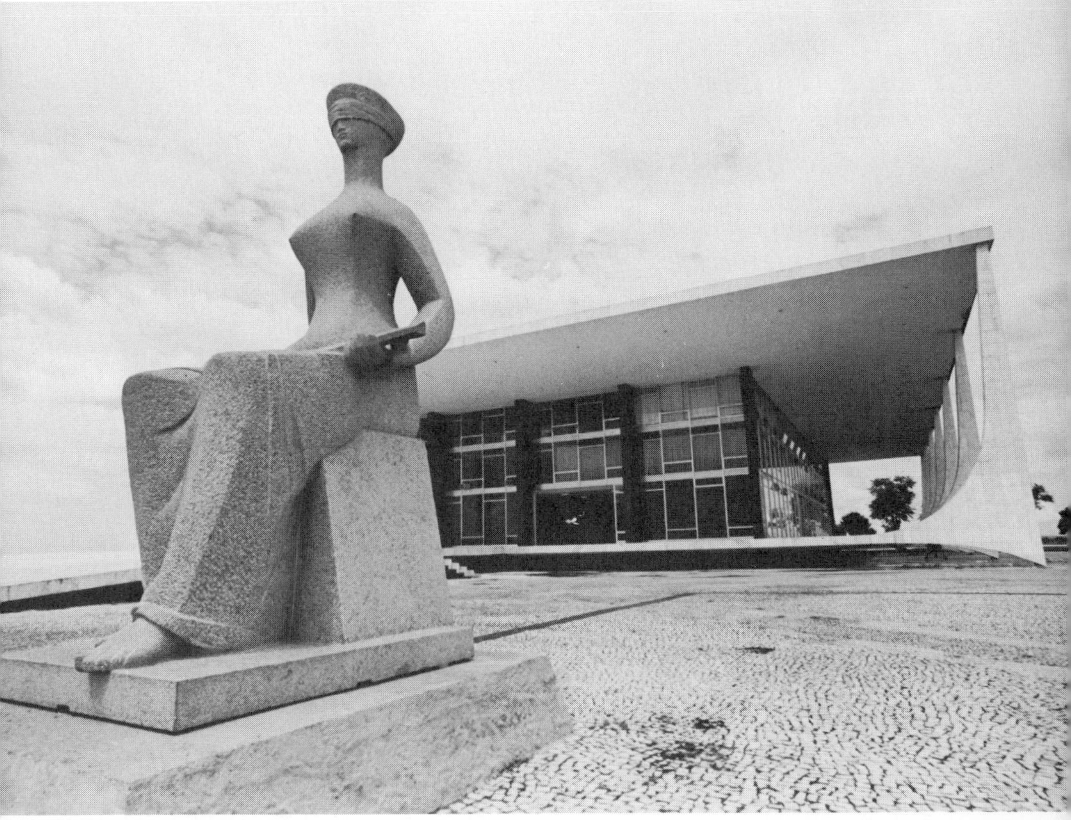

Preguntas:

1. ¿Qué trata Robert de poner en orden? **2.** ¿Cuántas repúblicas hay en Latinoamérica? **3.** ¿Cuáles son los límites naturales (norte, sur) de Latinoamérica? **4.** ¿Por qué se vería Robert en un problema si tuviera que definir al latinoamericano? **5.** ¿Cómo se encuentra Latinoamérica hoy día? **6.** ¿Qué cosas están sacudiendo el tradicionalismo de Sudamérica? **7.** ¿Qué caracteriza hoy en día Sudamérica? **8.** ¿Qué ha enriquecido mucho a Robert?

APPENDIX

115 • Pronunciation

Since this particular text is designed mainly for oral work based upon repetition and imitation, extensive explanations of the formation of Spanish sounds are not being presented. Only the most basic guides to pronunciation are given below.

SPANISH VOWELS

Spanish vowels are clear, precise sounds. They are pronounced with the tongue muscles tense and without the final off-glide which is customary in English.

SPANISH ALPHABET

LETTER	NAME	APPROXIMATE DESCRIPTION	EXAMPLE
a	la **a**	Like *a* in the musical note *fa*.	masa
b	la **be**	See *v*.	
c	la **ce**	When followed by *e* or *i*, like *s* in English. In other cases, like *k* in English.	cena, cine casa, como, clase
ch	la **che**	Like *ch* in *cheap*.	mucho
d	la **de**	Between two vowels or at the end of a word, similar to English *th* in *this*. In other cases, slightly softer than *d* in English *done*.	lado, usted dar, drama
e	la **e**	Like *e* in the musical note *re*.	de
f	la **efe**	Like *f* in English.	falta
g	la **ge**	When followed by *e* or *i*, harsher than English *h* in *house*. In other cases, like *g* in *gone*.	gente, giro gato, gusto, gloria
h	la **hache**	Always silent.	hogar
i	la **i**	Similar to *i* in *machine*.	mi
j	la **jota**	Always like Spanish *g* followed by *e* or *i*.	jota, jinete
k	la **ka**	Like *k* in English.	kilo
l	la **ele**	Similar to *l* in *letter*.	lado
ll	la **elle**	Like the English *y* in *yet*.	ella, allí

m	la **eme**	Like *m* in English.	madre
n	la **ene**	Like *n* in English.	nota
ñ	la **eñe**	Similar to *ny* of *canyon.*	señora
o	la **o**	Like *o* in the musical note *do.*	como
p	la **pe**	Similar to *p* in English *papa.*	papa
q	la **cu**	Always followed by *u*, which is silent. Like *k* in English.	que
r	la **ere**	Pronounced by making a single trill with the tip of the tongue against the roof of the mouth.	pero
rr	la **erre**	Pronounced by making several rapid trills with the tip of the tongue against the roof of the mouth.	perro
s	la **ese**	Like *s* in English.	seda
t	la **te**	Similar to *t* in English *total.*	tinta
u	la **u**	Similar to *oo* in English *moon.* Always silent after *q.* It is also silent in the combinations *gue* and *gui*, except when it has a diaeresis; it is then pronounced *gwe*, *gwi.*	gusta porque sigue, guitarra (*silent*) vergüenza (*gwe*)
v	la **ve**	Practically *b* and *v* have identical pronunciations. Usually, when they follow a vowel, they have a soft sound, formed by partially closing the lips, as in anticipation of forming an English *b.* In other cases, similar to *b* in English.	deber, uva beso, vaso banco, vino, envolver
x	la **equis**	When followed by a consonant, like *s.* In other cases, like *ks.* Rarely, like Spanish *j.*	explicar examen mexicano
y	la **i griega**	Like *y* in English. Except when it is the conjunction *and*, which is pronounced like Spanish *i.*	yo y
z	la **zeta**	Like *s* in English.	taza

116 ● Diphthongs

The vowels *u* and *i* are weak vowels; *a*, *o*, and *e* are strong vowels. Combinations of two weak vowels or one strong and one weak vowel form a diphthong and belong to one syllable. Two strong vowels, however, must be divided into two syllables, as must a combination of the two weak vowels if one has an accent:

ai-re	v**ia**-je	c**au**-sa	c**ua**r-to	v**iu**-da
p**ei**-ne	p**ie**-dra	d**eu**-da	m**ue**r-te	S**ui**-za
oi-go	re-li-g**io**-so		c**uo**-ta	

but:

con-ti-n**ú-a**   le-**í**-do   i-d**e-a**   de-s**e-o**

NOTE: an unstressed *i* between two other vowels becomes *y*:

le + **-iendo** becomes **leyendo**.

117 ● Stress

If a word ends in a *vowel*, *s*, or *n* the stress falls on the next to the last syllable. If it ends in any other letter the stress falls on the final syllable. If a word does not conform to this rule it has a written accent.

a) **ca**sa, pre**ci**so   **ha**blas, in**vi**tas   **en**tran, con**tie**nen
b) natu**ral**, traba**jar**
c) pe**lí**cula, **miér**coles   **ár**bol   es**tás**, invita**ción**

Note that occasionally an accent will appear on a word not to change its pronunciation but to distinguish it from another of the same spelling but of a different meaning, such as **si** (*if*) and **sí** (*yes*).

118 ● Verbs with changes of spelling

Since the letters *c* and *g* have different pronunciations before *e* and *i* than before *a*, *o*, and *u*, verbs with *c* and *g* immediately before the infinitive ending (**-ar**, **-er**, **-ir**) will have to change their spelling before some verbal endings.

A. Verbs that end in **-car** and **-gar** change *c* to *qu* and *g* to *gu* before an *e*.

tocar: **toco** BUT **toque**
pagar: **pago** BUT **pague**

B. Verbs that end in **-guar** must have a diaeresis over the *u* before an *e*.

averi**guar**: averi**guo** BUT averi**güe**

C. Verbs that end in **-ger** and **-gir** change *g* to *j* before *o* or *a*.

escog**er**: escog**es** BUT esco**jo**

D. Verbs that end in **-guir** drop the *u* before *o* and *a*.

disting**uir**: disting**ues** BUT disting**o**

NOTE: a) verbs that end in **-cer** and **-cir** preceded by a consonant change the *c* to *z* before *o* and *a*.

ven**cer**: ven**ces** BUT ven**zo**
espar**cir**: espar**ces** BUT espar**zo**

b) Verbs that end in **-cer** and **-cir** preceded by a vowel insert a *z* before the *c* when followed by an *o* or *a*.

cono**cer**: cono**ces** BUT cono**zco**
lu**cir**: lu**ces** BUT lu**zco**

c) Verbs that end in **-zar** change the *z* to *c* before *e*.

re**zar**: re**zas** BUT re**ce**

119 • Translations of various tenses and verbal forms

INFINITIVE: **hablar** (*to*) *speak*

PRESENT INDICATIVE: **hablo** *I speak, I am speaking, I do speak*

PRETERITE: **hablé** *I spoke, I did speak*

IMPERFECT INDICATIVE: **hablaba** *I spoke, I used to speak, I was speaking*

FUTURE: **hablaré** *I will speak, I shall speak*

CONDITIONAL: **hablaría** *I would speak, I should speak*

PAST PARTICIPLE: **hablado** *spoken*

PRESENT PERFECT INDICATIVE: **he hablado** *I have spoken, I spoke*

PAST PERFECT INDICATIVE: **había hablado** *I had spoken*

FUTURE PERFECT: **habré hablado** *I will have spoken, I shall have spoken*

CONDITIONAL PERFECT: **habría hablado** *I would have spoken, I should have spoken*

PRESENT PARTICIPLE: **hablando** *speaking*

PRESENT PROGRESSIVE INDICATIVE: **estoy hablando** *I am speaking*

PRETERITE PROGRESSIVE: **estuve hablando** *I was speaking*

IMPERFECT PROGRESSIVE INDICATIVE: **estaba hablando** *I was speaking*

FUTURE PROGRESSIVE: **estaré hablando** *I will be speaking, I shall be speaking*

CONDITIONAL PROGRESSIVE: **estaría hablando** *I would be speaking, I should be speaking*

PRESENT PERFECT PROGRESSIVE INDICATIVE: **he estado hablando** *I have been speaking*

PAST PERFECT PROGRESSIVE INDICATIVE: **había estado hablando** *I had been speaking*

FUTURE PERFECT PROGRESSIVE: **habré estado hablando** *I will have been speaking, I shall have been speaking*

CONDITIONAL PERFECT PROGRESSIVE: **habría estado hablando** *I would have been speaking, I should have been speaking*

120 • Conjugation pattern of regular -ar verbs

SIMPLE TENSES

Indicative	Subjunctive
PRESENT	PRESENT
Stem: *Inf. minus* **-ar** — **habl**-ar	*Stem:* *1st pers. sing. pres. indic. minus* **-o** — **habl-**o
habl-o habl-as habl-a habl-amos habl-áis habl-an	habl-e habl-es habl-e habl-emos habl-éis habl-en
PRETERITE	
Stem: *Inf. minus* **-ar** — **habl**-ar	
habl-é habl-aste habl-ó habl-amos habl-asteis habl-aron	
IMPERFECT	IMPERFECT*
Stem: *Inf. minus* **-ar** — **habl**-ar	*Stem:* *3rd pers. pl. pret. minus* **-aron** — **habl**-aron
habl-aba habl-abas habl-aba habl-ábamos habl-abais habl-aban	habl-ara habl-aras habl-ara habl-áramos habl-arais habl-aran**

* Remember that this tense is often translated in English by a conditional.

** These endings are the most frequently used. There is another form of this tense with the endings: **-ase, -ases, -ase, -ásemos, -aseis, -asen.**

Indicative	Subjunctive
FUTURE *Stem:* *Inf.* — **hablar** hablar-é hablar-ás hablar-á hablar-emos hablar-éis hablar-án	

COMMANDS

habl-a	no habl-es habl-e Ud. no habl-e Ud.
habl-ad	no habl-éis habl-en Uds. no habl-en Uds.

Conditional

PRESENT

Stem:
Inf. — **hablar**

hablar-ía
hablar-ías
hablar-ía
hablar-íamos
hablar-íais
hablar-ían

Past Participle

Stem:
Inf. minus **-ar** — **habl**-ar

habl-ado

Present Participle

Stem:
Inf. minus **-ar** — **habl**-ar

habl-ando

COMPOUND TENSES

Indicative	Subjunctive
PRESENT PERFECT*	PRESENT PERFECT
Pres. indic. of **haber** + *past part.*	*Pres. subj. of* **haber** + *past part.*
he hablado has hablado ha hablado hemos hablado habéis hablado han hablado	haya hablado hayas hablado haya hablado hayamos hablado hayáis hablado hayan hablado
PAST PERFECT	PAST PERFECT
Imperf. indic. of **haber** + *past part.*	*Imperf. subj. of* **haber** + *past part.*
había hablado habías hablado había hablado habíamos hablado habíais hablado habían hablado	hubiera hablado** hubieras hablado hubiera hablado hubiéramos hablado hubierais hablado hubieran hablado
FUTURE PERFECT	
Fut. of **haber** + *past part.*	
habré hablado habrás hablado habrá hablado habremos hablado habréis hablado habrán hablado	

* Remember that this tense is called, in Spanish, **pretérito perfecto**.

** This tense can also be formed with the second form of the imperfect subjunctive of **haber**: **hub**-*iese, -ieses, -iese, -iésemos, -ieseis, -iesen.*

Conditional

CONDITIONAL PERFECT

cond. of **haber**
\+
past part.

habría hablado
habrías hablado
habría hablado
habríamos hablado
habríais hablado
habrían hablado

PROGRESSIVE TENSES

Indicative	**Subjunctive**
PRESENT PROGRESSIVE *Pres. indic. of* **estar** + *pres. part.* estoy hablando estás hablando está hablando estamos hablando estáis hablando están hablando	PRESENT PROGRESSIVE *Pres. subj. of* **estar** + *pres. part.* esté hablando estés hablando esté hablando estemos hablando estéis hablando estén hablando
PRETERITE PROGRESSIVE *Pret. of* **estar** + *pres. part.* estuve hablando estuviste hablando estuvo hablando estuvimos hablando estuvisteis hablando estuvieron hablando	

Indicative	Subjunctive
IMPERFECT PROGRESSIVE	IMPERFECT PROGRESSIVE
Imperf. indic. of **estar** + *pres. part.*	*Imperf. subj. of* **estar** + *pres. part.*
estaba hablando estabas hablando estaba hablando estábamos hablando estabais hablando estaban hablando	estuviera hablando* estuvieras hablando estuviera hablando estuviéramos hablando estuvierais hablando estuvieran hablando
FUTURE PROGRESSIVE	
Fut. of **estar** + *pres. part.*	
estaré hablando estarás hablando estará hablando estaremos hablando estaréis hablando estarán hablando	
PRESENT PERFECT PROGRESSIVE	PRESENT PERFECT PROGRESSIVE
Pres. perf. of **estar** + *pres. part.*	*Pres. perf. subj. of* **estar** + *pres. part.*
he estado hablando has estado hablando ha estado hablando hemos estado hablando habéis estado hablando han estado hablando	haya estado hablando hayas estado hablando haya estado hablando hayamos estado hablando hayáis estado hablando hayan estado hablando

* Or: **estuv**-*iese, -ieses, -iese, -iésemos, -ieseis, -iesen* **hablando.**

Indicative	Subjunctive
PAST PERFECT PROGRESSIVE	PAST PERFECT PROGRESSIVE
Past perf. indic. of **estar** + *pres. part.*	*Past perf. subj. of* **estar** + *pres. part.*
había estado hablando habías estado hablando había estado hablando habíamos estado hablando habíais estado hablando habían estado hablando	hubiera estado hablando hubieras estado hablando hubiera estado hablando hubiéramos estado hablando hubierais estado hablando hubieran estado hablando
FUTURE PERFECT PROGRESSIVE	
Fut. perf. of **estar** + *pres. part.*	
habré estado hablando habrás estado hablando habrá estado hablando habremos estado hablando habréis estado hablando habrán estado hablando	

Conditional

CONDITIONAL PROGRESSIVE

Cond. of **estar**
+
pres. part.

estaría hablando
estarías hablando
estaría hablando
estaríamos hablando
estaríais hablando
estarían hablando

CONDITIONAL PERFECT PROGRESSIVE

Cond. perf. of **estar**
+
pres. part.

habría estado hablando
habrías estado hablando
habría estado hablando
habríamos estado hablando
habríais estado hablando
habrían estado hablando

121 • Conjugation pattern of regular -er verbs

SIMPLE TENSES

Indicative	Subjunctive
PRESENT	PRESENT
Stem: *Inf. minus* **-er** — **com**-er	*Stem:* *1st pers. sing. pres. indic. minus* **-o** — **com**-o
com-o	com-a
com-es	com-as
com-e	com-a
com-emos	com-amos
com-éis	com-áis
com-en	com-an
PRETERITE	
Stem: *Inf. minus* **-er** — **com**-er	
com-í	
com-iste	
com-ió	
com-imos	
com-isteis	
com-ieron	
IMPERFECT	IMPERFECT
Stem: *Inf. minus* **-er** — **com**-er	*Stem:* *3rd pers. pl. pret. minus* **-ieron** — **com**-ieron
com-ía	com-iera
com-ías	com-ieras
com-ía	com-iera
com-íamos	com-iéramos
com-íais	com-ierais
com-ían	com-ieran*

* Or: **com** *-iese, -ieses, -iese, -iésemos, -ieseis, -iesen.*

Indicative	Subjunctive
FUTURE *Stem:* *Inf.* — **comer** comer-é comer-ás comer-á comer-emos comer-éis comer-án	

COMMANDS

com-e	no com-as
	com-a Ud.
	no com-a Ud.
com-ed	no com-áis
	com-an Uds.
	no com-an Uds.

Conditional

PRESENT

Stem:
Inf. — **comer**

comer-ía
comer-ías
comer-ía
comer-íamos
comer-íais
comer-ían

Past Participle

Stem:
Inf. minus **-er** — **com**-er

com-ido

Present Participle

Stem:
Inf. minus **-er** — **com**-er

com-iendo

COMPOUND TENSES

Indicative	Subjunctive
PRESENT PERFECT	PRESENT PERFECT
Pres. indic. of **haber** + *past part.*	*Pres. subj. of* **haber** + *past part.*
he comido has comido ha comido hemos comido habéis comido han comido	haya comido hayas comido haya comido hayamos comido hayáis comido hayan comido
PAST PERFECT	PAST PERFECT
Imperf. indic. of **haber** + *past part.*	*Imperf. subj. of* **haber** + *past part.*
había comido habías comido había comido habíamos comido habíais comido habían comido	hubiera comido hubieras comido hubiera comido hubiéramos comido hubierais comido hubieran comido
FUTURE PERFECT	
Fut. of **haber** + *past part.*	
habré comido habrás comido habrá comido habremos comido habréis comido habrán comido	

Conditional

CONDITIONAL PERFECT

Cond. of **haber**
+
past part.

habría comido
habrías comido
habría comido
habríamos comido
habríais comido
habrían comido

PROGRESSIVE TENSES

Indicative	Subjunctive
PRESENT PROGRESSIVE *Pres. indic. of* **estar** + *pres. part.* estoy comiendo estás comiendo está comiendo estamos comiendo estáis comiendo están comiendo	PRESENT PROGRESSIVE *Pres. subj. of* **estar** + *pres. part.* esté comiendo estés comiendo esté comiendo estemos comiendo estéis comiendo estén comiendo
PRETERITE PROGRESSIVE *Pret. of* **estar** + *pres. part.* estuve comiendo estuviste comiendo estuvo comiendo estuvimos comiendo estuvisteis comiendo estuvieron comiendo	

Indicative	Subjunctive
IMPERFECT PROGRESSIVE *Imperf. indic. of* **estar** + *pres. part.* estaba comiendo estabas comiendo estaba comiendo estábamos comiendo estabais comiendo estaban comiendo	IMPERFECT PROGRESSIVE *Imperf. subj. of* **estar** + *pres. part.* estuviera comiendo estuvieras comiendo estuviera comiendo estuviéramos comiendo estuvierais comiendo estuvieran comiendo
FUTURE PROGRESSIVE *Fut. of* **estar** + *pres. part.* estaré comiendo estarás comiendo estará comiendo estaremos comiendo estaréis comiendo estarán comiendo	
PRESENT PERFECT PROGRESSIVE *Pres. perf. indic. of* **estar** + *pres. part.* he estado comiendo has estado comiendo ha estado comiendo hemos estado comiendo habéis estado comiendo han estado comiendo	PRESENT PERFECT PROGRESSIVE *Pres. perf. subj. of* **estar** + *pres. part.* haya estado comiendo hayas estado comiendo haya estado comiendo hayamos estado comiendo hayáis estado comiendo hayan estado comiendo

Indicative	Subjunctive
PAST PERFECT PROGRESSIVE *Past perf. indic. of* **estar** + *pres. part.* había estado comiendo habías estado comiendo había estado comiendo habíamos estado comiendo habíais estado comiendo habían estado comiendo	PAST PERFECT PROGRESSIVE *Past perf. subj. of* **estar** + *pres. part.* hubiera estado comiendo hubieras estado comiendo hubiera estado comiendo hubiéramos estado comiendo hubierais estado comiendo hubieran estado comiendo
FUTURE PERFECT PROGRESSIVE *Fut. perf. of* **estar** + *pres. part.* habré estado comiendo habrás estado comiendo habrá estado comiendo habremos estado comiendo habréis estado comiendo habrán estado comiendo	

Conditional

CONDITIONAL PROGRESSIVE

Cond. of **estar**
+
pres. part.

estaría comiendo
estarías comiendo
estaría comiendo
estaríamos comiendo
estaríais comiendo
estarían comiendo

CONDITIONAL PERFECT PROGRESSIVE

Cond. perf. of **estar**
+
pres. part.

habría estado comiendo
habrías estado comiendo
habría estado comiendo
habríamos estado comiendo
habríais estado comiendo
habrían estado comiendo

122 • Conjugation pattern of regular -ir verbs

NOTE: The endings for **-ir** verbs are identical to those for **-er** verbs, with the exception of the first and second persons plural of the present indicative and the command of the second person plural, which are marked in the following paradigm with an asterisk.

SIMPLE TENSES

Indicative	Subjunctive
PRESENT	PRESENT
Stem: *Inf. minus* **-ir** — **viv**-ir	*Stem:* *1st pers. sing. pres. indic. minus* **-o** — **viv**-o
viv-o	viv-a
viv-es	viv-as
viv-e	viv-a
viv-imos*	viv-amos
viv-ís*	viv-áis
viv-en	viv-an
PRETERITE	
Stem: *Inf. minus* **-ir** — **viv**-ir	
viv-í	
viv-iste	
viv-ió	
viv-imos	
viv-isteis	
viv-ieron	
IMPERFECT	IMPERFECT
Stem: *Inf. minus* **-ir** — **viv**-ir	*Stem:* *3rd pers. pl. pret. minus* **-ieron** — **viv**-ieron
viv-ía	viv-iera
viv-ías	viv-ieras
viv-ía	viv-iera
viv-íamos	viv-iéramos
viv-íais	viv-ierais
viv-ían	viv-ieran

Indicative	Subjunctive
FUTURE *Stem:* *Inf.* — **vivir** vivir-é vivir-ás vivir-á vivir-emos vivir-éis vivir-án	
COMMANDS	
viv-e	no viv-as
	viv-a Ud.
	no viv-a Ud.
viv-id*	no viv-áis
	viv-an Uds.
	no viv-an Uds.

Conditional

PRESENT

Stem:
Inf. — **vivir**

vivir-ía
vivir-ías
vivir-ía
vivir-íamos
vivir-íais
vivir-ían

Past Participle

Stem:
Inf. minus **-ir** — **viv**-ir

viv-ido

Present Participle

Stem:
Inf. minus **-ir** — **viv**-ir

viv-iendo

COMPOUND TENSES

Indicative	Subjunctive
PRESENT PERFECT *Pres. indic. of* **haber** + *past part.* he vivido has vivido ha vivido hemos vivido habéis vivido han vivido	PRESENT PERFECT *Pres. subj. of* **haber** + *past part.* haya vivido hayas vivido haya vivido hayamos vivido hayáis vivido hayan vivido
PAST PERFECT *Imperf. indic. of* **haber** + *past part.* había vivido habías vivido había vivido habíamos vivido habíais vivido habían vivido	PAST PERFECT *Imperf. subj. of* **haber** + *past part.* hubiera vivido hubieras vivido hubiera vivido hubiéramos vivido hubierais vivido hubieran vivido
FUTURE PERFECT *Fut. of* **haber** + *past part.* habré vivido habrás vivido habrá vivido habremos vivido habréis vivido habrán vivido	

NOTE: Due to the similarity between the **-er** and the **-ir** groups, the patterns for the remaining tenses won't be shown here; they follow those indicated for the **-er** group.

123 ● Conjugation of -ar and -er radical changing verbs

The **-ar** and **-er** radical changing verbs change **o** to **ue** and **e** to **ie** in the present indicative and present subjunctive in the first, second and third persons singular and the third person plural, and therefore in all commands, except the **vosotros** commands.

RECORDAR (ue)

Indicative — PRESENT	Subjunctive — PRESENT
rec**ue**rdo	rec**ue**rde
rec**ue**rdas	rec**ue**rdes
rec**ue**rda	rec**ue**rde
recordamos	recordemos
recordáis	recordéis
rec**ue**rdan	rec**ue**rden

COMMANDS

rec**ue**rda	no rec**ue**rdes
rec**ue**rde Ud.	no rec**ue**rde Ud.
recordad	no recordéis
rec**ue**rden Uds.	no rec**ue**rden Uds.

ENTENDER (ie)

Indicative — PRESENT	Subjunctive — PRESENT
ent**ie**ndo	ent**ie**nda
ent**ie**ndes	ent**ie**ndas
ent**ie**nde	ent**ie**nda
entendemos	entendamos
entendéis	entendáis
ent**ie**nden	ent**ie**ndan

COMMANDS

ent**ie**nde	no ent**ie**ndas
ent**ie**nda Ud.	no ent**ie**nda Ud.
entended	no entendáis
ent**ie**ndan Uds.	no ent**ie**ndan Uds.

124 • Conjugation of -ir radical changing verbs

The **-ir** radical changing verbs are divided into two groups:

1) those which change **o** to **ue** and to **u**, like **dormir**, or **e** to **ie** and to **i**, like **sentir**,

2) those which change **e** to **i**, like **pedir**.

In the first group **o** changes to **ue** and **e** to **ie** in the present indicative and present subjunctive in the first, second and third persons singular and the third person plural, and in the commands, as in the **-ar** and **-er** radical changing verbs. In addition, the **o** becomes **u** and the **e** becomes **i** in the first and second persons plural of the present subjunctive, and therefore in the negative **vosotros** commands, in the third persons singular and plural of the preterite and therefore throughout the imperfect subjunctive (which derives its stem from the third person plural of the preterite), and in the present participle.

DORMIR (ue, u)

Indicative	**Subjunctive**
PRESENT	PRESENT
d**ue**rmo	d**ue**rma
d**ue**rmes	d**ue**rmas
d**ue**rme	d**ue**rma
dormimos	d**u**rmamos
dormís	d**u**rmáis
d**ue**rmen	d**ue**rman
PRETERITE	IMPERFECT
dormí	d**u**rmiera
dormiste	d**u**rmieras
d**u**rmió	d**u**rmiera
dormimos	d**u**rmiéramos
dormisteis	d**u**rmierais
d**u**rmieron	d**u**rmieran

COMMANDS

duerme	no duermas
duerma Ud.	no duerma Ud.
dormid	no durmáis
duerman Uds.	no duerman Uds.

PRESENT PARTICIPLE

durmiendo

SENTIR (ie, i)

Indicative	**Subjunctive**
PRESENT	PRESENT
siento	sienta
sientes	sientas
siente	sienta
sentimos	sintamos
sentís	sintáis
sienten	sientan
PRETERITE	IMPERFECT
sentí	sintiera
sentiste	sintieras
sintió	sintiera
sentimos	sintiéramos
sentisteis	sintierais
sintieron	sintieran

COMMANDS

siente	no sientas
sienta Ud.	no sienta Ud.
sentid	no sintáis
sientan Uds.	no sientan Uds.

PRESENT PARTICIPLE

sintiendo

In the second group **e** changes to **i** in every verb form where a change occurred in the first group of **-ir** radical changing verbs, be it **e** to **ie** or to **i**, that is, **e** becomes **i** in the first, second and third persons singular and the third person plural of the present indicative, in all forms of the present subjunctive, in all the commands except the affirmative **vosotros** commands, in the third persons singular and plural of the preterite and therefore all the imperfect subjunctive (which derives its stem from the third person plural preterite), and in the present participle.

PEDIR (i, i)

Indicative	**Subjunctive**
PRESENT	PRESENT
pido	pida
pides	pidas
pide	pida
pedimos	pidamos
pedís	pidáis
piden	pidan

COMMANDS

pide	no pidas
pida Ud.	no pida Ud.
pedid	no pidáis
pidan Uds.	no pidan Uds.

PRETERITE	IMPERFECT
pedí	pidiera
pediste	pidieras
pidió	pidiera
pedimos	pidiéramos
pedisteis	pidierais
pidieron	pidieran

PRESENT PARTICIPLE

pidiendo

Irregular Verbs

Some of the more frequently used verbs which have irregularities in one or more tenses or forms are given in the following pages.

Only the forms or tenses which show some irregularity will be given. Others are to be considered regular.

125 • Irregular verbs

INFINITIVE	PRESENT INDICATIVE	PRESENT SUBJUNCTIVE	IMPERFECT INDICATIVE	PRETERITE
abrir *to open*				
andar *to go, walk*				anduve anduviste anduvo anduvimos anduvisteis anduvieron
caer *to fall*	caigo caes cae caemos caéis caen	caiga caigas caiga caigamos caigáis caigan		caí caíste cayó caímos caísteis cayeron
conocer *to know*	conozco conoces conoce conocemos conocéis conocen	conozca conozcas conozca conozcamos conozcáis conozcan		
cubrir *to cover*				

IMPERFECT SUBJUNCTIVE	FUTURE	CONDITIONAL	PAST PARTICIPLE	PRESENT PARTICIPLE
			abierto	
cayera cayeras cayera cayéramos cayerais cayeran				cayendo
			cubierto	

INFINITIVE	PRESENT INDICATIVE	PRESENT SUBJUNCTIVE	IMPERFECT INDICATIVE	PRETERITE
dar *to give*	doy das da damos dais dan	dé des dé demos deis den		di diste dio dimos disteis dieron
decir *to say, tell*	digo dices dice decimos decís dicen	diga digas diga digamos digáis digan		dije dijiste dijo dijimos dijisteis dijeron
escribir *to write*				
estar *to be*	estoy estás está estamos estáis están	esté estés esté estemos estéis estén		estuve estuviste estuvo estuvimos estuvisteis estuvieron
haber *to have*	he has ha hemos habéis han	haya hayas haya hayamos hayáis hayan		hube hubiste hubo hubimos hubisteis hubieron

IMPERFECT SUBJUNCTIVE	FUTURE	CONDITIONAL	PAST PARTICIPLE	PRESENT PARTICIPLE
diera dieras diera diéramos dierais dieran				
dijera dijeras dijera dijéramos dijerais dijeran	diré dirás dirá diremos diréis dirán	diría dirías diría diríamos diríais dirían	dicho	
			escrito	
estuviera estuvieras estuviera estuviéramos estuvierais estuvieran				
hubiera hubieras hubiera hubiéramos hubierais hubieran	habré habrás habrá habremos habréis habrán	habría habrías habría habríamos habríais habrían		

INFINITIVE	PRESENT INDICATIVE	PRESENT SUBJUNCTIVE	IMPERFECT INDICATIVE	PRETERITE
hacer *to do, make*	hago haces hace hacemos hacéis hacen	haga hagas haga hagamos hagáis hagan		hice hiciste hizo hicimos hicisteis hicieron
ir *to go*	voy vas va vamos vais van	vaya vayas vaya vayamos vayáis vayan	iba ibas iba íbamos ibais iban	fui fuiste fue fuimos fuisteis fueron
morir (ue, u) *to die*				
oír *to hear*	oigo oyes oye oímos oís oyen	oiga oigas oiga oigamos oigáis oigan		oí oíste oyó oímos oísteis oyeron
poder (ue) *to be able*				pude pudiste pudo pudimos pudisteis pudieron

IMPERFECT SUBJUNCTIVE	FUTURE	CONDITIONAL	PAST PARTICIPLE	PRESENT PARTICIPLE
hiciera hicieras hiciera hiciéramos hicierais hicieran	haré harás hará haremos haréis harán	haría harías haría haríamos haríais harían	hecho	
fuera fueras fuera fuéramos fuerais fueran				yendo
			muerto	
oyera oyeras oyera oyéramos oyerais oyeran				oyendo
pudiera pudieras pudiera pudiéramos pudierais pudieran	podré podrás podrá podremos podréis podrán	podría podrías podría podríamos podríais podrían		pudiendo

INFINITIVE	PRESENT INDICATIVE	PRESENT SUBJUNCTIVE	IMPERFECT INDICATIVE	PRETERITE
poner *to put, place*	pongo pones pone ponemos ponéis ponen	ponga pongas ponga pongamos pongáis pongan		puse pusiste puso pusimos pusisteis pusieron
querer (ie) *to want*				quise quisiste quiso quisimos quisisteis quisieron
romper *to break*				
saber *to know, know how to*	sé sabes sabe sabemos sabéis saben	sepa sepas sepa sepamos sepáis sepan		supe supiste supo supimos supisteis supieron
salir *to leave*	salgo sales sale salimos salís salen	salga salgas salga salgamos salgáis salgan		

IMPERFECT SUBJUNCTIVE	FUTURE	CONDITIONAL	PAST PARTICIPLE	PRESENT PARTICIPLE
pusiera pusieras pusiera pusiéramos pusierais pusieran	pondré pondrás pondrá pondremos pondréis pondrán	pondría pondrías pondría pondríamos pondríais pondrían	puesto	
quisiera quisieras quisiera quisiéramos quisierais quisieran	querré querrás querrá querremos querréis querrán	querría querrías querría querríamos querríais querrían		
			roto	
supiera supieras supiera supiéramos supierais supieran	sabré sabrás sabrá sabremos sabréis sabrán	sabría sabrías sabría sabríamos sabríais sabrían		
	saldré saldrás saldrá saldremos saldréis saldrán	saldría saldrías saldría saldríamos saldríais saldrían		

INFINITIVE	PRESENT INDICATIVE	PRESENT SUBJUNCTIVE	IMPERFECT INDICATIVE	PRETERITE
ser *to be*	soy eres es somos sois son	sea seas sea seamos seáis sean	era eras era éramos erais eran	fui fuiste fue fuimos fuisteis fueron
tener (ie) *to have*	tengo tienes tiene tenemos tenéis tienen	tenga tengas tenga tengamos tengáis tengan		tuve tuviste tuvo tuvimos tuvisteis tuvieron
traer *to bring*	traigo traes trae traemos traéis traen	traiga traigas traiga traigamos traigáis traigan		traje trajiste trajo trajimos trajisteis trajeron
valer *to be worth*	valgo vales vale valemos valéis valen	valga valgas valga valgamos valgáis valgan		

IMPERFECT SUBJUNCTIVE	FUTURE	CONDITIONAL	PAST PARTICIPLE	PRESENT PARTICIPLE
fuera fueras fuera fuéramos fuerais fueran				
tuviera tuvieras tuviera tuviéramos tuvierais tuvieran	tendré tendrás tendrá tendremos tendréis tendrán	tendría tendrías tendría tendríamos tendríais tendrían		
trajera trajeras trajera trajéramos trajerais trajeran				trayendo
	valdré valdrás valdrá valdremos valdréis valdrán	valdría valdrías valdría valdríamos valdríais valdrían		

INFINITIVE	PRESENT INDICATIVE	PRESENT SUBJUNCTIVE	IMPERFECT INDICATIVE	PRETERITE
venir (ie) *to come*	vengo vienes viene venimos venís vienen	venga vengas venga vengamos vengáis vengan		vine viniste vino vinimos vinisteis vinieron
ver *to see*	veo ves ve vemos veis ven	vea veas vea veamos veáis vean	veía veías veía veíamos veíais veían	

IMPERFECT SUBJUNCTIVE	FUTURE	CONDITIONAL	PAST PARTICIPLE	PRESENT PARTICIPLE
viniera vinieras viniera viniéramos vinierais vinieran	vendré vendrás vendrá vendremos vendréis vendrán	vendría vendrías vendría vendríamos vendríais vendrían		
			visto	

126 • Common units of measurement

1 centímetro .3937 of an inch (*less than half an inch*)
1 metro 39.37 inches (*about 1 yard and 3 inches*)
1 kilómetro = 1.000 metros .6213 of a mile (*about 5/8 of a mile*)
1 gramo .03527 of an ounce
100 gramos 3.52 ounces (*a little less than 1/4 of a pound*)
500 gramos = 1 libra 17.63 ounces (*about 1.1 pounds*)
1.000 gramos = 1 kilo = 2 libras 35.27 ounces (*about 2.2 pounds*)
1 litro 1.0567 quarts (*a fraction over a quart, liquid*)

127 • Conversion tables

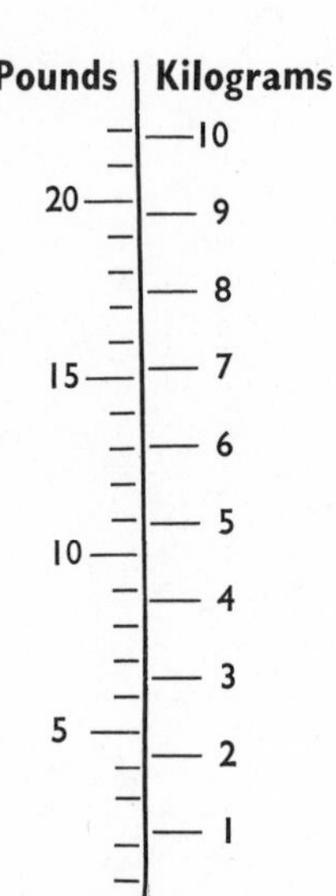

A kilogram is slightly more than two pounds (2.205 pounds).

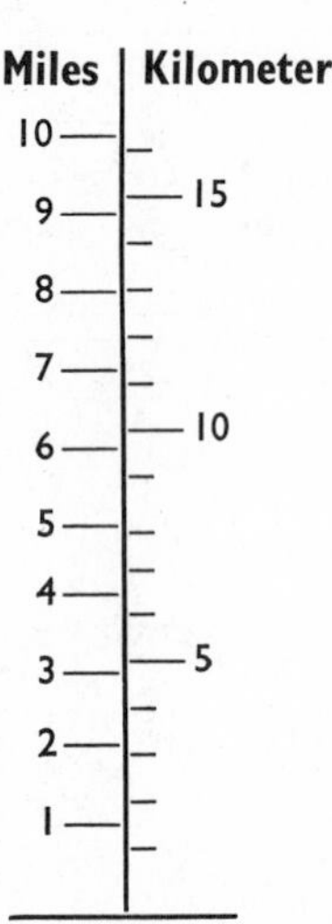

A kilometer is approximately 5/8 of a mile.

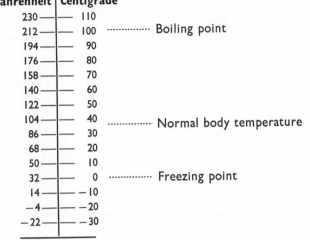

Fahrenheit	Centigrade	
230	110	
212	100	Boiling point
194	90	
176	80	
158	70	
140	60	
122	50	
104	40	Normal body temperature
86	30	
68	20	
50	10	
32	0	Freezing point
14	−10	
−4	−20	
−22	−30	

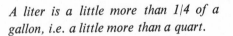

A liter is a little more than 1/4 of a gallon, i.e. a little more than a quart.

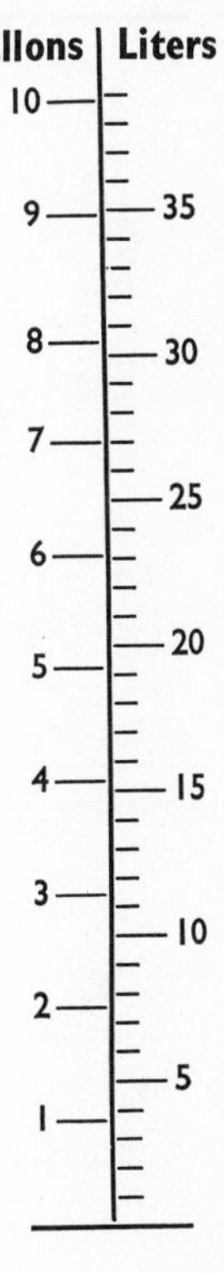

Vocabulary

Spanish-English Vocabulary

This Vocabulary contains only the Spanish words found in this book, and their English equivalents are limited to the needs of the text or exercises. No proper or geographic nouns are included. Whenever an irregular form of a verb is included, the reference is to the infinitive, ex.: **vuelto** *véase* **volver**. Radical changing verbs are given with the changes in parenthesis, ex.: **dormir (ue, u)**.

ABBREVIATIONS

adj.	adjetivo	adjective
adv.	adverbio	adverb
aux.	auxiliar	auxiliary
conj.	conjunción	conjunction
contr.	contracción	contraction
det.	determinado	definite
dim.	diminutivo	diminutive
f.	femenino	feminine
fr. conj.	frase conjuntiva	conjunctive phrase
fr. prep.	frase prepositiva	prepositional phrase
indef.	indefinido	indefinite
indet.	indeterminado	indefinite
dem.	demostrativo	demonstrative
indic.	indicativo	indicative
infin.	infinitivo	infinitive
inter.	interrogativo	interrogative
interj.	interjección	interjection
invar.	invariable	invariable
m.	masculino	masculine
n.	nombre	noun
neut.	neutro	neuter
pl.	plural	plural
prep.	preposición	preposition
pron.	pronombre	pronoun
rel.	relativo	relative
s.	singular	singular
v.	verbo	verb
	véase	cf.

A

a *prep.* to; at; in; on
abajo *adv.* downstairs; **de abajo** lower; bottom
abandonado *adj.* abandoned
abarrotes *n. m. pl.* groceries
abierto *adj.* open
abogado *n. m.* lawyer
abrazar *v.* to embrace
abrazo *n. m.* hug; greetings
abrigo *n. m.* coat
abril *n. m.* April
abrir *v.* to open
abrocharse *v.* to buckle up
abuela *n. f.* grandmother
abuelo *n. m.* grandfather; *pl.* grandparents
acá *adv.* here
acabar *v.* to finish, to end; **acabar de** + *infin.* to have just; **acabarse** to expire; to run out
acampar *v.* to camp
acaso *adv.* perhaps, maybe; **por si acaso** just in case
accidente *n. m.* accident
aceite *n. m.* oil
acento *n. m.* accent
aceptar *v.* to accept
acerca de *fr. prep.* about
acercarse *v.* to near; **acercarse a** to approach
acertar (ie) *v.* to guess right
acompañar *v.* to accompany
acordarse [de] (ue) *v.* to remember
acostarse (ue) *v.* to go to bed
acostumbrar [a] *v.* to be in the habit of, to use to; **acostumbrarse a** to get accustomed to, to get used to
actividad *n. f.* activity
activo *adj.* active
actuación *n. f.* performance
actual *adj.* present, current
acuático *adj.* **esquí acuático** water ski
acuerdo *n. m.* **estar de acuerdo** to agree
adecuado *adj.* suitable, appropriate
adelante *adv.* **más adelante** farther
adelanto *n. m.* **con adelanto** too soon, ahead of schedule
además *adv.* besides
adentro *adv.* inside
adiós *interj.* good-bye
adjetivo *n. m.* adjective
admirar *v.* to admire
adónde *adv. int.* (*also* **a dónde**) where, where to
adornar *v.* to adorn, to decorate
aduana *n. f.* customs
aduanero *n. m.* customs officer
adverbio *n. m.* adverb
aerolínea *n. f.* airline
aeropuerto *n. m.* airport
afeitarse *v.* to shave
aficionado [a] *adj.* fond (of)
afirmativamente *adv.* affirmatively
afirmativo *adj.* affirmative
afortunado *adj.* fortunate
afuera de *fr. prep.* outside
agente *n. m.* agent
agosto *n. m.* August
agradable *adj.* pleasant
agradecer *v.* to be grateful
agradezco *véase* **agradecer**
agrícola *adj.* agricultural
agrio *adj.* sour
agua *n. f.* water
ahí *adv.* there
ahora *adv.* now
ahorita *adv.* right now
aire *n. m.* air
ajustado *adj.* adjusted
al *contr.* in the, at the, to the; **de al lado** next, next door; **al lado de** next to, next door to; **al teléfono** on the telephone; **al fin** finally; **al principio** at first; **al menos** at least; **al** + *infin.* on, upon + *gerund*; while + *gerund*; after + *gerund*; as, when + *indic.*
alabanza *n. f.* praise
alabastro *n. m.* alabaster
alcoba *n. f.* bedroom
alegrarse [de] *v.* to be glad (that, to)
alegre *adj.* cheerful, merry
alejarse *v.* to go away
alemán (-ana) *adj. y n.* German
alfarería *n. f.* pottery
alfombra *n. f.* carpet
álgebra *n. f.* algebra
algo *pron. indef.* something, anything; *adv.* somewhat; rather

algodón *n. m.* cotton
alguien *pron. indef.* someone, somebody; anyone, anybody
algún *véase* **alguno**
alguno *adj. indef.* some, any; *pron.* someone, anyone; some, any
alimento *n. m.* food
allá *adv.* there; **por allá** around there, over there
allí *adv.* there; **por allí** around there, over there
almendra *n. f.* almond
almendrado *n. m.* typical Mexican dessert
almidón *n. m.* starch
almidonar *v.* to starch
almorzar (ue) *v.* to eat lunch
almuerzo *n. m.* lunch
alojamiento *n. m.* lodging, quarters
alquilar *v.* to rent
alquiler *n. m.* rent
alrededor de *fr. prep.* around
alrededores *n. m. pl.* outskirts, surroundings
altitud *n. f.* altitude
alto *adj.* high; **pasar por alto** to overlook, to skip over
altoparlante *n. m.* loudspeaker
altura *n. f.* altitude, height
alumna *n. f.* student
alumno *n. m.* student
alzar *v.* to raise
amabilidad *n. f.* kindness
amable *adj.* kind
amanecer *n. m.* dawn
amar *v.* to love
amarillo *adj.* yellow
ambiente *n. m.* atmosphere
ambos *adj. pl.* both
americano *adj. y n.* American
amiga *n. f.* friend, girlfriend
amigablemente *adv.* in a friendly way
amigo *n. m.* friend
amistad *n. f.* friendship
anaranjado *adj.* orange
ancho *adj.* wide
andar *v.* to go
andino *adj.* Andean
anécdota *n. f.* anecdote
anglosajón *n. m.* Anglo-Saxon
anillo *n. m.* ring
animal *n. m.* animal
anoche *adv.* last night
ansia *n. f.* eagerness
anteanoche *adv.* night before last
anteayer *adv.* day before yesterday
antecedente *n. m.* antecedent
anteponer *v.* to put before
anterior [a] *adj.* earlier (than)
antes *adv.* before; **cuanto antes** as soon as possible
antes de *fr. prep.* before; **antes de tiempo** ahead of time
antes [de] que *fr. conj.* before
antiguo *adj.* old
antropología *n. f.* anthropology
anunciar *v.* to advertise; to announce
anuncio *n. m.* ad
añadir *v.* to add
año *n. m.* year; **el año pasado** last year; **el año que viene** next year; **tener [cumplir] . . . años** to be [become] . . . year old; **hace [hacía] . . . años** for . . . years, . . . years ago
apagar *v.* to turn off, to turn out
aparato *n. m.* telephone receiver
apartamento *n. m.* apartment
apenas *adv.* hardly
apetitoso *adj.* appetizing
apreciar *v.* to appreciate
aprender *v.* to learn
aprovechar *v.* to take advantage of, to make use of
aproximadamente *adv.* approximately
aproximado *adj.* approximate
apurarse *v.* to hurry, to hurry up
aquel (-lla, -llos, -llas) *adj. dem.* that (over there)
aquél (-lla, -llos, -llas) *pron. dem.* that one (over there); the former
aquello *pron. dem. neut.* that
aquí *adv.* here; **por aquí** around here
árbol *n. m.* tree
arcilla *n. f.* clay
arco *n. m.* **arco iris** rainbow
arena *n. f.* sand

argentino *adj.* Argentinean
árido *adj.* arid, dry
aristócrata *n. m.* aristocrat
armar *v.* **armar ruido** to make noise
arquitectura *n. f.* architecture
arrancar *v.* **hacer arrancar** to start
arreglar *v.* to tidy up; to fix, to repair; **arreglarse** to fix, to repair
arreglo *n. m.* repair
arrendar (ie) *v.* to lease
arriba *adv.* upstairs; **de arriba** top; **allí arriba** up there
arriendo *n. m.* rent; **contrato de arriendo** lease
arte *n.m.s. y f.pl.* art
artículo *n. m.* article
asado *adj.* roasted
asegurar *v.* to assure; **asegurarse de** to make sure
así *adv.* thus, so; **así así** so-so; **así que** as soon as
asiento *n. m.* seat; **tomar asiento** to sit down
asistentes *n. m. pl.* those present
asistir [a] *v.* to attend
aspecto *n. m.* aspect
aspirina *n. f.* aspirin
astronómico *adj.* astronomical
asunto *n. m.* matter
ataque *n. m.* fit
atardecer *n. m.* early evening
atención *n. f.* attention
atender (ie) *v.* to wait on
aterrizar *v.* to land
ático *n. m.* attic
atleta *n. m.* athlete
átono *adj.* unstressed
atraer *v.* to attract
atrás *adv.* behind
atravesar (ie) *v.* to cross
atreverse *v.* to dare
aumentar *v.* to increase
aun *adv.* even
aunque *conj.* although, though
auto *n. m.* auto, car
autobús *n. m.* bus
automóvil *n. m.* automobile, car
avanzado *adj.* advanced
avena *n. f.* oats
avenida *n. f.* avenue
avería *n. f.* damage, breakdown; **tener una avería** to have engine trouble
averiguar *v.* to find out
avión *n. m.* plane
avisar *v.* to let know, to notify, to inform
ayer *adv.* yesterday
ayudar *v.* to help
azteca *adj. y n.* Aztec
azúcar *n. m.* sugar
azul *adj. y n. m.* blue
azulejo *n. m.* glazed tile
azuloso *adj.* bluish

B

bachillerato *n. m.* equivalent of high school degree
bahía *n. f.* bay
baile *n. m.* dance
bajar *v.* to go down(stairs); to get off, to get out
bajo *adj.* low
bajo *adv.* under
balcón *n. m.* balcony
ballet *n. m.* ballet
banco *n. m.* bank
bandera *n. f.* flag
banderillero *n. m.* bullfighter who thrusts barbed darts into the nape of the bull's neck
banjo *n. m.* banjo
bañarse *v.* to bathe, to take a bath; to swim
baño *n. m.* bath; bathroom; **traje de baño** bathing suit, swimming suit
barato *adj.* cheap, inexpensive
barba *n. f.* beard
barbaridad *n. f.* **¡Qué barbaridad!** Good heavens!
barbería *n. f.* barber shop
barbero *n. m.* barber
barca *n. f.* boat
barco *n. m.* ship, boat
barrer *v.* to sweep
barrera *n. f.* barrier; fence; **entrada de barrera** ticket for a seat in the first row

barrio *n. m.* district, section, area
barro *n. m.* mud
básico *adj.* basic
basquetbol *n. m.* basketball
bastante *adj. y adv.* enough
bastar *v.* to be enough
batalla *n. f.* battle
beber *v.* to drink
bebida *n. f.* drink, beverage
béisbol *n. m.* baseball
belleza *n. f.* beauty; **salón de belleza** beauty shop, beauty parlor
bello *adj.* **bellas artes** fine arts
bien *adv.* well; fine; all right, okay; quite; **más bien** rather; **lo bien que me ha venido** how convenient it is for me
bienvenida *n. f.* welcome; **dar la bienvenida** to welcome
bienvenido *adj.* welcome
biología *n. f.* biology
blanco *adj.* white
blando *adj.* soft
blusa *n. f.* blouse
bocadillo *n. m.* little sandwich
boleto *n. m.* ticket
bolígrafo *n. m.* ball point pen
boliviano *adj.* Bolivian
bolo *n. m.* bowling ball; **jugar a los bolos** to bowl
bolsa *n. f.* purse
bolsillo *n. m.* pocket
bomba *n. f.* pump; **bomba de gasolina** fuel pump
bonito *adj.* pretty
bordeando *adj.* bordering
bordo *n. m.* **a bordo** on board
borrador *n. m.* eraser
borrar *v.* to erase; **goma de borrar** rubber eraser
bote *n. m.* boat; **salir en bote** to go for a boat ride
botella *n. f.* bottle
botón *n. m.* button
brasileño *adj. y n.* Brazilian
brevemente *adv.* briefly
brillante *adj.* bright, shining
buen *véase* **bueno**
bueno *adj.* good; **buenos días** good morning, good day; **buenas tardes** good afternoon; **buenas noches** good evening, good night
buscar *v.* to look for; to meet; **buscar casa** to house hunt
butaca *n. f.* armchair
buzón *n. m.* mailbox

C

caballo *n. m.* horse; **montar a caballo** to ride horseback; **ir a caballo** to go on horseback
cabello *n. m.* hair
cabeza *n. f.* head
cabo *n. m.* cape
cabrito *n. m. dim.* kid
cada *adj. invar.* each
caer *v.* to fall; **caer en la cuenta** to realize, to notice; **caerle bien a uno** to suit someone, to impress someone favorably; **caerse** to fall down; to fall off
café *n. m.* coffee; café
caja *n. f.* box
cajón *n. m.* drawer
calcetines *n. m. pl.* socks
calendario *n. m.* calendar
caliente *adj.* hot
calle *n. f.* street
calor *n. m.* heat; **hacer calor** to be hot, warm (weather); **tener calor** to be warm (people)
caluroso *adj.* hot
calzado *n. m.* footwear, shoes
cama *n. f.* bed; **coche cama** Pullman car
camarero *n. m.* waiter
camarote *n. m.* train compartment
cambiar [de] *v.* to change
cambio *n. m.* change; **en cambio** on the other hand; **caja de cambios** transmission gear-box
caminar *v.* to walk
camino *n. m.* road, highway, way; **(en) camino de** en route to, on the way to; **(en) camino de vuelta (de)** on the way back (from); **(en) camino de ida (a)** on the way to; **(en) camino de casa** on the way home; **ponerle a uno en camino** to put someone on his way, to start out

camión *n. m.* truck
camisa *n. f.* shirt; blouse
campeón *n. m.* champion
campesino *n. m.* peasant
campo *n. m.* country; field
canción *n. f.* song
cansado *adj.* tired
cansarse *v.* to get tired
cantar *v.* to sing
cántaro *n. m.* **llover a cántaros** to pour, to rain pitchforks
cantidad *n. f.* quantity, amount
capaz (-ces) *adj.* capable
capital *n. f.* capital
capitán *n. m.* captain
cara *n. f.* face
carácter *n. m.* character, disposition
característica *n. f.* characteristic
característico *adj.* characteristic
caracterizar *v.* to characterize; **caracterizarse por** to be characterized by
caramba *interj.* hey
carbón *n. m.* coal
carburador *n. m.* carburetor
carecer [de] *v.* to lack, to be in need (of)
carga *n. f.* freight
caridad *n. f.* charitableness
carioca *n. m.* Carioca, resident of Rio de Janeiro
carnaval *n. m.* Carnival, Mardi Gras
carne *n. f.* meat; **carne de res** beef
carnicería *n. f.* butcher shop
caro *adj.* expensive
carpintería *n. f.* carpenter's shop
carretera *n. f.* highway
carta *n. f.* letter
cartel *n. m.* show bill
casa *n. f.* house; **en casa** home, at home; **a casa** home; **salir de casa** to leave home; **buscar casa** to house hunt
casarse *v.* to marry
casero *adj.* home, homemade
casi *adv.* almost
casilla *n. f.* **casilla de teléfono** phone booth
caso *n. m.* case; **en todo caso** in any case; **hacer caso** to mind; to pay attention
castellano *adj. y n.* Spanish
castillo *n. m.* castle
catedral *n. f.* cathedral
catorce *adj.* fourteen
causa *n. f.* cause; **por causa de** because of
causar *v.* to cause
cebada *n. f.* barley
celebrar *v.* to celebrate; **celebrarse** to be celebrated
cena *n. f.* dinner
cenar *v.* to dine, to eat dinner
centavo *n. m.* cent
centígrado *adj.* centigrade
central *adj.* central
centro *n. m.* center; **el centro** downtown
cerca *adv.* near, nearby
cerca de *fr. prep.* near
cercano *adj.* near, nearby
cerdo *n. m.* pig
cero *n. m.* zero
cerrar (ie) *v.* to close, to shut
cerveza *n. f.* beer
cielo *n. m.* sky
cien *adj.* one hundred
ciento *adj.* hundred, one hundred; **por ciento** percent
cierto *adj.* sure, certain, true; **ser cierto** to be true; **estar cierto** to be sure, to be certain; **por cierto** certainly
cinco *adj.* five
cincuenta *adj.* fifty
cine *n. m.* movie theater
cinturón *n. m.* belt; **cinturón de seguridad** seat belt
ciudad *n. f.* city; **ciudad universitaria** campus
ciudadela *n. f.* citadel
civilización *n. f.* civilization
clara *n. f.* **clara de huevo** egg white
claridad *n. f.* light; brightness
claro *adj.* clear; light (color); *adv.* of course, sure
clase *n. f.* class, type; classroom, class; **a clase** to class; **a la clase** to class, to the classroom **en clase** in class; **en la clase** in the class, in the classroom
clásico *adj.* classic
clavel *n. m.* carnation
cliente *n. m.* client, customer

clima *n. m.* climate
cobarde *adj.* coward
cobrar *v.* to charge
cobre *n. m.* copper
cocido *adj.* baked
cocina *n. f.* kitchen; cuisine
cocinero *n. m.* cook
cóctel *n. m.* cocktail
coche *n. m.* car; **coche(s) comedor** dining car(s); **coche(s) salón** club car(s); **coche(s) cama** Pullman car(s)
colaborar *v.* to help out
colegio *n. m.* high school
colgar (ue) *v.* to hang
colocar *v.* to place
colonia *n. f.* colony
colonial *adj.* colonial
color *n. m.* color
columna *n. f.* column
comer *v.* to eat; **algo de comer** something to eat
combatir *v.* to fight
combinación *n. f.* combination
combinar *v.* to combine
comedor *n. m.* dining room; **coche comedor** dining car
comentar *v.* to comment on
comenzar (ie) *v.* to begin
comer *v.* to eat
comestibles *n. m. pl.* groceries, foodstuff
comida *n. f.* meal, food
comité *n. m.* committee
como *adv.* as; since; like; how; **como siempre** as always, as usual; **tanto como** as much as; **tan . . . como** as . . . as; **como si** as if
cómo *adv. inter.* how; why, how come; **¿Cómo se llama?** What is your name?
cómodamente *adv.* comfortably
compañero *n. m.* companion; accompaniment
compañía *n. f.* company
comparable *adj.* comparable
comparación *n. f.* comparison
comparar *v.* to compare
completar *v.* to complete
completo *adj.* complete, full
comprar *v.* to buy
compras *n. f. pl.* purchases; **ir [salir] de compras** to go shopping
comprender *v.* to understand
comprensión *n. f.* understanding
compuesto *adj.* compound
común *adj.* common; usual; **por lo común** usually, customarily
comunicación *n. f.* communication
comunicarse *v.* to get in touch
con *prep.* with; **con permiso** excuse me; **con (mucho) gusto** gladly, with pleasure; **con tal (de) que** provided that; **con ocasión de** at the time of; **con retraso** with delay; **con adelanto** too soon, ahead of schedule; **con ansia** eagerly
conclusión *n. f.* conclusion
concurso *n. m.* contest
condición *n. f.* condition
condicional *n. m.* conditional
confirmar *v.* to confirm
confortable *adj.* comfortable
congelado *adj.* frozen
conjunción *n. f.* conjunction
conmigo *pron.* with me
conocer *v.* to know, to be acquainted with (people and places); to meet; **encantado de conocerlo** delighted to know [meet] you; **mucho gusto en conocerlo** very glad to know [meet] you; **conocerse** to meet (each other)
conocido *n. m.* acquaintance; *adj.* well known; **lo conocido que es Río** how well known Rio is
conquista *n. f.* conquest
conquistador *n. m.* conqueror
conquistar *v.* to conquer
conseguir (i) *v.* to get; **conseguir hora** to get an appointment
considerado *adj.* considered
consigo *pron.* with himself; with herself; with yourself; with themselves; with yourselves
consistir *v.* to consist
conspicuo *adj.* conspicuous
constante *adj.* constant
constantemente *adv.* constantly
constituir *v.* to constitute; to make, to make up

construcción *n. f.* construction
constructor *n. m.* constructor, builder
construir *v.* to construct, to build; **construirse** to be constructed, to be built
contado *n. m.* **pagar al contado** to pay cash
contar (ue) *v.* to count; to tell, to relate
contemplar *v.* to contemplate; to look at, to watch
contento *adj.* glad, content
contestar *v.* to answer
contener *v.* to contain, to have
contigo *pron.* with you
continuar *v.* to continue
contra *prep.* against
contracción *n. f.* contraction
contrario *adj.* **lo contrario** the opposite, the contrary
contrato *n. f.* **contrato de arriendo** lease
convencer *v.* to convince
conveniente *adj.* convenient, suitable; advisable, desirable
conversación *n. f.* conversation, dialogue
conversar *v.* to converse, to talk
copa *n. f.* goblet, stemmed glass (often for wine, liqueur); drink
copita *n. f. dim.* a little drink
corbata *n. f.* tie
cordillera *n. f.* mountain range
corral *n. m.* corral
correcto *adj.* correct
correo *n. m.* mail; **echar al correo** to mail; **oficina de correos** post office
correr *v.* to run; **correr la cortina** to draw [pull] the curtain
correspondiente *adj.* corresponding
corrida *n. f.* bullfight; **corrida de toros** bullfight
cortar *v.* to cut
corte *n. f.* court
cortina *n. f.* curtain; **correr la cortina** to draw [pull] the curtain
corto *adj.* short
cosa *n. f.* thing; **otra cosa** another thing, something else; **una cosa** something
cosecha *n. f.* crop
coser *v.* to sew
costa *n. f.* coast
costar (ue) *v.* to cost
costero *adj.* coastal
costumbre *n. f.* custom; **como de costumbre** as usual
creciente *adj.* growing
creer *v.* to believe
criada *n. f.* maid
cruzar *v.* to cross, to go across
cuaderno *n. m.* notebook
cuadrado *adj.* square
cuadro *n. m.* painting, picture; **a cuadros** plaid, checked
cual *pron. rel.* which
cuál *pron. inter.* which
cualquier *adj.* any
cuán *adv.* how; **cuán hermoso** how beautiful
cuando *adv.* when
cuándo *adv. inter.* when
cuanto *adj.* how much; *pl.* how many; **cuantas veces** as often as, however much, whenever
cuánto *adj. inter.* how much, how many; **cuántas veces** how often; **cuánto tiempo** how long; **¿Cuántos años tiene?** How old are you?
cuanto *adv.* how much; **cuanto antes** as soon as possible; **en cuanto** as soon as
cuánto *adv. inter.* **¿A cuánto estamos?** What's the date?
cuarenta *adj.* forty
cuarto *adj.* fourth
cuarto *n. m.* room; fourth, quarter (of an hour)
cuatro *adj.* four
cuatrocientos *adj.* four hundred
cubierto *véase* **cubrir**
cubierto *n. m.* cover; fork and spoon
cubrir *v.* to cover
cuchara *n. f.* spoon
cuchillo *n. m.* knife
cuello *n. m.* collar
cuenta *n. f.* bill, check; **poner a la cuenta** to put on one's account, to charge; **caer en la cuenta, darse cuenta (de)** to realize
cuestión *n. f.* question
cuidado *n. m.* care; **tener cuidado** to be careful; **no tener cuidado** not to worry

culpable *adj.* guilty
cultura *n. f.* culture
cultural *adj.* cultural
cumpleaños *n. m.* birthday
cumplir *v.* **cumplir . . . años** to reach one's . . . birthday
curiosidad *n. f.* curiosity
curioso *adj.* curious; unusual
curso *n. m.* course; **seguir cursos** to follow courses (of study); to study

CH

chaqueta *n. f.* jacket
charlar *v.* to chat
chica *n. f.* girl
chico *n. m.* boy
chile *n. m.* chili pepper
chileno *adj.* Chilean
chocolate *n. m.* chocolate

D

daño *n. m.* harm; **hacer daño** to harm, to hurt
dar *v.* to give; **dar las gracias** to thank; **dar a** to face, to open on to; **darse cuenta (de)** to realize; **dar una clase** to teach; **dar un paseo [una vuelta]** to take a walk, to take a ride; **dar un examen** to take an exam
de *prep.* of, -'s; from; about; in; to; with, by; as, for; **¿de quién?** whose?; **de nada** you're welcome; **de vuelta** return, back; **ya de vuelta** once back; **de ida** going, en route; **de compras** shopping; **más de** more than (number, quantity, amount); **de ningún modo** in any way, in any case; **de nuevo** again; **de lunares** polka dotted; **de repente** suddenly; **de figuritas** printed (fabrics)
debajo de *fr. prep.* under, underneath, beneath
deber *v.* must, ought to; **deberse a** to be owed to
decidir *v.* to decide; **decidirse por** to decide upon, to decide on; **decidirse a** to decide on, to make up one's mind to
décimo *adj.* tenth
decir *v.* to say, to tell
decorado *adj.* decorated, adorned
dedicar *v.* to dedicate
defender *v.* to defend
definir *v.* to define
dejar *v.* to leave, to let; **dejar de** + *infin.* to stop . . . ; **no dejar de** not to fail to
del *contr.* of the, from the
delante *adv.* in front, before; **ahí delante** there in front, ahead (of us)
delgado *adj.* thin
demasiado *adj. y adv.* too much
demostrativo *adj.* demonstrative
denso *adj.* dense, compact
dentro *adv.* inside
departamento *n. m.* apartment
dependienta *n. f.* clerk
dependiente *n. m.* clerk, salesman
deporte *n. m.* sport
deportivo *adj.* sport
derecha *n. f.* right; **a la derecha** right, to the right, on the right
desagradable *adj.* unpleasant
desanimar *v.* to discourage
desaparecer *v.* to disappear
desayunar *v.* to eat breakfast
desayuno *n. m.* breakfast
descansar *v.* to rest, to relax
descender (ie) *v.* to descend, to go down
descolgar (ue) *v.* **descolgar el aparato** to pick up the receiver
descubrir *v.* to discover
descuento *n. m.* discount
desde *prep.* from; since; **desde luego** of course
desear *v.* to desire, to wish
desértico *adj.* desert
desfile *n. m.* parade
deshacer *v.* **deshacer el equipaje** to unpack
desierto *n. m.* desert
desinflado *adj.* flat (tires)
despedida *n. f.* farewell
despedirse [de] *v.* to say good-bye (to)
despegar *v.* to take off
despejado *adj.* clear
desperezarse *v.* to stretch
despertar (ie) *v.* to wake; **despertarse** to wake up

después *adv.* after, afterwards; **después de** after; **después (de) que** after
destacarse *v.* to stand out
destruido *adj.* destroyed
detenerse *v.* to stop
determinado *adj.* determined, definite
detrás *adv.* behind; **detrás de** behind, in back of
deuda *n. f.* debt
devolver (ue) *v.* to return
día *n. m.* day; **hoy en día** nowadays; **todo el día** all day, all day long
diariamente *adv.* daily
diario *adj.* daily
diciembre *n. m.* December
dictado *n. m.* dictation
dictar *v.* **dictar clases** to give class lectures
dicho *adj.* above mentioned, said
diecinueve *adj.* nineteen
dieciocho *adj.* eighteen
dieciséis *adj.* sixteen
diecisiete *adj.* seventeen
diente *n. m.* tooth
diez *adj.* ten
diferencia *n. f.* difference
difícil *adj.* difficult; **bien difícil** quite difficult
dificultad *n. f.* difficulty
digno *adj.* worthy, deserving
dinero *n. m.* money
dirección *n. f.* address, direction
directamente *adj.* straight, directly
dirigirse [a] *v.* to address
disco *n. m.* record
disminuir *v.* to diminish
disputa *n. f.* dispute
distancia *n. f.* distance
distinguir *v.* to distinguish, to tell apart
distinto *adj.* distinct, different
divertido *adj.* amusing
dividir *v.* to divide
doblar *v.* to turn
doce *adj.* twelve
docena *n. f.* dozen
dólar *n. m.* dollar
doler (ue) *v.* to ache
dolor *n. m.* pain, ache
doméstico *adj.* domestic
dominar *v.* to overlook
domingo *n. m.* Sunday
don title of respect used with man's first name
donde *adv. rel.* where
dónde *adv. inter.* where; **por dónde** which way, where, how; **a dónde** where to
dorado *adj.* golden
dormir (ue, u) *v.* to sleep; **dormirse** to fall asleep
dos *adj.* two; **las dos** 2:00
doscientos *adj.* two hundred
drama *n. m.* drama, play
ducha *n. f.* shower
duda *n. f.* doubt
dudar *v.* to doubt
durante *prep.* during
durar *v.* to last
duro *adj.* hard

E

e *conj.* and
economía *n. f.* economics
económico *adj.* economic
echar *v.* to throw; **echar al correo** to mail
encontrar (ue) *v.* to find; to meet
edad *n. f.* age; **¿Qué edad tiene?** How old is he?
edificio *n. m.* building
ejecutado *adj.* executed
ejem *interj.* hum
ejemplar *n. m.* example
ejemplo *n. m.* example; **por ejemplo** for example
ejercicio *n. m.* exercise
el (*pl.* **los**) *art. det. m.* the
él (*pl.* **ellos**) *pron.* he (they)
electricidad *n. f.* electricity
elegante *adj.* elegant
elemento *n. m.* element
elevación *n. f.* altitude
ella *pron.* she
ello *pron. neut. s.* it
embargo *n. m.* **sin embargo** nevertheless
empapar *v.* to soak
empeorar *v.* to worsen
emperador *n. m.* emperor

empezar (ie) *v.* to start, to begin
empleada *n. f.* clerk, salesgirl
empleado *n. m.* clerk, salesman
empleo *n. m.* job
empobrecer *v.* to impoverish
en *prep.* in; on; upon; at
encabezado [por] *adj.* starting (with)
encantado *adj.* charmed, delighted; **encantado de conocerlo** delighted to meet you, delighted to know you
encantar *v.* to enchant, to charm
encargarse [de] *v.* to take charge (of), to be in charge (of)
encargo *n. m.* errand
encima de *fr. prep.* on, upon
encontrar (ue) *v.* to find
enero *n. m.* January
enfermo *adj.* sick; **ponerse enfermo** to get sick
enfrente *adv.* in front; **enfrente de** in front of; across the street from, opposite
engordar *v.* to put on weight, to get fat
enorme *adj.* enormous
enriquecer *v.* to enrich
ensalada *n. f.* salad
enseñar *v.* to teach; to show; to point out
ensuciarse *v.* to get dirty
entablar *v.* to start
entender (ie) *v.* to understand
enterarse [de] *v.* to find out
entero *adj.* entire, whole
entonces *adv.* then, at that time
entrada *n. f.* ticket; **impuesto de entrada** import duty
entrar *v.* to enter, to go in
entre *prep.* among; between
entusiasmo *n. m.* enthusiasm
enviar *v.* to send
envolver (ue) *v.* to wrap up
época *n. f.* epoch; age; time
equipaje *n. m.* luggage; **deshacer el equipaje** to unpack
equivocado *adj.* mistaken, wrong
era *véase* **ser**
escala *n. f.* scale
escalera *n. f.* ladder
escoger *v.* to choose
escolar *adj.* school
escondite *n. m.* **jugar al escondite** to play hide-and-seek
escribir *v.* to write
escrito *véase* **escribir**
escritura *n. f.* writing
escuchar *v.* to listen, to listen to
escuela *n. f.* school; **escuela secundaria** high school
ese (-a, -os, -as) *adj. dem.* that, those
ése (-a, -os, -as) *pron. dem.* that, that one, those, those ones
eso *pron. dem. neut.* that; **por eso** because of that; therefore; **a eso de** about; **eso es** that's it, that's right; **nada de eso** nothing like that
espacioso *adj.* spacious
español (-a) *adj. y n.* Spanish; Spaniard
esparcir *v.* to scatter
especial *adj.* special
especialidad *n. f.* specialty
especializarse [en] *v.* to specialize (in); to major (in)
especialmente *adv.* especially
espectacular *adj.* spectacular
espejo *n. m.* mirror
esperar *v.* to expect; to wait, to wait for; to hope
espeso *adj.* thick
esplendor *n. m.* splendor
esposa *n. f.* wife
esposo *n. m.* husband
esquí *n. m.* ski
esquiar *v.* to ski
esquina *n. f.* corner
establecer *v.* to establish; to settle
establecimiento *n. m.* establishment
estación *n. f.* season; station
estacionamiento *n. m.* parking
estado *n. m.* state
estampado *adj.* printed (fabrics)
estampilla *n. f.* postage stamp
estancia *n. f.* stay
estar *v.* to be; to seem; **¿A cuántos estamos?** What's the date? **estamos a mediados de mes** it's the middle of the month; **está bien** (it's) fine, okay; **estar para** to be about to; **estar por** + *infin.* to be yet to be + *part.*

estatua *n. f.* statue
este (-a, -os, -as) *adj. dem.* this, these; **esta noche** tonight
éste (-a, -os, -as) *pron. dem.* this, these; this one; the latter
estereofónico *adj.* stereophonic
estilo *n. m.* **por el estilo** like that
estimulante *adj.* stimulating
esto *pron. dem. neut.* this
estómago *n. m.* stomach
estudiante *n. m. y f.* student
estudiantil *adj.* student
estudiar *v.* to study
estudio *n. m.* study
estufa *n. f.* stove
eternidad *n. f.* eternity
etiqueta *n. f.* tag
étnico *adj.* ethnic
eufórico *adj.* in a good mood
europeo *adj.* European
exactamente *adj.* exactly
examen *n. m.* examination
excelente *adj.* excellent
excepto *adv.* except
existente *adj.* existing
existir *v.* to exist
experiencia *n. f.* experience
experimentar *v.* to undergo, to endure
experto *adj.* expert
explicar *v.* to explain
expresión *n. f.* phrase
extenderse *v.* to extend, to be extended
extensión *n. f.* extension
exterior *n. m.* exterior
extranjero *adj.* foreigner
extremo *adj. y n. m.* extreme

F

fábrica *n. f.* factory
fácil *adj.* easy
facilidad *n. f.* facility, ease; **con facilidad** easily
fácilmente *adv.* easily
facturar *v.* to check
fachada *n. f.* façade
falda *n. f.* skirt
falta *n. f.* **hacer falta** to be lacking, to be needed
faltar *v.* to be lacking, to be needed; **no faltaba más** of course
fallar *v.* to fail
fama *n. f.* fame
familia *n. f.* family
familiar *adj.* familiar; family, intimate
famoso *adj.* famous
farmacia *n. f.* pharmacy, drugstore
faro *n. m.* headlight
favor *n. m.* favor; **por favor** please
favorito *adj.* favorite
febrero *n. m.* February
fecha *n. f.* date
feliz (-ces) *adj.* happy
femenino *adj.* feminine
feria *n. f.* fair
feriado *adj.* **día feriado** holiday
ferrocarril *n. m.* railroad
fiesta *n. f.* fiesta, festival, party
figurar *v.* to figure
figurita *n. f.* **de figuritas** printed (fabrics)
filosofía *n. f.* philosophy
fin *n. m.* end; **fin de semana** weekend; **al fin, por fin** at the end; finally; **a fin de que** so that
final *n. m.* ending
finca *n. f.* farm; ranch
fino *adj.* fine
firmar *v.* to sign
fiscal *n. m.* district attorney
físico *adj.* physical
flor *n. f.* flower
folklórico *adj.* folkloric
fondo *n. m.* **al fondo** in the back
forma *n. f.* form; shape
formalidad *n. f.* formality, seriousness
formar *v.* to form, to constitute
forro *n. m.* lining
fortaleza *n. f.* fortress
foto *n. f.* photo
fotografía *n. f.* picture, photograph
francés (-esa) *adj.* French
franja *n. f.* strip, fringe
frase *n. f.* phrase

frecuentemente *adv.* frequently
freno *n. m.* brake
frente *adv.* **frente al** facing; in front of; **al frente** to the front
frijol *n. m.* kidney bean
frío *adj.* cold; **hacer frío** to be cold (weather); **tener frío** to be cold (people)
frontera *n. f.* border
fronterizo *adj.* frontier
fruta *n. f.* fruit
fuente *n. f.* fountain
fuera *adv.* out, outside; **fuera de tiempo** out of season; off season
fuerte *adj.* strong; **fuerte resfrío** bad cold; *adv.* loudly
fuerza *n. f.* **por fuerza** necessarily
fumar *v.* to smoke
función *n. f.* performance
funcionario *n. m.* public official
fundar *v.* to found
furioso *adj.* furious
fusión *n. f.* fusion, amalgamation
fútbol *n. m.* soccer; **fútbol americano** football
futuro *n. m.* future

G

galante *adj.* attentive to ladies
ganas *n. f. pl.* **tener ganas de** to be eager [anxious] to; **no tener ganas de** not to feel like
garaje *n. m.* garage
gasolina *n. f.* fuel, gas
gasolinera *n. f.* filling station, gas station
gastar *v.* to spend; to wear out
gato *n. m.* cat
gaucho *n. m.* gaucho
gelatina *n. f.* gelatine
general *n. m.* **por lo general** generally, usually
gente *n. f.* people
geografía *n. f.* geography
geográfico *adj.* geographic
gerundio *n. m.* present participle
girar *v.* to revolve
glaciar *adj.* glacial
gobernador *n. m.* governor
golf *n. m.* golf
goma *n. f.* **goma de borrar** rubber eraser
gordo *adj.* fat
gotear *v.* to rain in scattered drops
gracia *n. f.* **gracias** thanks, thank you; **muchas gracias** thank you very much; **dar las gracias** to thank
grado *n. m.* degree
graduación *n. f.* graduation
graduarse *v.* to graduate
gran *véase* **grande**
grande *adj.* large, big; great, grand
granizo *n. m.* hail
granja *n. f.* farm
grasa *n. f.* grease
gregoriano *adj.* Gregorian
gris *adj.* grey
grupo *n. m.* group
guano *n. m.* guano
guante *n. m.* glove
guerra *n. f.* war
guía *n. f.* directory
guitarra *n. f.* guitar
gustar *v.* to please, to be pleasing, to appeal; **les gusta la música** they like music
gusto *n. m.* pleasure; taste; **con (mucho) gusto** gladly; **tener mucho gusto en conocer a alguien** to be glad to know [to meet] someone: **mucho gusto en conocerlo** glad to know you

H

haber *v.* there to be; *aux.* to have; **hay** there is, there are; **había, hubo** there was; **hay que** one (you, they) must; one has to, you (they) have to; it is necessary; **no hay de qué** you are welcome
habitación *n. f.* room
habitante *n. m.* inhabitant
hablar *v.* to speak, to talk
hacendado *adj.* property-owning
hacer *v.* to do; to make; **hace frío** it's cold (weather); **hace calor** it's hot (weather); **hace viento** it's windy; **hace sol** it's sunny; **hace buen tiempo** the weather is good [fine];

hace mal tiempo the weather is bad; **hacer caso** to mind; to pay attention; **hacer daño** to harm; **hacerle falta a uno** to be lacking to [needed by] someone; **hacerle a uno hacer algo** to make someone do something; **hacer hacer una cosa** to have something done [made]; **hacer un viaje** to take a trip; **hacer la maleta** to pack; **hacerse** to become; to pretend to be

hacia *prep.* toward; around

hacienda *n. f.* ranch; farm

hallar *v.* to find; to come upon; **hallarse** to be located, to be found

hambre *n. f.* hunger; **tener hambre** to be hungry

hamburguesa *n. f.* hamburger

hasta *prep.* until; as far as; up to; **hasta luego** till then; see you later; **hasta tarde** late; **hasta que** until

hay *véase* **haber**

hecho *véase* **hacer**

helado *adj.* iced, frozen

hermana *n. f.* sister

hermano *n. m.* brother

hermoso *adj.* beautiful

hermosura *n. f.* beauty

hielo *n. m.* ice

hija *n. f.* daughter

hijo *n. m.* son; *pl.* children

hispánico *adj.* Hispanic

historia *n. f.* history; story; **¡Qué . . . ni qué historias!** What nonsense!

histórico *adj.* historic, historical

hockey *n. m.* hockey

hogar *n. m.* home; fireplace

hoja *n. f.* leaf

hombre *n. m.* man; *pl.* men, mankind

hondo *adj.* deep; **Río Hondo** street in Mexico City

honor *n. m.* honor

hora *n. f.* hour; time; appointment; **¿Qué hora es?** What time is it?; **a estas horas** at this time

horario *n. m.* schedule

horizonte *n. m.* horizon

horno *n. m.* oven

hospitalidad *n. f.* hospitality

hotel *n. m.* hotel

hoy *adv.* today; **hoy en día** nowadays

huele *véase* **oler**

hueso *n. m.* bone

huevo *n. m.* egg

húmedo *adj.* humid

humor *n. m.* humor

I

ida *n. f.* going; **en camino de ida a** on the way to, en route to

idea *n. f.* idea

idealismo *n. m.* idealism

identificar *v.* to identify

idioma *n. m.* language; tongue

iglesia *n. f.* church

imaginable *adj.* imaginable

imaginar *v.* to imagine; **imaginarse** to imagine; **imagínate** just imagine

impar *adj.* odd, uneven

imperativo *n. m.* imperative

imperfecto *n. m.* imperfect

imperio *n. m.* empire

impermeable *n. m.* raincoat

importante *adj.* important

imposible *adj.* impossible

impresión *n. f.* impression

impresionante *adj.* impressive

impresionar *v.* to impress

impuesto *n. m.* tax; duty

inca *adj. y n.* Inca

incluir *v.* to include

incomparable *adj.* incomparable

incorporar *v.* to incorporate

incremento *n. m.* increment, increase

indefinido *adj.* indefinite

independencia *n. f.* independence

independiente *adj.* independent

indeterminado *adj.* indeterminate, indefinite

indicar *v.* to indicate; to point out; to tell

indicativo *n. m.* indicative

indígena *adj.* native

indio *n. m.* Indian

industria *n. f.* industry

industrial *adj.* industrial

industrialización *n. f.* industrialization
infinitivo *n. m.* infinitive
influencia *n. f.* influence
información *n. f.* information
infranqueable *adj.* impassable
ingeniero *n. m.* engineer
inglés (-esa) *adj. y n.* English
iniciar *v.* to start
inmediatamente *adv.* immediately
inmenso *adj.* immense
inolvidable *adj.* unforgettable
inteligente *adj.* intelligent
intenso *adj.* intense
interés *n. m.* interest
interesante *adj.* interesting
interesar *v.* to interest
interior *adj. y n. m.* interior; **interior del país** countryside; **ropa interior** underwear
interrumpir *v.* to interrupt
intrincado *adj.* intricate
invernal *adj.* winter
invierno *n. m.* winter
invitado *n. m.* guest
invitar *v.* to invite
ir *v.* to go; **ir a pie** to walk; **ir a caballo** to ride on horseback; **ir en automóvil** to drive, to ride; **ir en camión (autobús)** to ride in a truck (bus); **irse** to go away; to go off; to leave; **vámonos** let's go
iris *n. m.* **arco iris** rainbow
irregular *adj.* irregular
isla *n. f.* island
italiano *adj.* Italian
itálicas *n. f. pl.* italics
izquierda *n. f.* left; **a la izquierda** left, on the left; to the left

J

jabón *n. m.* soap
jamás *adv.* never
jardín *n. m.* garden
jardinero *n. m.* gardener
jaula *n. f.* cage
jinete *n. m.* horseback rider
joven *adj. y n.* young
jovial *adj.* jovial
juego *n. m.* game
jugar [a] (ue) *v.* to play; **jugar a los bolos** to bowl
jueves *n. m.* Thursday
jugo *n. m.* juice
juguete *n. m.* toy
julio *n. m.* July
junio *n. m.* June
junto *adj.* together
junto a *fr. prep.* next to
justamente *adv.* exactly
justicia *n. f.* justice
juzgar *v.* to judge

K

kilo *n. m.* kilogram
kilómetro *n. m.* kilometer

L

la *art. det. f.* the; *pron.* her; it; *pl.* them
ladera *n. f.* slope, mountainside
lado *n. m.* side; **al lado** next, next door, neighboring
ladrillo *n. m.* brick
ladrón *n. m.* thief
lago *n. m.* lake
laguna *n. f.* lagoon, small lake
lámpara *n. f.* lamp
lana *n. f.* wool
lápiz (-ces) *n. m.* pencil
largo *adj.* long
lástima *n. f.* pity; **¡Qué lástima!** What a pity!
latino *adj.* Latin
latinoamericano *adj. y n.* Latin American
lavadero *n. m.* washing place
lavandería *n. f.* laundry
lavar *v.* to wash; **lavarse** to wash, to wash oneself
le *pron. m. y f.* him, to (for, from) him; her, to (for, from) her; it, to (for, from) it; you, to (for, from) you; them, to (for, from) them
lección *n. f.* lesson

lectura *n. f.* reading
leche *n. f.* milk
leer *v.* to read
legendario *adj.* legendary
lejano *adj.* distant, far
lejos *adv.* far; **lejos de** far from
lengua *n. f.* tongue; language
lenguaje *n. m.* language, tongue
león *n. m.* lion
letrero *n. m.* sign
levantar *v.* to lift, to raise; **levantarse** to get up
libra *n. f.* pound
libre *adj.* free, vacant
librería *n. f.* bookstore
libro *n. m.* book
licor *n. m.* liqueur
ligero *adj.* light, slight
límite *n. m.* limit, boundary
limpiaparabrisas *n. m.* windshield wiper
limpiar *v.* to clean; **limpiar en seco** to dry clean
limpio *adj.* clean
lindo *adj.* pretty
lingüístico *adj.* linguistic
liquidación *n. f.* clearance
líquido *n. m.* liquid, fluid
lista *n. f.* list; **pasar lista** to call roll
listo *adj.* ready
literatura *n. f.* literature
lo *art. det. neut.* **lo único** the only thing; **lo mismo** the same thing
lo *pron. m. y neut.* him, it; **lo que** that which, what
longitud *n. f.* longitude
lucir *v.* to shine
luego *adv.* then; **hasta luego** till then; see you later
lugar *n. m.* place; **tener lugar** to take place, to happen
lujoso *adj.* luxurious
luminoso *adj.* bright, luminous; **letrero luminoso** illuminated sign
luna *n. f.* moon
lunar *n. m.* polka dot
lunes *n. m.* Monday
luz (-ces) *n. f.* light; **traje de luces** bullfighter's suit

LL

llama *n. f.* llama
llamar *v.* to call; **llamarse** to be called, to be named
llanta *n. f.* tire
llanura *n. f.* plain, prairie
llegada *n. f.* arrival
llegar *v.* to arrive
lleno *adj.* full
llevar *v.* to carry; to wear; to take; **¿Cuánto tiempo lleva en México?** How long have you been in Mexico?; **llevarse** to take along
llover (ue) *v.* to rain; **llover a cántaros** to pour, to rain pitchforks
lluvia *n. f.* rain

M

madera *n. f.* wood
maderero *adj.* wooded
madre *n. f.* mother
madrugada *n. f.* early morning, the hours between midnight and dawn
maestría *n. f.* mastery
magnífico *adj.* magnificent
maíz *n. m.* corn, maize
majestuoso *adj.* majestic
mal *adj. véase* **malo**
mal *adv.* badly, bad, poorly
maleta *n. f.* suitcase; **hacer la maleta** to pack the suitcase
malo *adj.* bad
mamá *n. f.* mother, mom, mama
mancha *n. f.* spot, speck
mandar *v.* to send
manejar *v.* to handle, to manipulate
manera *n. f.* way, manner, fashion; **de todas maneras** anyway
manga *n. f.* sleeve
mano *n. f.* hand
manta *n. f.* blanket
mantequilla *n. f.* butter
mañana *adv.* tomorrow
mañana *n. f.* morning; **de la mañana** A.M.
mapa *n. m.* map

mar *n. m.* sea
maravillarse [de] *v.* to marvel at, to wonder
maravilloso *adj.* marvelous, wonderful
marcar *v.* to mark; **marcar el número** to dial (the number)
mariposa *n. f.* butterfly
mármol *n. m.* marble
marrón *adj.* brown
martes *n. m.* Tuesday
marzo *n. m.* March
más *adv.* more, most
masculino *adj.* masculine
matador *n. m.* matador, bullfighter
matar *v.* to kill
matemáticas *n. f. pl.* mathematics
máximo *adj.* greatest
maya *n.* Maya; *adj.* Mayan
mayo *n. m.* May
mayor *adj.* elder; larger, largest; bigger, biggest; **la mayor parte** the majority, the greater part, most
mayoría *n. f.* majority
me *pron.* me, to me, for me, from me
mecánico *n. m.* mechanic
mediado *adj.* **a mediados de** in the middle of
medianoche *n. f.* midnight
medicina *n. f.* medicine
médico *n. m.* doctor
medio *adj.* average; half; **media docena** half a dozen; **en medio de** in the middle of, in the midst of
mediodía *n. m.* noon
mediterráneo *adj.* Mediterranean
mejor *adj.* better, best
mejorar *v.* to improve; **mejorarse** to get better
memoria *n. f.* memory; **traerle a uno a la memoria** to bring to one's mind, to remind one
mencionar *v.* to mention
menor *adj.* smaller, smallest; younger, youngest
menos *adv.* less, minus; to, before (expressions of time); **a menos que** unless; **al menos, por lo menos** at least
mentira *n. f.* lie
menú *n. m.* menu
menudo *adj.* **a menudo** often
mercado *n. m.* market
mes *n. m.* month
mesa *n. f.* table, desk
metal *n. m.* metal
metro *n. m.* meter
metrópoli *n. f.* metropolis
mexicano *adj.* Mexican
mezcla *n. f.* mixture, combination
mi *adj.* my
mí *pron.* me
miedo *n. m.* fear; **tener miedo** to be afraid
miembro *n. m.* member
mientras *conj.* while, as; **mientras tanto** meanwhile, in the meantime
miércoles *n. m.* Wednesday
mil *adj.* one thousand; thousand
millón *n. m.* million
millonario *n. m.* millionaire
minero *n. m.* miner
minuto *n. m.* minute
mío *adj.* my, mine, of mine; *pron.* **el mío** mine
mirar *v.* to look at
mismo *adj.* same, self; **ahora mismo** right away, right now; **mañana mismo** tomorrow; **por ti mismo** by yourself; **por sí mismo** by oneself; **lo mismo** the same, the same thing
moda *n. f.* fashion, mode
modelo *n. m.* model, maquette
moderno *adj.* modern
modernización *n. f.* modernization
modo *n. m.* **de ningún modo** by no means
mole *n. m.* Mexican sauce; *n. f.* bulk, heap
molestar *v.* to bother, disturb
molestia *n. f.* bother
momento *n. m.* moment
moneda *n. f.* coin
montaña *n. f.* mountain
montar *v.* to ride
monte *n. m.* mountain
monumento *n. m.* monument
morado *adj.* purple
moreno *adj.* brunette
morir (ue, u) *v.* to die; **morirse** to die
morisco *adj.* Moorish
mostrar (ue) *v.* to show
motor *n. m.* motor, engine
mozo *n. m.* porter

muchacha *n. f.* girl
muchacho *n. m.* boy
mucho *adj.* much; *pl.* many; **muchas gracias** thank you very much
mudar *v.* **mudarse de casa** to move
mueble *n. m.* piece of furniture
muerte *n. f.* death
mujer *n. f.* woman; wife
multitud *n. f.* multitude
mundialmente *adj.* worldwide
mundo *n. m.* world; **todo el mundo** everyone, everybody
mural *n. m.* mural
música *n. f.* music
muy *adv.* very

N

nacer *v.* to be born
nacional *adj.* national
nacionalidad *n. f.* nationality
nada *adv.* anything, nothing; **de nada** you are welcome; **nada de eso** nothing of the sort
nadie *pron. indef.* nobody, no one; anybody, anyone
naipe *n. m.* card, playing card; **jugar a los naipes** to play cards
naranja *n. f.* orange
natación *n. f.* swimming
nativo *adj.* native
natural *adj.* natural
navegable *adj.* navigable
Navidad *n. f.* Christmas
neblina *n. f.* fog
necesario *adj.* necessary
necesitar *v.* to need
negativamente *adv.* negatively
negativo *adj.* negative
negocio *n. m.* business
negro *adj.* black
nervioso *adj.* nervous; **ponerse nervioso** to get nervous
neumático *n. m.* tire
nevar (ie) *v.* to snow
ni *conj.* neither; nor
nieve *n. f.* snow
ningún *véase* **ninguno**
ninguno *adj.* any; no, not a, not one, none; **de ningún modo** by no means, not at all; **por ninguna parte** nowhere; not anywhere;
niña *n. f.* girl
niño *n. m.* boy
nitrato *n. m.* nitrate
nivel *n. m.* level
no *adv.* not, no
noble *n. m.* noble
noche *n. f.* night; **esta noche** tonight
nombre *n. m.* name
norma *n. f.* regulation, standard
norte *n. m.* north
norteamericano *adj.* North American
nos *pron.* us, to us
nosotros (-as) *pron.* we
nota *n. f.* note; grade; **sacar buenas notas** to get good grades
notable *adj.* noteworthy
notar *v.* to notice, to realize
noticia *n. f.* news
novecientos *adj.* nine hundred
noveno *adj.* ninth
noventa *adj.* ninety
noviembre *n. m.* November
nube *n. f.* cloud
nublado *adj.* cloudy
nuestro *adj.* our, ours, of ours; *pron.* **el nuestro** ours
nueve *adj.* nine
nuevo *adj.* new
número *n. m.* number; **marcar el número** to dial (the number)
nunca *adv.* ever, never

O

o *conj.* either; or
objeto *n. m.* object
obra *n. f.* work
obsequio *n. m.* gift
observar *v.* to observe
obtener *v.* **obtenerse** to be obtained, to be gotten
oca *n. f.* oca oxalis (a tuber)
ocasión *n. f.* opportunity

océano *n. m.* ocean
octavo *adj.* eighth
octubre *n. m.* October
ocupado *adj.* busy; occupied
ocurrir *v.* to happen, to occur; **ocurrírsele a uno** to come to someone's mind
ochenta *adj.* eighty
ocho *adj.* eight
ochocientos *adj.* eight hundred
oficial *adj.* official
oficina *n. f.* office
ofrecer *v.* to offer; **¿Qué se le ofrece?** May I help you?
oido *n. m.* ear
oír *v.* to hear
ojalá *interj.* I wish, I hope, would that
ola *n. f.* wave
oler (ue) *v.* to smell
olímpico *adj.* olympic
olvidarse [de] *v.* to forget (about)
once *adj.* eleven
operador *n. m.* operator
operadora *n. f.* operator
opinión *n. f.* opinion
oportunidad *n. f.* opportunity, chance
oración *n. f.* sentence
orden *n. f.* command; *n. m.* **poner en orden** to sort out
ordinariamente *adv.* ordinarily
ordinario *adj.* ordinary
origen *n. m.* origin
ornamentación *n. f.* ornamentation, adornment
oro *n. m.* gold
os *pron.* you, to you
oscuridad *n. f.* darkness
oscuro *adj.* dark
otoño *n. m.* autumn, fall
otro *adj.* other, another; **otra cosa** another thing, something else; **otra vez** again

P

padre *n. m.* father; *pl.* parents
pagar *v.* to pay; **pagar al contado** to pay cash
país *n. m.* country; **interior del país** countryside
paisaje *n. m.* landscape
pajarita *n. f.* **corbata de pajarita** bow tie
pájaro *n. m.* bird
palabra *n. f.* word
palacio *n. m.* palace
pampa *n. f.* pampa
pan *n. m.* bread
panadería *n. f.* bakery
panera *n. f.* bread basket
panorama *n. m.* panorama
pantalones *n. m. pl.* trousers, pants
pantanoso *adj.* marshy, swampy
pañuelo *n. m.* handkerchief
papa *n. f.* potato
papá *n. m.* dad
papel *n. m.* paper
papelera *n. f.* wastebasket
paquete *n. m.* package
par *adj.* even; *n. m.* pair
para *prep.* for; to; in order to; toward; by; **para que** so, so that; **estar para** + *infin.* to be about to; **¿Para qué?** What for? For what reason?
parada *n. f.* stop, stand
paraguas *n. m.* umbrella
parche *n. m.* patch
parecer *v.* to seem
pared *n. f.* wall
paréntesis *n. m.* parenthesis
pariente *n. m.* relative
parque *n. m.* park
párrafo *n. m.* paragraph
parte *n. f.* part; **la mayor parte** the majority; **por ninguna parte** nowhere, not anywhere
particular *adj.* special; peculiar
particularidad *n. f.* peculiarity
partida *n. f.* departure
partido *n. m.* game
partir *v.* to depart, to leave
pasado *adj.* passed; last; *n. m.* past
pasajero *n. m.* passenger
pasaporte *n. m.* passport
pasar *v.* to pass; to happen; to spend (time); **pasar sin** to do without; **pasar de largo** to go through; **pasar por alto** to overlook, to skip over; **pasar por** to go through; to pass by; to call for

pasear *v.* to take a walk; to take a ride
paseo *n. m.* walk; ride; promenade, boulevard; **dar un paseo** to take a walk, to take a ride; **dar un paseo en barca** to go sailing, boating
pasillo *n. m.* hall, corridor
pasión *n. f.* enthusiasm
pasivo *adj.* passive
paso *n. m.* pass; **a este paso** at this rate
pasta *n. f.* cookie
pastor *n. m.* shepherd
patinar *v.* to skate
patio *n. m.* patio, courtyard
pavo *n. m.* turkey
paz (-ces) *n. f.* peace (treaty)
pedir (i, i) *v.* to ask, to ask for; to order
peine *n. m.* comb
peinado *n. m.* hairdo; set
peinarse *v.* to comb one's hair
película *n. f.* movie
pelirrojo *adj. y n.* redhead
pelo *n. m.* hair
peluquera *n. f.* hairdresser
peluquería *n. f.* beauty shop, beauty salon
pena *n. f.* **¡Qué pena!** What a pity!
penetrar *v.* to penetrate
pensar (ie) *v.* to think; to plan, to intend; **pensar de** to think of, to have an opinion of; **pensar en** to think about, to think over
pensión *n. f.* rooming house
peor *adj.* worse, worst
pequeño *adj.* small, little
percha *n. f.* rack (hat, clothes, etc.)
perder (ie) *v.* to lose; to miss; **perderse** to get lost; to miss
perdón *interj.* I beg your pardon, excuse me
perfecto *adj.* perfect
perfumería *n. f.* perfumery
periódico *n. m.* newspaper
periodismo *n. m.* journalism
periodista *n. m.* journalist
permiso *n. m.* **con permiso** excuse me
permitir *v.* to permit, to allow
pero *conj.* but; nevertheless
perro *n. m.* dog
persiana *n. f.* venetian blind; window shade
persona *n. f.* person
personal *adj.* **trato personal** personal contact
pertenecer *v.* to belong
peruano *adj.* Peruvian
pesado *adj.* heavy, tiresome
pesar *v.* to weigh
pescador *n. m.* fisherman
peseta *n. f.* peseta, monetary unit of Spain
peso *n. m.* peso, monetary unit of several Latin American countries
petaca *n. f.* suitcase
piano *n. m.* piano
picado *adj.* rough
picador *n. m.* bullfighter on horseback, armed with a goad
picante *adj.* hot, highly seasoned
pie *n. m.* foot; **ir a pie** to walk
piedra *n. f.* stone
piel *n. f.* skin, hide
pieza *n. f.* room; piece
pijama *n. m.* pajamas
pinchazo *n. m.* puncture
pintar *v.* to paint
pintoresco *adj.* picturesque
pistola *n. f.* gun
pizarra *n. f.* blackboard
plancha *n. f.* iron
planchar *v.* to iron
planear *v.* to plan
plata *n. f.* silver
plateado *adj.* silver
platicar *v.* to chat, to talk informally
plato *n. m.* dish
playa *n. f.* beach, shore
plaza *n. f.* plaza, square
plegar (ie) *v.* to fold
pluma *n. f.* pen
plural *adj. y n. m.* plural
pluscuamperfecto *n. m.* pluperfect
población *n. f.* population
poblano *adj.* **mole poblano** thick, dark Mexican sauce
pobre *adj. y n.* poor
poco *adj., adv. y n. m.* little; *pl.* few, a few; **hace poco tiempo** a short time ago; **hasta hace poco** until a short time ago
poder (ue) *v.* to be able, can
polvo *n. m.* dust; **quitar el polvo** to dust

pollo *n. m.* chicken
ponche *n. m.* punch
poner *v.* to put, to place; **poner la mesa** to set the table; **ponerle a uno una prueba** to give someone a test; **ponerle a uno a su cuenta** to charge to someone's account; **ponerse** + *adj.* to become; **ponerse** (+ clothing article) to put on; **ponerse (el sol)** to set (the sun); **poner un telegrama** to send a telegram
popular *adj.* popular
por *prep.* for; by; through; along; per; via; **por favor** please; **por aquí (allí)** around here (there); **¿Por qué?** Why?; **por la tarde (mañana)** in the afternoon (morning); **por la noche** in the evening, at night; **por último, por fin** finally; **por dónde** which way; **por ninguna parte** nowhere, anywhere; **por supuesto** of course; **por lo general (común)** usually; **por ciento** percent; **por eso** for that reason, therefore; **por suerte** luckily; **por si acaso** just in case; **por sí mismo** by himself; **por lo menos** at least; **por teléfono** by phone, on the phone
porque *conj.* because
portugués (-esa) *adj. y n.* Portuguese
posesivo *adj.* possessive
posible *adj.* possible
posiblemente *adv.* possibly
posición *n. f.* position
positivo *adj.* positive
postal *adj.* **tarjeta postal** post card
postre *n. m.* dessert
prácticamente *adv.* practically
practicar *v.* to play; to practice
pradera *n. f.* prairie
precio *n. m.* price, cost
precisamente *adv.* precisely, exactly
preciso *adj.* accurate, exact, precise
precolombino *adj.* pre-Columbian
preferir (ie, i) *v.* to prefer
pregunta *n. f.* question; **hacer una pregunta** to ask a question
preguntar *v.* to ask, to inquire; **preguntarse** to wonder
preincaico *adj.* pre-Incan
prender *v.* to turn on; to capture
preocuparse [de, por] *v.* to worry (about)
preparación *n. f.* preparation
preparar *v.* to prepare, to fix
preposición *n. f.* preposition
presenciar *v.* to be present at
presentar *v.* to introduce
presente *n. m.* present; **tener presente** to bear (to have) in mind
presidencial *adj.* presidential
prestar *v.* to lend; **pedir prestado** to borrow
pretérito *n. m.* preterite
prever *v.* to foresee, to anticipate
previsto *véase* **prever**
prima *n. f.* cousin
primavera *n. f.* spring
primer *véase* **primero**
primero *adj.* first; **lo primero** the first thing
primo *n. m.* cousin
principal *adj.* principal
principalmente *adv.* principally, mainly
principio *n. m.* **al principio** in the beginning, at first
prisa *n. f.* hurry; **de (con) prisa** in a hurry, quickly; **tener prisa** to be in a hurry
probable *adj.* probable
probablemente *adv.* probably
probar (ue) *v.* to taste; to try; **probarse** to try on
problema *n. m.* problem
profesión *n. f.* profession
profesor *n. m.* professor
profesora *n. f.* professor
profundidad *n. f.* depth
profundo *adj.* deep, profound
programa *n. m.* program
prohibir *v.* to prohibit, to forbid
prometer *v.* to promise
pronombre *n. m.* pronoun
pronto *adv.* soon; quickly; **tan pronto como** as soon as
propietario *n. m.* landlord
propina *n. f.* tip; **dejar de propina** to leave as a tip
propio *adj.* own, of one's own
proponer *v.* to propose
próximo *adj.* next

prueba *n. f.* test; **ponerle a uno una prueba** to give someone a test
psicología *n. f.* psychology
publicar *v.* to publish
público *adj.* public
pueblo *n. m.* town; people
puerta *n. f.* door
puerto *n. m.* port
pues *conj.* since; *interj.* well
puesta *n. f.* **puesta del sol** sunset
puesto *véase* **poner**
puesto *n. m.* **puesto de gasolina** filling station
puesto que *fr. conj.* since
pulsera *n. f.* bracelet; **reloj de pulsera** wrist watch
punto *n. m.* point; **en punto** on the dot, sharp
puntual *adj.* punctual, on time
puño *n. m.* cuff
puro *adj.* pure

Q

que *conj.* that; since; than; **pienso que sí** I think so
que *pron. rel.* who; whom; that; which
qué *adj. inv. y pron. neut.* which; what; *adv.* how
quedar *v.* to remain, to be left; to be; **quedar bien con** to go well with; **no nos queda más remedio que** there is nothing left for us to do except . . .; **quedarse** to stay, to remain; to be; **me lo quedo** I'll take it
quejarse [de] *v.* to complain (about)
quemarse *v.* to burn down; to burn up
querer (ie) *v.* to want; to wish; **querer decir** to mean
querido *adj.* dear
queso *n. m.* cheese
quichua *adj. y n.* Quechuan
quien *pron. rel.* who, whom; anyone, someone
quién *pron. inter.* who, whom; **¿de quién?** whose? from whom?
química *n.f.* chemistry
quince *adj.* fifteen
quinientos *adj.* five hundred
quinto *adj.* fifty
quitar *v.* to take away; to take off; **quitar el polvo** to dust; **quitarse** to take off
quizás *adv.* perhaps, maybe

R

radio *n. f.* radio
raíz *n. f.* root
rancho *n. m.* ranch
rapidez *n. f.* speed
rápido *adj. y adv.* rapid, fast
rasgo *n. m.* characteristic, trait
rato *n. m.* short time, short while
rayado *adj.* striped
razón *n. f.* reason; **tener razón** to be right; **no tener razón** to be wrong
recado *n. m.* message
recibidor *n. m.* entrance hall
recibir *v.* to receive, to get; to meet
recientemente *adv.* recently
reclinar *v.* to recline
recoger *v.* to pick up; **recoger la mesa** to clear the table
recordar (ue) *v.* to remember; to remind
recorrer *v.* to tour; to travel through
recorte *n. m.* clipping
recreo *n. m.* **sitio de recreo** resort
rectangular *adj.* rectangular
recuerdo *n. m.* memory
redacción *n. f.* theme; paper; report
redentor *adj.* redeemer
red *n. f.* net
redondo *adj.* round
reducirse *v.* to be reduced, to be limited
reflexivo *adj.* reflexive
reforma *n. f.* reform
refresco *n. m.* cold drink
refrigerador *n. m.* refrigerator
refugiarse *v.* to take refuge
regalar *v.* to give as a gift
regalo *n. m.* gift
regional *adj.* regional
regresar *v.* to return, to go back
regular *adj.* regular; so-so
relámpago *n. m.* lightning

relampaguear *v.* to lightning
reloj *n. m.* watch; **reloj de pulsera** wrist watch
remedio *n. m.* remedy; **no nos queda más remedio que** there is nothing left for us to do except . . .
reparar *v.* to repair; **repararse** to repair for oneself
repaso *n. m.* review
repente *n. m.* **de repente** suddenly
repetir (i, i) *v.* to repeat
república *n. f.* republic
requerir (ie, i) *v.* to require
res *n. f.* **carne de res** beef
rescate *n. m.* ransom
resfriado *n. m.* cold
resfriarse *v.* to catch cold, to get a cold
resfrío *n. m.* cold; **fuerte resfrío** bad cold
resguardo *n. m.* ticket stub
residencia *n. f.* residence
residencial *adj.* residential
resistir *v.* to stand, to take
respaldo *n. m.* back (of seat)
respecto *n. m.* **con respecto a** concerning
respuesta *n. f.* answer
restaurado *adj.* restored
restaurante *n. m.* restaurant
resto *n. m.* rest, remainder
resultado *n. m.* result
resultar *v.* to turn out
retraso *n. m.* delay
reunirse *v.* to meet
revisar *v.* to check over
revista *n. f.* magazine
revolución *n. f.* revolution
rey *n. m.* king
rezar *v.* to pray
rielar *v.* to shine, to twinkle
río *n. m.* river
rodear *v.* to surround
rogar (ue) *v.* to ask; to beg
rojo *adj.* red
romper *v.* to break; to tear; **romperse** to get broken; to get torn
ropa *n. f.* clothes, clothing
ropero *n. m.* wardrobe
rosa *n. f.* rose
rosado *adj.* pink
roto *véase* **romper**
rubio *adj.* blond
ruido *n. m.* noise; **armar ruido** to stir up noise
ruina *n. f.* ruin

S

sábado *n. m.* Saturday
sábana *n. f.* sheet
saber *v.* to know; to know how
sabor *n. m.* taste, flavor
saborear *v.* to relish, to enjoy
sacar *v.* **sacar fotografías** to take pictures; **sacar notas** to get grades
sacudir *v.* to shake
sala *n. f.* living room
salida *n. f.* **salida de sol** sunrise
salir *v.* to go out; to leave; to depart; **salir de compras** to go out shopping; **salir en bote** to take a boat ride; **salir para** to leave for
salón *n. m.* hall, salon, parlor; **coche salón** club car
salsa *n. f.* sauce
saludable *adj.* healthy
saludar *v.* to greet; to wave
saludo *n. m.* greeting, regard; **mandar saludos** to send regards
san *n. m.* saint
sartén *n. f.* frying pan, skillet
satisfecho *adj.* satisfied
se *pron.* to him, for him, from him; to her, for her, from her; to it, for it, from it; him; her; it; himself; herself; itself
seco *adj.* dry; **limpiar en seco** to dry clean
sector *n. m.* sector; section
secundario *adj.* **escuela secundaria** high school
sed *n. f.* thirst; **tener sed** to be thirsty
seda *n. f.* silk
seguir (i, i) *v.* to follow; to continue; **seguir cursos** to take courses
según *prep.* according to, in accordance with
segundo *adj.* second
seguramente *adv.* surely
seguridad *n. f.* **cinturón de seguridad** seat belt
seguro *adv.* sure, surely
seis *adj.* six

seiscientos *adj.* six hundred
selva *n. f.* forest; jungle
semáforo *n. m.* traffic signal
semana *n. f.* week; **fin de semana** weekend
sembrar (ie) *v.* to plant, to seed
semejante *adj.* similar, alike
semejanza *n. f.* similarity, resemblance
sencillo *adj.* simple, plain; easy
sentar (ie) *v.* to be becoming; **sentarse** to sit down
sentido *n. m.* sense, meaning
sentir (ie, i) *v.* to feel; to regret; **sentirlo** to be sorry, to regret it; **sentirse** to feel
señor *n. m.* **(Sr.)** Mr.; sir; man
señora *n. f.* **(Sra.)** Mrs.; ma'm; lady, woman
señorita *n. f.* **(Srta.)** Miss; young lady; miss
separar *v.* to separate
séptimo *adj.* seventh
ser *v.* to be; **llegar a ser** to become; **a no ser que** unless
serie *n. f.* series
serio *adj.* serious
servicio *n. m.* service
servir (i, i) *v.* to serve; **servir de** to act as
sesenta *adj.* sixty
setecientos *adj.* seven hundred
setenta *adj.* seventy
setiembre *n. m.* September
severo *adj.* severe
sexto *adj.* sixth
shampú *n. m.* shampoo
si *conj.* if, whether
sí *adv.* yes
sí *pron.* himself, herself
siempre *adv.* always
siento *véase* **sentar** *o* **sentir**
sierra *n. f.* mountain range
siesta *n. f.* nap; **dormir la siesta** to take a nap
siete *adj.* seven
siglo *n. m.* century
significado *n. m.* meaning
significar *v.* to mean
siguiente *adj.* following, next
silueta *n. f.* silhouette
silla *n. f.* chair
simbolizar *v.* to symbolize
símbolo *n. m.* symbol
simple *adj.* simple
simplemente *adv.* simply, just
sin *prep.* without; **sin que** without; **sin embargo** nevertheless
singani *n. m.* Peruvian alcoholic beverage
singular *n. m.* singular
sino *conj.* but
sistema *n. m.* system
sitio *n. m.* place; site; **sitio de recreo** resort
situación *n. f.* situation
situado *adj.* located
sobre *prep.* on; about; over; above
sobresalir *v.* to stand out; to excell
sobrevolar (ue) *v.* to fly over
social *adj.* social
socio *n. m.* partner
sofá *n. m.* sofa
sol *n. m.* sun; monetary unit of Peru; **hacer sol** to be sunny; **salida de sol** sunrise; **puesta de sol** sunset; **se pone el sol** the sun sets; **sol o sombra** (seat) exposed to the sun or in the shade
solamente *adv.* only; just
soler (ue) *v.* to be accustomed to
solo *adj.* alone
sólo *adv.* only; just
solución *n. f.* solution
sombra *n. f.* shade; shadow
sombrero *n. m.* hat
someterse *v.* **someterse a un examen** to take an exam
sonar (ue) *v.* to sound
sonreir *v.* to smile
sopa *n. f.* soup
sorprenderse *v.* to be surprised
su *adj.* his; her; your; its; their
subir *v.* to raise; to go up; to get in, to get on (a mode of transportation)
subjuntivo *n. m.* subjunctive
subordinado *adj.* subordinate
sucesivamente *adv.* successively
sucio *adj.* dirty
sudamericano *adj.* South American
sudeste *n. m.* southeast
sueco *adj.* Swedish
suelo *n. m.* floor
sueño *n. m.* sleep; **tener sueño** to be sleepy

suerte *n. f.* **por suerte** fortunately, luckily
suéter *n. m.* sweater
suficiente *adj.* sufficient, enough
sugerir (ie, i) *v.* to suggest
sujeto *n. m.* subject
sumiso *adj.* submissive; humble
supermercado *n. m.* supermarket
suponer *v.* to suppose; **supuesto que** assuming that; **por supuesto** of course
supuesto *véase* **suponer**
sur *n. m.* south
sustantivo *n. m.* noun
sustitución *n. f.* substitution
sustituír *v.* to substitute
suyo *adj. y pron.* his, of his; her, hers, of hers; your, yours, of yours; their, theirs, of theirs; its

T

tacatamal *n. m.* typical dish of Nicaragua
tacón *n. m.* heel
tal *adj.* such, such a; *pron. indef.* such, such a; *adv.* thus, so; **¿Qué tal?** How are you?; *conj.* **tal como** just as, such as; **con tal (de) que** provided that
talón *n. m.* stub
tallar *v.* to carve
tamaño *n. m.* size
también *adv.* too, also, besides
tampoco *adv.* neither; not either; nor
tan *adv.* as; so; **tan . . . como** as . . . as
tanque *n. m.* tank
tanto *adj.* as much; so much; *pl.* as many; so many
tanto *adv.* so much; **un tanto pesado** slightly tiresome
tardar *v.* to delay; to be late; to be long, to take a long time
tarde *adv.* late; too late
tarde *n. f.* afternoon; **de la tarde** P.M.; **por la tarde** in the afternoon
tarjeta *n. f.* card; **tarjeta postal** post card
taxi *n. m.* taxi, cab; **parada de taxis** cabstand
taxista *n. m.* cab driver
taza *n. f.* cup
te *pron.* you, to you; yourself
té *n. m.* tea
teatro *n. m.* theater
techo *n. m.* ceiling; roof
tela *n. f.* cloth
telefonear *v.* to telephone
teléfono *n. m.* telephone; **al teléfono** on the phone; **por teléfono** by phone, on the phone
telégrafo *n. m.* telegraph
telegrama *n. m.* telegraph
televisión *n. f.* television; **por televisión** on television
televisor *n. m.* television set
tema *n. m.* theme; topic
temperatura *n. f.* temperature
templado *adj.* temperate, mild
temprano *adv.* early
tenedor *n. m.* fork
tener *v.* to have; **tener que** to have to; **tener algo que hacer** to have something to do; **tener prisa** to be in a hurry; **tener sueño** to be sleepy; **tener ganas de** to feel like, to be anxious to, to be eager to; **tener cuidado** to be careful; **tener razón** to be right; **no tener razón** to be wrong; **tener miedo (de, a)** to be afraid (of); **tener hambre** to be hungry; **tener calor** to be warm (people); **tener . . . años** to be . . . years old; **tener sed** to be thirsty; **tener frío** to be cold (people); **tener que ver con** to have to do with; **tener lugar** to take place; **tener algo que hacer** to have something to do; **aquí tiene** here is; **¿Que tiene?** What's the matter?
teñir (i, i) *v.* to dye
tenis *n. m.* tennis
tercer *véase* **tercero**
tercero *adj.* third
terminar *v.* to end, to finish, to be over; **terminarse** to be over
término *n. m.* term
terremoto *n. m.* earthquake
tesoro *n. m.* treasure
ti *pron.* you, to you
tiempo *n. m.* time; weather; tense; **hace buen (mal) tiempo** the weather is good (bad);

¿Qué tiempo hace? What's the weather like?; **mucho tiempo** (a) long time; **poco tiempo** (a) little while, (a) short time; **a tiempo** on time; **en mi tiempo** in my day; **¿Cuánto tiempo?** How long?; **tener tiempo para (de)** to have time to; **perder tiempo** to waste time; **fuera de tiempo** out of season, off season; **antes de tiempo** ahead of time
tienda *n. f.* store, shop
tierra *n. f.* land
tijeras *n. f. pl.* scissors
tinta *n. f.* ink
tintero *n. m.* inkwell
tintorería *n. f.* cleaners; dry cleaners
tío *n. m.* uncle; *pl.* aunt and uncle
típico *adj.* typical
tipo *n. m.* type, kind
tiza *n. f.* chalk
toalla *n. f.* towel
tocar *v.* to play (musical instrument)
todavía *adv.* still, yet
todo *adj.* all; every; **de todas maneras** anyway; **todo el día** all day; **todos los días** every day; **todo el mundo** everyone, everybody; **en todas partes** anywhere; everywhere; **en todo caso** in any case
todo *pron. neut.* everything
tomar *v.* to take; to have; to eat; to drink; **tomar altura** to climb
tomo *n. m.* volume
tónico *adj.* stressed
tonto *adj.* dumb
topográfico *adj.* topographic
torear *v.* to fight (bulls)
toro *n. m.* bull; **corrida de toros** bullfight
torta *n. f.* cake; **torta helada** icebox cake
tortilla *n. f.* tortilla
tos *n. f.* cough
totalmente *adv.* totally
trabajar *v.* to work
trabajo *n. m.* work
tradicionalismo *n. m.* traditionalism
traducir *v.* to translate
traer *v.* to bring
traje *n. m.* outfit, suit; dress; **traje de luces** bullfighter's embroidered suit; **traje de baño** bathing suit, swimming suit
tranquilo *adj.* quiet
transandino *adj.* trans-Andean
tratar [de] *v.* to try to; to deal with, to have to do with; **tratarse de** to have to do with, to be a question of
trato *n. m.* contact
través *n. m.* **a través de** through
travieso *adj.* mischievous, naughty
trayecto *n. m.* route
trece *adj.* thirteen
treinta *adj.* thirty
tren *n. m.* train; **en tren** on a train; **por tren** by train
tres *adj.* three
trescientos *adj.* three hundred
trigo *n. m.* wheat
triste *adj.* sad
tropical *adj.* tropical
tronar (ue) *v.* to thunder
trueno *n. m.* thunder
tu *adj.* your
tú *pron.* you
tupí-guaraní *adj. y n.* Tupi-Guaranian
turismo *n. m.* tourism
tutear *v.* to address someone with the familiar form **tú**
tuyo *adj.* your, yours, of yours

U

Ud., Uds. *véase* **usted**
últimamente *adv.* recently, lately
último *adj.* last; recent; latest
un (-a, -os, -as) *art. indet.* a, an; *pl.* some, a few; **a unos 40 kilómetros** (at) about 40 kilometers; **unos pocos** a few
único *adj.* unique; single; **lo único** the only thing
unido *adj.* united; **los Estados Unidos** the United States
uniforme *adj.* uniform
universal *adj.* universal
universidad *n. f.* university
universitario *adj.* university
uno *adj.* one
urbanización *n. f.* urbanization

usar *v.* to use, to make use of; **usarse** to be used
usted *pron.* you
usual *adj.* usual
usualmente *adv.* usually
uva *n. f.* grape

V

vacaciones *n. f. pl.* vacation, holiday
vaca *n. f.* cow
vacío *adj.* empty
vagón *n. m.* **vagón de carga** freight car
valer *v.* to cost, to be worth; **valerse de** to make use of
valiente *adj.* brave
valija *n. f.* suitcase
valioso *adj.* valuable
valle *n. m.* valley
vámonos *véase* **ir**
vapor *n. m.* steam
vaquero *n. m.* cowboy
variedad *n. f.* variety
varios *adj. pl.* several
vaso *n. m.* glass
vecina *n. f.* neighbor
vecino *n. m.* neighbor
veinte *adj.* twenty
veinticinco *adj.* twenty-five
veinticuatro *adj.* twenty-four
veintidós *adj.* twenty-two
veintinueve *adj.* twenty-nine
veintiocho *adj.* twenty-eight
veintiséis *adj.* twenty-six
veintisiete *adj.* twenty-seven
veintitrés *adj.* twenty-three
veintiún *véase* **veintiuno**
veintiuno *adj.* twenty-one
vencer *v.* to conquer
vender *v.* to sell
venir (ie, i) *v.* to come; **lo bien que me ha venido** how convenient it is for me; **que viene** next
ventana *n. f.* window
ventanilla *n. f.* window (train, plane, bus, etc.)
ventilador *n. m.* fan
ver *v.* to see
veraniego *adj.* summer
verano *n. m.* summer
verbal *adj.* verbal
verbo *n. m.* verb
verdad *n. f.* truth; **es verdad** it is true
verde *adj.* green
verdura *n. f.* vegetable
vergüenza *n. f.* shame
vestido *n. m.* dress
vestir (i, i) *v.* to dress; to wear; **vestirse** to dress, to get dressed
vez *n. f.* time; **muchas veces** often; **a veces** at times, some times; **cuantas veces** however many times; **dos veces** twice
viajar *v.* to travel, to take a trip
viaje *n. m.* trip; **hacer un viaje** to take a trip
viajero *n. m.* traveler
vicuña *n. f.* vicuna
vida *n. f.* life
vidrio *n. m.* glass
viejo *adj.* old
viento *n. m.* wind; **hace viento** it is windy
viernes *n. m.* Friday
vino *n. m.* wine
violeta *n. f.* violet
visita *n. f.* visit; **hacer una visita** to pay a visit
visitante *n. m.* visitor
visitar *v.* to visit
vista *n. f.* sight, eyes
visto *véase* **ver**
vitalidad *n. f.* vitality
vivienda *n. f.* dwelling, lodgings
vivir *v.* to live
vivo *adj.* alive
vocablo *n. m.* term; word
vocabulario *n. m.* vocabulary
volante *n. m.* steering wheel
volar (ue) *v.* to fly
volver (ue) *v.* to return; **volver a** + *infin.* to do again; **volverse** to become
vosotros (-as) *pron.* you
voz (-ces) *n. f.* voice
vuelta *n. f.* stroll, walk; ride; **de vuelta** on returning; **viaje de vuelta** return trip
vuelto *véase* **volver**
vuestro *adj.* your, yours, of yours

Y

y *conj.* and
ya *adv.* already; **ya que** since; **ya de vuelta** once back; **ya no** no longer
yo *pron.* I

Z

zapatería *n. f.* shoe store
zapato *n. m.* shoe
zócalo *n. m.* public square
zurcir *v.* to mend; to darn

English-Spanish Vocabulary

This Vocabulary is by no means exhaustive; it contains only the words that might be needed for the exercises *Diga en español*, *Conversaciones* and *Tema de Repaso*. However, since the aim of these exercises is to give an opportunity to practice the grammar patterns and the vocabulary of the previous lessons, we urge the students to try to find the correct idiom or construction in the Grammar Units or in the Reading and Narrative Units rather than in the Vocabulary.

If in doubt about the gender or nature of a Spanish word, the students should consult the Spanish-English Vocabulary, since no indication as to part of speech has been included in this section.

A

a un, una
abandoned abandonado
able; to be able poder
about de; acerca de; sobre; **to think about** pensar en
accent acento
accident accidente
accompany acompañar
acquaintance conocido
across enfrente; **across from** enfrente de
address dirección
adorned adornado
ad anuncio
advertise anunciar
afraid; to be afraid (of) tener miedo (de, a)
after después de; al + *infin.*
afternoon tarde; **in the afternoon** por la tarde; **yesterday afternoon** ayer por la tarde
afterwards después
again otra vez
ago hace
ahead delante, adelante, enfrente
airport aeropuerto
all todo, toda, todos, todas; **not at all** de ningún modo
along; to go along ir también; **to get along without** pasar sin
already ya
also también
although aunque
always siempre
American americano
an un, una
and y; e
animal animal
another otro
answer contestar
anxious; to be very anxious to tener muchas ganas de
anyone alguien
apartment apartamento
appointment; to get an appointment conseguir (i, i) hora
approach acercarse a

approximately aproximadamente
architecture arquitectura
arm; with open arms con los brazos abiertos
around; around here por aquí; **down around here** por aquí abajo; **up around there** por allá arriba
arrange arreglar
arrive llegar
article artículo
as tan; como; mientras; **as . . . as** tan . . . como; **as soon as possible** cuanto antes; **as soon as** así que
ask (for) preguntar; pedir (i, i)
at en; a; **at the same time** al mismo tiempo; **at least** por lo menos, al menos; **at times** a veces; **at home** en casa; **at once** en seguida
atmosphere ambiente
attention atención; **to pay attention** hacer caso; **to call one's attention** llamarle a uno la atención
August agosto
avenue avenida
away; right away ahora mismo; **to go away** irse

B

back; to come back volver (ue), regresar
bad mal, malo; **it's too bad that** es una lástima que; **the weather is bad** hace mal tiempo
banjo banjo
be ser; estar; **there is, there are** hay; **to be up** acabar; **to be right** tener razón; **to be wrong** no tener razón; **to be thirsty** tener sed; **to be hungry** tener hambre; **to be . . . years old** tener . . . años; **to be windy** hacer viento; **the weather is good** hace buen tiempo
beach playa
beautiful hermoso, bonito, lindo
because porque; **because of** por causa de
become hacerse; llegar a ser; volverse (ue); ponerse; **to be becoming** sentarle (ie) bien a uno
bed; to go to bed acostarse (ue)
before antes; antes de; antes (de) que
beg rogar (ue)
begin comenzar (ie), empezar (ie)
behind detrás; detrás de
besides además
best el mejor
better mejor; más
big gran, grande
bill cuenta
boat bote; barco; **by boat** en barco
book libro; **phone book** guía de teléfonos
bookstore librería
booth casilla
both ambos
bottom de abajo
bow; bow tie corbata de pajarita
box caja
bread pan
bring traer
brother hermano
building edificio
bullfight corrida, corrida de toros
bullfighter torero
bullfighting toreo
busy ocupado
but pero; sino; sino que
buy comprar
by por; de; en

C

call llamar; **to call roll** pasar lista; **to be called** llamarse; **to call someone's attention** llamarle a uno la atención
can poder
car coche, auto, automóvil; **car trouble** una avería; **dining car** coche comedor; **club car** coche salón
card; post card tarjeta postal
careful; to be careful tener cuidado de
carnival carnaval
catch alcanzar, atrapar (tren)
ceiling techo
century siglo
chair silla
change cambiar (de)
charge cobrar

child niño, niña
city ciudad
class clase
classroom clase
clean limpiar; **to dry clean** limpiar en seco
cleaners tintorería
clerk dependiente, dependienta, empleado, empleada
clothes ropa
club; club car coche salón
coat abrigo
coffee café
cold; to be cold hacer frío (weather); **to be cold** tener frío (people)
color color
column columna
come venir; **to come back** volver (ue), regresar
communicate comunicarse
company compañía
construct construir; **to be constructed** construirse
continue seguir (i, i)
corner esquina
country país; campo
count contar (ue)
course curso, clase; **to give courses** dictar clases
court corte
cowboy vaquero
crazy loco
crop cosecha
cup taza
curtain cortina; **to pull the curtains** correr las cortinas
customs aduana; **to go through customs** pasar la aduana; **customs official** aduanero

D

dad papá
dark oscuro
date fecha
day día; **the next day** al día siguiente
December diciembre
decide decidir; **to decide upon** decidirse por
decorated decorado
deliver entregar
departure partida
description descripción
dial marcar el número
difficult difícil
dining car coche comedor
dinner cena; **to eat dinner** cenar
directly directamente
discuss discutir
dish plato
distant lejano
do hacer; *interr. form* **When do they open?** ¿Cuándo abren?; **What do you suggest?** ¿Qué sugiere? *neg. form* **Don't worry** No te preocupes
doctor médico
door puerta; **next door to** al lado de; **next door** de al lado
dot; on the dot en punto
doubt dudar
down abajo; **to sit down** sentarse (ie); **down around here** por aquí abajo; **down there** allá abajo, allí abajo
downstairs abajo
downtown el centro
dramamine dramamina
drawer cajón
dress *n.* vestido; **to get dressed** *v.* vestirse (i, i)
drink bebida; beber
drive ir en automóvil
drop caérsele (a uno)
drugstore farmacia
dry seco; **to dry clean** limpiar en seco
during durante
dust quitar el polvo
duty impuesto
dyers tintorería

E

each cada
early temprano
easy fácil
eat comer; **to eat dinner** cenar
eight ocho

either; not either tampoco
electricity electricidad
eleven once
engineering ingeniería
enjoy disfrutar de; gozar de
enjoyable agradable
enough bastante
enter entrar (a, en)
entire entero
enthusiasm entusiasmo
establishment establecimiento
Europe Europa
every cada
everybody todo el mundo
exactly exactamente
example ejemplar, ejemplo
excellent excelente
excuse; excuse me con permiso, perdón, perdóneme
expensive caro
experience experiencia
expert experto
explain explicar

F

fair feria
fall caer; caerse
family familia
far (from) lejos (de)
farm hacienda, finca
father padre
favor favor
February febrero
feel sentirse (ie, i); **to feel like** tener ganas (de)
few pocos; unos; unos pocos; algunos
field especialidad
fifteen quince
fifth (*date*) cinco
figure figura, estatua
find encontrar (ue); hallar; **to be found** encontrarse; **to find out** darse cuenta
finest más puro
finish acabar
first primero
fix; to fix up arreglar
flat desinflado; **to have a flat tire** tener un pinchazo
floor suelo, piso
flower flor
food comida, alimentos
for por, para; (*time*) hace . . . (que)
forget olvidarse (de)
fortunate afortunado
four cuatro
Friday viernes
friend amigo, amiga
from de, desde
front; in front (of) enfrente (de), delante (de)
fur piel
furious furioso
furniture muebles

G

garden jardín
gentleman señor, caballero
get conseguir; **to get up** levantarse; **How do you get (to) . . . ?** ¿Por dónde [Cómo] se va a . . .?; **to get dressed** vestirse; **to get in touch** comunicarse; **to get along without** pasar sin; **to get rich** hacerse rico; **to get off** bajar
gift regalo
give dar; **to give an invitation** invitar
glad contento, alegre; **to be glad** alegrarse
gladly con mucho gusto
glove guante
go ir; **to go with** acompañar; **to go down (stairs)** bajar; **to go away** irse; **to go through** pasar; **to go for a walk** dar un paseo
gold de oro
good buen, bueno; **good-bye** adiós
grandparents abuelos
great gran, grande
greet saludar; recibir
grocery comestibles, abarrotes
guess acertar (ie)

guest invitado
guitar guitarra

H

hairdo peinado
hang colgar (ue)
happen pasar
hard duro
hat sombrero
have tener; **to have to** tener que; **to have to do with** tener que ver con; **to have a good time** pasarlo bien; **to have someone make something** hacerle a uno hacer algo
hear oír
heavy pesado
heel tacón; **low heeled shoes** zapatos de tacones bajos
help; not to be able to be helped no tener remedio
her ella; la, le
here aquí; acá; **around here** por aquí; **down around here** por aquí abajo; **up here** por aquí arriba
hers suyo, suya, suyos, suyas
hide-and-seek; to play hide-and-seek jugar al escondite
high alto; **high school** colegio, escuela secundaria
highway carretera
him él; lo, le
his su, sus; suyo, suya, suyos, suyas
home casa
hope esperar
hospitality hospitalidad
hot caliente; **it is hot** hace calor (weather)
hour hora
house casa; **to house hunt** buscar casa
how cómo, qué; **how much** cuánto; **How old are you?** ¿Cuántos años tiene Ud.?; **how long . . .?** ¿cuánto tiempo . . .?
however sin embargo; como quiera (que)
hundred cien, ciento
hungry; to be hungry tener hambre
hunt; to house hunt buscar casa
hurry apurarse, darse prisa; **to be in a hurry** tener prisa; **in a hurry** con prisa

I

I yo
idea idea
if si
import; import duty impuesto de entrada
impossible imposible
in en; al + *infin*; **in order to** para
Indian indio
influence influencia
information información
inside dentro (de)
intelligent inteligente
interest interesar; **point of interest** punto de interés
interesting interesante
intricately intrincadamente
introduce presentar
invite invitar
it lo, la; ello
Italian italiano

J

jacket chaqueta
January enero
July julio
just; to have just acabar de

K

king rey
know saber; conocer

L

lake lago
landlord propietario
language lenguaje
large gran, grande
last último; **at last** al fin, por fin; **last year** el año pasado; **to last** durar, continuar

late tarde
lately últimamente
Latin; Latin America Latinoamérica
learn aprender
lease contrato de arriendo
least menos; **at least** al menos, por lo menos
leave partir (de), salir (de); **he has three days left** le quedan tres días
left izquierda; **on the left** a la izquierda; **to their left** a su izquierda
lend prestar
less menos
lest a no ser que
let dejar, permitir; **let's see** a ver; **let's go** vamos
letter carta
light *n.* luz; **traffic light** semáforo; *adj.* claro; ligero
like querer, (ie, i) desear, gustarle a uno
linguistics lingüística
lion león
little poco
live vivir
living room sala
located situado
look (at) mirar; **to look for** buscar
lost perdido
lot; a lot, a lot of mucho
low bajo
luggage equipaje
luxurious lujoso

M

made *see* **make**
magnificent magnífico
maid criada
mail echar al correo; enviar por correo
mailbox buzón
major especializarse
make hacer; **to make up** constituir; **to make someone do something** hacerle a uno hacer algo
many mucho; **so many** tantos
marble mármol
market mercado
may poder, ser posible
me me; mí; **with me** conmigo
meal comida
mean querer decir
meat carne
meet encontrarse; reunirse; recibir; conocer
mend zurcir
menu menú
middle; in the middle of a mediados de
midnight medianoche
milk leche
minute momento; minuto; **in a few minutes** en pocos minutos, en pocos momentos
miss señorita
Monday lunes
money dinero
month mes
moon luna
Moor moro
Moorish morisco
more más
most más
mother madre
mountain montaña
move mudarse de casa
movie película; **movie theater** cine
Mr. señor
much mucho; **how much** cuánto; **so much** tanto; **too much** demasiado
music música
must deber
my mi, mío

N

name nombre
near cerca (de); **the nearest** el más cercano
nearby cercano, próximo
need necesitar; hacerle falta a uno
neighbor vecino
never nunca
new nuevo
next próximo; **next door** de al lado; **next day** al día siguiente, el día siguiente

night noche
nine nueve
nobody nadie; ninguno
noise ruido
noon mediodía
north norte
not no
note nota, apunte
nothing nada
notice notar
now ahora; **right now** ahora mismo
nowhere en ninguna parte, por ninguna parte
number número

O

o'clock; it is one o'clock es la una; **at one o'clock** a la una
October octubre
of de
off; to take off quitar, quitarse; **to turn off** apagar; **to get off** bajar (de)
office oficina
official funcionario; **customs official** aduanero
okay muy bien; bueno
old antiguo, viejo; **How old are you?** ¿Cuántos años tiene?; **to be . . . years old** tener . . . años; **oldest** mayor
on en, sobre; **on the way (to)** en camino (de); **on the phone** al teléfono, por teléfono; **to turn on** prender; **on** + *-ing* al + *infin;* **on top (of)** encima (de)
once una vez; **once a month** una vez al mes; **at once** en seguida
one un, uno, una
only sólo; solamente; no + *verb* + más que
open *v.* abrir; *adj.* abierto
operator operador, operadora
opinion opinión
or o, u; **either . . . or** o . . . o
order orden; **in order to** para
ornamentation ornamentación
other otro
ought deber
our nuestro
out; to find out enterarse (de); saber; averiguar; **to wear out** gastar, gastarse; **to point out** indicar; **to run out** acabarse, acabarsele a uno
outside fuera (de)
over; that one over there aquél, aquélla; **that book over there** aquel libro
overlook pasar por alto
own propio

P

pack (suitcases) hacer la maleta
package paquete
palace palacio
parade desfile
parents padres
part parte
partner socio
party fiesta
pass (through) pasar (por)
passenger pasajero
passport pasaporte
pay pagar; **to pay attention** hacer caso
peak peñón
people gente, personas
phone teléfono
pick (up) recoger
piece pieza
place sitio, lugar; **place setting** cubierto; **to take place** tener lugar
plan plan; **to plan** planear
plane avión; **by plane** por avión
play tocar; jugar (a)
pleasant agradable
please por favor, haga el favor de
pleasure gusto
P.M. de la tarde; de la noche
point punto; lugar; **to point out** indicar
possible; as soon as possible cuanto antes
post; post card tarjeta postal; **post office** oficina de correos
potato papa
pour llover a cántaros
practically prácticamente
prefer preferir (ie, i)

prepare preparar
pretty bonito, lindo
price; to be priced costar
professor profesor, profesora
prohibit prohibir
provided con tal de que
public público
pull; to pull the curtains correr las cortinas
purse bolsa
put poner

Q

quarter cuarto

R

railroad ferrocarril
rain llover (ue)
raincoat impermeable
rather más bien
read leer
ready listo
realize notar, darse cuenta de
reason razón, motivo
receive recibir
relative pariente
rent alquilar
repair reparar, arreglar
rest descansar
restaurant restaurante
restore restaurar
return volver (ue), regresar; devolver (ue)
rich rico
ride paseo; **to take a ride** dar un paseo, dar una vuelta
right; to (on) the right a la derecha; **to be right** tener razón; **right away (now)** ahora mismo
roll; to call the roll pasar lista
road carretera, camino
room cuarto, habitación
rooming house pensión
rose rosa
run (out of) acabarse, acabársele a uno

S

sadly con tristeza
same mismo; **the same thing** lo mismo
sandwich bocadillo
Saturday sábado
say decir
scenery paisaje
schedule horario
school escuela, colegio
season estación
second segundo
see ver; **let's see** a ver
seem parecer
sell vender
send enviar, mandar
September setiembre
service servicio
set; to set the table poner la mesa; *n.* **TV set** televisor
setting; place setting cubierto
seven siete
shape forma
sharp; . . . o'clock sharp . . . en punto
shave afeitarse
she ella
shining brillo, resplandor; rielar
shoe zapato
shop comprar
shopping compras; **to go shopping** ir de compras
short corto
should deber
show función; **to show** mostrar, enseñar
shut cerrar (ie)
sick enfermo
side ladera; **to one side** a un lado
simply simplemente, sencillamente
since desde; puesto que, ya que
sir señor
sister hermana
sit; to sit down sentarse (ie)
situation situación
size tamaño
sleep dormir (ue, u)
small pequeño
snow nieve; **to snow** nevar (ie)

so tan, tanto, por tanto; **so that** para que; **so much (many)** tanto(s); **so long** hasta luego, hasta la vista; **so-so** así así
soap jabón
soccer fútbol
soft blando
some unos, algunos; **some time** algún tiempo, cierto tiempo
someone alguien
something algo, alguna cosa
somewhat algo
song canción
soon pronto; **as soon as possible** cuanto antes
sorry; to be sorry sentir, sentirlo
soup sopa
south sur, sud
Spain España
speak hablar
spectacular espectacular
spend pasar; gastar
sport deporte
square plaza
stamp estampilla, sello
start empezar (ie); comenzar (ie)
state estado; **United States** los Estados Unidos
station estación
stay estancia; **to stay** quedarse
still todavía, aún
store tienda
straight; straight ahead adelante, enfrente
straighten arreglar, poner en orden
street calle
stub; ticket stub resguardo
student estudiante
study estudio; **to study** estudiar
such (a) tal
sugar azúcar
suggest sugerir (ie, i)
suit traje
suitcase maleta, valija, petaca
summer verano
Sunday domingo
sunny; it is sunny hace sol
sunset puesta de sol
surprise; to be surprised sorprenderse, asombrarse
surround rodear
swim nadar, bañarse

T

table mesa; **to set the table** poner la mesa; **to clear the table** recoger la mesa
take tomar; llevar; **to take a trip** hacer un viaje; **to take off** quitarse; **to take a ride** dar un paseo, dar una vuelta; **to take place** tener lugar; **How long do you take?** ¿Cuánto tardas?
talk (about) hablar de
taste gusto
tear romper
telegram telegrama
telephone teléfono
tell decir; contar
than que; de
thank dar las gracias; **thank you** gracias, muchas gracias; *n.* **thanks** gracias
that ese, esa, aquel, aquella; ése, ésa, aquél, aquélla; eso; que; **so that** para que; **because of that** por eso
the el, la, los, las
theater teatro; **movie theater** cine
their su; suyo
them los, las, ellos, ellas
then entonces
there allí, allá; **over there** allí, allá; **there is, there are** hay; **there seems to be** parece haber
therefore por eso
these estos, estas; éstos, éstas
they ellos, ellas
thing cosa; **the first thing** lo primero; **the same thing** lo mismo
think (of, about) pensar (de, en)
thirsty; to be thirsty tener sed
thirty y media
this este, esta; éste, ésta
those esos, esas, aquellos, aquellas; ésos, ésas, aquéllos, aquéllas
three tres; **three hundred** trescientos
through por, a través de; **to go through** pasar
thunder trueno

Thursday jueves
ticket boleto; entrada; **ticket stub** resguardo
tie corbata
time tiempo; vez; **What time is it?** ¿Qué hora es?; **in time** a tiempo; **to have a good time** pasarlo bien; **ahead of time** antes de tiempo
tire llanta
to a; para; **in order to** para; **a quarter to eleven** las once menos cuarto
today hoy
tomorrow mañana
tonight esta noche
too (much) demasiado
top de arriba; encima; **on top of** encima de
touch; to get in touch with comunicarse con
towel toalla
town pueblo; **in town** en el pueblo
toy juguete
train tren
travel viajar; hacer un viaje
trip viaje; **to take a trip** viajar, hacer un viaje
trombone trombón
tropical tropical
trouble; car trouble avería
true; to be true ser verdad
try tratar
Tuesday martes
turn doblar; **to turn off** apagar; **to turn on** encender
TV televisor
twelve doce
two dos
typical típico

U

umbrella paraguas
uncle tío
under bajo, debajo de
underneath debajo
understand entender, comprender
united; the United States los Estados Unidos
university universidad; universitario
unpack deshacer el equipaje
until hasta; hasta que
up arriba; **to get up** levantarse; **to wake up** despertarse; **to straighten up**, **to fix up** arreglar; **to be up** acabarse; **to pick up** recoger; **to make up** constituir
upon sobre; **upon** + *-ing* al + *infin.*
upstairs arriba
use usar, hacer uso de; **to use to** acostumbrar, soler (ue)

V

vegetable verdura
very muy; **very much** mucho
vicuna vicuña
violet violeta
visit visitar, hacer una visita a

W

wait esperar
waiter camarero
wake (up) despertar(se)
walk ir a pie
wall pared
wallet cartera
want querer, desear
wash lavar
watch reloj
water agua
way; on the way camino de, en camino de
wear (out) gastar(se)
weather tiempo
Wednesday miércoles
week semana
weekend fin de semana
weigh pesar
well bien
what qué, cuál, lo que
when cuando, cuándo
whenever cuando
where donde, dónde
wherever donde
which cual, que; cuál, qué
while rato; mientras (que)
white blanco

who quien, que; quién, qué
whole todo, entero
why por qué
window ventana
windshield parabrisas
windy; it is windy hace viento
wire telegrama
wish querer, desear; **however you wish** como lo quiera
with con; **with me [you** *fam.*] conmigo (contigo)
without sin
wonderful maravilloso
wonder preguntarse
word palabra
work trabajar
worry (about) preocuparse (de); **not to worry about** no tener cuidado
worst el peor
write escribir
wrong; to be wrong no tener razón, estar equivocado

Y

year año
yes sí
yesterday ayer; **day before yesterday** anteayer
you tú, usted, vosotros, vosotras, ustedes; ti; **with you** contigo; te, os, lo, la, los, las, le, les
young joven; **younger** menor
your tu, su, tuyo, suyo
yours tuyo, tuya, tuyos, tuyas; suyo, suya, suyos, suyas

INDEX

The numbers refer to the sections in the Grammar Units and in the Appendix.

MAPAS

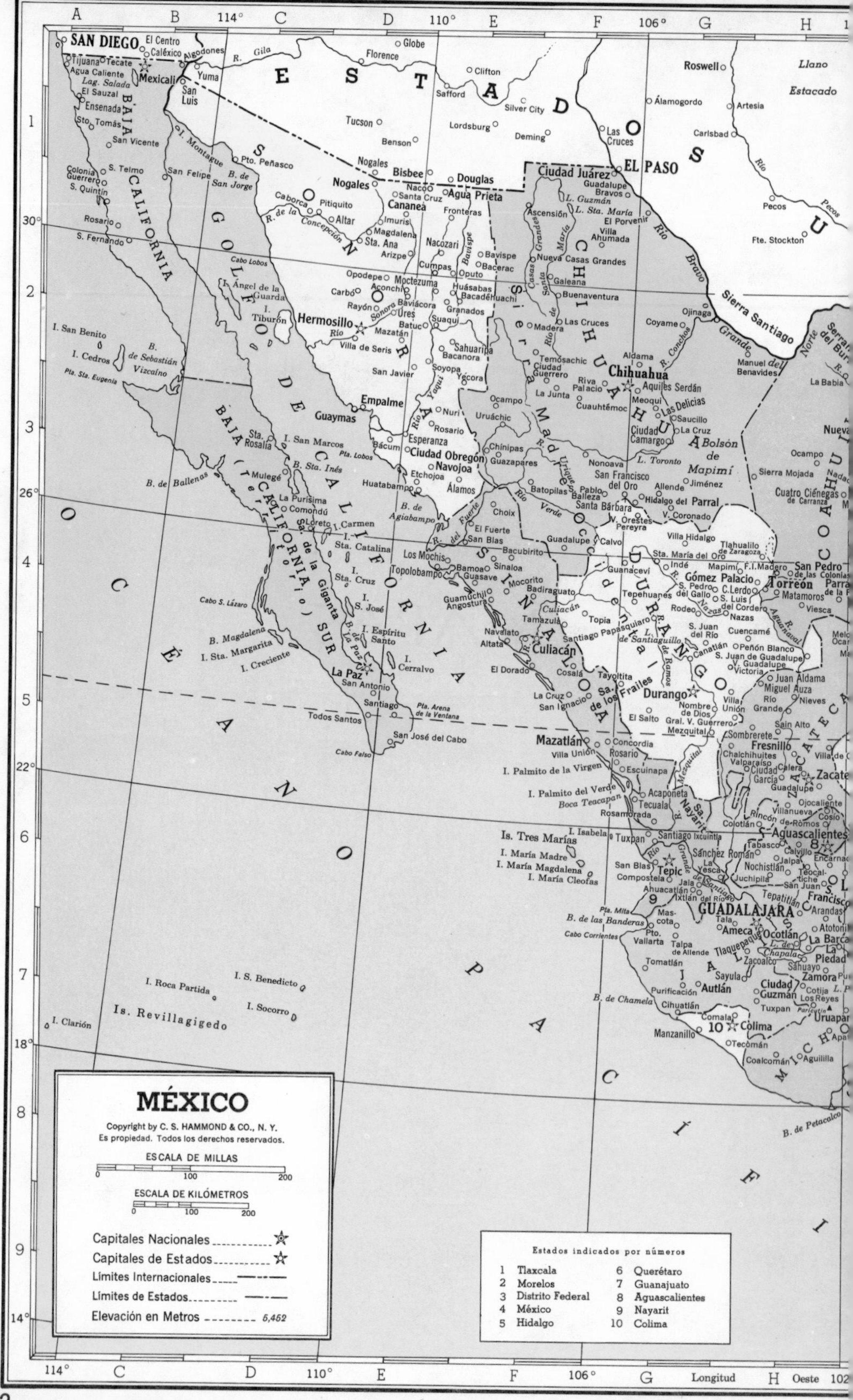
MÉXICO
Copyright by C. S. HAMMOND & CO., N. Y.
Es propiedad. Todos los derechos reservados.
ESCALA DE MILLAS
0
100
200
ESCALA DE KILÓMETROS
0
100
200
Capitales Nacionales
Capitales de Estados
Límites Internacionales
Límites de Estados
Elevación en Metros
5,452
Estados indicados por números
1 Tlaxcala
2 Morelos
3 Distrito Federal
4 México
5 Hidalgo
6 Querétaro
7 Guanajuato
8 Aguascalientes
9 Nayarit
10 Colima
A
B
114°
C
D
110°
E
F
106°
G
H
1
2
3
4
5
6
7
8
9
30°
26°
22°
18°
14°
Longitud
Oeste
ESTADOS UNIDOS
OCÉANO PACÍFICO
GOLFO DE CALIFORNIA
BAJA CALIFORNIA
BAJA CALIFORNIA SUR
(Territorio)
SONORA
CHIHUAHUA
SINALOA
DURANGO
NAYARIT
JALISCO
ZACATECAS
COAHUILA
Sierra Madre Occidental
SAN DIEGO
El Centro
Caléxico
Algodones
Tijuana
Tecate
Agua Caliente
Lag. Salada
Mexicali
Yuma
San Luis
El Sauzal
Ensenada
Sto. Tomás
San Vicente
Colonia Guerrero
S. Telmo
S. Quintín
Rosario
S. Fernando
San Felipe
I. Montague
Pto. Peñasco
B. de San Jorge
R. Gila
Globe
Florence
Clifton
Safford
Silver City
Tucson
Benson
Lordsburg
Deming
Las Cruces
Álamogordo
Roswell
Llano Estacado
Artesia
Carlsbad
Pecos
Fte. Stockton
EL PASO
Ciudad Juárez
Guadalupe Bravos
L. Guzmán
L. Sta. María
El Porvenir
Villa Ahumada
Nogales
Bisbee
Douglas
Agua Prieta
Naco
Santa Cruz
Cananea
Caborca
Pitiquito
Altar
R. de la Concepción
Imuris
Magdalena
Sta. Ana
Arizpe
Fronteras
Nacozari
Bavispe
Bacerac
Cumpas
Oputo
Opodepe
Moctezuma
Aconchi
Huásabas
Bacadéhuachi
Carbó
Rayón
Baviácora
Ures
Granados
Suaqui
Hermosillo
Mazatán
Batuc
Villa de Seris
Sahuaripa
Bacanora
San Javier
Soyopa
Yécora
Empalme
Guaymas
Nuri
Rosario
Esperanza
Bácum
Ciudad Obregón
Navojoa
Etchojoa
Álamos
Huatabampo
B. de Agiabampo
Cabo Lobos
I. Ángel de la Guarda
I. Tiburón
I. San Benito
I. Cedros
B. de Sebastián Vizcaíno
Pta. Sta. Eugenia
Sta. Rosalía
I. San Marcos
Pta. Lobos
B. Sta. Inés
Mulegé
B. de Ballenas
La Purísima
Comondú
Loreto
I. Carmen
I. Sta. Catalina
Sa. de la Giganta
I. Sta. Cruz
I. S. José
Cabo S. Lázaro
B. Magdalena
I. Sta. Margarita
I. Creciente
I. Espíritu Santo
B. de La Paz
La Paz
I. Cerralvo
San Antonio
Santiago
Pta. Arena de la Ventana
Todos Santos
San José del Cabo
Cabo Falso
Ascensión
Casas Grandes
Nueva Casas Grandes
Galeana
Buenaventura
Madera
Las Cruces
Temósachic
Ciudad Guerrero
La Junta
Chihuahua
Aquiles Serdán
Riva Palacio
Meoquí
Cuauhtémoc
Las Delicias
Saucillo
La Cruz
Ciudad Camargo
Bolsón de Mapimí
Ocampo
Uruáchic
Chínipas
Guazapares
Nonoava
San Francisco del Oro
Allende
Jiménez
Batopilas
Pablo Balleza
Santa Bárbara
Hidalgo del Parral
V. Orestes Pereyra
V. Coronado
L. Toronto
Ojinaga
Coyame
Aldama
Sierra Santiago
Manuel Benavides
Río Bravo
Río Grande
R. Conchos
Sierra Mojada
Cuatro Ciénegas de Carranza
La Babia
Nueva
Choix
El Fuerte
San Blas
R. del Fuerte
Los Mochis
Topolobampo
Bamoa
Guasave
Sinaloa
Bacubirito
Mocorito
Guamúchil
Angostura
Badiraguato
Guadalupe y Calvo
Villa Hidalgo
Tlahualilo de Zaragoza
Sta. María del Oro
Mapimí
F.I. Madero
San Pedro de las Colonias
Indé
Guanaceví
Gómez Palacio
Torreón
S. Pedro del Gallo
C. Lerdo
S. Luis del Cordero
Matamoros
Viesca
Tepehuanes
Rodeo
Nazas
Culiacán
Tamazula
Topia
Santiago Papasquiaro
Navolato
Altata
El Dorado
Cosalá
Tayoltita
Sa. de los Frailes
S. Juan del Río
Canatián
Cuencamé
Peñón Blanco
S. Juan de Guadalupe
V. Guadalupe Victoria
Durango
Nombre de Dios
Gral. V. Guerrero
Villa Unión
Río Grande
El Salto
Mezquital
La Cruz
San Ignacio
Juan Aldama
Miguel Auza
Nieves
Sain Alto
Sombrerete
Fresnillo
Chalchihuites
Valparaíso
Ciudad García
Calera
Zacatecas
Mazatlán
Villa Unión
Concordia
Rosario
Escuinapa
I. Palmito de la Virgen
I. Palmito del Verde
Boca Teacapan
Acaponeta
Tecuala
Rosamorada
Sa. Nayarit
Guadalupe
Ojocaliente
Villanueva
Cosío
Rincón de Romos
Colotlán
Aguascalientes
Is. Tres Marías
I. Isabela
I. María Madre
I. María Magdalena
I. María Cleofas
Tuxpan
Santiago Ixcuintla
San Blas
Tepic
Compostela
Sánchez Román
La Yesca
Tabasco
Calvillo
Jalpa
Nochistlán
Juchipila
Encarnación
Teocaltiche
San Juan
Ahuacatlán
Ixtlán del Río
Jala
Tepatitlán
Francisco
Arandas
Pta. Mita
B. de las Banderas
Cabo Corrientes
Pto. Vallarta
Mascota
Talpa de Allende
Tala
Ameca
GUADALAJARA
Tlaquepaque
Ocotlán
L. de Chapala
Zacoalco
Atotonilco
La Barca
La Piedad
Sahuayo
Zamora
Tomatlán
Sayula
Autlán
Ciudad Guzmán
Cotija
Los Reyes
Purificación
Cihuatlán
B. de Chamela
Tuxpan
Paricutín
Uruapan
Comala
Colima
Manzanillo
Tecomán
Coalcomán
Aguililla
MICHOACÁN
B. de Petacalco
I. Roca Partida
I. S. Benedicto
I. Socorro
I. Clarión
Is. Revillagigedo

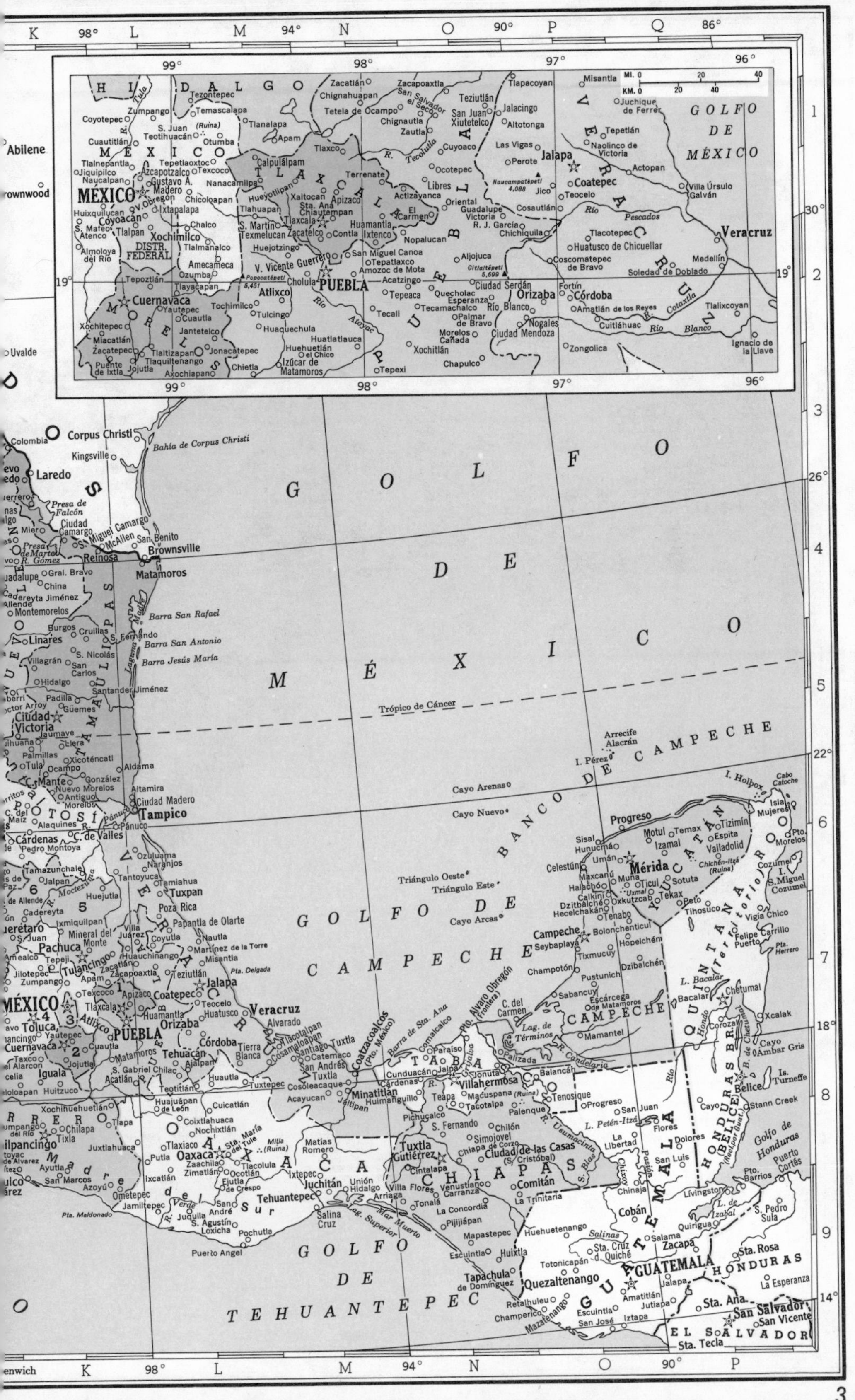
K
L
M
N
O
P
Q
98°
94°
90°
86°
99°
97°
96°
MI. 0 20 40
KM. 0 20 40
H I D A L G O
M É X I C O
T L A X C A L A
P U E B L A
V E R A C R U Z
M O R E L O S
DISTR. FEDERAL
GOLFO DE MÉXICO
MÉXICO
Coyoacán
Xochimilco
Tlalpan
Cuernavaca
PUEBLA
Tlaxcala
Jalapa
Coatepec
Veracruz
Orizaba
Córdoba
Atlixco
Cholula
Popocatépetl 5,451
Citlaltépetl 5,699
Naucampatépetl 4,088
Tezontepec
Zumpango
Temascalapa
Teotihuacán
Otumba
Texcoco
Tlalnepantla
Azcapotzalco
Gustavo A. Madero
Chalco
Amecameca
Tepoztlán
Yautepec
Cuautla
Jojutla
Zacatlán
Chignahuapan
Teziutlán
Jalacingo
Perote
Las Vigas
Huamantla
Apizaco
Tehuacán
Tepeaca
Izúcar de Matamoros
Chietla
Tepexi
Chapulco
Zongolica
Ciudad Mendoza
Nogales
Río Blanco
Ciudad Serdán
Fortín
Huatusco de Chicuellar
Coscomatepec de Bravo
Soledad de Doblado
Medellín
Tlalixcoyan
Cuitláhuac
Ignacio de la Llave
Actopan
Misantla
Juchique de Ferrer
Naolinco de Victoria
Tepetlán
Villa Úrsulo Galván
Teocelo
Jico
Cosautlán
Tlacotepec
Río Pescados
Río Atoyac
Río Blanco
Cotaxtla
Abilene
Brownwood
Uvalde
Colombia
Corpus Christi
Kingsville
Bahía de Corpus Christi
Laredo
Presa de Falcón
Ciudad Camargo
Mier
S. Miguel Camargo
McAllen
San Benito
Brownsville
Reinosa
Matamoros
Presa de Marte R. Gómez
Gral. Bravo
China
Cadereyta Jiménez
Allende
Montemorelos
Burgos
Cruillas
S. Fernando
Linares
Villagrán
San Nicolás
San Carlos
Hidalgo
Santander Jiménez
Padilla
Güemes
Ciudad Victoria
Jaumave
Llera
Palmillas
Tula
Ocampo
Xicoténcatl
C. Mante
González
Nuevo Morelos
Antiguo Morelos
Aldama
Altamira
Ciudad Madero
Tampico
Pánuco
Alaquines
C. de Valles
Cárdenas
Pedro Montoya
Tamazunchale
Jalpan
Huejutla
Tantoyuca
Tamiahua
Tuxpan
Poza Rica
Papantla de Olarte
Nautla
Martínez de la Torre
Misantla
Pta. Delgada
Barra San Rafael
Barra San Antonio
Barra Jesús María
Laguna Madre
T A M A U L I P A S
N U E V O L E Ó N
G O L F O D E M É X I C O
Trópico de Cáncer
Arrecife Alacrán
I. Pérez
BANCO DE CAMPECHE
Cayo Arenas
Cayo Nuevo
Triángulo Oeste
Triángulo Este
Cayo Arcas
G O L F O D E C A M P E C H E
I. Holbox
Cabo Catoche
Isla Mujeres
Pto. Morelos
Cozumel
I. S. Miguel Cozumel
Progreso
Motul
Temax
Tizimín
Espita
Izamal
Valladolid
Sisal
Hunucmá
Umán
Mérida
Celestún
Chichén-Itzá (Ruina)
Maxcanú
Muna
Ticul
Sotuta
Uxmal (Ruina)
Oxkutzcab
Tekax
Peto
Tihosuco
Halacho
Calkiní
Dzitbalché
Hecelchakán
Tenabo
Campeche
Seybaplaya
Bolonchenticul
Hopelchén
Dzibalchén
Tixmucuy
Champotón
Pustunich
Sabancuy
Escárcega de Matamoros
C. del Carmen
Lag. de Términos
Mamantel
CAMPECHE
YUCATÁN
QUINTANA ROO (Territorio)
Vigía Chico
Felipe Carrillo Puerto
Pta. Herrero
L. Bacalar
Bacalar
Chetumal
Xcalak
Corozal
Cayo Ámbar Gris
Is. Turneffe
Belice
Stann Creek
HONDURAS BRITÁNICA (BELICE) (Reclam. por Guat.)
Golfo de Honduras
Pto. Barrios
Puerto Cortés
Livingston
L. de Izabal
S. Pedro Sula
Quiriguá
Zacapa
Salamá
Cobán
Chinaja
Flores
San Juan
Progreso
L. Petén-Itzá
La Libertad
Dolores
San Luis
Cayo
G U A T E M A L A
GUATEMALA
Huehuetenango
Sta. Cruz del Quiché
Salinas
Totonicapán
Quezaltenango
Retalhuleu
Champerico
Mazatenango
Escuintla
San José
Iztapa
Amatitlán
Jalapa
Jutiapa
Sta. Rosa
La Esperanza
HONDURAS
Sta. Ana
San Salvador
San Vicente
Sta. Tecla
EL SALVADOR
T A B A S C O
Villahermosa
Frontera
Pto. Álvaro Obregón
Barra de Sta. Ana
Comalcalco
Paraíso
Cunduacán
Jalpa
Jonuta
Balancán
Palizada
Tenosique
Teapa
Macuspana
Tacotalpa
Palenque (Ruina)
Huimanguillo
Pichucalco
Coatzacoalcos (Pto. México)
Minatitlán
Jáltipan
Acayucan
Cosoleacaque
San Andrés Tuxtla
Santiago Tuxtla
Catemaco
Tlacotalpan
Cosamaloapan
Alvarado
Tierra Blanca
C H I A P A S
Tuxtla Gutiérrez
Chiapa de Corzo
Simojovel
Chilón
S. Fernando
Ciudad de las Casas (S. Cristóbal)
Comitán
La Trinitaria
Cintalapa
Villa Flores
Venustiano Carranza
La Concordia
Pijijiapan
Tonalá
Arriaga
Mapastepec
Escuintla
Huixtla
Tapachula
Pto. de Domínguez
Mar Muerto
Lag. Superior
GOLFO DE TEHUANTEPEC
O A X A C A
Oaxaca
Sta. María del Tule
Mitla (Ruina)
Tlacolula
Zaachila
Zimatlán
Ocotlán
Ejutla de Crespo
Matías Romero
Ixtepec
Juchitán
Unión Hidalgo
Tehuantepec
Salina Cruz
Pochutla
S. Agustín Loxicha
Puerto Ángel
Juquila
Sano André
Jamiltepec
Ometepec
Pta. Maldonado
Putla
Tlaxiaco
Coixtlahuaca
Nochixtlán
Cuicatlán
Huajuapan de León
Teotitlán
Tuxtepec
Huautla
Sierra Madre del Sur
Tlapa
Chilapa
Tixtla
Chilpancingo
Ayutla
San Marcos
Azoyú
Xochihuehuetlán
Huitzuco
Iguala
Taxco
Cuernavaca
Toluca
Jojutla
Cuautla
Acatlán
Matamoros
S. Gabriel Chilac
Ajalpan
Tehuacán
PUEBLA
Orizaba
Córdoba
Atlixco
Huamantla
Tlaxcala
Texcoco
Apizaco
Zacapoaxtla
Teziutlán
Jalapa
Coatepec
Teocelo
Huatusco
Veracruz
Tulancingo
Pachuca
Huauchinango
Coyutla
Querétaro
Mineral del Monte
Ixmiquilpan
Tepeji
Jilotepec
Zumpango
Apam
MÉXICO
P O T O S Í
Río Pánuco
Río Usumacinta
Río Grijalva
Río Candelaria
Río Hondo
Río Pasión
Río Chixoy
Trópico de Cáncer

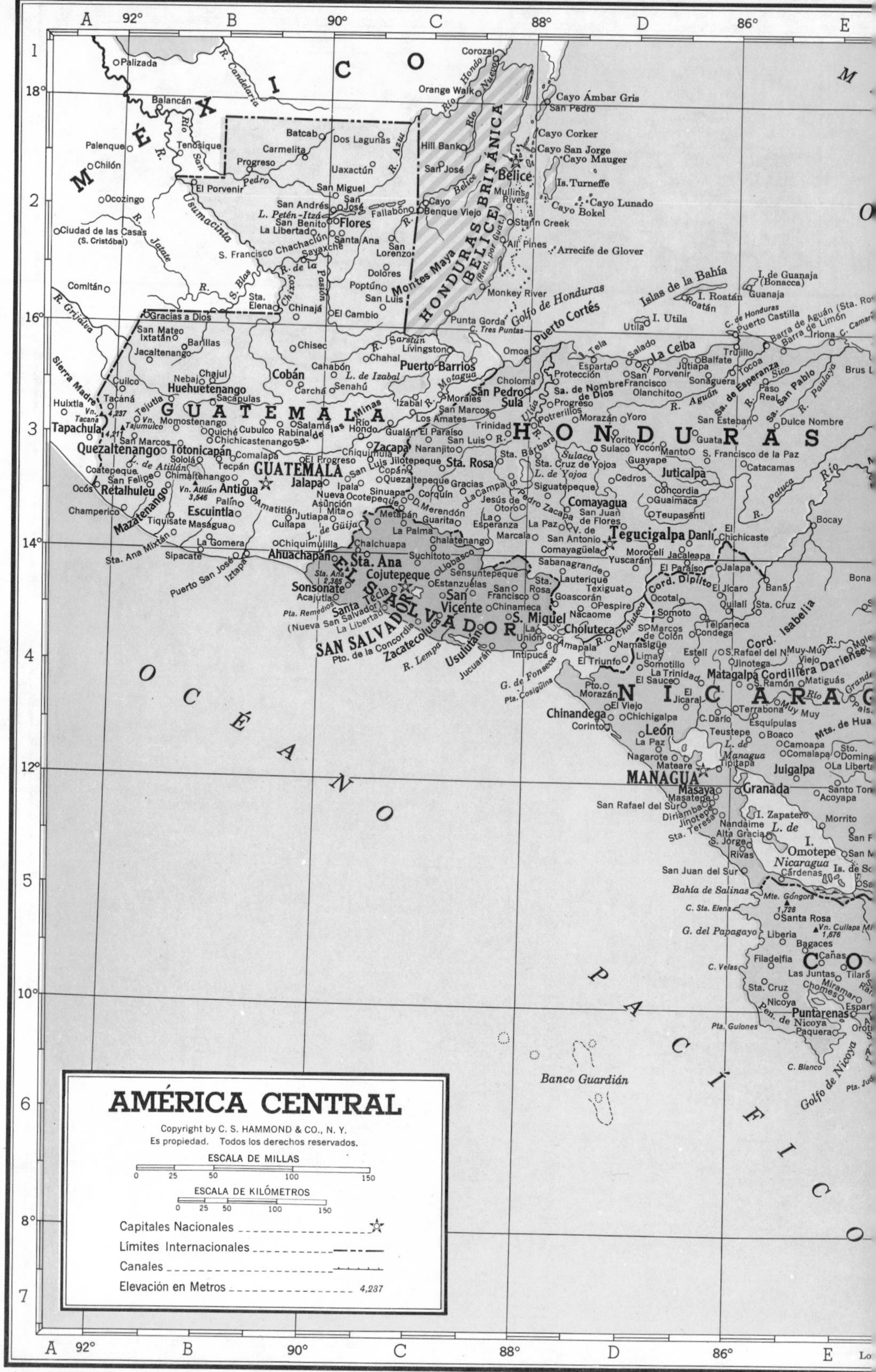

AMÉRICA CENTRAL
Copyright by C. S. HAMMOND & CO., N. Y.
Es propiedad. Todos los derechos reservados.
ESCALA DE MILLAS
0 25 50 100 150
ESCALA DE KILÓMETROS
0 25 50 100 150
Capitales Nacionales
Límites Internacionales
Canales
Elevación en Metros 4,237
A B C D E
92° 90° 88° 86°
18° 16° 14° 12° 10° 8°
1 2 3 4 5 6 7
MÉXICO
GUATEMALA
HONDURAS
HONDURAS BRITÁNICA (BELICE)
EL SALVADOR
NICARAGUA
OCÉANO PACÍFICO
Golfo de Honduras
Islas de la Bahía
Golfo de Fonseca
G. del Papagayo
Golfo de Nicoya
Bahía de Salinas
Banco Guardián
L. de Nicaragua
L. de Managua
L. de Izabal
L. de Atitlán
L. Petén-Itzá
L. de Yojoa
L. de Güija
GUATEMALA
SAN SALVADOR
Tegucigalpa
MANAGUA
Belice
Quezaltenango
Huehuetenango
Cobán
Flores
Puerto Barrios
Antigua
Escuintla
Retalhuleu
Mazatenango
Zacapa
Jalapa
Santa Ana
Sonsonate
Ahuachapán
San Miguel
San Vicente
Usulután
La Unión
San Pedro Sula
Puerto Cortés
La Ceiba
Trujillo
Comayagua
Juticalpa
Choluteca
Yoro
Danlí
León
Chinandega
Corinto
Granada
Masaya
Jinotepe
Rivas
Matagalpa
Jinotega
Juigalpa
Estelí
San Juan del Sur
Puntarenas
Liberia
Nicoya
Tapachula
Palenque
Ocozingo
Comitán
Ciudad de las Casas (S. Cristóbal)
Montes Maya
Cordillera Dariense
Cord. Isabelia
Cord. Dipilto
Sierra Madre
R. Usumacinta
R. Motagua
R. Ulúa
R. Lempa
R. Patuca
R. Aguán
R. Grijalva

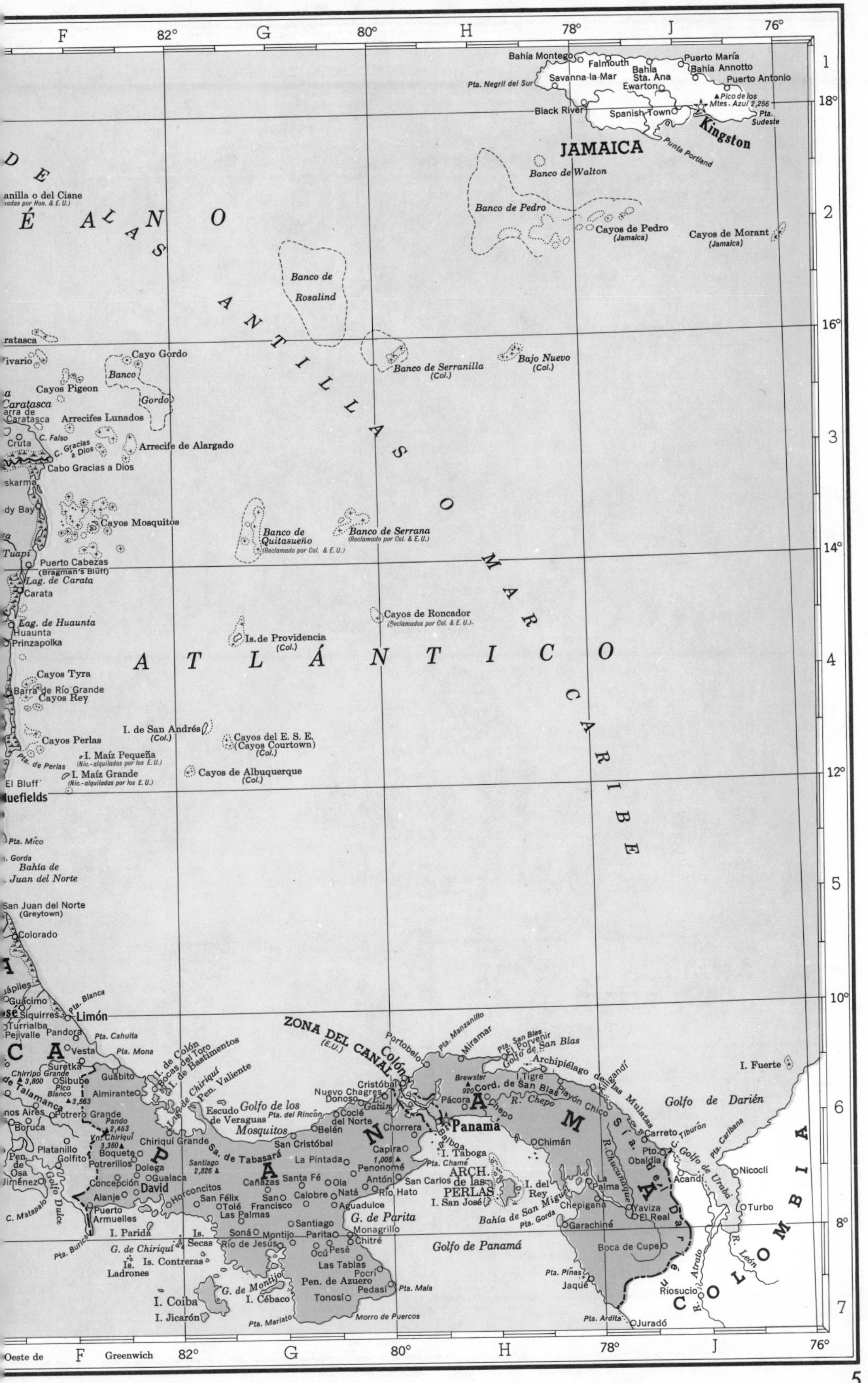
JAMAICA
Kingston
Bahía Montego
Falmouth
Puerto María
Bahía Annotto
Puerto Antonio
Savanna-la-Mar
Spanish Town
Black River
Banco de Walton
Banco de Pedro
Cayos de Pedro (Jamaica)
Cayos de Morant (Jamaica)
Banco de Rosalind
Banco de Serranilla (Col.)
Bajo Nuevo (Col.)
MAR DE LAS ANTILLAS O MAR CARIBE
OCÉANO ATLÁNTICO
Cayo Gordo
Cayos Pigeon
Arrecifes Lunados
Arrecife de Alargado
Cabo Gracias a Dios
Cayos Mosquitos
Banco de Quitasueño
Banco de Serrana
Puerto Cabezas (Bragman's Bluff)
Cayos de Roncador
Is. de Providencia (Col.)
Cayos Tyra
Cayos Rey
I. de San Andrés (Col.)
Cayos del E. S. E. (Cayos Courtown) (Col.)
Cayos Perlas
I. Maíz Pequeña
I. Maíz Grande
Cayos de Albuquerque (Col.)
Bahía de Juan del Norte
San Juan del Norte (Greytown)
Colorado
Limón
ZONA DEL CANAL (E.U.)
Colón
Portobelo
Cristóbal
Panamá
Balboa
Golfo de los Mosquitos
Golfo de San Blas
Archipiélago de las Mulatas
Golfo de Darién
PANAMÁ
David
Golfo de Panamá
ARCH. DE LAS PERLAS
Pen. de Azuero
I. Coiba
I. Jicarón
Golfo de Urabá
COLOMBIA
Turbo
Nicoclí
Riosucio
Jaqué
Juradó
Oeste de Greenwich
82° 80° 78° 76°
18° 16° 14° 12° 10° 8°
F G H J
1 2 3 4 5 6 7

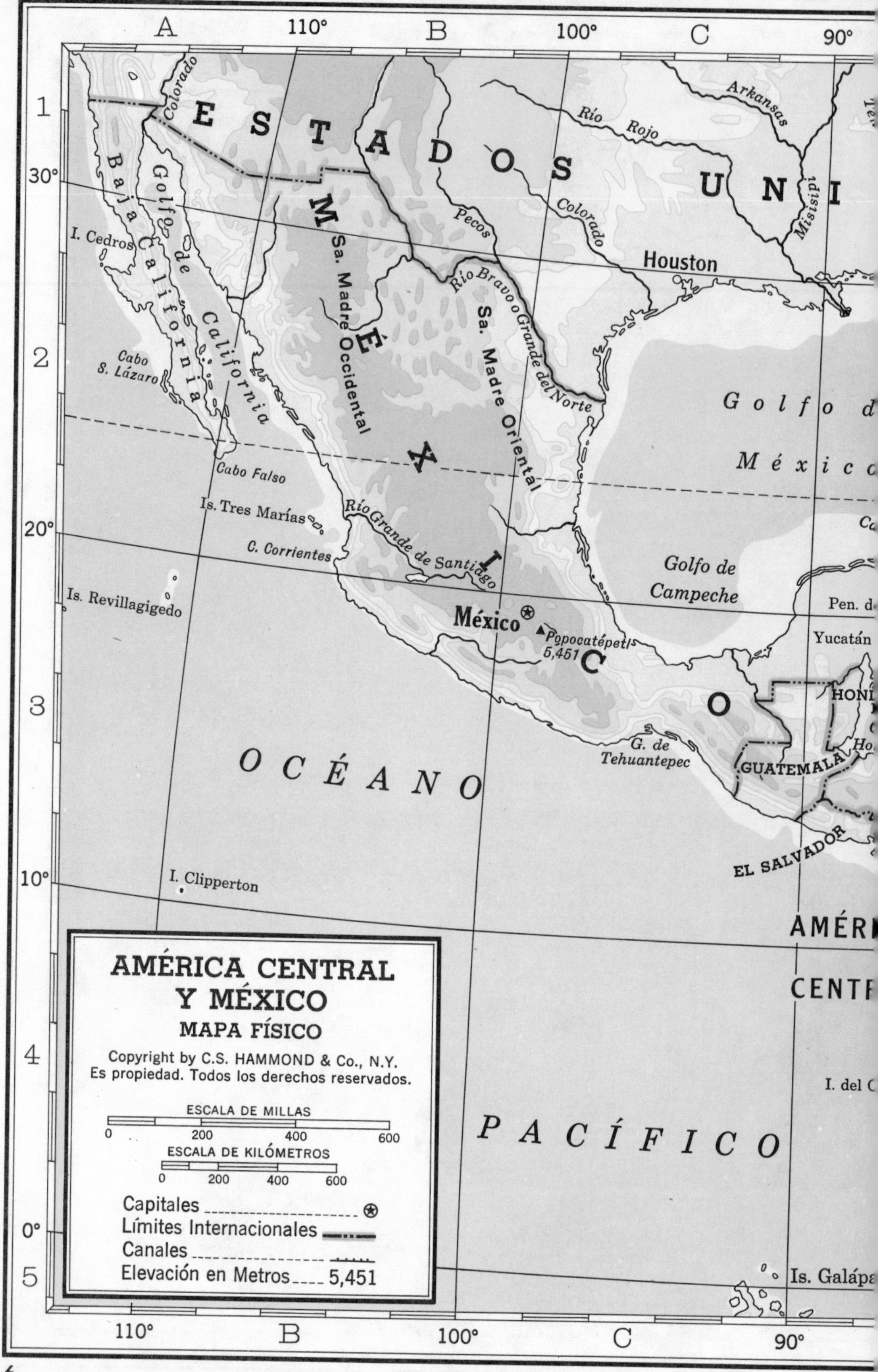
AMÉRICA CENTRAL
Y MÉXICO
MAPA FÍSICO
Copyright by C.S. HAMMOND & Co., N.Y.
Es propiedad. Todos los derechos reservados.
ESCALA DE MILLAS
0 200 400 600
ESCALA DE KILÓMETROS
0 200 400 600
Capitales
Límites Internacionales
Canales
Elevación en Metros 5,451
A
B
C
110°
100°
90°
1
2
3
4
5
30°
20°
10°
0°
ESTADOS UNI
MÉXICO
Colorado
Arkansas
Río Rojo
Misisipí
Pecos
Colorado
Houston
Río Bravo o Grande del Norte
Baja California
Golfo de California
I. Cedros
Cabo S. Lázaro
Sa. Madre Occidental
Sa. Madre Oriental
Golfo de México
Cabo Falso
Is. Tres Marías
Río Grande de Santiago
C. Corrientes
Is. Revillagigedo
Golfo de Campeche
Pen. d
Yucatán
México
Popocatépetl 5,451
G. de Tehuantepec
GUATEMALA
HON
EL SALVADOR
OCÉANO
PACÍFICO
I. Clipperton
AMÉR
CENTR
I. del C
Is. Galápa

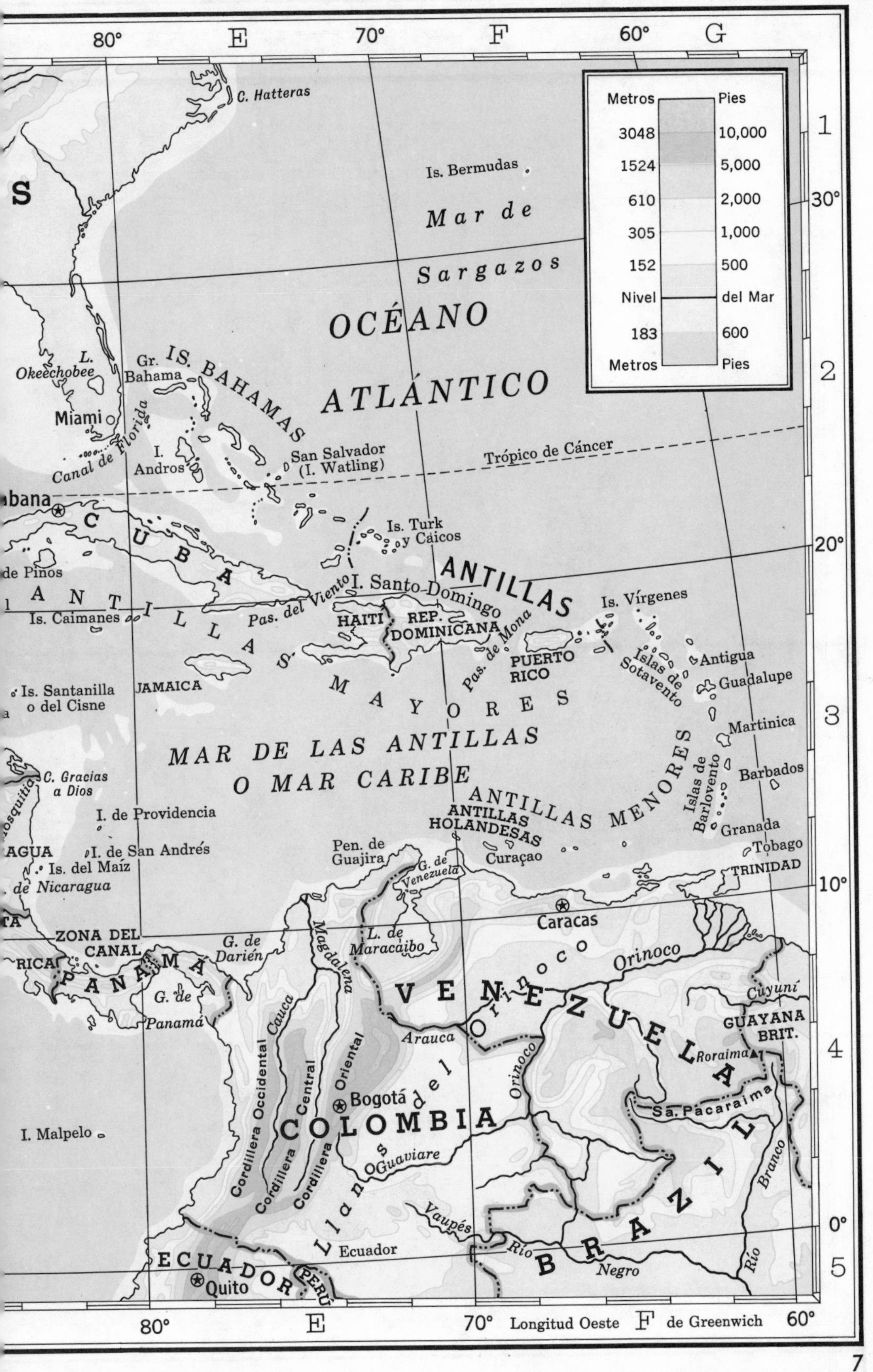

80°
E
70°
F
60°
G
Metros
Pies
3048
10,000
1524
5,000
610
2,000
305
1,000
152
500
Nivel
del Mar
183
600
Metros
Pies
C. Hatteras
Is. Bermudas
Mar de
Sargazos
OCÉANO
ATLÁNTICO
L. Okeechobee
Gr. Bahama
IS. BAHAMAS
Miami
Canal de Florida
I. Andros
San Salvador (I. Watling)
Trópico de Cáncer
Habana
CUBA
Is. Turk y Caicos
I. de Pinos
ANTILLAS
I. Santo Domingo
Is. Vírgenes
Is. Caimanes
Pas. del Viento
HAITI
REP. DOMINICANA
Pas. de Mona
PUERTO RICO
Islas de Sotavento
Antigua
Guadalupe
Is. Santanilla o del Cisne
JAMAICA
ANTILLAS MAYORES
Martinica
MAR DE LAS ANTILLAS
O MAR CARIBE
Islas de Barlovento
Barbados
C. Gracias a Dios
Mosquitia
ANTILLAS MENORES
I. de Providencia
ANTILLAS HOLANDESAS
Granada
NICARAGUA
I. de San Andrés
Pen. de Guajira
Curaçao
Tobago
Is. del Maíz
G. de Venezuela
TRINIDAD
de Nicaragua
Caracas
ZONA DEL CANAL
G. de Darién
L. de Maracaibo
Magdalena
Orinoco
COSTA RICA
PANAMÁ
VENEZUELA
Cuyuní
G. de Panamá
Cauca
Arauca
GUAYANA BRIT.
Roraima
Cordillera Occidental
Cordillera Central
Cordillera Oriental
Bogotá
Llanos del Orinoco
Sa. Pacaraima
I. Malpelo
COLOMBIA
Guaviare
Branco
BRAZIL
Vaupés
Ecuador
Río Negro
Río
ECUADOR
Quito
PERÚ
1
2
3
4
5
30°
20°
10°
0°
80°
E
70°
Longitud Oeste
F
de Greenwich
60°

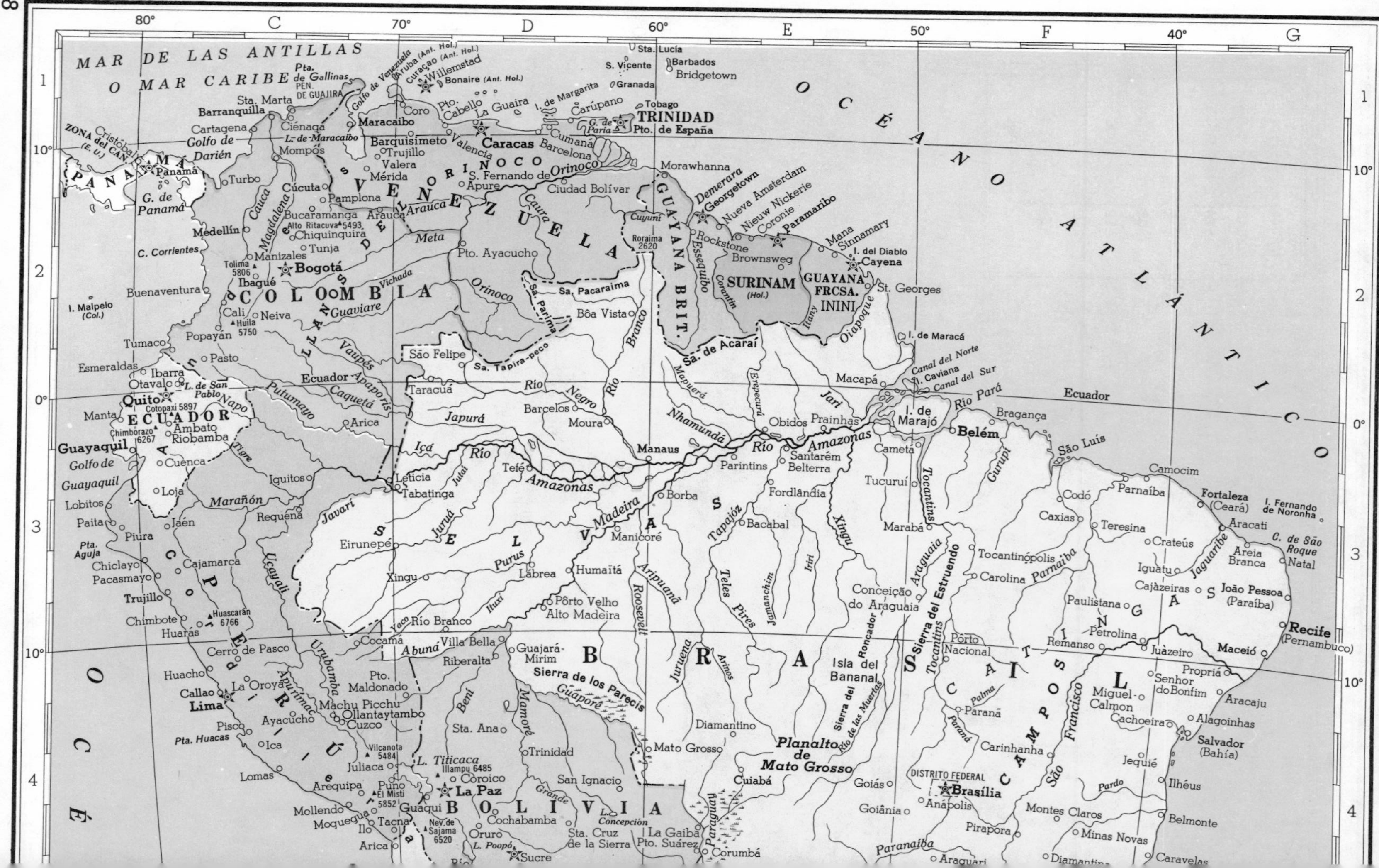
MAR DE LAS ANTILLAS O MAR CARIBE
OCÉANO ATLÁNTICO
VENEZUELA
COLOMBIA
ECUADOR
PERÚ
BOLIVIA
BRASIL
GUAYANA BRIT.
SURINAM (Hol.)
GUAYANA FRCSA.
ININI
PANAMÁ
ZONA del CANAL (E. U.)
TRINIDAD
Pto. de España
Tobago
Granada
S. Vicente
Sta. Lucía
Barbados
Bridgetown
Aruba (Ant. Hol.)
Curaçao (Ant. Hol.)
Willemstad
Bonaire (Ant. Hol.)
Pta. de Gallinas
PEN. DE GUAJIRA
Golfo de Venezuela
Sta. Marta
Barranquilla
Cartagena
Ciénaga
Maracaibo
L. de Maracaibo
Mompós
Golfo de Darién
Cristóbal
Panamá
G. de Panamá
Turbo
Coro
Pto. Cabello
La Guaira
Caracas
Valencia
Barquisimeto
Trujillo
Valera
Mérida
I. de Margarita
Carúpano
Cumaná
Barcelona
G. de Paria
LLANOS DEL ORINOCO
S. Fernando de Apure
Orinoco
Ciudad Bolívar
Morawhanna
Demerara
Georgetown
Nueva Amsterdam
Nieuw Nickerie
Coronie
Paramaribo
Mana
Sinnamary
I. del Diablo
Cayena
St. Georges
Cúcuta
Pamplona
Arauca
Bucaramanga
Alto Ritacuva 5493
Chiquinquira
Tunja
Medellín
Cauca
Magdalena
Manizales
Tolima 5806
Ibagué
Bogotá
C. Corrientes
Buenaventura
I. Malpelo (Col.)
Cali
Neiva
Huila 5750
Popayán
Tumaco
Pasto
Esmeraldas
Ibarra
Otavalo
L. de San Pablo
Quito
Cotopaxi 5897
Chimborazo 6267
Ambato
Riobamba
Manta
Guayaquil
Golfo de Guayaquil
Cuenca
Loja
Lobitos
Paita
Pta. Aguja
Piura
Chiclayo
Pacasmayo
Trujillo
Chimbote
Huarás
Huascarán 6766
Cajamarca
Jaén
Marañón
Requena
Iquitos
Ucayali
Huacho
Callao
Lima
La Oroya
Cerro de Pasco
Pisco
Pta. Huacas
Ica
Ayacucho
Apurímac
Urubamba
Machu Picchu
Ollantaytambo
Cuzco
Vilcanota 5484
Juliaca
Puno
El Misti 5852
Arequipa
Lomas
Mollendo
Moquegua
Ilo
Tacna
Arica
L. Titicaca
Illampu 6485
Coroico
La Paz
Guaqui
Nev. de Sajama 6520
Oruro
L. Poopó
Sucre
Cochabamba
Sta. Cruz de la Sierra
Concepción
San Ignacio
Trinidad
Sta. Ana
Beni
Mamoré
Grande
Riberalta
Villa Bella
Guajará-Mirim
Sierra de los Parecis
Guaporé
Pto. Maldonado
Meta
Vichada
Guaviare
Vaupés
Apaporis
Caquetá
Putumayo
Napo
Tigre
Arica
Ecuador
Caura
Pto. Ayacucho
Sa. Pacaraima
Sa. Parima
Sa. Tapira-peco
Roraima 2620
Cuyuní
Essequibo
Rockstone
Brownsweg
Corantín
Itany
Oiapoque
Sa. de Acaraí
Bôa Vista
Branco
São Felipe
Taracuá
Japurá
Río Negro
Barcelos
Moura
Içá
Tefé
Río Amazonas
Leticia
Tabatinga
Javarí
Juruá
Jutaí
Eirunepé
Purus
Lábrea
Ituxi
Xingu
Yaco
Río Branco
Abuná
Cocama
Manaus
Madeira
Humaitá
Pôrto Velho
Alto Madeira
Manicoré
Borba
Aripuanã
Roosevelt
Mapuerá
Nhamundá
Erepecurú
Obidos
Prainhas
Jari
Parintins
Santarém
Belterra
Fordlândia
Tapajóz
Bacabal
Jamanchim
Teles Pires
Juruena
Arinos
Diamantino
Mato Grosso
Planalto de Mato Grosso
Cuiabá
Paraguay
Corumbá
La Gaiba
Pto. Suárez
Xingu
Iriri
Macapá
I. de Maracá
Canal del Norte
I. Caviana
Canal del Sur
I. de Marajó
Río Pará
Belém
Bragança
Gurupí
Cametá
Tucuruí
Tocantins
Marabá
Araguaia
Conceição do Araguaia
Sierra del Roncador
Isla del Bananal
Sierra del Estruendo
Sierra de las Muertas
Río de las Muertas
Porto Nacional
Goiás
Goiânia
DISTRITO FEDERAL
Brasília
Anápolis
Paranaíba
Araguari
Pirapora
Montes Claros
Minas Novas
Diamantina
Carinhanha
Paraná
Palma
CAMPOS
CAATINGAS
São Francisco
São Luís
Codó
Caxias
Teresina
Parnaíba
Camocim
Tocantinópolis
Carolina
Fortaleza (Ceará)
Aracati
I. Fernando de Noronha
C. de São Roque
Natal
Areia Branca
Jaguaribe
Crateús
Iguatu
Cajàzeiras
João Pessoa (Paraíba)
Recife (Pernambuco)
Paulistana
Petrolina
Remanso
Juàzeiro
Maceió
Propriá
Senhor do Bonfim
Miguel Calmon
Cachoeira
Aracaju
Alagoinhas
Salvador (Bahía)
Jequié
Pardo
Ilhéus
Belmonte
Caravelas
Ecuador
80°
70°
60°
50°
40°
10°
0°
C
D
E
F
G
1
2
3
4

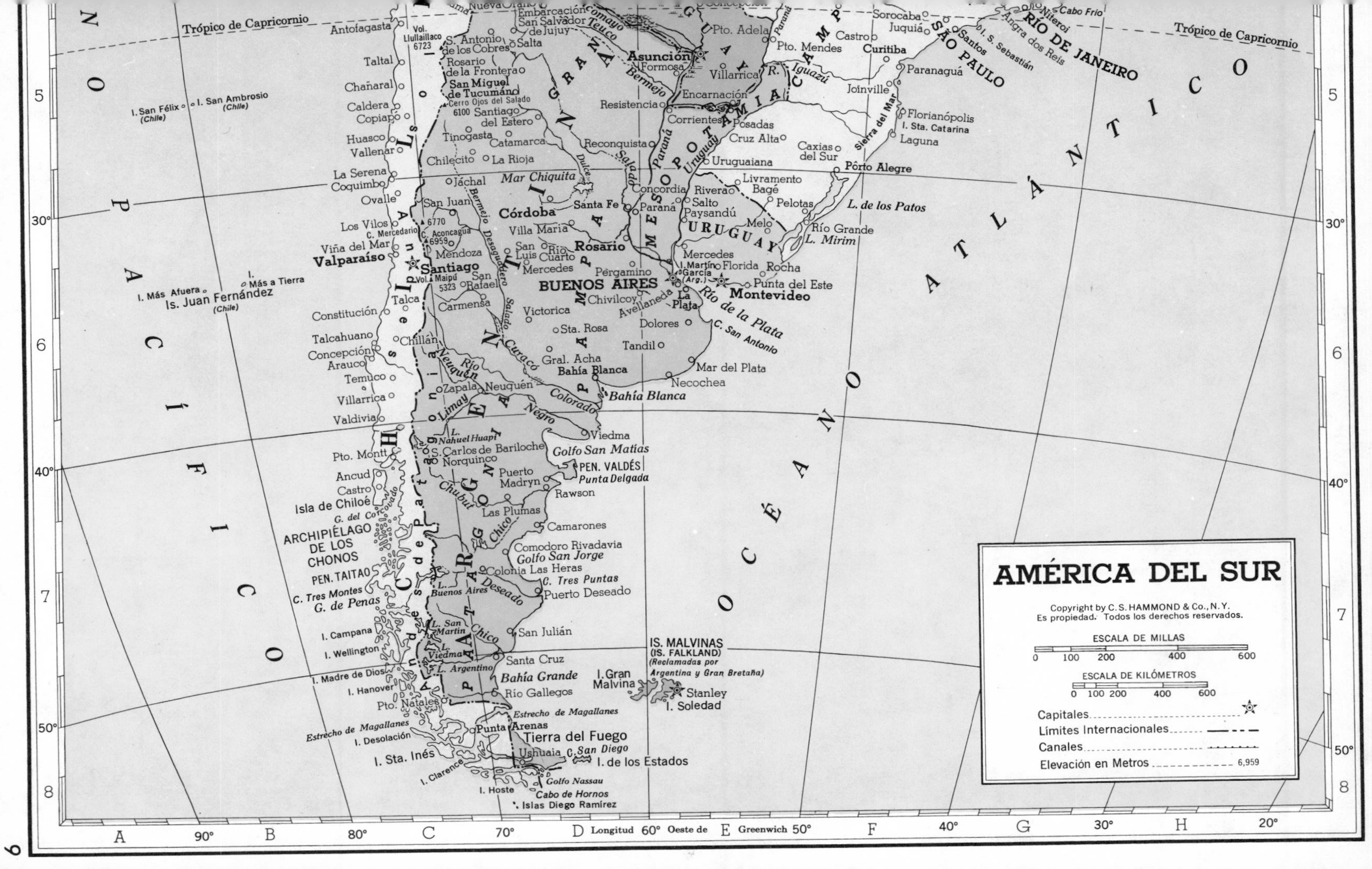
AMÉRICA DEL SUR
Copyright by C. S. HAMMOND & Co., N. Y.
Es propiedad. Todos los derechos reservados.
ESCALA DE MILLAS
0 100 200 400 600
ESCALA DE KILÓMETROS
0 100 200 400 600
Capitales
Límites Internacionales
Canales
Elevación en Metros 6,959
OCÉANO ATLÁNTICO
OCÉANO PACÍFICO
Trópico de Capricornio
Longitud Oeste de Greenwich
ARGENTINA
URUGUAY
PARAGUAY
CHILE
PATAGONIA
GRAN CHACO
MESOPOTAMIA
PAMPA
Asunción
BUENOS AIRES
Montevideo
Santiago
Valparaíso
RÍO DE JANEIRO
SÃO PAULO
Pôrto Alegre
Curitiba
Córdoba
Rosario
Santa Fe
Mendoza
San Miguel de Tucumán
Bahía Blanca
Mar del Plata
La Plata
Río de la Plata
L. de los Patos
L. Mirim
Mar Chiquita
Golfo San Matías
PEN. VALDÉS
Golfo San Jorge
Estrecho de Magallanes
Tierra del Fuego
Punta Arenas
Ushuaia
Cabo de Hornos
I. de los Estados
IS. MALVINAS (IS. FALKLAND) (Reclamadas por Argentina y Gran Bretaña)
Stanley
I. Soledad
I. Gran Malvina
Is. Juan Fernández (Chile)
I. San Félix (Chile)
I. San Ambrosio (Chile)
ARCHIPIÉLAGO DE LOS CHONOS
Isla de Chiloé
PEN. TAITAO
C. Aconcagua 6959
Vol. Llullaillaco 6723
Antofagasta
Concepción
Valdivia
Pto. Montt
Comodoro Rivadavia
Puerto Deseado
Río Gallegos
Viedma
Rawson
Neuquén
Paraná
Corrientes
Posadas
Encarnación
Salta
Florianópolis
Paranaguá
Santos
Niteroi
Cabo Frío

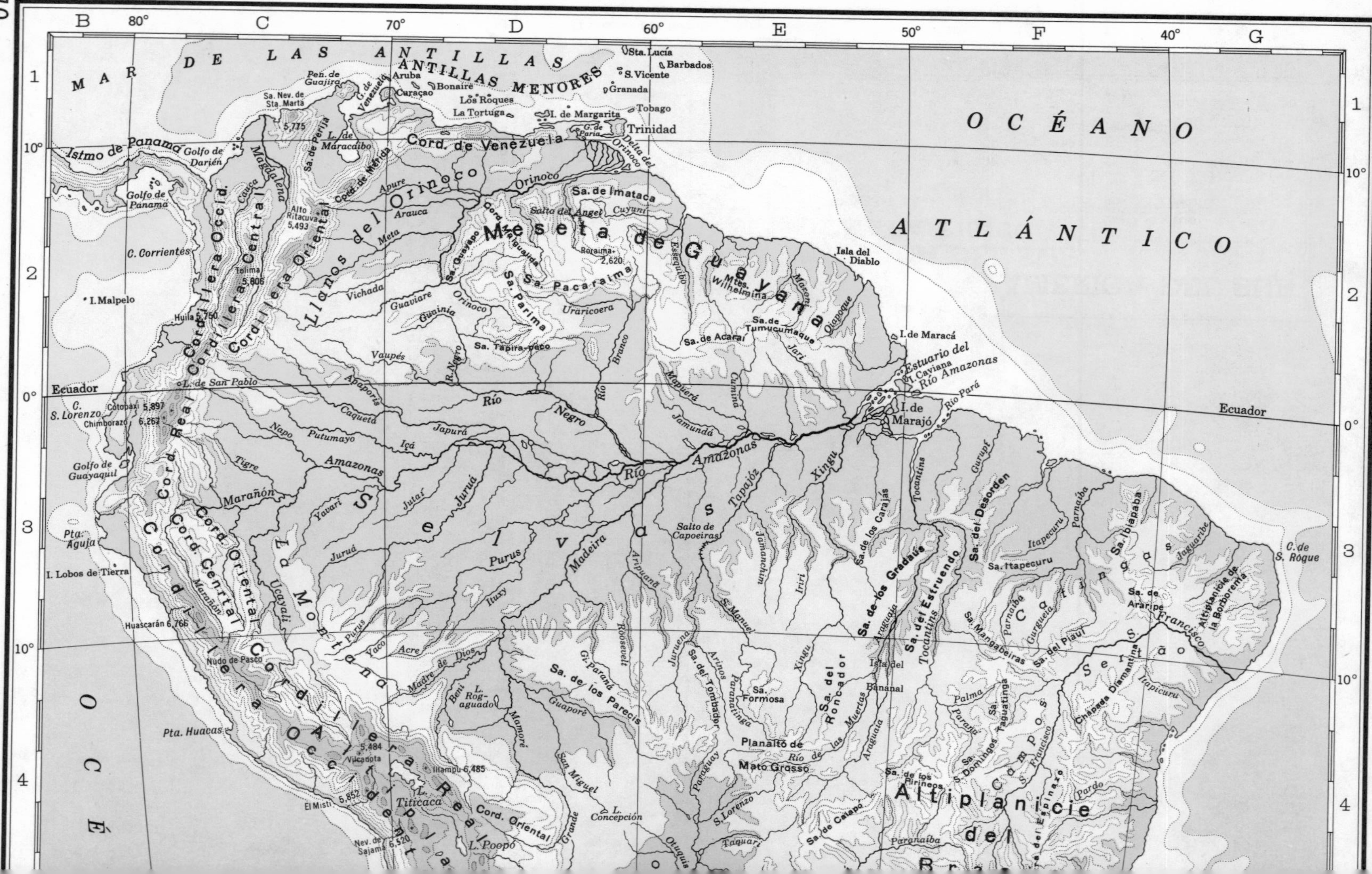

OCÉANO
ATLÁNTICO
MAR DE LAS ANTILLAS
ANTILLAS MENORES
Ecuador
Sta. Lucía
Barbados
S. Vicente
Granada
Tobago
Trinidad
Delta del Orinoco
G. de Paria
I. de Margarita
Los Roques
La Tortuga
Bonaire
Curaçao
Aruba
G. de Venezuela
Pen. de Guajira
Sa. Nev. de Sta. Marta
5,775
Sa. de Perijá
L. de Maracaibo
Cord. de Mérida
Cord. de Venezuela
Alto Ritacuva
5,493
Magdalena
Cauca
Tolima
5,806
Huila 5,750
Golfo de Darién
Istmo de Panamá
Golfo de Panamá
C. Corrientes
I. Malpelo
Cordillera Oriental
Cordillera Central
Cordillera Occid.
Llanos del Orinoco
Orinoco
Apure
Arauca
Meta
Vichada
Guaviare
Vaupés
Guainía
Meseta de Guayana
Sa. de Imataca
Cuyuní
Salto del Angel
Roraima
2,620
Sa. Pacaraima
Uraricoera
Sa. Parima
Sa. Tapirapecó
Essequibo
Mtes. Wilhelmina
Maroni
Oiapoque
Sa. de Tumucumaque
Jari
Sa. de Acaraí
Isla del Diablo
I. de Maracá
Estuario del Río Amazonas
I. Caviana
I. de Marajó
Río Pará
Tocantins
Gurupí
Sa. del Desorden
Sa. del Estruendo
Sa. de los Gradaus
Sa. de los Carajás
Araguaia
Isla del Bananal
Sa. del Roncador
Xingu
Iriri
Jamanchim
Tapajóz
Salto de Capoeiras
S. Manuel
Paranatinga
Sa. Formosa
Planalto de Mato Grosso
Río de las Muertas
Arinos
Sa. del Tombador
Juruena
Aripuanã
Roosevelt
Sa. de los Parecis
Gi-Paraná
Guaporé
Madeira
San Miguel
L. Concepción
Mamoré
Beni
L. Rogaguado
Madre de Dios
Acre
Yaco
Purus
Ituxy
Juruá
Jutaí
Yavarí
Içá
Japurá
Caquetá
Apaporis
R. Negro
Putumayo
Napo
Tigre
Marañón
Ucayali
Amazonas
Río Negro
Río Branco
Mapuera
Jamundá
Cumina
Selvas
La Montaña
Cord. Oriental
Cord. Central
Cord. Real
Cordillera Occidental
Cordillera Real
Altiplano
Nudo de Pasco
Huascarán 6,766
Pta. Huacas
Pta. Aguja
I. Lobos de Tierra
Golfo de Guayaquil
Cotopaxi 5,897
Chimborazo 6,267
C. S. Lorenzo
L. de San Pablo
L. Titicaca
L. Poopó
Illampu 6,485
El Misti 5,852
Vilcanota 5,484
Nev. de Sajama 6,520
Parnaíba
Itapecuru
Sa. Ibiapaba
Sa. de Araripe
Jaguaribe
Altiplanicie de la Borborema
C. de S. Roque
Francisco
Itapicuru
Sa. del Piauí
Gurguéia
Sa. Itapecuru
Sa. Mangabeiras
Chapada Diamantina
Sa. Taguatinga
Sa. S. Domingos
Paranã
Palma
Sa. de los Pirineos
Altiplanicie del Brasil
Paranaíba
Sa. del Espinazo
Sa. de Caiapó
S. Lorenzo
Paraguay
Taquari
Otuquis
Grande
Pardo
Caatingas
Sertão
Campos
OCÉ

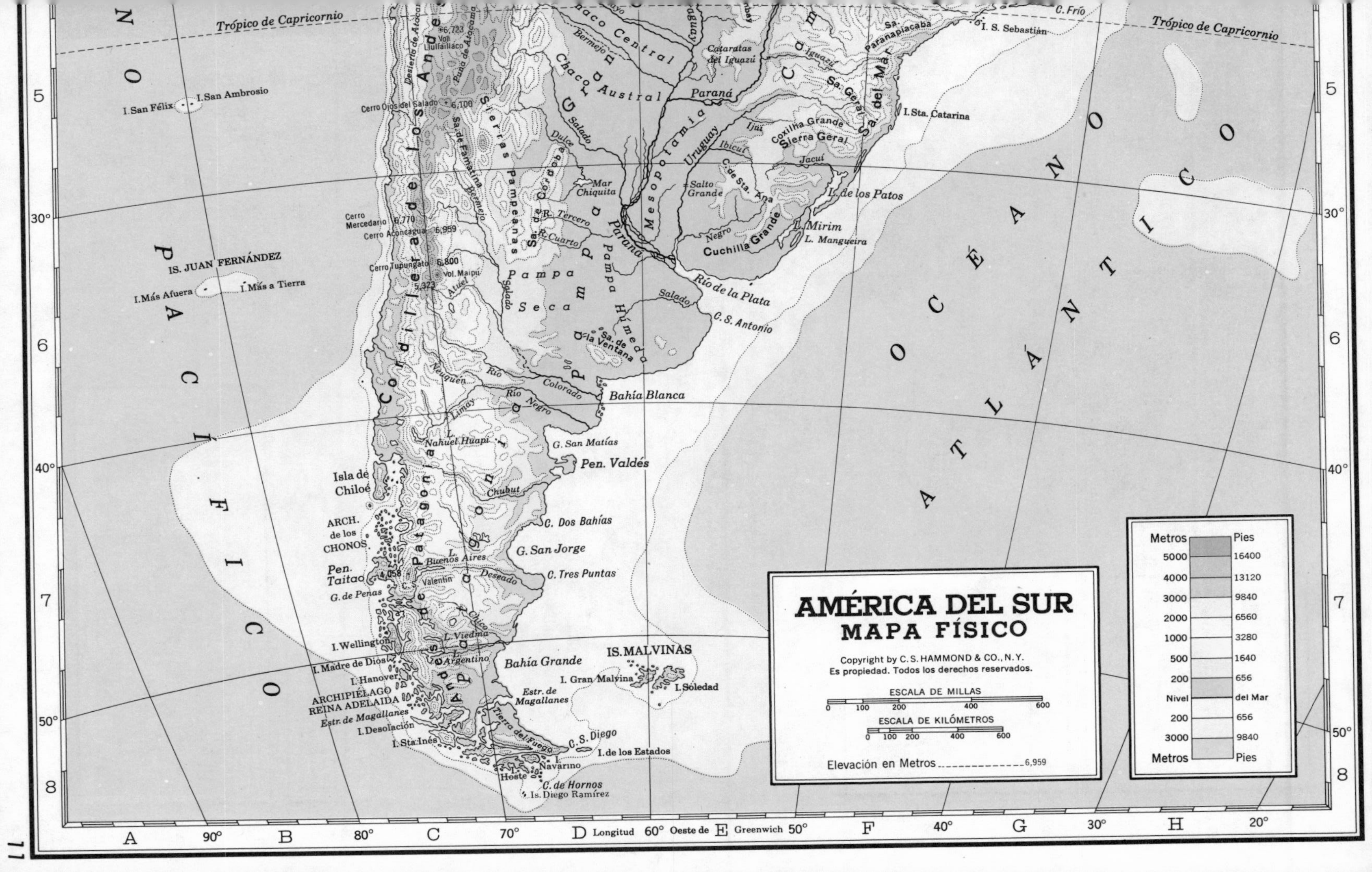
AMÉRICA DEL SUR
MAPA FÍSICO
Copyright by C. S. HAMMOND & CO., N. Y.
Es propiedad. Todos los derechos reservados.
ESCALA DE MILLAS
0 100 200 400 600
ESCALA DE KILÓMETROS
0 100 200 400 600
Elevación en Metros 6,959
Metros Pies
5000 16400
4000 13120
3000 9840
2000 6560
1000 3280
500 1640
200 656
Nivel del Mar
200 656
3000 9840
Metros Pies
OCÉANO ATLÁNTICO
OCÉANO PACÍFICO
Trópico de Capricornio
I. San Félix
I. San Ambrosio
IS. JUAN FERNÁNDEZ
I. Más Afuera
I. Más a Tierra
Desierto de Atacama
Puna de Atacama
Vol. Llullaillaco 6,723
Cerro Ojos del Salado 6,100
Cordillera de los Andes
Sa. de Famatina
Sierras Pampeanas
Cerro Mercedario 6,770
Cerro Aconcagua 6,959
Cerro Tupungato 6,800
Vol. Maipú 5,323
Atuel
Bermejo
Chaco Central
Chaco Austral
Gran Chaco
Salado
Dulce
Sa. de Córdoba
Mar Chiquita
R. Tercero
R. Cuarto
Pampa Seca
Pampa Húmeda
Sa. de la Ventana
Paraná
Mesopotamia
Uruguay
Cataratas del Iguazú
Iguazú
Ijuí
Ibicuí
Coxilha Grande
Sierra Geral
Jacuí
Salto Grande
C. de Sta. Ana
Negro
Cuchilla Grande
Sa. Geral
Sa. do Mar
Sa. Paranapiacaba
C. Frío
I. S. Sebastián
I. Sta. Catarina
L. de los Patos
L. Mirim
L. Mangueira
Río de la Plata
C. S. Antonio
Bahía Blanca
Neuquén
Río Colorado
Río Negro
Limay
L. Nahuel Huapi
G. San Matías
Pen. Valdés
Chubut
Patagonia
Isla de Chiloé
ARCH. de los CHONOS
C. Dos Bahías
G. San Jorge
L. Buenos Aires
Pen. Taitao
4,058
C. Valentín
Deseado
C. Tres Puntas
G. de Penas
Chico
L. Viedma
L. Argentino
I. Wellington
I. Madre de Dios
I. Hanover
ARCHIPIÉLAGO REINA ADELAIDA
Estr. de Magallanes
I. Desolación
I. Sta. Inés
Bahía Grande
IS. MALVINAS
I. Gran Malvina
I. Soledad
Tierra del Fuego
C. S. Diego
I. de los Estados
I. Navarino
Hoste
C. de Hornos
Is. Diego Ramírez
A B C D E F G H
90° 80° 70° Longitud 60° Oeste de Greenwich 50° 40° 30° 20°
30° 40° 50°
5 6 7 8

GOLFO DE
OCÉANO ATLÁNTICO
PORTUGAL
ESPAÑA
MINHO
ENTRE DOURO E MINHO
TRÁS OS MONTES
DUERO
BEIRA
RIBATEJO
ALENTEJO
ALGARVE
ESTREMADURA
GALICIA
LA CORUÑA
LUGO
ORENSE
PONTEVEDRA
ASTURIAS
OVIEDO
LEÓN
ZAMORA
PALENCIA
VALLADOLID
SALAMANCA
SEGOVIA
ÁVILA
CÁCERES
EXTREMADURA
BADAJOZ
CIUDAD REAL
CÓRDOBA
HUELVA
SEVILLA
CÁDIZ
MÁLAGA
ANDALUCÍA
Cordillera Cantábrica
Sierra de Gata
Sa. de Gredos
Sa. de la Estrella
Sierra Morena
Cordillera Penibética
Sa. de Monchique
Sa. de Guadalupe
Montes de Toledo
Sa. de S. Pedro
Sierra de Ossa
La Coruña
El Ferrol
Santiago
Lugo
Orense
Pontevedra
Vigo
Oviedo
Gijón
León
Bragança
Viana do Castelo
Braga
Vila Real
Porto
Aveiro
Viseu
Guarda
Coimbra
Covilhã
Castelo Branco
Leiria
Santarém
Portalegre
LISBOA
Setúbal
Évora
Beja
Faro
Zamora
Salamanca
Valladolid
Palencia
Segovia
Ávila
Cáceres
Badajoz
Mérida
Huelva
Sevilla
Córdoba
Cádiz
Jerez de la Frontera
San Fernando
Málaga
Antequera
GIBRALTAR (Br.)
Tánger
Tetuán
Ceuta (Esp.)
MARRUECOS
Golfo de Cádiz
Estr. de Gibraltar
C. Ortegal
C. de Finisterre
C. Carvoeiro
C. da Roca
C. Espichel
C. de Sines
C. de S. Vicente
C. de Sta. María
C. de Trafalgar
Río Miño
Duero
Tajo
Guadiana
Guadalquivir
Mondego
Sado
Lisboa
Sacavém
Belas
Olivais
Queluz de Cima
Monsanto 225
Algés
Belém
Alcântara
Tajo
Rada de Lisboa
Almada
Trafaria
Barreiro
Seixal
SETÚBAL
MI. 0 2 4 6
KM. 0 2 4 6
MADERA
Porto Santo
Villa Baleira
Baixo
S. Vicente
Sant' Ana
Calheta
Ponta do Sol
1846
Machico
Câmara de Lobos
Sta. Cruz
Funchal
Madera
Chao
Deserta Grande
Bugio
Desertas
MI. 0 10 20 30 40 50
KM. 0 10 20 30 40 50
ISLAS CANARIAS
LAS PALMAS
STA. CRUZ DE TENERIFE
Lanzarote
Arrecife
Fuerteventura
Antigua
La Palma
Sta. Cruz de la Palma
Sta. Cruz de Tenerife
La Orotava
Teide 3,716
Tenerife
Gomera
Vallehermoso
Hierro
Las Palmas de Gran Canaria
Arucas
Telde
Gran Canaria
AFRICA
MI. 0 40 80
KM. 0 40 80
Las provincias antiguas de Portugal se subdividen en distritos modernos, los límites de los cuales se indican en el mapa. Cada distrito tiene el nombre de su capital, designada por este símbolo
A B C D
10° 8° 6° 4°
42° 40° 38° 36°
1 2 3 4 5

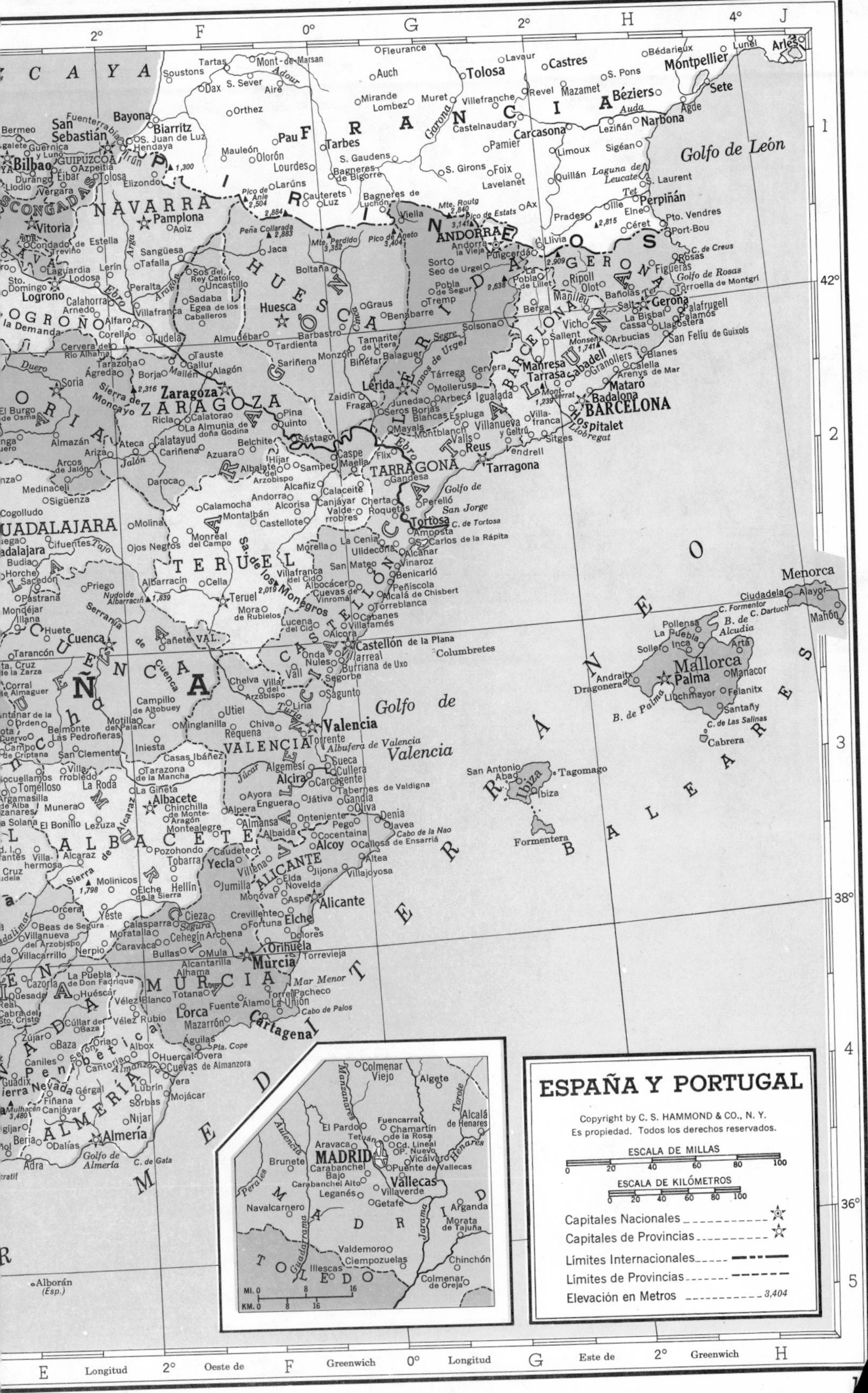

ESPAÑA Y PORTUGAL
Copyright by C. S. HAMMOND & CO., N. Y.
Es propiedad. Todos los derechos reservados.
ESCALA DE MILLAS
0 20 40 60 80 100
ESCALA DE KILÓMETROS
0 20 40 60 80 100
Capitales Nacionales
Capitales de Provincias
Límites Internacionales
Límites de Provincias
Elevación en Metros
3,404
F
0°
G
2°
H
4°
J
E
Longitud
Oeste de
Greenwich
Este de
1
2
3
4
5
42°
38°
36°
FRANCIA
Golfo de León
Tolosa
Castres
Montpellier
Béziers
Sete
Narbona
Carcasona
Perpiñán
Arles
Lunel
Bédarieux
Mazamet
Pau
Tarbes
Bayona
Biarritz
Mont-de-Marsan
Dax
Auch
Lourdes
Olorón
Foix
Pamier
Limoux
Port-Bou
Pto. Vendres
PIRINEOS
ANDORRA
Andorra la Vieja
San Sebastián
Bilbao
Vitoria
Pamplona
NAVARRA
GUIPÚZCOA
VASCONGADAS
Logroño
LOGROÑO
HUESCA
Huesca
LÉRIDA
Lérida
GERONA
Gerona
BARCELONA
Barcelona
Badalona
Hospitalet
Mataró
Manresa
Tarrasa
Sabadell
Vich
Figueras
Tarragona
TARRAGONA
Reus
Tortosa
Golfo de San Jorge
Zaragoza
ZARAGOZA
ARAGÓN
Teruel
TERUEL
Castellón de la Plana
CASTELLÓN
Valencia
VALENCIA
Golfo de Valencia
Albufera de Valencia
Alicante
ALICANTE
Alcoy
Elche
Orihuela
Murcia
MURCIA
Cartagena
Mar Menor
Cabo de Palos
Lorca
Almería
ALMERÍA
Golfo de Almería
C. de Gata
Cuenca
CUENCA
Albacete
ALBACETE
Guadalajara
GUADALAJARA
Soria
SORIA
Sierra de Moncayo
Sierra Nevada
Mulhacén 3,480
Alborán (Esp.)
Ebro
Segre
Júcar
Segura
Turia
Tajo
Duero
Menorca
Ciudadela
Mahón
Mallorca
Palma
Manacor
B. de Palma
B. de Alcudia
C. Formentor
Dragonera
Cabrera
Ibiza
Formentera
San Antonio Abad
Tagomago
Columbretes
BALEARES
MEDITERRÁNEO
Cabo de la Nao
Denia
Pico de Aneto 3,404
Mte. Perdido 3,352
MADRID
Vallecas
Getafe
Colmenar Viejo
Alcalá de Henares
El Pardo
Aranjuez
Chinchón
Navalcarnero
Leganés
Valdemoro
Ciempozuelas
Illescas
TOLEDO
Colmenar de Oreja
Manzanares
Jarama
Guadarrama
Henares
MI. 0 8 16
KM. 0 8 16

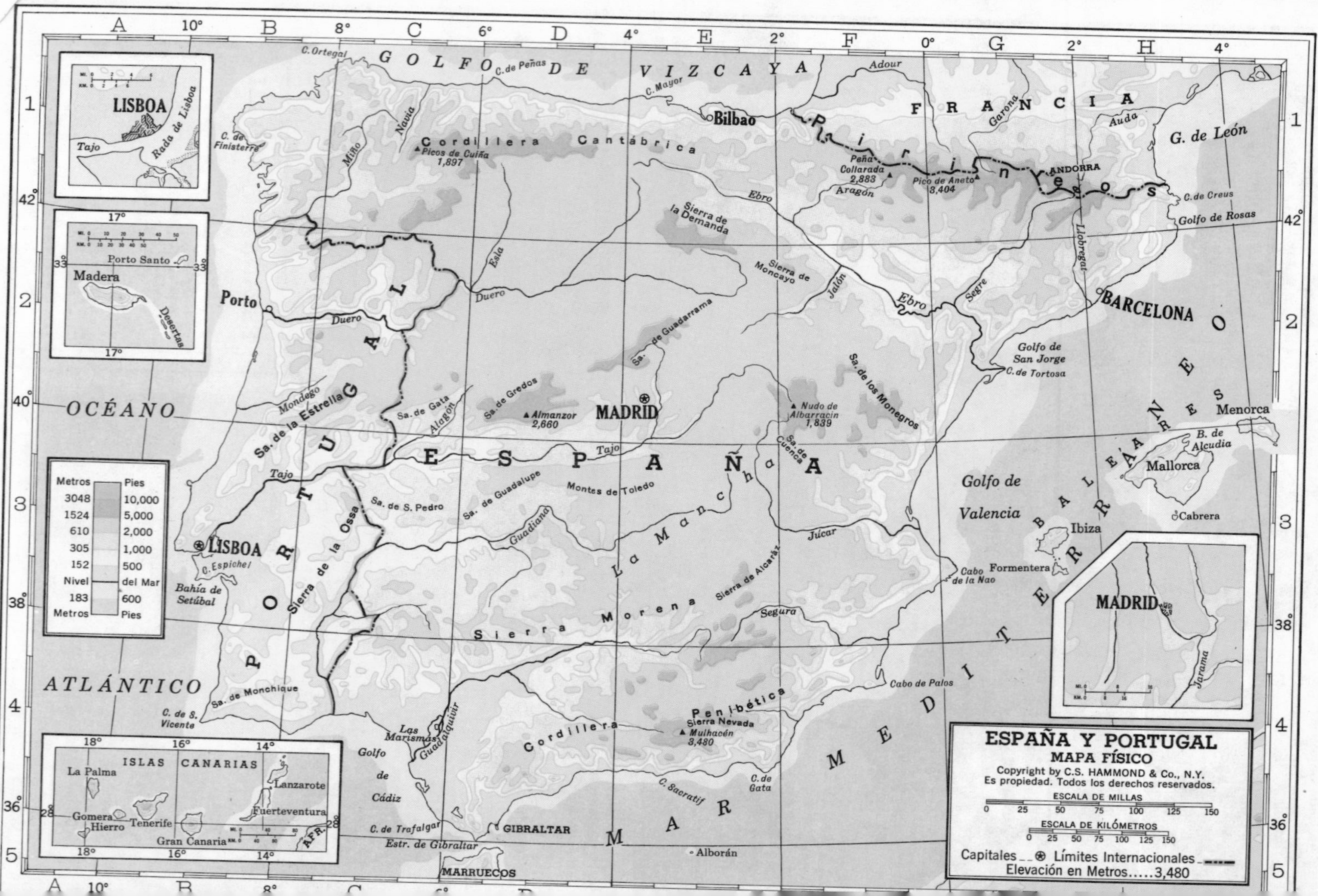
ESPAÑA Y PORTUGAL
MAPA FÍSICO
Copyright by C.S. HAMMOND & Co., N.Y.
Es propiedad. Todos los derechos reservados.
ESCALA DE MILLAS
ESCALA DE KILÓMETROS
Capitales ⊛ Límites Internacionales
Elevación en Metros.....3,480
Metros
3048
1524
610
305
152
Nivel
183
Metros
Pies
10,000
5,000
2,000
1,000
500
del Mar
600
Pies
GOLFO DE VIZCAYA
FRANCIA
G. de León
Golfo de Rosas
C. de Creus
Pirineos
ANDORRA
Pico de Aneto 3,404
Peña Collarada 2,883
Aragón
Cordillera Cantábrica
Picos de Cuiña 1,897
Bilbao
C. Mayor
C. de Peñas
C. Ortegal
C. de Finisterre
Miño
Navia
Esla
Duero
Porto
Mondego
Sa. de la Estrella
PORTUGAL
Tajo
LISBOA
C. Espichel
Bahía de Setúbal
Sierra de la Ossa
Sa. de Monchique
C. de S. Vicente
OCÉANO
ATLÁNTICO
ESPAÑA
MADRID
Sa. de Guadarrama
Sa. de Gredos
Almanzor 2,660
Sa. de Gata
Alagón
Sa. de S. Pedro
Sa. de Guadalupe
Montes de Toledo
Guadiana
La Mancha
Sierra Morena
Sierra de Alcaráz
Sierra de la Demanda
Sierra de Moncayo
Ebro
Jalón
Segre
Llobregat
Garona
Adour
Auda
BARCELONA
Golfo de San Jorge
C. de Tortosa
Sa. de los Monegros
Nudo de Albarracín 1,839
Sa. de Cuenca
Júcar
Segura
Golfo de Valencia
Cabo de la Nao
Cabo de Palos
BALEARES
Menorca
Mallorca
B. de Alcudia
Cabrera
Ibiza
Formentera
MAR MEDITERRÁNEO
Cordillera Penibética
Sierra Nevada
Mulhacén 3,480
C. de Gata
C. Sacratif
Alborán
GIBRALTAR
Estr. de Gibraltar
C. de Trafalgar
Golfo de Cádiz
Las Marismas
Guadalquivir
MARRUECOS
LISBOA
Rada de Lisboa
Tajo
Porto Santo
Madera
Desertas
ISLAS CANARIAS
La Palma
Gomera
Hierro
Tenerife
Gran Canaria
Fuerteventura
Lanzarote
AFR.
MADRID
Jarama